政府采购
1600题

中国政府采购杂志社 ◎ 编著

中国财经出版传媒集团

经济科学出版社
Economic Science Press

·北 京·

图书在版编目（CIP）数据

政府采购 1600 题 / 中国政府采购杂志社编著.
北京：经济科学出版社，2024.10. —— ISBN 978 - 7
- 5218 - 6372 - 7

Ⅰ. F812. 2 - 44

中国国家版本馆 CIP 数据核字第 20248J2Z01 号

策划编辑：殷亚红
责任编辑：王　洁
责任校对：齐　杰
责任印制：邱　天

政府采购 1600 题

中国政府采购杂志社　编著

经济科学出版社出版、发行　新华书店经销
社址：北京市海淀区阜成路甲 28 号　邮编：100142
总编部电话：010 - 88191217　010 - 68580916
发行部电话：010 - 88191522　010 - 88190453
网址：www. cgpmedia. cn
电子邮箱：cgpm@ vip. sina. com
天猫网店：经济科学出版社旗舰店
网址：http://jjkxcbs. tmall. com
固安华明印业有限公司印装
710×1000　16 开　45 印张　700000 字
2024 年 10 月第 1 版　2024 年 10 月第 1 次印刷
ISBN 978 - 7 - 5218 - 6372 - 7　定价：108.00 元
（图书出现印装问题，本社负责调换。电话：010 - 88191545）
（版权所有　侵权必究　打击盗版　举报热线：010 - 88191661
QQ：2242791300　营销中心电话：010 - 88191537

编者序

中华人民共和国政府采购制度从 1995 年试点至今，已有近 30 年的实践积累，2003 年《中华人民共和国政府采购法》和 2015 年《中华人民共和国政府采购法实施条例》的实施，标志着具有中国特色的政府采购制度体系已经初步建立。随着政府采购法律法规体系的逐步完善和政府采购制度改革的不断深化，政府采购货物、服务和工程的规模日益扩增，在工作推进的过程中，我们发现各政府采购从业人员在政策理解把握和实践操作等方面难免会遇到困惑和疑问。为了进一步提升各地各单位政府采购从业人员的政策领悟力、实践操作力，我们结合政府采购相关法律法规，以历年来在政府采购实践中遇到的问题为基础，邀请政府采购专家岳小川、中央财经大学姜爱华教授等组成中国政府采购杂志社编写组，精心编撰了《政府采购 1600 题》一书。

本书作为政府采购培训系列教材之一，意在提高政府采购从业人员的实践能力，题目类型包含了政府采购法律法规政策理解、政府采购操作规范、政府采购案例分析等，按照答案所依据的政府采购相关法律、法规划分章节，并为每个题目附注难易程度标签，方便大家根据实践情况定位练习。同时邀请政府采购权威部门和业内专家对相关问题展开解释分析，并作出权威解答。力求帮助大家又快又准地树立规矩意识、红线意识和底线思维，理解并把握政府采购法律法规政策的基本点和操作点。此外，我们邀请了领域内专业外审专家进行审稿。

本书无法兼顾各地在政府采购政策及落实上的差异，因此内容以全国统一的政府采购法律法规制度政策为主，也会出现新旧政策的衔接，这是本书的局限所在，敬请广大读者留意。未来，我们将与广大从业人员一起汇聚智慧和经验，不断完善和丰富政府采购培训系列教材。

编者

2024 年 4 月 12 日

目　录

第一章 《中华人民共和国政府采购法》相关试题

判 断 题

1. 因严重自然灾害和其他不可抗力事件所实施的紧急采购，不适用《中华人民共和国政府采购法》。 （ ）

答案：正确

解析：《中华人民共和国政府采购法》第八十五条：对因严重自然灾害和其他不可抗力事件所实施的紧急采购和涉及国家安全和秘密的采购，不适用本法。

标签：紧急采购 适用条件 涉密采购

难易程度：易★

2. 任何单位和个人不得采用任何方式，阻挠和限制供应商自由进入本地区和本行业的政府采购市场。 （ ）

答案：正确

解析：《中华人民共和国政府采购法》第五条：任何单位和个人不得采用任何方式，阻挠和限制供应商自由进入本地区和本行业的政府采购市场。

标签：公平竞争 供应商 营商环境

难易程度：易★

3. 采购单位依法贯彻执行政府采购相关法律法规的，可不再制定本单位采购制度。 （ ）

答案：错误

解析：采购单位应根据自身实际情况，在政府采购法律法规框架下制定适合自己单位的采购制度。并且，《中华人民共和国政府采购法》只规范了集中采购目录以内或者限额标准上的采购，对于既不在集中采购目录以内又不在限额标准以上的采购，应有相关规定。

标签：政府采购制度

难易程度：中★★

4. 集中采购机构进行政府采购活动，应当符合采购价格低于市场平均价格、采购效率更高、采购质量优良和服务良好的要求。　　　　　　（　　）

答案：正确

解析：《中华人民共和国政府采购法》第十七条：集中采购机构进行政府采购活动，应当符合采购价格低于市场平均价格、采购效率更高、采购质量优良和服务良好的要求。

标签：政府采购当事人　集中采购机构　采购价格

难易程度：易★

5. 委托采购代理机构采购的，采购人应当和采购代理机构依法签订政府采购委托代理协议。　　　　　　　　　　　　　　　　　（　　）

答案：正确

解析：《中华人民共和国政府采购法》第二十条：采购人依法委托采购代理机构办理采购事宜的，应当由采购人与采购代理机构签订委托代理协议，依法确定委托代理的事项，约定双方的权利义务。

标签：政府采购当事人　委托采购

难易程度：易★

6. 政府采购合同可以采用非书面形式等多种形式。　　　　　（　　）

答案：错误

解析：《中华人民共和国政府采购法》第四十四条：政府采购合同应当采用书面形式。

标签：政府采购合同　合同形式

难易程度：易★

7. 政府采购项目的采购合同自签订之日起五个工作日内，采购人应当将合同副本报同级政府采购监督管理部门和有关部门备案。 （ ）

答案：错误

解析：《中华人民共和国政府采购法》第四十七条：政府采购项目的采购合同自签订之日起七个工作日内，采购人应当将合同副本报同级政府采购监督管理部门和有关部门备案。

标签：政府采购合同 备案日期

难易程度：中★★

8. 政府采购监督管理部门可以设置集中采购机构，但不得参与政府采购项目的采购活动。 （ ）

答案：错误

解析：《中华人民共和国政府采购法》第六十条第一款：政府采购监督管理部门不得设置集中采购机构，不得参与政府采购项目的采购活动。

标签：监督检查 监督管理部门

难易程度：易★

9. 集中采购机构应对采购人员的专业水平、工作实绩和职业道德状况定期进行考核。 （ ）

答案：正确

解析：《中华人民共和国政府采购法》第六十二条第二款：集中采购机构对其工作人员应当加强教育和培训；对采购人员的专业水平、工作实绩和职业道德状况定期进行考核。采购人员经考核不合格的，不得继续任职。

标签：监督检查 考核

难易程度：易★

10. 应当实行集中采购的政府采购项目，未委托集中采购机构实行集中采购且拒不改正的，由其本级行政主管部门或者有关机关依法给予处分。 （ ）

答案：错误

解析：《中华人民共和国政府采购法》第七十四条：采购人对应当实行集中采购的政府采购项目，不委托集中采购机构实行集中采购的，由政府采购监督管理部门责令改正；拒不改正的，停止按预算向其支付资金，由其上级行政主管部门或者有关机关依法给予其直接负责的主管人员和其他直接责任人员处分。这里应当由上级部门进行处分，而不是本级，故错误。

标签：法律责任 采购人

难易程度：易★

11. 供应商拒绝有关部门监督检查或者提供虚假情况的，处以采购金额千分之一以上千分之五以下的罚款。 （　　）

答案：错误

解析：《中华人民共和国政府采购法》第七十七条第一款：供应商有下列情形之一的，处以采购金额千分之五以上千分之十以下的罚款，列入不良行为记录名单，在一至三年内禁止参加政府采购活动，有违法所得的，并处没收违法所得，情节严重的，由工商行政管理机关吊销营业执照；构成犯罪的，依法追究刑事责任：

……

（六）拒绝有关部门监督检查或者提供虚假情况的。

标签：法律责任 供应商

难易程度：难★★★

12. 采购代理机构在代理政府采购业务中有违法行为的，可以在三至五年内禁止其代理政府采购业务。 （　　）

答案：错误

解析：《中华人民共和国政府采购法》第七十八条：采购代理机构在代理政府采购业务中有违法行为的，按照有关法律规定处以罚款，可以在一至三年内禁止其代理政府采购业务，构成犯罪的，依法追究刑事责任。

标签：法律责任 采购代理机构

难易程度：中★★

13. 集中采购机构在政府采购监督管理部门考核中，虚报业绩、隐瞒真实情况的，处以二万元以上二十万元以下的罚款。 （ ）

答案：正确

解析：《中华人民共和国政府采购法》第八十二条第二款：集中采购机构在政府采购监督管理部门考核中，虚报业绩，隐瞒真实情况的，处以二万元以上二十万元以下的罚款，并予以通报；情节严重的，取消其代理采购的资格。

标签：法律责任 集中采购机构

难易程度：中★★

14. 政府集中采购目录和采购限额标准依照《中华人民共和国政府采购法》规定的权限制定。 （ ）

答案：正确

解析：《中华人民共和国政府采购法》第二条第三款：政府集中采购目录和采购限额标准依照本法规定的权限制定。

标签：采购目录 采购限额标准

难易程度：易★

15.《中华人民共和国政府采购法》所称货物，是指各种形态和种类的物品，包括原材料、燃料、设备、产品等。 （ ）

答案：正确

解析：《中华人民共和国政府采购法》第二条第五款：本法所称货物，是指各种形态和种类的物品，包括原材料、燃料、设备、产品等。

标签：采购对象 货物

难易程度：易★

16.《中华人民共和国政府采购法》中所指的采购工程的范围不包括建筑物的拆除、修缮。 （ ）

答案：错误

解析：《中华人民共和国政府采购法》第二条第六款：本法所称工程，是指建设工程，包括建筑物和构筑物的新建、改建、扩建、装修、拆除、修缮等。

标签：采购对象　工程

难易程度：中★★

17. 政府采购对象中除采购货物和工程外就是采购服务。　　　　（　　）

答案：正确

解析：《中华人民共和国政府采购法》第二条第七款：本法所称服务，是指除货物和工程以外的其他政府采购对象。

标签：采购对象　服务

难易程度：中★★

18. 政府采购工程进行招标投标的，适用招标投标法。　　　　（　　）

答案：正确

解析：《中华人民共和国政府采购法》第四条：政府采购工程进行招标投标的，适用招标投标法。

标签：政府采购工程　招标投标　工程

难易程度：易★

19. 政府采购在一般情况下需按预算执行，但经上级部门审批也可在一定范围内超出预算执行。　　　　　　　　　　　　　　　　（　　）

答案：错误

解析：《中华人民共和国政府采购法》第六条：政府采购应当严格按照批准的预算执行。

标签：政府采购法　预算

难易程度：易★

20. 为便于管理及监督，政府采购单位（采购人）选择采购模式应当一以贯之，即或者实行集中采购，或者实行分散采购。　　　　（　　）

答案：错误

解析：《中华人民共和国政府采购法》第七条第一款：政府采购实行集中采购和分散采购相结合。

标签：政府采购模式　集中采购　分散采购

难易程度：中★★

21. 属于中央预算和地方预算的政府采购项目，其集中采购目录由国务院确定并公布。　　　　　　　　　　　　　　　　　　　　　（　　）

答案：错误

解析：《中华人民共和国政府采购法》第七条第二款：属于中央预算的政府采购项目，其集中采购目录由国务院确定并公布；属于地方预算的政府采购项目，其集中采购目录由省、自治区、直辖市人民政府或者其授权的机构确定并公布。

标签：政府采购项目　中央预算　地方预算　集中采购目录

难易程度：易★

22. 属于中央预算和地方预算的政府采购项目，其政府采购限额标准由国务院确定并公布。　　　　　　　　　　　　　　　　　　　　（　　）

答案：错误

解析：《中华人民共和国政府采购法》第八条：政府采购限额标准，属于中央预算的政府采购项目，由国务院确定并公布；属于地方预算的政府采购项目，由省、自治区、直辖市人民政府或者其授权的机构确定并公布。

标签：政府采购项目　中央预算　地方预算　采购限额标准

难易程度：易★

23. 为加强监督，所有相关的政府采购信息均应当在政府采购监督管理部门指定的媒体上及时向社会公开发布。　　　　　　　　　　　　（　　）

答案：错误

解析：《中华人民共和国政府采购法》第十一条：政府采购的信息应当在政府采购监督管理部门指定的媒体上及时向社会公开发布，但涉及商业秘密的除外。

标签： 政府采购信息　监督管理部门　发布媒体　信息公开

难易程度： 易★

24. 在政府采购活动中，采购人员及相关人员与供应商有利害关系的，必须回避。　　　　　　　　　　　　　　　　　　　（　　）

答案： 正确

解析：《中华人民共和国政府采购法》第十二条第一款：在政府采购活动中，采购人员及相关人员与供应商有利害关系的，必须回避。供应商认为采购人员及相关人员与其他供应商有利害关系的，可以申请其回避。

标签： 公平竞争　利害关系　回避

难易程度： 易★

25. 供应商认为采购人员及相关人员与其他供应商有利害关系的，可以申请其回避。　　　　　　　　　　　　　　　　　　（　　）

答案： 正确

解析：《中华人民共和国政府采购法》第十二条第一款：供应商认为采购人员及相关人员与其他供应商有利害关系的，可以申请其回避。

标签： 公平竞争　利害关系　回避

难易程度： 易★

26. 政府采购当事人是指在政府采购活动中享有权利和承担义务的各类主体，包括采购人、供应商和采购代理机构等。（　　）

答案： 正确

解析：《中华人民共和国政府采购法》第十四条：政府采购当事人是指在政府采购活动中享有权利和承担义务的各类主体，包括采购人、供应商和采购代理机构等。

标签： 政府采购当事人　主体

难易程度： 易★

27. 集中采购机构可以是营利法人，也可以是非营利法人。 （ ）

答案：错误

解析：《中华人民共和国政府采购法》第十六条第二款：集中采购机构是非营利事业法人，根据采购人的委托办理采购事宜。

标签：政府采购当事人 集中采购机构

难易程度：易★

28. 政府采购中的供应商是指向采购人提供货物、工程或者服务的法人。

（ ）

答案：错误

解析：《中华人民共和国政府采购法》第二十一条：供应商是指向采购人提供货物、工程或者服务的法人、其他组织或者自然人。

标签：政府采购当事人 供应商

难易程度：易★

29. 政府采购当事人可以以合法手段排斥其他供应商参与竞争。 （ ）

答案：错误

解析：《中华人民共和国政府采购法》第二十五条第一款：政府采购当事人不得相互串通损害国家利益、社会公共利益和其他当事人的合法权益；不得以任何手段排斥其他供应商参与竞争。

标签：政府采购当事人

难易程度：易★

30. 因特殊情况需要采用公开招标以外的采购方式的，应当在采购活动开始前获得设区的县级以上人民政府采购监督管理部门的批准。 （ ）

答案：错误

解析：《中华人民共和国政府采购法》第二十七条：采购人采购货物或者服务应当采用公开招标方式的，其具体数额标准，属于中央预算的政府采购项目，由国务院规定；属于地方预算的政府采购项目，由省、自治区、直辖市人民政府规定；因特殊情况需要采用公开招标以外的采购方式的，应当在采购活动开始前获得设区的市、自治州以上人民政府采购监督管理部门的批准。

标签：政府采购方式

难易程度：易★

31. 化整为零后，原应采用公开招标方式采购的货物或者服务因未达数额标准可以不进行公开招标采购。 （ ）

答案：错误

解析：《中华人民共和国政府采购法》第二十八条：采购人不得将应当以公开招标方式采购的货物或者服务化整为零或者以其他任何方式规避公开招标采购。

标签：政府采购方式 招标

难易程度：易★

32. 招标采购中，废标后，采购人应当将废标理由通知所有投标人。

（ ）

答案：正确

解析：《中华人民共和国政府采购法》第三十六条第二款：废标后，采购人应当将废标理由通知所有投标人。

标签：政府采购程序 招标

难易程度：易★

33. 采用公开招标方式进行政府采购，若废标，均应重新组织招标。

（ ）

答案：错误

解析：《中华人民共和国政府采购法》第三十七条：废标后，除采购任务取消情形外，应当重新组织招标；需要采取其他方式采购的，应当在采购活动开始前获得设区的市、自治州以上人民政府采购监督管理部门或者政府有关部门批准。

标签：政府采购程序 招标

难易程度：易★

34. 公开招标活动中，废标后需要采取其他方式采购的，应当在采购活动开始前获得设区的市、自治州以上人民政府采购监督管理部门或者政府有关部门批准。 （   ）

答案： 正确

解析：《中华人民共和国政府采购法》第三十七条：废标后，除采购任务取消情形外，应当重新组织招标；需要采取其他方式采购的，应当在采购活动开始前获得设区的市、自治州以上人民政府采购监督管理部门或者政府有关部门批准。

标签： 政府采购程序　招标

难易程度：易★

35. 采用竞争性谈判方式采购，谈判文件有实质性变动的，谈判小组应当以书面形式通知所有参加谈判的供应商。 （   ）

答案： 正确

解析：《中华人民共和国政府采购法》第三十八条：采用竞争性谈判方式采购的，应当遵循下列程序：

……

（四）谈判。谈判小组所有成员集中与单一供应商分别进行谈判。在谈判中，谈判的任何一方不得透露与谈判有关的其他供应商的技术资料、价格和其他信息。谈判文件有实质性变动的，谈判小组应当以书面形式通知所有参加谈判的供应商。

标签： 政府采购程序　竞争性谈判

难易程度：易★

36. 采用竞争性谈判方式采购，采购人从谈判小组提出的成交候选人中根据符合采购需求、质量和服务相等且报价最低的原则确定成交供应商。（   ）

答案： 正确

解析：《中华人民共和国政府采购法》第三十八条：采用竞争性谈判方式

采购的，应当遵循下列程序：

......

（五）确定成交供应商。谈判结束后，谈判小组应当要求所有参加谈判的供应商在规定时间内进行最后报价，采购人从谈判小组提出的成交候选人中根据符合采购需求、质量和服务相等且报价最低的原则确定成交供应商，并将结果通知所有参加谈判的未成交的供应商。

标签： 政府采购程序　竞争性谈判

难易程度： 中★★

37. 采取询价方式采购的，应当遵循下列程序：确定被询价的供应商名单—成立询价小组—询价—确定成交供应商。　　　　　　　　（　）

答案： 错误

解析：《中华人民共和国政府采购法》第四十条：采取询价方式采购的，应当遵循下列程序：

（一）成立询价小组；

（二）确定被询价的供应商名单；

（三）询价；

（四）确定成交供应商。

标签： 政府采购程序　询价

难易程度： 中★★

38. 采取单一来源方式采购的，采购人与供应商应当在较供应商报价优先考虑采购项目质量的基础上进行采购。　　　　　　　　　　（　）

答案： 错误

解析：《中华人民共和国政府采购法》第三十九条：采取单一来源方式采购的，采购人与供应商应当遵循本法规定的原则，在保证采购项目质量和双方商定合理价格的基础上进行采购。

标签： 政府采购程序　单一来源采购

难易程度： 易★

39. 大型或者复杂的政府采购项目应当邀请具有专业资质的采购代理机构参加验收工作。 （ ）

答案： 错误

解析：《中华人民共和国政府采购法》第四十一条：采购人或者其委托的采购代理机构应当组织对供应商履约的验收。大型或者复杂的政府采购项目，应当邀请国家认可的质量检测机构参加验收工作。验收方成员应当在验收书上签字，并承担相应的法律责任。应由质量检测机构参加验收工作，故错误。

标签： 政府采购程序 履约验收

难易程度： 中★★

40. 根据《中华人民共和国政府采购法》，采购人、采购代理机构对政府采购项目每项采购活动的采购文件应当妥善保存，不得伪造、变造、隐匿或者销毁。所述采购文件包括验收证明、质疑答复、投诉处理决定。 （ ）

答案： 正确

解析：《中华人民共和国政府采购法》第四十二条第二款：采购文件包括采购活动记录、采购预算、招标文件、投标文件、评标标准、评估报告、定标文件、合同文本、验收证明、质疑答复、投诉处理决定及其他有关文件、资料。

标签： 政府采购程序 采购文件构成

难易程度： 易★

41. 供应商认为采购文件、采购过程和中标、成交结果使自己的权益受到损害的，可以在知道或者应知其权益受到损害之日起十个工作日内向采购人提出质疑。 （ ）

答案： 错误

解析：《中华人民共和国政府采购法》第五十二条：供应商认为采购文件、采购过程和中标、成交结果使自己的权益受到损害的，可以在知道或者应知其权益受到损害之日起七个工作日内，以书面形式向采购人提出质疑。

标签： 质疑与投诉 供应商

难易程度：易★

42. 政府采购合同分包履行的，中标、成交供应商就采购项目和分包项目向采购人负责，分包供应商就分包项目承担责任。   （   ）

答案： 正确

解析：《中华人民共和国政府采购法》第四十八条第二款：政府采购合同分包履行的，中标、成交供应商就采购项目和分包项目向采购人负责，分包供应商就分包项目承担责任。

标签： 政府采购合同　分包

难易程度：易★

43. 设区的市、自治州以上人民政府根据本级政府采购项目组织集中采购的需要设立集中采购机构。   （   ）

答案： 正确

解析：《中华人民共和国政府采购法》第十六条第一款：集中采购机构为采购代理机构。设区的市、自治州以上人民政府根据本级政府采购项目组织集中采购的需要设立集中采购机构。

标签： 政府采购当事人　集中采购机构

难易程度：易★

44. 以联合体形式进行政府采购的，参加联合体的供应商应当向采购人提交联合协议，载明联合体各方承担的工作和义务。   （   ）

答案： 正确

解析：《中华人民共和国政府采购法》第二十四条第二款：以联合体形式进行政府采购的，参加联合体的供应商均应当具备本法第二十二条规定的条件，并应当向采购人提交联合协议，载明联合体各方承担的工作和义务。联合体各方应当共同与采购人签订采购合同，就采购合同约定的事项对采购人承担连带责任。

标签： 政府采购当事人　联合体

难易程度：易★

45. 负有编制部门预算职责的部门在编制下一财政年度部门预算时，应当将该财政年度政府采购的项目及资金预算列出，报上级财政部门汇总。（　　）

答案： 错误

解析：《中华人民共和国政府采购法》第三十三条：负有编制部门预算职责的部门在编制下一财政年度部门预算时，应当将该财政年度政府采购的项目及资金预算列出，报本级财政部门汇总。部门预算的审批，按预算管理权限和程序进行。应为本级财政部门，而不是上级，故错误。

标签： 政府采购程序　采购预算

难易程度： 易★

46. 采用竞争性谈判方式采购的，谈判小组所有成员应集中与单一供应商分别进行谈判。（　　）

答案： 正确

解析：《中华人民共和国政府采购法》第三十八条：

……

（四）谈判。谈判小组所有成员集中与单一供应商分别进行谈判。在谈判中，谈判的任何一方不得透露与谈判有关的其他供应商的技术资料、价格和其他信息。谈判文件有实质性变动的，谈判小组应当以书面形式通知所有参加谈判的供应商。

标签： 政府采购程序　竞争性谈判

难易程度： 易★

47. 投诉人对政府采购监督管理部门的投诉处理决定不服的，可以依法申请行政复议或者向人民法院提起行政诉讼。（　　）

答案： 正确

解析：《中华人民共和国政府采购法》第五十八条：投诉人对政府采购监督管理部门的投诉处理决定不服或者政府采购监督管理部门逾期未作处理的，可以依法申请行政复议或者向人民法院提起行政诉讼。

标签： 质疑与投诉　行政复议　行政诉讼

难易程度： 易★

48. 政府采购监督管理部门、政府采购各当事人有关政府采购活动，应当接受审计机关的审计监督。 （　　）

答案： 正确

解析： 《中华人民共和国政府采购法》第六十八条：审计机关应当对政府采购进行审计监督。政府采购监督管理部门、政府采购各当事人有关政府采购活动，应当接受审计机关的审计监督。

标签： 监督检查　审计监督

难易程度： 易★

49. 采购人未依法公布政府采购项目的采购标准和采购结果的，对直接负责的主管人员依法给予处分。 （　　）

答案： 正确

解析： 《中华人民共和国政府采购法》第七十五条：采购人未依法公布政府采购项目的采购标准和采购结果的，责令改正，对直接负责的主管人员依法给予处分。

标签： 法律责任　采购人

难易程度： 易★

50. 政府采购监督管理部门的工作人员在实施监督检查中违反本法规定滥用职权，玩忽职守，徇私舞弊的，依法追究刑事责任。 （　　）

答案： 错误

解析： 《中华人民共和国政府采购法》第八十条：政府采购监督管理部门的工作人员在实施监督检查中违反本法规定滥用职权，玩忽职守，徇私舞弊的，依法给予行政处分；构成犯罪的，依法追究刑事责任。

标签： 法律责任　监督管理部门

难易程度： 易★

51. 政府采购监督管理部门对供应商的投诉逾期未作处理的，给予直接负责的主管人员和其他直接责任人员行政处分。 （　　）

答案： 正确

解析:《中华人民共和国政府采购法》第八十一条:政府采购监督管理部门对供应商的投诉逾期未作处理的,给予直接负责的主管人员和其他直接责任人员行政处分。

标签: 法律责任 监督管理部门

难易程度: 易★

52. 任何单位或者个人阻挠和限制供应商进入本地区或者本行业政府采购市场的,责令限期改正。 （　　）

答案: 正确

解析:《中华人民共和国政府采购法》第八十三条:任何单位或者个人阻挠和限制供应商进入本地区或者本行业政府采购市场的,责令限期改正;拒不改正的,由该单位、个人的上级行政主管部门或者有关机关给予单位责任人或者个人处分。

标签: 法律责任

难易程度: 易★

53. 纳入集中采购目录的政府采购项目,应当实行集中采购。 （　　）

答案: 正确

解析:《中华人民共和国政府采购法》第七条第三款:纳入集中采购目录的政府采购项目,应当实行集中采购。

标签: 政府采购项目 集中采购目录 集中采购

难易程度: 易★

54. 货物或服务添购资金总额不超过原合同采购金额百分之八的,可以采用单一来源方式采购。 （　　）

答案: 错误

解析:《中华人民共和国政府采购法》第三十一条:符合下列情形之一的货物或者服务,可以依照本法采用单一来源方式采购:

……

（三）必须保证原有采购项目一致性或者服务配套的要求,需要继续从原供应商处添购，且添购资金总额不超过原合同采购金额百分之十的。

标签： 政府采购方式　单一来源采购

难易程度： 中★★

55. 采用竞争性谈判方式采购的，谈判文件应当明确谈判程序、谈判内容、合同草案的条款以及评定成交的标准等事项。　　　　　　（　　）

答案： 正确

解析：《中华人民共和国政府采购法》第三十八条：采用竞争性谈判方式采购的，应当遵循下列程序：

……

（二）制定谈判文件。谈判文件应当明确谈判程序、谈判内容、合同草案的条款以及评定成交的标准等事项。

标签： 政府采购程序　竞争性谈判

难易程度： 易★

56. 由采购代理机构以采购人名义签订合同的，应当提交采购人的授权委托书，作为合同附件。　　　　　　　　　　　　　　　　（　　）

答案： 正确

解析：《中华人民共和国政府采购法》第四十三条第二款：采购人可以委托采购代理机构代表其与供应商签订政府采购合同。由采购代理机构以采购人名义签订合同的，应当提交采购人的授权委托书，作为合同附件。

标签： 政府采购合同　采购代理机构

难易程度： 易★

57. 采购人委托采购代理机构采购的，供应商不应向采购代理机构提出询问或者质疑，而应直接与采购人沟通。　　　　　　　　　　　（　　）

答案： 错误

解析：《中华人民共和国政府采购法》第五十四条：采购人委托采购代理机构采购的，供应商可以向采购代理机构提出询问或者质疑，采购代理机构应当依照本法第五十一条、第五十三条的规定就采购人委托授权范围内的事项作出答复。

标签：质疑与投诉 采购代理机构

难易程度：易★

58. 在政府采购活动中，政府采购项目的采购标准应当公开。 （ ）

答案：正确

解析：《中华人民共和国政府采购法》第六十三条：政府采购项目的采购标准应当公开。采用本法规定的采购方式的，采购人在采购活动完成后，应当将采购结果予以公布。

标签：监督检查 采购标准

难易程度：易★

59. 某预算单位于 2019 年 3 月 8 日在网站公开发布招标公告，公告声明"投标文件提交的截止日期为 2019 年 3 月 19 日"。 （ ）

答案：错误

解析：《中华人民共和国政府采购法》第三十五条：货物和服务项目实行招标方式采购的，自招标文件开始发出之日起至投标人提交投标文件截止之日止，不得少于二十日。

标签：政府采购程序 招标 等标期

难易程度：中★★

60. 供应商对政府采购活动事项有疑问的，可以向采购人提出询问，采购人答复的内容不得涉及商业秘密。 （ ）

答案：正确

解析：《中华人民共和国政府采购法》第五十一条：供应商对政府采购活动事项有疑问的，可以向采购人提出询问，采购人应当及时作出答复，但答复的内容不得涉及商业秘密。

标签：质疑与投诉 供应商 询问

难易程度：易★

61. 采购人必须按照《中华人民共和国政府采购法》规定的采购方式和采购程序进行采购。   （   ）

答案：正确

解析：《中华人民共和国政府采购法》第六十四条第一款：采购人必须按照本法规定的采购方式和采购程序进行采购。

标签：监督检查

难易程度：易★

62. 任何单位和个人不得违反《中华人民共和国政府采购法》规定，要求采购人或者采购工作人员向其指定的供应商进行采购。   （   ）

答案：正确

解析：《中华人民共和国政府采购法》第六十四条第二款：任何单位和个人不得违反本法规定，要求采购人或者采购工作人员向其指定的供应商进行采购。

标签：监督检查

难易程度：易★

63. 政府采购监督管理部门应当对政府采购项目的采购活动进行检查，政府采购当事人应当如实反映情况，提供有关材料。   （   ）

答案：正确

解析：《中华人民共和国政府采购法》第六十五条：政府采购监督管理部门应当对政府采购项目的采购活动进行检查，政府采购当事人应当如实反映情况，提供有关材料。

标签：监督检查

难易程度：易★

64. 依照法律、行政法规的规定对政府采购负有行政监督职责的政府有关部门，应当按照其职责分工，加强对政府采购活动的监督。   （   ）

答案：正确

解析：《中华人民共和国政府采购法》第六十七条：依照法律、行政法规的规定对政府采购负有行政监督职责的政府有关部门，应当按照其职责分工，加强对政府采购活动的监督。

标签：监督检查

难易程度：易★

65. 监察机关应当加强对参与政府采购活动的国家机关、国家公务员和国家行政机关任命的其他人员实施监察。 （ ）

答案：正确

解析：《中华人民共和国政府采购法》第六十九条：监察机关应当加强对参与政府采购活动的国家机关、国家公务员和国家行政机关任命的其他人员实施监察。

标签：监督检查

难易程度：易★

66. 任何单位和个人对政府采购活动中的违法行为，有权控告和检举。

（ ）

答案：正确

解析：《中华人民共和国政府采购法》第七十条：任何单位和个人对政府采购活动中的违法行为，有权控告和检举，有关部门、机关应当依照各自职责及时处理。

标签：监督检查

难易程度：易★

67. 采购人、采购代理机构及其工作人员有与供应商或者采购代理机构恶意串通情形的，若未确定中标、成交供应商，应终止采购活动。 （ ）

答案：正确

解析：《中华人民共和国政府采购法》第七十二条：采购人、采购代理机构及其工作人员有下列情形之一，构成犯罪的，依法追究刑事责任；尚不构成犯罪的，处以罚款，有违法所得的，并处没收违法所得，属于国家机关工作人员的，依法给予行政处分：

（一）与供应商或者采购代理机构恶意串通的；

（二）在采购过程中接受贿赂或者获取其他不正当利益的；

（三）在有关部门依法实施的监督检查中提供虚假情况的；

（四）开标前泄露标底的。

《中华人民共和国政府采购法》第七十三条：有前两条违法行为之一影响中标、成交结果或者可能影响中标、成交结果的，按下列情况分别处理：

（一）未确定中标、成交供应商的，终止采购活动；

……

标签： 法律责任　供应商

难易程度： 易★

68. 在中华人民共和国境内进行的政府采购适用《中华人民共和国政府采购法》。　　　　　　　　　　　　　　　　　　　　（　　　）

答案： 正确

解析：《中华人民共和国政府采购法》第二条第一款：在中华人民共和国境内进行的政府采购适用本法。

标签： 政府采购法　适用范围

难易程度： 易★

69. 各级人民政府财政部门是负责政府采购监督管理的部门，依法履行对政府采购活动的监督管理职责。　　　　　　　　　　　　（　　　）

答案： 正确

解析：《中华人民共和国政府采购法》第十三条第一款：各级人民政府财政部门是负责政府采购监督管理的部门，依法履行对政府采购活动的监督管理职责。

标签： 财政部门　监督管理

难易程度： 易★

70. 集中采购机构根据采购人的委托办理采购事宜。　　　　（　　　）

答案： 正确

解析：《中华人民共和国政府采购法》第十六条第二款：集中采购机构是非营利事业法人，根据采购人的委托办理采购事宜。

标签： 政府采购当事人 集中采购机构

难易程度： 易★

71. 政府采购当事人不得相互串通损害国家利益、社会公共利益和其他当事人的合法权益。 （ ）

答案： 正确

解析：《中华人民共和国政府采购法》第二十五条第一款：政府采购当事人不得相互串通损害国家利益、社会公共利益和其他当事人的合法权益；不得以任何手段排斥其他供应商参与竞争。

标签： 政府采购当事人

难易程度： 易★

72. 采购代理机构不得以向采购人行贿或者采取其他不正当手段谋取非法利益。 （ ）

答案： 正确

解析：《中华人民共和国政府采购法》第二十五条第三款：采购代理机构不得以向采购人行贿或者采取其他不正当手段谋取非法利益。

标签： 政府采购当事人

难易程度： 易★

73. 在政府采购活动中，采购代理机构与行政机关不得存在隶属关系或者其他利益关系。 （ ）

答案： 正确

解析：《中华人民共和国政府采购法》第六十条第二款：采购代理机构与行政机关不得存在隶属关系或者其他利益关系。

标签： 监督检查 采购代理机构

难易程度： 易★

74. 国务院政府采购监督管理部门应当会同国务院有关部门，规定政府采购合同必须具备的条款。　　　　　　　　　　　　（　　）

答案： 正确

解析：《中华人民共和国政府采购法》第四十五条：国务院政府采购监督管理部门应当会同国务院有关部门，规定政府采购合同必须具备的条款。

标签： 政府采购合同　监督管理部门

难易程度： 易★

75. 中标、成交通知书发出后，采购人改变中标、成交结果的，应当依法承担法律责任。　　　　　　　　　　　　　　　　　（　　）

答案： 正确

解析：《中华人民共和国政府采购法》第四十六条第二款：中标、成交通知书对采购人和中标、成交供应商均具有法律效力。中标、成交通知书发出后，采购人改变中标、成交结果的，或者中标、成交供应商放弃中标、成交项目的，应当依法承担法律责任。

标签： 政府采购合同

难易程度： 易★

76. 某单位规定政府采购文件的保存期限为从采购结束之日起保存十年。

（　　）

答案： 错误

解析：《中华人民共和国政府采购法》第四十二条第一款：采购人、采购代理机构对政府采购项目每项采购活动的采购文件应当妥善保存，不得伪造、变造、隐匿或者销毁。采购文件的保存期限为从采购结束之日起至少保存十五年。

标签： 政府采购程序　采购文件保存

难易程度： 易★

77. 招标采购中，投标人的报价均超过了采购预算，采购人不能支付的，应予废标。　　　　　　　　　　　　　　　　　　　（　　）

答案：正确

解析：《中华人民共和国政府采购法》第三十六条：在招标采购中，出现下列情形之一的，应予废标：

（一）符合专业条件的供应商或者对招标文件作实质响应的供应商不足三家的；

（二）出现影响采购公正的违法、违规行为的；

（三）投标人的报价均超过了采购预算，采购人不能支付的；

（四）因重大变故，采购任务取消的。废标后，采购人应当将废标理由通知所有投标人。

标签：政府采购程序　招标　废标情形

难易程度：易★

78. 某市政府采购监督管理部门在处理投诉事项期间，书面通知采购人暂停采购活动，暂停时间为三十五日，此举符合规定。　　　　　（　　）

答案：错误

解析：《中华人民共和国政府采购法》第五十七条：政府采购监督管理部门在处理投诉事项期间，可以视具体情况书面通知采购人暂停采购活动，但暂停时间最长不得超过三十日。

标签：质疑与投诉　监督管理部门

难易程度：易★

79. 某供应商于 2020 年 11 月 2 日通过合法途径获取了某政府采购项目的采购文件，发现文件中有某项条款对自身权益造成损害，因内部事项耽搁，于 2020 年 12 月 1 日以书面形式向采购人质疑，采购文件发售期截至 2020 年 11 月 12 日，此举符合《中华人民共和国政府采购法》相关规定。　（　　）

答案：错误

解析：《中华人民共和国政府采购法》第五十二条：供应商认为采购文件、采购过程和中标、成交结果使自己的权益受到损害的，可以在知道或者应知其权益受到损害之日起七个工作日内，以书面形式向采购人提出质疑。

标签：质疑与投诉

难易程度：中★★

80. 某医院 2020 年 8 月 2 日收到供应商对于采购过程中其权益被侵害的书面质疑，于 2020 年 8 月 15 日对其作出答复，此举符合《中华人民共和国政府采购法》相关规定。　　　　　　　　　　　　（　　）

答案：错误

解析：《中华人民共和国政府采购法》第五十三条：采购人应当在收到供应商的书面质疑后七个工作日内作出答复，并以书面形式通知质疑供应商和其他有关供应商，但答复的内容不得涉及商业秘密。

标签：质疑与投诉

难易程度：中★★

81. 政府采购活动中，针对供应商的书面质疑，采购人的答复应当以书面形式通知质疑供应商和其他有关供应商。　　　　　　　　（　　）

答案：正确

解析：《中华人民共和国政府采购法》第五十三条：采购人应当在收到供应商的书面质疑后七个工作日内作出答复，并以书面形式通知质疑供应商和其他有关供应商，但答复的内容不得涉及商业秘密。

标签：质疑与投诉　采购人

难易程度：易★

82. 政府采购的采购人包括国有企业。　　　　　　　　　　（　　）

答案：错误

解析：《中华人民共和国政府采购法》第十五条：采购人是指依法进行政府采购的国家机关、事业单位、团体组织。

标签：政府采购当事人

难易程度：易★

83. 政府采购监督管理部门应当对集中采购机构的采购价格、节约资金效果、服务质量、信誉状况、有无违法行为等事项进行考核。　　（　　）

答案：正确

解析：《中华人民共和国政府采购法》第六十六条：政府采购监督管理部门应当对集中采购机构的采购价格、节约资金效果、服务质量、信誉状况、有无违法行为等事项进行考核，并定期如实公布考核结果。

标签：监督检查　考核

难易程度：易★

84. 针对应当实行集中采购的政府采购项目，采购人不委托集中采购机构实行集中采购且拒不改正的，停止按预算向其支付资金。　　　　　　　（　　）

答案：正确

解析：《中华人民共和国政府采购法》第七十四条：采购人对应当实行集中采购的政府采购项目，不委托集中采购机构实行集中采购的，由政府采购监督管理部门责令改正；拒不改正的，停止按预算向其支付资金，由其上级行政主管部门或者有关机关依法给予其直接负责的主管人员和其他直接责任人员处分。

标签：法律责任　采购人

难易程度：易★

85. 供应商拒绝有关部门监督检查或者提供虚假情况的，列入不良行为记录名单，在一至三年内禁止参加政府采购活动。　　　　　　　　　（　　）

答案：正确

解析：《中华人民共和国政府采购法》第七十七条第一款：供应商有下列情形之一的，处以采购金额千分之五以上千分之十以下的罚款，列入不良行为记录名单，在一至三年内禁止参加政府采购活动，有违法所得的，并处没收违法所得，情节严重的，由工商行政管理机关吊销营业执照；构成犯罪的，依法追究刑事责任：

……

（六）拒绝有关部门监督检查或者提供虚假情况的。

标签：法律责任　供应商

难易程度：难★★★

86. 供应商拒绝有关部门监督检查或者提供虚假情况且情节严重的，由工商行政管理机关吊销营业执照。 （　　）

答案： 正确

解析：《中华人民共和国政府采购法》第七十七条第一款：供应商有下列情形之一的，处以采购金额千分之五以上千分之十以下的罚款，列入不良行为记录名单，在一至三年内禁止参加政府采购活动，有违法所得的，并处没收违法所得，情节严重的，由工商行政管理机关吊销营业执照；构成犯罪的，依法追究刑事责任：

……

（六）拒绝有关部门监督检查或者提供虚假情况的。

标签： 法律责任　供应商

难易程度： 易★

87. 集中采购机构在政府采购监督管理部门考核中，虚报业绩，隐瞒真实情况且情节严重的，取消其代理采购的资格。 （　　）

答案： 正确

解析：《中华人民共和国政府采购法》第八十二条第二款：集中采购机构在政府采购监督管理部门考核中，虚报业绩，隐瞒真实情况的，处以二万元以上二十万元以下的罚款，并予以通报；情节严重的，取消其代理采购的资格。

标签： 法律责任　集中采购机构

难易程度： 中★★

88.《中华人民共和国政府采购法》中所指的采购工程的范围包括建筑物和构筑物的新建、改建、扩建、装修等。 （　　）

答案： 正确

解析：《中华人民共和国政府采购法》第二条第六款：本法所称工程，是指建设工程，包括建筑物和构筑物的新建、改建、扩建、装修、拆除、修缮等。

标签： 采购对象　工程

难易程度：中★★

89. 采用竞争性谈判方式采购，确定成交供应商后，应将结果通知所有参加谈判的未成交的供应商。　　　　　　　　　　　　　　　（　　　）

答案： 正确

解析：《中华人民共和国政府采购法》第三十八条：采用竞争性谈判方式采购的，应当遵循下列程序：

……

（五）确定成交供应商。谈判结束后，谈判小组应当要求所有参加谈判的供应商在规定时间内进行最后报价，采购人从谈判小组提出的成交候选人中根据符合采购需求、质量和服务相等且报价最低的原则确定成交供应商，并将结果通知所有参加谈判的未成交的供应商。

标签： 政府采购程序　竞争性谈判

难易程度：中★★

90. 供应商认为采购文件、采购过程和中标、成交结果使自己的权益受到损害的，应以书面形式向采购人提出质疑。　　　　　　　　（　　　）

答案： 正确

解析：《中华人民共和国政府采购法》第五十二条：供应商认为采购文件、采购过程和中标、成交结果使自己的权益受到损害的，可以在知道或者应知其权益受到损害之日起七个工作日内，以书面形式向采购人提出质疑。

标签： 质疑与投诉　供应商

难易程度：易★

91. 集中采购机构为采购代理机构。　　　　　　　　　　　（　　　）

答案： 正确

解析：《中华人民共和国政府采购法》第十六条第一款：集中采购机构为采购代理机构。设区的市、自治州以上人民政府根据本级政府采购项目组织集中采购的需要设立集中采购机构。

标签：政府采购当事人　集中采购机构

难易程度：易★

92. 以联合体形式进行政府采购的，联合体各方应当共同与采购人签订采购合同，就采购合同约定的事项对采购人承担连带责任。　　（　　）

答案：正确

解析：《中华人民共和国政府采购法》第二十四条第二款：以联合体形式进行政府采购的，参加联合体的供应商均应当具备本法第二十二条规定的条件，并应当向采购人提交联合协议，载明联合体各方承担的工作和义务。联合体各方应当共同与采购人签订采购合同，就采购合同约定的事项对采购人承担连带责任。

标签：政府采购当事人　联合体

难易程度：易★

93. 审计机关应当对政府采购进行审计监督。　　（　　）

答案：正确

解析：《中华人民共和国政府采购法》第六十八条：审计机关应当对政府采购进行审计监督。政府采购监督管理部门、政府采购各当事人有关政府采购活动，应当接受审计机关的审计监督。

标签：监督检查　审计监督

难易程度：易★

94. 任何单位或者个人阻挠和限制供应商进入本地区或者本行业政府采购市场，且拒不改正的，由该单位、个人的上级行政主管部门或者有关机关给予单位责任人或者个人处分。　　（　　）

答案：正确

解析：《中华人民共和国政府采购法》第八十三条：任何单位或者个人阻挠和限制供应商进入本地区或者本行业政府采购市场的，责令限期改正；拒不改正的，由该单位、个人的上级行政主管部门或者有关机关给予单位责任人或者个人处分。

标签：法律责任

难易程度：易★

95. 采购人可以委托采购代理机构代表其与供应商签订政府采购合同。

( )

答案：正确

解析：《中华人民共和国政府采购法》第四十三条第二款：采购人可以委托采购代理机构代表其与供应商签订政府采购合同。由采购代理机构以采购人名义签订合同的，应当提交采购人的授权委托书，作为合同附件。

标签：政府采购合同 采购代理机构

难易程度：易★

96. 采购人在采购活动完成后，应当将采购结果予以公布。 ( )

答案：正确

解析：《中华人民共和国政府采购法》第六十三条：政府采购项目的采购标准应当公开。采用本法规定的采购方式的，采购人在采购活动完成后，应当将采购结果予以公布。

标签：监督检查 采购标准

难易程度：易★

97. 中标、成交通知书发出后，中标、成交供应商放弃中标、成交项目的，应当依法承担法律责任。 ( )

答案：正确

解析：《中华人民共和国政府采购法》第四十六条第二款：中标、成交通知书对采购人和中标、成交供应商均具有法律效力。中标、成交通知书发出后，采购人改变中标、成交结果的，或者中标、成交供应商放弃中标、成交项目的，应当依法承担法律责任。

标签：政府采购合同 供应商弃标

难易程度：易★

单选题

1. 下面有关《中华人民共和国政府采购法》立法目的表述不正确的是（   ）。

A. 规范政府采购行为   B. 促进廉政建设

C. 提高私人企业资金的使用效益   D. 保护采购当事人合法权利

答案： C

解析：《中华人民共和国政府采购法》第一条：为了规范政府采购行为，提高政府采购资金的使用效益，维护国家利益和社会公共利益，保护政府采购当事人的合法权益，促进廉政建设，制定本法。

标签： 政府采购法　立法目的

难易程度： 易★

2.《中华人民共和国政府采购法》所称的采购，是指以（   ）方式有偿取得货物、工程和服务的行为，包括购买、租赁、委托、雇用等。

A. 合同   B. 招标   C. 竞拍   D. 政府指令

答案： A

解析：《中华人民共和国政府采购法》第二条第四款：本法所称采购，是指以合同方式有偿取得货物、工程和服务的行为，包括购买、租赁、委托、雇用等。

标签： 采购　合同　有偿取得

难易程度： 易★

3. 以下有关政府采购的概念，表达不正确的是（   ）。

A. 政府采购对象包括集中采购目录以内的或者采购限额标准以上的货物、工程和服务

B. 政府采购对象中的服务仅包括政府自身需要的服务

C. 政府采购中的采购人包括各级国家机关、事业单位和团体组织

D. 政府采购所使用的财政性资金是指纳入预算管理的资金

答案：B

解析：《中华人民共和国政府采购法》第二条第二款：本法所称政府采购，是指各级国家机关、事业单位和团体组织，使用财政性资金采购依法制定的集中采购目录以内的或者采购限额标准以上的货物、工程和服务的行为。故 ACD 正确。加入实施条例对服务、财政性资金表述的内容。《中华人民共和国政府采购法实施条例》第二条第一款：政府采购法第二条所称财政性资金是指纳入预算管理的资金。

标签：政府采购概念

难易程度：中★★

4. 制定《中华人民共和国政府采购法》是为了规范政府采购行为，维护（　　　），保护政府采购当事人的合法权益，促进廉政建设。

A. 国家利益和消费者利益　　　　B. 国家利益和政府利益

C. 国家利益和社会公共利益　　　D. 国家利益和行业利益

答案：C

解析：《中华人民共和国政府采购法》第一条：为了规范政府采购行为，提高政府采购资金的使用效益，维护国家利益和社会公共利益，保护政府采购当事人的合法权益，促进廉政建设，制定本法。

标签：政府采购法　立法目的

难易程度：易★

5. 政府采购是指各级国家机关、事业单位和团体组织，使用（　　　）资金采购依法制定的集中采购目录以内的或者采购限额标准以上的货物、工程和服务的行为。

A. 财政　　　　B. 政府　　　　C. 预算　　　　D. 财政性

答案：D

解析：《中华人民共和国政府采购法》第二条第二款：本法所称政府采购，是指各级国家机关、事业单位和团体组织，使用财政性资金采购依法制定的集中采购目录以内的或者采购限额标准以上的货物、工程和服务的行为。

标签：政府采购概念

难易程度：易★

6. 采购单位制定的政府采购制度，下列（　　）内容可以严于政府采购相关法律法规的标准。

A. 自行采购限额标准　　　　　　B. 公开招标数额标准

C. 代理机构选择标准　　　　　　D. 政府采购合同追加限额标准

答案：C

解析：《中华人民共和国政府采购法》第八条：政府采购限额标准（包括分散采购限额标准与公开招标数额标准），属于中央预算的政府采购项目，由国务院确定并公布；属于地方预算的政府采购项目，由省、自治区、直辖市人民政府或者其授权的机构确定并公布。分散采购，是指采购人将采购限额标准以上的未列入集中采购目录的项目自行采购或者委托采购代理机构代理采购的行为，因此自行采购限额标准参照分散采购限额标准。《中华人民共和国政府采购法》第四十九条规定，"政府采购合同履行中，采购人需追加与合同标的相同的货物、工程或者服务的，在不改变合同其他条款的前提下，可以与供应商协商签订补充合同，但所有补充合同的采购金额不得超过原合同采购金额的百分之十。"因此，选项 ABD 都有相应的法律法规规定，不得随意更改，故选 C。

标签：政府采购制度　政府采购限额标准　政府采购合同

难易程度：难★★★

7. 由采购代理机构以采购人名义签订合同的，应当提交（　　），作为合同附件。

A. 采购人营业执照　　　　　　　B. 采购人介绍信

C. 供应商服务承诺　　　　　　　D. 采购人的授权委托书

答案：D

解析：《中华人民共和国政府采购法》第四十三条第二款：采购人可以委托采购代理机构代表其与供应商签订政府采购合同。由采购代理机构以采购人名义签订合同的，应当提交采购人的授权委托书，作为合同附件。

标签：政府采购合同　采购代理机构

难易程度：易★

8. 采购人和供应商之间的权利和义务，应当按照平等、（　　）的原则以合同方式约定。

A. 诚信　　　　　B. 自愿　　　　　C. 互利　　　　　D. 公开

答案：B

解析：《中华人民共和国政府采购法》第四十三条第一款：采购人和供应商之间的权利和义务，应当按照平等、自愿的原则以合同方式约定。

标签：政府采购合同　当事人权利义务

难易程度：易★

9. 采购人与中标、成交供应商应当在中标、成交通知书发出之日起（　　）日内，按照采购文件确定的事项签订政府采购合同。

A. 十　　　　　B. 十五　　　　　C. 二十　　　　　D. 三十

答案：D

解析：《中华人民共和国政府采购法》第四十六条第一款：采购人与中标、成交供应商应当在中标、成交通知书发出之日起三十日内，按照采购文件确定的事项签订政府采购合同。

标签：政府采购合同

难易程度：难★★★

10. 政府采购合同履行中，采购人可以与供应商协商签订补充合同，但所有补充合同的采购金额不得超过原合同采购金额的（　　）。

A. 百分之五　　　B. 百分之十　　　C. 百分之十五　　　D. 百分之二十

答案：B

解析：《中华人民共和国政府采购法》第四十九条：政府采购合同履行中，采购人需追加与合同标的相同的货物、工程或者服务的，在不改变合同其他条款的前提下，可以与供应商协商签订补充合同，但所有补充合同的采购金额不得超过原合同采购金额的百分之十。

标签：政府采购合同

难易程度：难★★★

11. 关于《中华人民共和国政府采购法》监督检查有关内容，以下说法错误的是（　　）。

A. 政府采购监督管理部门可以设置集中采购机构

B. 政府采购监督管理部门不得参与政府采购项目的采购活动

C. 采购人员经考核不合格的，不得继续任职

D. 集中采购机构的经办采购的人员与负责采购合同审核、验收人员的职责权限应当相互分离

答案：A

解析：《中华人民共和国政府采购法》第六十条第一款：政府采购监督管理部门不得设置集中采购机构，不得参与政府采购项目的采购活动，选项 A 错误，选项 B 正确。第六十二条第二款：集中采购机构对其工作人员应当加强教育和培训；对采购人员的专业水平、工作实绩和职业道德状况定期进行考核。采购人员经考核不合格的，不得继续任职，选项 C 正确。选项 D 正确，第六十一条：集中采购机构应当建立健全内部监督管理制度。采购活动的决策和执行程序应当明确，并相互监督、相互制约。经办采购的人员与负责采购合同审核、验收人员的职责权限应当明确，并相互分离。

标签：监督检查

难易程度：难★★★

12. 采购人、采购代理机构违反本法规定隐匿、销毁应当保存的采购文件或者伪造、变造采购文件的，由政府采购监督管理部门处以（　　）的罚款。

A. 二万元以下　　　　　　　　B. 二万元以上五万元以下

C. 二万元以上十万元以下　　　D. 五万元以上十万元以下

答案：C

解析：《中华人民共和国政府采购法》第七十六条：采购人、采购代理机构违反本法规定隐匿、销毁应当保存的采购文件或者伪造、变造采购文件的，由政府采购监督管理部门处以二万元以上十万元以下的罚款，对其直接负责

的主管人员和其他直接责任人员依法给予处分；构成犯罪的，依法追究刑事责任。

标签：法律责任 罚款金额

难易程度：中★★

13. 采购代理机构在代理政府采购业务中有违法行为的，按照有关法律规定处以罚款，可以在（ ）禁止其代理政府采购业务。

A. 一年内　　　B. 一至两年内　　C. 一至三年内　　D. 两至三年内

答案：C

解析：《中华人民共和国政府采购法》第七十八条：采购代理机构在代理政府采购业务中有违法行为的，按照有关法律规定处以罚款，可以在一至三年内禁止其代理政府采购业务，构成犯罪的，依法追究刑事责任。

标签：法律责任 采购代理机构

难易程度：难★★★

14. 集中采购机构在政府采购监督管理部门考核中，虚报业绩，隐瞒真实情况的，处以（ ）的罚款，并予以通报。

A. 二万元以上十万元以下　　　　　B. 五万元以上十万元以下

C. 二万元以上二十万元以下　　　　D. 五万元以上二十万元以下

答案：C

解析：《中华人民共和国政府采购法》第八十二条第二款：集中采购机构在政府采购监督管理部门考核中，虚报业绩，隐瞒真实情况的，处以二万元以上二十万元以下的罚款，并予以通报；情节严重的，取消其代理采购的资格。

标签：法律责任 集中采购机构

难易程度：难★★★

15. 集中采购的范围由（ ）级以上人民政府公布的集中采购目录确定。

A. 省　　　　　　B. 市　　　　　　C. 县　　　　　　D. 乡

答案： A

解析：《中华人民共和国政府采购法》第七条第一款：集中采购的范围由省级以上人民政府公布的集中采购目录确定。

标签： 集中采购　集中采购目录

难易程度： 易★

16. 下列有关政府采购代理机构的说法错误的是（　　）。

A. 采购人可以委托集中采购机构以外的采购代理机构，在委托的范围内办理政府采购事宜

B. 上级部门可以为采购人指定采购代理机构

C. 采购人依法委托采购代理机构办理采购事宜的，应当由采购人与采购代理机构签订委托代理协议

D. 采购人有权自行选择采购代理机构，任何单位和个人不得以任何方式为采购人指定采购代理机构

答案： B

解析：《中华人民共和国政府采购法》第十九条：采购人可以委托集中采购机构以外的采购代理机构，在委托的范围内办理政府采购事宜。采购人有权自行选择采购代理机构，任何单位和个人不得以任何方式为采购人指定采购代理机构。第二十条：采购人依法委托采购代理机构办理采购事宜的，应当由采购人与采购代理机构签订委托代理协议，依法确定委托代理的事项，约定双方的权利义务。

标签： 政府采购当事人

难易程度： 中★★

17. 下列有关政府采购供应商说法错误的是（　　）。

A. 采购人可以要求参加政府采购的供应商提供资质证明文件

B. 采购人可以要求参加政府采购的供应商提供业绩情况

C. 采购人可以对参加政府采购的供应商所处地域进行要求

D. 采购人可以根据《中华人民共和国政府采购法》规定，对供应商进行特定要求，对供应商的资格进行审查

答案： C

解析：《中华人民共和国政府采购法》第二十三条：采购人可以要求参加政府采购的供应商提供有关资质证明文件和业绩情况，并根据本法规定的供应商条件和采购项目对供应商的特定要求，对供应商的资格进行审查。故ABD 正确。第二十二条第二款：采购人可以根据采购项目的特殊要求，规定供应商的特定条件，但不得以不合理的条件对供应商实行差别待遇或者歧视待遇。故 C 错误。

标签： 政府采购当事人　采购人　供应商　资格条件
难易程度： 中★★

18.（　　）个以上的自然人、法人或者其他组织可以组成一个联合体，以一个供应商的身份共同参加政府采购。

A. 2　　　　　　B. 3　　　　　　C. 4　　　　　　D. 5

答案： A

解析：《中华人民共和国政府采购法》第二十四条第一款：两个以上的自然人、法人或者其他组织可以组成一个联合体，以一个供应商的身份共同参加政府采购。

标签： 政府采购当事人　供应商
难易程度： 易★

19. 下列属于政府采购的主要采购方式的是（　　　）。

A. 邀请招标　　　B. 公开招标　　　C. 竞争性谈判　　　D. 单一来源采购

答案： B

解析：《中华人民共和国政府采购法》第二十六条：政府采购采用以下方式：

（一）公开招标；

（二）邀请招标；

（三）竞争性谈判；

（四）单一来源采购；

（五）询价；

（六）国务院政府采购监督管理部门认定的其他采购方式。公开招标应作为政府采购的主要采购方式。

标签： 政府采购方式

难易程度： 易★

20. 下列情形的货物或者服务，可以依照《中华人民共和国政府采购法》采用邀请招标方式采购的是（　　　）。

A. 某大型器械，采用公开招标方式的费用占政府采购项目总价值的10%

B. 某特殊设备，只能有限范围的供应商处采购

C. 某消耗型用品，经常由某供应商提供

D. 某日常办公用品，某供应商承诺给予合同外折扣

答案： B

解析： 《中华人民共和国政府采购法》第二十九条：符合下列情形之一的货物或者服务，可以依照本法采用邀请招标方式采购：

（一）具有特殊性，只能从有限范围的供应商处采购的；

（二）采用公开招标方式的费用占政府采购项目总价值的比例过大的。

标签： 政府采购方式　邀请招标

难易程度： 中★★

21. 货物或者服务项目采取邀请招标方式采购的，采购人应当从符合相应资格条件的供应商中，通过随机方式选择（　　　）家以上的供应商，并向其发出投标邀请书。

A. 一　　　　　　B. 二　　　　　　C. 三　　　　　　D. 四

答案： C

解析： 《中华人民共和国政府采购法》第三十四条：货物或者服务项目采取邀请招标方式采购的，采购人应当从符合相应资格条件的供应商中，通过随机方式选择三家以上的供应商，并向其发出投标邀请书。

标签： 政府采购程序　邀请招标

难易程度： 中★★

22. 货物和服务项目实行招标方式采购的，自招标文件开始发出之日起至投标人提交投标文件截止之日止，不得少于（　　）日。

A. 十　　　　　B. 十五　　　　　C. 二十　　　　　D. 三十

答案： C

解析：《中华人民共和国政府采购法》第三十五条：货物和服务项目实行招标方式采购的，自招标文件开始发出之日起至投标人提交投标文件截止之日止，不得少于二十日。

标签： 政府采购程序　招标　等标期

难易程度： 难★★★

23. 采用竞争性谈判方式采购的，应成立谈判小组，谈判小组由采购人的代表和有关专家共（　　）人以上的单数组成，其中专家的人数不得少于成员总数的（　　）。

A. 三；二分之一　　　　　B. 四；三分之一

C. 三；三分之二　　　　　D. 四；二分之一

答案： C

解析：《中华人民共和国政府采购法》第三十八条：采用竞争性谈判方式采购的，应当遵循下列程序：

（一）成立谈判小组。谈判小组由采购人的代表和有关专家共三人以上的单数组成，其中专家的人数不得少于成员总数的三分之二。

标签： 政府采购程序　竞争性谈判

难易程度： 难★★★

24. 采用竞争性谈判方式采购的，谈判小组从符合相应资格条件的供应商名单中确定不少于（　　）家的供应商参加谈判，并向其提供谈判文件。

A. 二　　　　　B. 三　　　　　C. 四　　　　　D. 五

答案： B

解析：《中华人民共和国政府采购法》第三十八条：采用竞争性谈判方式采购的，应当遵循下列程序：

……

（三）确定邀请参加谈判的供应商名单。谈判小组从符合相应资格条件的供应商名单中确定不少于三家的供应商参加谈判，并向其提供谈判文件。

标签： 政府采购程序　竞争性谈判

难易程度： 易★

25. 采用竞争性谈判方式进行政府采购的，涉及五个程序：（1）确定成交供应商；（2）确定邀请参加谈判的供应商名单；（3）制定谈判文件；（4）谈判；（5）成立谈判小组。按先后顺序排列正确的是（　　）。

A. （5）（3）（2）（4）（1）　　　　B. （3）（5）（2）（4）（1）

C. （2）（3）（5）（4）（1）　　　　D. （2）（5）（3）（4）（1）

答案： A

解析： 《中华人民共和国政府采购法》第三十八条：采用竞争性谈判方式采购的，应当遵循下列程序：

（一）成立谈判小组。

（二）制定谈判文件。

（三）确定邀请参加谈判的供应商名单。

（四）谈判。

（五）确定成交供应商。

标签： 政府采购程序　竞争性谈判

难易程度： 难★★★

26. 采购人、采购代理机构对政府采购项目每项采购活动的采购文件应当妥善保存，采购文件的保存期限为从采购结束之日起至少保存（　　）年。

A. 五　　　　　　B. 十　　　　　　C. 十五　　　　　　D. 二十

答案： C

解析： 《中华人民共和国政府采购法》第四十二条第一款：采购人、采购代理机构对政府采购项目每项采购活动的采购文件应当妥善保存，不得伪造、变造、隐匿或者销毁。采购文件的保存期限为从采购结束之日起至少保存十五年。

标签： 政府采购程序　文件保存

难易程度： 中★★

27. 集中采购机构在政府采购监督管理部门考核中，虚报业绩，隐瞒真实情况的，处以（ ）万元以上（ ）万元以下的罚款。

A. 二；二十　　　B. 三；二十　　　C. 二；三十　　　D. 三；二十

答案：A

解析：《中华人民共和国政府采购法》第八十二条第二款：集中采购机构在政府采购监督管理部门考核中，虚报业绩，隐瞒真实情况的，处以二万元以上二十万元以下的罚款，并予以通报；情节严重的，取消其代理采购的资格。

标签：法律责任　集中采购机构

难易程度：中★★

28. 采购人应当在收到供应商的书面质疑后（ ）个工作日内作出答复。

A. 五　　　　　B. 七　　　　　C. 十　　　　　D. 十五

答案：B

解析：《中华人民共和国政府采购法》第五十三条：采购人应当在收到供应商的书面质疑后七个工作日内作出答复。

标签：质疑与投诉　采购人

难易程度：中★★

29. 质疑供应商对采购人、采购代理机构的答复不满意或者采购人、采购代理机构未在规定的时间内作出答复的，可以在答复期满后（ ）个工作日内提出投诉。

A. 七　　　　　B. 十　　　　　C. 十五　　　　　D. 二十

答案：C

解析：《中华人民共和国政府采购法》第五十五条：质疑供应商对采购人、采购代理机构的答复不满意或者采购人、采购代理机构未在规定的时间内作出答复的，可以在答复期满后十五个工作日内向同级政府采购监督管理部门投诉。

标签：质疑与投诉　供应商

难易程度：中★★

30. 政府采购监督管理部门应当在收到投诉后（　　）个工作日内，对投诉事项作出处理决定，并以书面形式通知投诉人和与投诉事项有关的当事人。

A. 七　　　　　B. 十　　　　　C. 二十　　　　　D. 三十

答案：D

解析：《中华人民共和国政府采购法》第五十六条：政府采购监督管理部门应当在收到投诉后三十个工作日内，对投诉事项作出处理决定，并以书面形式通知投诉人和与投诉事项有关的当事人。

标签：质疑与投诉　监督管理部门

难易程度：中★★

31. 政府采购监督管理部门在处理投诉事项期间，可以视具体情况书面通知采购人暂停采购活动，但暂停时间最长不得超过（　　）日。

A. 三十　　　　　B. 五十　　　　　C. 六十　　　　　D. 九十

答案：A

解析：《中华人民共和国政府采购法》第五十七条：政府采购监督管理部门在处理投诉事项期间，可以视具体情况书面通知采购人暂停采购活动，但暂停时间最长不得超过三十日。

标签：质疑与投诉　监督管理部门

难易程度：中★★

32. 下列有关政府采购合同的相关说法错误的是（　　）。

A. 政府采购合同的双方当事人不得擅自变更、中止或者终止合同

B. 中标、成交供应商不能采取分包方式履行合同

C. 政府采购合同适用《中华人民共和国民法典》合同编

D. 政府采购合同继续履行将损害国家利益和社会公共利益的，双方当事人应当变更、中止或者终止合同

答案：B

解析：《中华人民共和国政府采购法》第五十条第一款：政府采购合同的双方当事人不得擅自变更、中止或者终止合同。A 正确。第四十八条第一款：

经采购人同意，中标、成交供应商可以依法采取分包方式履行合同。B 错误。第四十三条第一款：政府采购合同适用合同法。C 正确。第五十条第二款：政府采购合同继续履行将损害国家利益和社会公共利益的，双方当事人应当变更、中止或者终止合同。D 正确。

标签：政府采购合同 政府采购当事人

难易程度：中★★

33. 政府采购合同应采取如下哪种形式（　　　）。

A. 电子　　　　B. 书面　　　　C. 书面及电子　　D. 书面或电子

答案：B

解析：《中华人民共和国政府采购法》第四十四条：政府采购合同应当采用书面形式。

标签：政府采购合同

难易程度：易★

34. 政府采购项目的采购合同自签订之日起七个工作日内，采购人应当将合同副本报（　　　）政府采购监督管理部门和有关部门备案。

A. 各级　　　　B. 上级　　　　C. 同级　　　　D. 下级

答案：C

解析：《中华人民共和国政府采购法》第四十七条：政府采购项目的采购合同自签订之日起七个工作日内，采购人应当将合同副本报同级政府采购监督管理部门和有关部门备案。

标签：政府采购合同

难易程度：易★

35. 货物或者服务项目采取邀请招标方式采购的，采购人应当从符合相应资格条件的供应商中，通过（　　　）方式选择供应商，并向其发出投标邀请书。

A. 轮候　　　　B. 随机　　　　C. 评比　　　　D. 评估

答案：B

解析：《中华人民共和国政府采购法》第三十四条：货物或者服务项目采取邀请招标方式采购的，采购人应当从符合相应资格条件的供应商中，通过随机方式选择三家以上的供应商，并向其发出投标邀请书。

标签：政府采购程序　采购人

难易程度：易★

36. 供应商认为采购文件、采购过程和中标、成交结果使自己的权益受到损害的，可以在知道或者应知其权益受到损害之日起（　　）个工作日内，向采购人提出质疑。

A. 五　　　　　　B. 七　　　　　　C. 十　　　　　　D. 十五

答案：B

解析：《中华人民共和国政府采购法》第五十二条：供应商认为采购文件、采购过程和中标、成交结果使自己的权益受到损害的，可以在知道或者应知其权益受到损害之日起七个工作日内，以书面形式向采购人提出质疑。

标签：质疑与投诉　供应商

难易程度：中★★

多选题

1. 下面有关《中华人民共和国政府采购法》立法目的表述正确的有（　　）。

A. 规范政府采购行为

B. 促进廉政建设

C. 提高私人企业资金的使用效益

D. 保护采购当事人合法权利

E. 促进产品与要素市场均衡

答案：ABD

解析：《中华人民共和国政府采购法》第一条：为了规范政府采购行为，

提高政府采购资金的使用效益，维护国家利益和社会公共利益，保护政府采购当事人的合法权益，促进廉政建设，制定本法。

标签： 政府采购法　立法目的

难易程度： 中★★

2. 不适用《中华人民共和国政府采购法》的情形有（　　　）。

A. 使用国际组织贷款进行的政府采购

B. 军事采购

C. 因严重自然灾害和其他不可抗力事件所实施的紧急采购

D. 涉及国家安全和秘密的采购

E. 使用外国政府贷款进行的政府采购

答案： BCD

解析： 《中华人民共和国政府采购法》第八十四条：使用国际组织和外国政府贷款进行的政府采购，贷款方、资金提供方与中方达成的协议对采购的具体条件另有规定的，可以适用其规定，但不得损害国家利益和社会公共利益。故 AE 并未强制不适用《中华人民共和国政府采购法》。第八十五条：对因严重自然灾害和其他不可抗力事件所实施的紧急采购和涉及国家安全和秘密的采购，不适用本法。故 CD 当选。第八十六条：军事采购法规由中央军事委员会另行制定。故 B 当选。

标签： 政府采购法　不适用情形

难易程度： 中★★

3. 政府采购应该遵循的原则包括（　　　）。

A. 公开透明原则　　　B. 公平竞争原则　　　C. 公正原则

D. 诚实信用原则　　　E. 协商合作原则

答案： ABCD

解析： 《中华人民共和国政府采购法》第三条：政府采购应当遵循公开透明原则、公平竞争原则、公正原则和诚实信用原则。

标签： 采购原则

难易程度： 中★★

4. 政府采购法规定，政府采购应当采购本国货物、工程和服务，但有下列（　　）情形的除外。

A. 需要采购的货物、工程或者服务在中国国境内无法获取

B. 需要采购的货物、工程或者服务在中国国境内无法以合理的商业条件获取

C. 需要采购的货物、工程或者服务在中国境内只能从唯一的供应商处获取

D. 为在中国境外使用而进行采购的

E. 其他法律、行政法规另有规定的

答案： ABDE

解析：《中华人民共和国政府采购法》第十条第一款：政府采购应当采购本国货物、工程和服务，但有下列情形之一的除外：

（一）需要采购的货物、工程或者服务在中国境内无法获取或者无法以合理的商业条件获取的；

（二）为在中国境外使用而进行采购的；

（三）其他法律、行政法规另有规定的。

标签： 例外情形

难易程度： 中★★

5. 政府采购应当有助于实现国家的经济和社会发展政策目标，具体包括（　　）。

A. 保护环境　　　　B. 扶持不发达地区　　　C. 扶持少数民族地区

D. 促进中小企业发展　　E. 保护外国产品的国民待遇

答案： ABCD

解析：《中华人民共和国政府采购法》第九条：政府采购应当有助于实现国家的经济和社会发展政策目标，包括保护环境，扶持不发达地区和少数民族地区，促进中小企业发展等。

标签： 政策目标

难易程度： 易★

6. 以下各项情况中，适用于《中华人民共和国政府采购法》的有（　　）。

A. 某大学利用校友捐资为建设校图书馆而采购建筑材料

B. 经国家卫生健康委员会批准，某医院为了提高医疗水平而购买超过采购限额标准的医疗设备

C. 澳门特派办为改建办公大楼而购置电梯

D. 某市卫生局为改善办公条件购置属于集中采购目录内品目的 10 台电脑

E. 某市林业局为办公需要采购限额标准以上的货物

答案：BDE

解析：《中华人民共和国政府采购法》第二条第一款：在中华人民共和国境内进行的政府采购适用本法。第二款：本法所称政府采购，是指各级国家机关、事业单位和团体组织，使用财政性资金采购依法制定的集中采购目录以内的或者采购限额标准以上的货物、工程和服务的行为。选项 A 中资金不属于财政性资金，选项 C 中为境外采购。

标签：概念　适用范围

难易程度：难★★★

7. 根据《中华人民共和国政府采购法》的规定，采购人是指依法进行政府采购的（　　）。

A. 自然人　　　　　　B. 国家机关　　　　　　C. 事业单位

D. 团体组织　　　　　E. 国有企业

答案：BCD

解析：《中华人民共和国政府采购法》第十五条：采购人是指依法进行政府采购的国家机关、事业单位、团体组织。

标签：政府采购当事人

难易程度：难★★★

8.《中华人民共和国政府采购法》规定，采购人可以根据采购项目的特殊要求，规定供应商的特定条件，但不得以不合理的条件对供应商实行（　　）。

A. 平等待遇　　　　　B. 差别待遇　　　　　C. 优惠待遇

D. 歧视待遇　　　　E. 限制待遇

答案： BD

解析：《中华人民共和国政府采购法》第二十二条第二款：采购人可以根据采购项目的特殊要求，规定供应商的特定条件，但不得以不合理的条件对供应商实行差别待遇或者歧视待遇。

标签： 政府采购当事人　采购人

难易程度： 易★

9. 供应商参加政府采购活动应当具备以下哪些条件（　　）。

A. 有依法缴纳税收和社会保障资金的良好记录

B. 具有独立承担民事责任的能力

C. 具有履行合同所必需的设备和专业技术能力

D. 具有良好的商业信誉和健全的财务会计制度

E. 在经营活动中没有重大违法记录

答案： ABCD

解析：《中华人民共和国政府采购法》第二十二条第一款：供应商参加政府采购活动应当具备下列条件：

（一）具有独立承担民事责任的能力；

（二）具有良好的商业信誉和健全的财务会计制度；

（三）具有履行合同所必需的设备和专业技术能力；

（四）有依法缴纳税收和社会保障资金的良好记录；

（五）参加政府采购活动前三年内，在经营活动中没有重大违法记录；

（六）法律、行政法规规定的其他条件。

标签： 政府采购当事人　供应商

难易程度： 中★★

10. 供应商有下列（　　）情形的，处以采购金额千分之五以上千分之十以下的罚款，列入不良行为记录名单。

A. 提供虚假材料谋取中标、成交

B. 与采购人、其他供应商或者采购代理机构恶意串通

C. 在招标采购过程中与采购人进行协商谈判

D. 拒绝有关部门监督检查

E. 和其他供应商有竞争行为

答案： ABCD

解析：《中华人民共和国政府采购法》第七十七条第一款：供应商有下列情形之一的，处以采购金额千分之五以上千分之十以下的罚款，列入不良行为记录名单，在一至三年内禁止参加政府采购活动，有违法所得的，并处没收违法所得，情节严重的，由工商行政管理机关吊销营业执照；构成犯罪的，依法追究刑事责任：

（一）提供虚假材料谋取中标、成交的；

（二）采取不正当手段诋毁、排挤其他供应商的；

（三）与采购人、其他供应商或者采购代理机构恶意串通的；

（四）向采购人、采购代理机构行贿或者提供其他不正当利益的；

（五）在招标采购过程中与采购人进行协商谈判的；

（六）拒绝有关部门监督检查或者提供虚假情况的。

标签： 法律责任 供应商

难易程度： 中★★

11. 政府采购监督管理部门应当加强对政府采购活动及集中采购机构的监督检查。监督检查的主要内容包括（　　　）。

A. 有关政府采购的法律、行政法规和规章的执行情况

B. 采购范围

C. 采购方式

D. 采购程序的执行情况

E. 政府采购人员的收入状况

答案： ABCD

解析：《中华人民共和国政府采购法》第五十九条：政府采购监督管理部门应当加强对政府采购活动及集中采购机构的监督检查。监督检查的主要内容是：

（一）有关政府采购的法律、行政法规和规章的执行情况；

（二）采购范围、采购方式和采购程序的执行情况；

（三）政府采购人员的职业素质和专业技能。

标签：监督检查　监督管理部门

难易程度：易★

12. 采购人、采购代理机构有下列（　　）情形之一的，责令限期改正，给予警告，可以并处罚款，对直接责任人员，给予处分，并予通报。

　　A. 应当采用公开招标方式而擅自采用其他方式采购的

　　B. 以不合理的条件对供应商实行差别待遇或者歧视待遇的

　　C. 在招标采购过程中与投标人进行协商谈判的

　　D. 中标、成交通知书发出后不与中标、成交供应商签订采购合同的

答案：ABCD

解析：《中华人民共和国政府采购法》第七十一条：采购人、采购代理机构有下列情形之一的，责令限期改正，给予警告，可以并处罚款，对直接负责的主管人员和其他直接责任人员，由其行政主管部门或者有关机关给予处分，并予通报：

（一）应当采用公开招标方式而擅自采用其他方式采购的；

（二）擅自提高采购标准的；

（三）以不合理的条件对供应商实行差别待遇或者歧视待遇的；

（四）在招标采购过程中与投标人进行协商谈判的；

（五）中标、成交通知书发出后不与中标、成交供应商签订采购合同的；

（六）拒绝有关部门依法实施监督检查的。

标签：法律责任　采购人　采购代理机构

难易程度：中★★

13. 采购人、采购代理机构及其工作人员有下列（　　）情形之一，构成犯罪的，依法追究刑事责任。

　　A. 与供应商或者采购代理机构恶意串通的

　　B. 以不合理的条件对供应商实行差别待遇或者歧视待遇的

C. 开标前泄露标底的

D. 在采购过程中接受贿赂或者获取其他不正当利益的

E. 在有关部门依法实施的监督检查中提供虚假情况的

答案：ACDE

解析：《中华人民共和国政府采购法》第七十二条：采购人、采购代理机构及其工作人员有下列情形之一，构成犯罪的，依法追究刑事责任；尚不构成犯罪的，处以罚款，有违法所得的，并处没收违法所得，属于国家机关工作人员的，依法给予行政处分：

（一）与供应商或者采购代理机构恶意串通的；

（二）在采购过程中接受贿赂或者获取其他不正当利益的；

（三）在有关部门依法实施的监督检查中提供虚假情况的；

（四）开标前泄露标底的。

标签：法律责任　采购人　采购代理机构

难易程度：中★★

14. 以下属于单一来源采购方式的法定情形的有（　　　）。

A. 只能从唯一供应商处采购的

B. 通过单一来源采购公示，没有不同意见反馈

C. 发生了不可预见的紧急情况不能从其他供应商处采购的

D. 必须保证原有采购项目一致性的要求，需要继续从原有供应商处添购的，且添购资金总额不超过原合同采购金额百分之二十的

E. 从原有供应商处添购，且添购内容与原有采购项目没有服务配套要求的

答案：AC

解析：《中华人民共和国政府采购法》第三十一条：符合下列情形之一的货物或者服务，可以依照本法采用单一来源方式采购：

（一）只能从唯一供应商处采购的；

（二）发生了不可预见的紧急情况不能从其他供应商处采购的；

（三）必须保证原有采购项目一致性或者服务配套的要求，需要继续从原

供应商处添购，且添购资金总额不超过原合同采购金额百分之十的。

标签： 政府采购方式　单一来源采购

难易程度： 难★★★

15.《中华人民共和国政府采购法》所称的采购，包括（　　　）。

A. 购买　　　　　　　　B. 委托　　　　　　　　C. 雇用

D. 租赁　　　　　　　　E. 拆借

答案： ABCD

解析：《中华人民共和国政府采购法》第二条第四款：本法所称采购，是指以合同方式有偿取得货物、工程和服务的行为，包括购买、租赁、委托、雇用等。

标签： 采购　采购形式

难易程度： 中★★

16. 在政府采购活动中的如下人员，必须在活动中回避的有（　　　）。

A. 甲，招标采购中评标委员会的评标专家，与供应商有利害关系

B. 乙，询价采购中询价小组的组成人员，供应商认为其与其他供应商有利害关系

C. 丙，某单位采购人员，供应商认为其与其他供应商有利害关系

D. 丁，某单位政府采购相关人员，供应商认为其与其他供应商有利害关系

E. 戊，竞争性谈判采购中谈判小组的成员，与供应商有利害关系

答案： AE

解析：《中华人民共和国政府采购法》第十二条：在政府采购活动中，采购人员及相关人员与供应商有利害关系的，必须回避。供应商认为采购人员及相关人员与其他供应商有利害关系的，可以申请其回避。前款所称相关人员，包括招标采购中评标委员会的组成人员，竞争性谈判采购中谈判小组的组成人员，询价采购中询价小组的组成人员等。BCD属于供应商可以申请回避的情形，而不是必须回避。

标签： 公平竞争　利害关系　回避

难易程度：难★★★

17. 关于集中采购下列说法正确的有（　　）。

A. 采购人采购纳入集中采购目录的政府采购项目，必须委托集中采购机构代理采购

B. 纳入集中采购目录属于通用的政府采购项目的，应当委托集中采购机构代理采购

C. 采购未纳入集中采购目录的政府采购项目，可以自行采购，也可以委托集中采购机构在委托的范围内代理采购

D. 属于本单位有特殊要求的项目，经上级人民政府批准，可以自行采购

E. 属于本部门、本系统有特殊要求的项目，应当实行部门集中采购

答案：ABCE

解析：《中华人民共和国政府采购法》第十八条：采购人采购纳入集中采购目录的政府采购项目，必须委托集中采购机构代理采购；采购未纳入集中采购目录的政府采购项目，可以自行采购，也可以委托集中采购机构在委托的范围内代理采购。纳入集中采购目录属于通用的政府采购项目的，应当委托集中采购机构代理采购；属于本部门、本系统有特殊要求的项目，应当实行部门集中采购；属于本单位有特殊要求的项目，经省级以上人民政府批准，可以自行采购。D错误，应为省级以上人民政府。

标签： 政府采购当事人　集中采购

难易程度：中★★

18. 下列情形中的货物或者服务，可以依照《中华人民共和国政府采购法》采用竞争性谈判方式采购的有（　　）。

A. 招标后没有供应商投标或者没有合格标的或者重新招标未能成立的

B. 技术复杂或者性质特殊，不能确定详细规格或者具体要求的

C. 采用招标所需时间不能满足用户紧急需要的

D. 不能事先计算出价格总额的

E. 采用公开招标方式的费用占政府采购项目总价值的比例过大的

答案：ABCD

解析:《中华人民共和国政府采购法》第三十条:符合下列情形之一的货物或者服务,可以依照本法采用竞争性谈判方式采购:

(一)招标后没有供应商投标或者没有合格标的或者重新招标未能成立的;

(二)技术复杂或者性质特殊,不能确定详细规格或者具体要求的;

(三)采用招标所需时间不能满足用户紧急需要的;

(四)不能事先计算出价格总额的。ABCD 正确,E 为可以采用邀请招标方式采购的情形。

标签:政府采购方式 竞争性谈判

难易程度:中★★

19. 同时满足下列(   )条件的政府采购项目,可以依照《中华人民共和国政府采购法》采用询价方式进行采购。

A. 货物规格统一   B. 货物标准统一   C. 现货货源充足

D. 现货货源不足   E. 价格变化幅度小

答案:ABCE

解析:《中华人民共和国政府采购法》第三十二条:采购的货物规格、标准统一、现货货源充足且价格变化幅度小的政府采购项目,可以依照本法采用询价方式采购。

标签:政府采购方式 询价

难易程度:难★★★

20. 在招标采购中,出现下列情形之一的,应予废标的有(   )。

A. 符合专业条件的供应商或者对招标文件作实质响应的供应商不足三家的

B. 出现影响采购公正的违法、违规行为的

C. 投标人的报价均超过了采购预算,采购人不能支付的

D. 三家以上投标人的报价均超过了采购预算,采购人不能支付的

E. 因重大变故,采购任务取消的

答案:ABCE

解析：《中华人民共和国政府采购法》第三十六条第一款：在招标采购中，出现下列情形之一的，应予废标：

（一）符合专业条件的供应商或者对招标文件作实质响应的供应商不足三家的；

（二）出现影响采购公正的违法、违规行为的；

（三）投标人的报价均超过了采购预算，采购人不能支付的；

（四）因重大变故，采购任务取消的。

标签： 政府采购程序 招标

难易程度： 中★★

21. 下列有关询价采购方式的说法正确的有（　　）。

A. 询价小组由采购人的代表和有关专家共三人以上的单数组成

B. 询价小组专家的人数不得少于成员总数的二分之一

C. 询价小组根据采购需求，从符合相应资格条件的供应商名单中确定不少于三家的供应商

D. 询价小组要求被询价的供应商一次报出不得更改的价格

E. 采购人确定成交供应商，需将结果通知所有被询价的未成交的供应商

答案： ACDE

解析：《中华人民共和国政府采购法》第四十条：采取询价方式采购的，应当遵循下列程序：

（一）成立询价小组。询价小组由采购人的代表和有关专家共三人以上的单数组成，其中专家的人数不得少于成员总数的三分之二。询价小组应当对采购项目的价格构成和评定成交的标准等事项作出规定。

（二）确定被询价的供应商名单。询价小组根据采购需求，从符合相应资格条件的供应商名单中确定不少于三家的供应商，并向其发出询价通知书让其报价。

（三）询价。询价小组要求被询价的供应商一次报出不得更改的价格。

（四）确定成交供应商。采购人根据符合采购需求、质量和服务相等且报价最低的原则确定成交供应商，并将结果通知所有被询价的未成交的供应商。

标签：政府采购程序　询价

难易程度：难★★★

22. 采购活动记录至少应当包括下列哪些内容（　　　）。

A. 采购项目预算、资金构成和合同价格

B. 废标的原因

C. 采购方式，采用公开招标以外的采购方式的，应当载明原因

D. 供应商的财务状况证明

E. 采用招标以外采购方式的相应记载

答案：ABCE

解析：《中华人民共和国政府采购法》第四十二条第三款：采购活动记录至少应当包括下列内容：

（一）采购项目类别、名称；

（二）采购项目预算、资金构成和合同价格；

（三）采购方式，采用公开招标以外的采购方式的，应当载明原因；

（四）邀请和选择供应商的条件及原因；

（五）评标标准及确定中标人的原因；

（六）废标的原因；

（七）采用招标以外采购方式的相应记载。

标签：政府采购程序　采购活动记录

难易程度：中★★

第二章 《中华人民共和国政府采购法实施条例》相关试题

判 断 题

1.《中华人民共和国政府采购法实施条例》的出台，是对《中华人民共和国政府采购法》相关规定的进一步细化、明确和充实完善，对提高政府采购工作的质量和效率、促进政府采购科学管理，具有十分重要的意义。　　（　　）

答案：正确

解析：《中华人民共和国政府采购法实施条例》第一条：根据《中华人民共和国政府采购法》（以下简称政府采购法），制定本条例。

标签：立法意义　政府采购法　政府采购法实施条例

难易程度：易★

2. 以财政性资金作为还款来源的借贷资金，应以用途划分其资金属性，通常不划为财政性资金。　　　　　　　　　　　　　　　　（　　）

答案：错误

解析：《中华人民共和国政府采购法实施条例》第二条：以财政性资金作为还款来源的借贷资金，视同财政性资金。

标签：财政性资金　借贷资金

难易程度：易★

3. 由于政府采购属于财政行为，因此政府采购法第二条所称服务，仅指政府向社会公众提供的公共服务。　　　　　　　　　　　　　（　　）

答案：错误

解析：《中华人民共和国政府采购法实施条例》第二条：政府采购法第二条所称服务，包括政府自身需要的服务和政府向社会公众提供的公共服务。

标签： 采购对象　服务　公共服务

难易程度： 易★

4. 政府采购法所称分散采购，是指采购人将采购限额标准以上的未列入集中采购目录的项目自行采购或者委托采购代理机构代理采购的行为。　　（　　）

答案： 正确

解析：《中华人民共和国政府采购法实施条例》第四条：政府采购法所称集中采购，是指采购人将列入集中采购目录的项目委托集中采购机构代理采购或者进行部门集中采购的行为；所称分散采购，是指采购人将采购限额标准以上的未列入集中采购目录的项目自行采购或者委托采购代理机构代理采购的行为。

标签： 采购模式　分散采购　限额标准　代理采购

难易程度： 易★

5. 政府采购工程以及与工程建设有关的货物、服务，采用招标方式采购的，同样适用《中华人民共和国政府采购法》。　　（　　）

答案： 错误

解析：《中华人民共和国政府采购法实施条例》第七条：政府采购工程以及与工程建设有关的货物、服务，采用招标方式采购的，适用《中华人民共和国招标投标法》及其实施条例；采用其他方式采购的，适用政府采购法及本条例。

标签： 采购对象　工程　招标投标

难易程度： 易★

6. 采购项目预算金额达到国务院财政部门规定标准的，政府采购项目信息应当在项目所属地区财政部门指定的媒体上发布。　　（　　）

答案： 错误

解析：《中华人民共和国政府采购法实施条例》第八条：采购项目预算金

额达到国务院财政部门规定标准的，政府采购项目信息应当在国务院财政部门指定的媒体上发布。

标签： 预算金额 信息公开

难易程度： 中★★

7. 国家实行统一的政府采购电子交易平台建设标准，推动利用信息网络进行电子化政府采购活动。 （ ）

答案： 正确

解析：《中华人民共和国政府采购法实施条例》第十条：国家实行统一的政府采购电子交易平台建设标准，推动利用信息网络进行电子化政府采购活动。

标签： 电子交易平台 电子化政府采购

难易程度： 易★

8. 采购人在政府采购活动中应当维护国家利益和社会公共利益，公正廉洁，诚实守信，执行政府采购政策，建立政府采购内部管理制度，厉行节约，科学合理确定采购需求。 （ ）

答案： 正确

解析：《中华人民共和国政府采购法实施条例》第十一条：采购人在政府采购活动中应当维护国家利益和社会公共利益，公正廉洁，诚实守信，执行政府采购政策，建立政府采购内部管理制度，厉行节约，科学合理确定采购需求。

标签： 政府采购当事人 政府采购原则

难易程度： 易★

9. 政府采购法所称采购代理机构，是指集中采购机构。 （ ）

答案： 错误

解析：《中华人民共和国政府采购法实施条例》第十二条：政府采购法所称采购代理机构，是指集中采购机构和集中采购机构以外的采购代理机构。

标签： 政府采购当事人 采购代理机构

难易程度：易★

10. 集中采购机构应当根据采购人委托制定集中采购项目的实施方案，明确采购规程，组织政府采购活动，并可视情况将集中采购项目转委托。（ ）

答案： 错误

解析：《中华人民共和国政府采购法实施条例》第十二条：集中采购机构应当根据采购人委托制定集中采购项目的实施方案，明确采购规程，组织政府采购活动，不得将集中采购项目转委托。

标签： 政府采购当事人　集中采购机构组织采购活动

难易程度： 易★

11. 政府向社会公众提供的公共服务项目，应当就确定采购需求征求社会公众的意见。　　　　　　　　　　　　　　　　（ ）

答案： 正确

解析：《中华人民共和国政府采购法实施条例》第十五条：采购需求应当符合法律法规以及政府采购政策规定的技术、服务、安全等要求。政府向社会公众提供的公共服务项目，应当就确定采购需求征求社会公众的意见。除因技术复杂或者性质特殊，不能确定详细规格或者具体要求外，采购需求应当完整、明确。必要时，应当就确定采购需求征求相关供应商、专家的意见。

标签： 政府采购当事人　政府采购需求

难易程度： 易★

12. 采购代理机构在一定的条件下，例如发生紧急、临时性采购变更，可以超出代理权限行事，但需事后报备。　　　　　　　　　（ ）

答案： 错误

解析：《中华人民共和国政府采购法实施条例》第十六条：采购人和采购代理机构应当按照委托代理协议履行各自义务，采购代理机构不得超越代理权限。

标签： 政府采购当事人　采购代理机构权限

难易程度： 易★

13. 单位负责人为同一人或者存在直接控股、管理关系的不同供应商，不得参加同一合同项下的政府采购活动。 （   ）

答案：正确

解析：《中华人民共和国政府采购法实施条例》第十八条：单位负责人为同一人或者存在直接控股、管理关系的不同供应商，不得参加同一合同项下的政府采购活动。

标签：政府采购当事人　供应商

难易程度：易★

14. 以联合体形式参加政府采购活动的，不影响联合体各方参与同一合同项下的其他政府采购活动。 （   ）

答案：错误

解析：《中华人民共和国政府采购法实施条例》第二十二条：以联合体形式参加政府采购活动的，联合体各方不得再单独参加或者与其他供应商另外组成联合体参加同一合同项下的政府采购活动。

标签：政府采购当事人联合体投标

难易程度：易★

15. 列入集中采购目录的项目，适合实行批量集中采购的，必须实行批量集中采购。 （   ）

答案：错误

解析：《中华人民共和国政府采购法实施条例》第二十四条：列入集中采购目录的项目，适合实行批量集中采购的，应当实行批量集中采购，但紧急的小额零星货物项目和有特殊要求的服务、工程项目除外。

标签：政府采购方式批量集中采购

难易程度：易★

16. 在一个财政年度内，采购人将一个预算项目下的同一品目或者类别的货物、服务采用公开招标以外的方式多次采购，累计资金数额超过公开招标数额标准的，属于以化整为零方式规避公开招标，但项目预算调整或者经批

准采用公开招标以外方式采购除外。 （　　）

答案：正确

解析：《中华人民共和国政府采购法实施条例》第二十八条：在一个财政年度内，采购人将一个预算项目下的同一品目或者类别的货物、服务采用公开招标以外的方式多次采购，累计资金数额超过公开招标数额标准的，属于以化整为零方式规避公开招标，但项目预算调整或者经批准采用公开招标以外方式采购除外。

标签：政府采购方式　化整为零方式规避公开招标

难易程度：易★

17. 采购人或者采购代理机构应当在招标文件与谈判文件中公开采购项目预算金额，但在询价通知书中不公开。 （　　）

答案：错误

解析：《中华人民共和国政府采购法实施条例》第三十条：采购人或者采购代理机构应当在招标文件、谈判文件、询价通知书中公开采购项目预算金额。

标签：政府采购程序　信息公开

难易程度：易★

18. 在询价过程中，询价小组可依据询价结果视情况改变询价通知书所确定的政府采购合同条款。 （　　）

答案：错误

解析：《中华人民共和国政府采购法实施条例》第三十六条：询价通知书应当根据采购需求确定政府采购合同条款。在询价过程中，询价小组不得改变询价通知书所确定的政府采购合同条款。

标签：政府采购程序　询价通知书

难易程度：易★

19. 政府采购法所称质量和服务相等，是指供应商提供的产品质量和服务均能满足采购文件规定的实质性要求。 （　　）

答案：正确

解析：《中华人民共和国政府采购法实施条例》第三十七条：政府采购法第三十八条第五项、第四十条第四项所称质量和服务相等，是指供应商提供的产品质量和服务均能满足采购文件规定的实质性要求。

标签： 政府采购程序　质量和服务相等

难易程度： 易★

20. 除国务院财政部门规定的情形外，采购人或者采购代理机构应当从政府采购评审专家库中随机抽取评审专家。　　　　　　　（　　　）

答案： 正确

解析：《中华人民共和国政府采购法实施条例》第三十九条：除国务院财政部门规定的情形外，采购人或者采购代理机构应当从政府采购评审专家库中随机抽取评审专家。

标签： 政府采购程序　评审专家

难易程度： 易★

21. 采购人或者采购代理机构须进行验收复审，通过对样品进行检测等方式进行，并可改变评审结果，选择恰当合适的供应商，保证采购的质量。　（　　　）

答案： 错误

解析：《中华人民共和国政府采购法实施条例》第四十四条：采购人或者采购代理机构不得通过对样品进行检测、对供应商进行考察等方式改变评审结果。

标签： 政府采购程序　改变评审结果

难易程度： 易★

22. 采购人或者采购代理机构应当按照政府采购合同规定的技术、服务、安全标准组织对供应商履约情况进行验收，并出具验收书。政府向社会公众提供的公共服务项目，验收时可视情况邀请服务对象参与并出具意见，但最终验收结果须向社会公告。　　　　　　　　　　　　（　　　）

答案： 错误

解析：《中华人民共和国政府采购法实施条例》第四十五条：采购人或者

采购代理机构应当按照政府采购合同规定的技术、服务、安全标准组织对供应商履约情况进行验收，并出具验收书。验收书应当包括每一项技术、服务、安全标准的履约情况。政府向社会公众提供的公共服务项目，验收时应当邀请服务对象参与并出具意见，验收结果应当向社会公告。

标签：政府采购程序　验收

难易程度：易★

23. 采购人、采购代理机构对政府采购项目每项采购活动的采购文件必须采用纸质档案与电子档案共同保存的方式，便于留存核查。　　（　　）

答案：错误

解析：《中华人民共和国政府采购法实施条例》第四十六条：政府采购法第四十二条规定的采购文件，可以用电子档案方式保存。

标签：政府采购程序　政府采购档案管理

难易程度：易★

24. 国务院财政部门应当会同国务院有关部门制定政府采购合同标准文本。

（　　）

答案：正确

解析：《中华人民共和国政府采购法实施条例》第四十七条：国务院财政部门应当会同国务院有关部门制定政府采购合同标准文本。

标签：政府采购合同

难易程度：易★

25. 中标或者成交供应商拒绝与采购人签订合同的，采购人可以按照评审报告推荐的中标或者成交候选人名单排序，确定下一候选人为中标或者成交供应商。　　（　　）

答案：正确

解析：《中华人民共和国政府采购法实施条例》第四十九条：中标或者成交供应商拒绝与采购人签订合同的，采购人可以按照评审报告推荐的中标或者成交候选人名单排序，确定下一候选人为中标或者成交供应商，也可以重新开展政府采购活动。

标签：政府采购合同　确定中标供应商

难易程度：易★

26. 采购代理机构工作人员接受供应商组织的宴请，并在其中产生的开销可由采购人报销。　　　　　　　　　　　　　　　　　　（　　）

答案：错误

解析：《中华人民共和国政府采购法实施条例》第十四条：采购代理机构工作人员不得接受采购人或者供应商组织的宴请、旅游、娱乐，不得收受礼品、现金、有价证券等，不得向采购人或者供应商报销应当由个人承担的费用。

标签：政府采购当事人

难易程度：易★

27. 单一来源采购项目中，为采购项目提供整体设计、规范编制或者项目管理、监理、检测等服务的供应商，可再参加该采购项目的其他采购活动。

（　　）

答案：错误

解析：《中华人民共和国政府采购法实施条例》第十八条：除单一来源采购项目外，为采购项目提供整体设计、规范编制或者项目管理、监理、检测等服务的供应商，不得再参加该采购项目的其他采购活动。

标签：政府采购当事人

难易程度：易★

28. 采用综合评分法的，评审标准中的分值设置应当与评审因素的量化指标相对应。　　　　　　　　　　　　　　　　　　　　　（　　）

答案：正确

解析：《中华人民共和国政府采购法实施条例》第三十四条：采用综合评分法的，评审标准中的分值设置应当与评审因素的量化指标相对应。

标签：政府采购程序　综合评分法

难易程度：易★

29. 采购文件要求中标或者成交供应商提交履约保证金的，供应商应当以现金形式提交。 （　　）

答案：错误

解析：《中华人民共和国政府采购法实施条例》第四十八条：采购文件要求中标或者成交供应商提交履约保证金的，供应商应当以支票、汇票、本票或者金融机构、担保机构出具的保函等非现金形式提交。履约保证金的数额不得超过政府采购合同金额的 10%。

标签：政府采购合同　履约保证金

难易程度：易★

30. 采购人发现采购代理机构有违法行为的，应当要求其改正。采购代理机构拒不改正的，采购人应当向上级财政部门报告。 （　　）

答案：错误

解析：《中华人民共和国政府采购法实施条例》第六十一条：采购人发现采购代理机构有违法行为的，应当要求其改正。采购代理机构拒不改正的，采购人应当向本级人民政府财政部门报告，财政部门应当依法处理。

标签：监督检查

难易程度：易★

31. 各级人民政府财政部门和其他有关部门应当加强对参加政府采购活动的供应商、采购代理机构、评审专家的监督管理，对其不良行为予以记录，并纳入统一的信用信息平台。 （　　）

答案：正确

解析：《中华人民共和国政府采购法实施条例》第六十三条：各级人民政府财政部门和其他有关部门应当加强对参加政府采购活动的供应商、采购代理机构、评审专家的监督管理，对其不良行为予以记录，并纳入统一的信用信息平台。

标签：监督检查

难易程度：易★

1. 集中采购目录包括（　　）项目和（　　）项目。

A. 集中采购机构采购，部门集中采购

B. 集中采购机构采购，单位集中采购

C. 部门集中采购，单位集中采购

D. 部门集中采购，机关集中采购

答案： A

解析：《中华人民共和国政府采购法实施条例》第三条：集中采购目录包括集中采购机构采购项目和部门集中采购项目。

标签： 集中采购　集中采购机构采购　部门集中采购

难易程度： 易★

2. 政府采购项目信息应当在（　　）以上人民政府财政部门指定的媒体上发布。

A. 县级　　　　B. 区级　　　　C. 市级　　　　D. 省级

答案： D

解析：《中华人民共和国政府采购法实施条例》第八条：政府采购项目信息应当在省级以上人民政府财政部门指定的媒体上发布。

标签： 信息公开　财政部门

难易程度： 易★

3. 集中采购机构是设区的（　　）以上人民政府依法设立的（　　）事业法人，是代理集中采购项目的执行机构。

A. 市级，营利　　　　　　　　B. 市级，非营利

C. 县级，营利　　　　　　　　D. 县级，非营利

答案： B

解析：《中华人民共和国政府采购法实施条例》第十二条：集中采购机构

是设区的市级以上人民政府依法设立的非营利事业法人，是代理集中采购项目的执行机构。

标签： 政府采购当事人 集中采购机构

难易程度： 中★★

4. 供应商提供的没有重大违法记录的书面声明中的重大违法行为是指供应商因违法经营受到（　　）或者责令停产停业、吊销许可证或者执照、较大数额罚款等（　　）。

A. 行政处罚，民事处罚　　　　　B. 行政处罚，刑事处罚

C. 刑事处罚，行政处罚　　　　　D. 刑事处罚，民事处罚

答案： C

解析：《中华人民共和国政府采购法实施条例》第十九条：政府采购法第二十二条第一款第五项所称重大违法记录，是指供应商因违法经营受到刑事处罚或者责令停产停业、吊销许可证或者执照、较大数额罚款等行政处罚。

标签： 政府采购当事人 供应商重大违法记录

难易程度： 中★★

5. 采购人或者采购代理机构对供应商进行资格预审的，资格预审公告应当在（　　）以上人民政府财政部门指定的媒体上发布。

A. 区级　　　　　B. 县级　　　　　C. 市级　　　　　D. 省级

答案： D

解析：《中华人民共和国政府采购法实施条例》第二十一条：采购人或者采购代理机构对供应商进行资格预审的，资格预审公告应当在省级以上人民政府财政部门指定的媒体上发布。

标签： 政府采购当事人 资格预审公告

难易程度： 易★

6. 提交资格预审申请文件的时间自公告发布之日起不得少于（　　）。

A. 3 个工作日　　B. 5 个工作日　　C. 3 日　　　　　D. 5 日

答案： B

解析：《中华人民共和国政府采购法实施条例》第二十一条：提交资格预审申请文件的时间自公告发布之日起不得少于5个工作日。

标签： 政府采购当事人 资格预审

难易程度： 难★★★

7. 联合体中有同类资质的供应商按照联合体分工承担相同工作的，应当（ ）确定资质等级。

A. 按照资质等级较低的供应商 B. 按照资质等级较高的供应商

C. 邀请专家重新评估 D. 采购人或代理机构自行决定方式

答案： A

解析：《中华人民共和国政府采购法实施条例》第二十二条：联合体中有同类资质的供应商按照联合体分工承担相同工作的，应当按照资质等级较低的供应商确定资质等级。

标签： 政府采购当事人 联合体资质等级确定

难易程度： 中★★

8. 招标文件的提供期限自招标文件开始发出之日起不得少于（ ）。

A. 5个工作日 B. 7个工作日 C. 5日 D. 7日

答案： A

解析：《中华人民共和国政府采购法实施条例》第三十一条：招标文件的提供期限自招标文件开始发出之日起不得少于5个工作日。

标签： 政府采购程序 招标文件

难易程度： 难★★★

9. 采购人或者采购代理机构可以对已发出的招标文件进行必要的澄清或者修改。澄清或修改的内容可能影响投标文件编制的，采购人或者采购代理机构应当在投标截止时间至少（ ）前，以书面形式通知所有获取招标文件的潜在投标人。

A. 15个工作日 B. 20个工作日 C. 15日 D. 20日

答案： C

解析：《中华人民共和国政府采购法实施条例》第三十一条：采购人或者采购代理机构可以对已发出的招标文件进行必要的澄清或者修改。澄清或者修改的内容可能影响投标文件编制的，采购人或者采购代理机构应当在投标截止时间至少 15 日前，以书面形式通知所有获取招标文件的潜在投标人；不足 15 日的，采购人或者采购代理机构应当顺延提交投标文件的截止时间。

标签：政府采购程序　招标文件澄清或者修改

难易程度：难★★★

10. 采购人或者采购代理机构应当按照（　　）财政部门制定的招标文件标准文本编制招标文件。

A. 国务院　　　　B. 省级　　　　C. 市级　　　　D. 县级

答案：A

解析：《中华人民共和国政府采购法实施条例》第三十二条：采购人或者采购代理机构应当按照国务院财政部门制定的招标文件标准文本编制招标文件。

标签：政府采购程序　编制招标文件

难易程度：易★

11. 招标文件要求投标人提交投标保证金的，投标保证金不得超过采购项目预算金额的（　　）。

A. 1%　　　　B. 2%　　　　C. 3%　　　　D. 5%

答案：B

解析：《中华人民共和国政府采购法实施条例》第三十三条：招标文件要求投标人提交投标保证金的，投标保证金不得超过采购项目预算金额的2%。投标保证金应当以支票、汇票、本票或者金融机构、担保机构出具的保函等非现金形式提交。投标人未按照招标文件要求提交投标保证金的，投标无效。

标签：政府采购程序　投标保证金

难易程度：难★★★

12. 采购人或者采购代理机构应当自中标通知书发出之日起（   ）个工作日内退还未中标供应商的投标保证金，自政府采购合同签订之日起（   ）个工作日内退还中标供应商的投标保证金。

A. 3，5   B. 5，3   C. 3，3   D. 5，5

答案：D

解析：《中华人民共和国政府采购法实施条例》第三十三条：采购人或者采购代理机构应当自中标通知书发出之日起5个工作日内退还未中标供应商的投标保证金，自政府采购合同签订之日起5个工作日内退还中标供应商的投标保证金。

标签：政府采购程序　投标保证金

难易程度：难★★★

13. 技术、服务等标准统一的货物和服务项目，应当采用（   ）。

A. 专家评标法   B. 最高评标价法

C. 最低评标价法   D. 综合评分法

答案：C

解析：《中华人民共和国政府采购法实施条例》第三十四条：技术、服务等标准统一的货物和服务项目，应当采用最低评标价法。

标签：政府采购程序　最低评标价法

难易程度：易★

14. 谈判文件不能完整、明确列明采购需求，需要由供应商提供最终设计方案或者解决方案的，在谈判结束后，谈判小组应当按照少数服从多数的原则投票推荐（   ）的供应商的设计方案或者解决方案，并要求其在规定时间内提交最后报价。

A. 谈判文件要求数量   B. 谈判小组自行决定数量

C. 2 家以上   D. 3 家以上

答案：D

解析：《中华人民共和国政府采购法实施条例》第三十五条：谈判文件不能完整、明确列明采购需求，需要由供应商提供最终设计方案或者解决方案的，在谈判结束后，谈判小组应当按照少数服从多数的原则投票推荐 3 家以上供应商的设计方案或者解决方案，并要求其在规定时间内提交最后报价。

标签： 政府采购程序　竞争性谈判

难易程度： 易★

15. 评标委员会、竞争性谈判小组或者询价小组成员应当在评审报告上签字，对自己的评审意见承担法律责任。对评审报告有异议的，应当（　　）。

A. 重新讨论，达成一致

B. 在评审报告上签署不同意见，并说明理由

C. 依据少数服从多数原则确定最终评审结果

D. 拒绝签字

答案： B

解析：《中华人民共和国政府采购法实施条例》第四十一条：评标委员会、竞争性谈判小组或者询价小组成员应当在评审报告上签字，对自己的评审意见承担法律责任。对评审报告有异议的，应当在评审报告上签署不同意见，并说明理由，否则视为同意评审报告。

标签： 政府采购程序　评审报告

难易程度： 中★★

16. 采购代理机构应当自评审结束之日起（　　）个工作日内将评审报告送交采购人。采购人应当自收到评审报告之日起（　　）个工作日内在评审报告推荐的中标或者成交候选人中按顺序确定中标或者成交供应商。

A. 2，2　　　　　B. 3，2　　　　　C. 2，5　　　　　D. 2，3

答案： C

解析：《中华人民共和国政府采购法实施条例》第四十三条：采购代理机构应当自评审结束之日起 2 个工作日内将评审报告送交采购人。采购人应当自收到评审报告之日起 5 个工作日内在评审报告推荐的中标或者成交候选人中按顺序确定中标或者成交供应商。

标签： 政府采购程序　评审报告

难易程度： 难★★★

17. 采购人或者采购代理机构应当自中标、成交供应商确定之日起（　　）内，发出中标、成交通知书，并在（　　）人民政府财政部门指定的媒体上公告中标、成交结果，招标文件、竞争性谈判文件、询价通知书随中标、成交结果同时公告。

A. 2日，省级以上　　　　　　　B. 2日，市级以上

C. 2个工作日，省级以上　　　　D. 2个工作日，市级以上

答案：C

解析：《中华人民共和国政府采购法实施条例》第四十三条：采购人或者采购代理机构应当自中标、成交供应商确定之日起2个工作日内，发出中标、成交通知书，并在省级以上人民政府财政部门指定的媒体上公告中标、成交结果，招标文件、竞争性谈判文件、询价通知书随中标、成交结果同时公告。

标签：政府采购程序　中标

难易程度：难★★★

18. 采购文件要求中标或者成交供应商提交履约保证金的，履约保证金的数额不得超过政府采购合同金额的（　　）。

A. 10%　　　　B. 15%　　　　C. 20%　　　　D. 5%

答案：A

解析：《中华人民共和国政府采购法实施条例》第四十八条：采购文件要求中标或者成交供应商提交履约保证金的，供应商应当以支票、汇票、本票或者金融机构、担保机构出具的保函等非现金形式提交。履约保证金的数额不得超过政府采购合同金额的10%。

标签：政府采购合同　履约保证金

难易程度：难★★★

19. 采购人应当自政府采购合同签订之日起（　　）工作日内，将政府采购合同在（　　）以上人民政府财政部门指定的媒体上公告，但政府采购合同中涉及国家秘密、商业秘密的内容除外。

A. 5个，省级　　B. 5个，市级　　C. 2个，省级　　D. 2个，市级

答案：C

解析：《中华人民共和国政府采购法实施条例》第五十条：采购人应当自政府采购合同签订之日起2个工作日内，将政府采购合同在省级以上人民政府财政部门指定的媒体上公告，但政府采购合同中涉及国家秘密、商业秘密的内容除外。

标签： 政府采购合同　合同公示

难易程度： 难★★★

20. 采购人或者采购代理机构应当在（　　）个工作日内对供应商依法提出的询问作出答复。

A. 2　　　　　　　B. 3　　　　　　　C. 5　　　　　　　D. 7

答案： B

解析：《中华人民共和国政府采购法实施条例》第五十二条：采购人或者采购代理机构应当在3个工作日内对供应商依法提出的询问作出答复。

标签： 质疑与投诉

难易程度： 易★

21. 询问或者质疑事项可能影响中标、成交结果的，采购人应当（　　）签订合同，已经签订合同的，应当（　　）履行合同。

A. 中止，中止　　B. 中止，终止　　C. 暂停，终止　　D. 暂停，中止

答案： D

解析：《中华人民共和国政府采购法实施条例》第五十四条：询问或者质疑事项可能影响中标、成交结果的，采购人应当暂停签订合同，已经签订合同的，应当中止履行合同。

标签： 质疑与投诉

难易程度： 难★★★

22. 财政部门处理投诉事项，需要检验、检测、鉴定、专家评审以及需要投诉人补正材料的，所需时间（　　）在投诉处理期限内。

A. 计算　　　　　　　　　　B. 不计算

C. 按所耗时间的一半计算　　D. 视情况而定

答案： B

解析：《中华人民共和国政府采购法实施条例》第五十八条：财政部门处理投诉事项，需要检验、检测、鉴定、专家评审以及需要投诉人补正材料的，所需时间不计算在投诉处理期限内。

标签： 质疑与投诉

难易程度： 中★★

23. 采购人发现采购代理机构有违法行为的，应当要求其改正。采购代理机构拒不改正的，采购人应当向（　　　）财政部门报告。

A. 国务院 　　　B. 省级 　　　C. 本级 　　　D. 上级

答案： C

解析：《中华人民共和国政府采购法实施条例》第六十一条：采购人发现采购代理机构有违法行为的，应当要求其改正。采购代理机构拒不改正的，采购人应当向本级人民政府财政部门报告，财政部门应当依法处理。

标签： 监督检查

难易程度： 易★

24. 省级以上人民政府财政部门应当对政府采购评审专家库实行（　　　），具体管理办法由国务院财政部门制定。

A. 周期管理 　　B. 定期管理 　　C. 专业管理 　　D. 动态管理

答案： D

解析：《中华人民共和国政府采购法实施条例》第六十二条：省级以上人民政府财政部门应当对政府采购评审专家库实行动态管理，具体管理办法由国务院财政部门制定。

标签： 评审专家库

难易程度： 易★

25. 采购人员与供应商有利害关系而不依法回避的，由财政部门给予（　　　），并处 2000 元以上 2 万元以下的罚款。

A. 警告 　　　　B. 处分 　　　　C. 通报 　　　　D. 停职

答案：A

解析：《中华人民共和国政府采购法实施条例》第七十条：采购人员与供应商有利害关系而不依法回避的，由财政部门给予警告，并处2000元以上2万元以下的罚款。

标签：法律责任

难易程度：难★★★

26. 采购文件内容违反国家有关强制性规定的，评标委员会应当（   ）。

A. 与采购人沟通后继续评审

B. 停止评审并向上级财政部门举报

C. 停止评审并向采购人说明情况

D. 停止评审并向本级财政部门说明情况

答案：C

解析：《中华人民共和国政府采购法实施条例》第四十一条：评标委员会、竞争性谈判小组或者询价小组成员应当按照客观、公正、审慎的原则，根据采购文件规定的评审程序、评审方法和评审标准进行独立评审。采购文件内容违反国家有关强制性规定的，评标委员会、竞争性谈判小组或者询价小组应当停止评审并向采购人或者采购代理机构说明情况。

标签：政府采购程序

难易程度：中★★

27. 供应商提出的询问或者质疑超出采购人对采购代理机构委托授权范围的，采购代理机构应当（   ）。

A. 告知供应商向采购人提出

B. 回应供应商并向采购人报备

C. 若事态紧急，可越权代理

D. 征求采购人同意后，答复供应商

答案：A

解析：《中华人民共和国政府采购法实施条例》第五十二条：供应商提出的询问或者质疑超出采购人对采购代理机构委托授权范围的，采购代理机构应当告知供应商向采购人提出。

标签：质疑与投诉

难易程度：中★★

28. 采购代理机构发现采购人的采购需求存在以不合理条件对供应商实行差别待遇，应当建议其改正。采购人拒不改正的，采购代理机构应当向采购人的（　　）报告。

A. 上级人民政府财政部门　　　　B. 本级人民政府财政部门

C. 上级人民政府　　　　　　　　D. 本级人民政府

答案：B

解析：《中华人民共和国政府采购法实施条例》第六十一条：采购人发现采购代理机构有违法行为的，应当要求其改正。采购代理机构拒不改正的，采购人应当向本级人民政府财政部门报告，财政部门应当依法处理。

标签：监督检查

难易程度：中★★

29. 采购人擅自提高采购标准的，责令限期改正，给予警告，可以并处（　　）万元以下罚款。

A. 15　　　　　　　　　　　　　B. 20

C. 5　　　　　　　　　　　　　 D. 10

答案：D

解析：《中华人民共和国政府采购法实施条例》第六十六条：政府采购法第七十一条规定的罚款，数额为 10 万元以下。《中华人民共和国政府采购法》第七十一条：采购人、采购代理机构有下列情形之一的，责令限期改正，给予警告，可以并处罚款，对直接负责的主管人员和其他直接责任人员，由其行政主管部门或者有关机关给予处分，并予通报：

……

（二）擅自提高采购标准的；

……

标签：法律责任

难易程度：难★★★

30. 政府采购评审专家未按照采购文件规定的评审程序、评审方法和评审标准进行独立评审或者泄露评审文件、评审情况的，由（   ）给予警告，并处 2000 元以上 2 万元以下的罚款。

A. 人民法院　　　　B. 财政部门　　　　C. 人民政府　　　　D. 司法机关

答案：B

解析：《中华人民共和国政府采购法实施条例》第七十五条：政府采购评审专家未按照采购文件规定的评审程序、评审方法和评审标准进行独立评审或者泄露评审文件、评审情况的，由财政部门给予警告，并处 2000 元以上 2 万元以下的罚款；影响中标、成交结果的，处 2 万元以上 5 万元以下的罚款，禁止其参加政府采购评审活动。

标签：法律责任

难易程度：中★★

多 选 题

1. 财政性资金包括（   ）。

A. 纳入预算管理的资金

B. 受托代理资金

C. 以财政性资金作为还款来源的借贷资金

D. 代扣个人款项

E. 事业收入

答案：ACE

解析：《中华人民共和国政府采购法实施条例》第二条：政府采购法第二条所称财政性资金是指纳入预算管理的资金。以财政性资金作为还款来源的借贷资金，视同财政性资金。其中，AC 为法条原文，事业收入属于纳入预算管理的资金，故 E 项正确，最终答案为 ACE。

标签：财政性资金　预算管理　借贷资金

难易程度：易★

2. 以下适用《中华人民共和国政府采购法实施条例》的有（　　）。

A. 国家机关使用预算管理的资金进行采购

B. 团体组织混合使用财政性资金与非财政性资金，且两种资金无法分割清楚的项目

C. 事业单位使用财政拨款进行采购的项目

D. 国家机关使用非财政资金进行采购的项目

E. 事业单位和既使用财政性资金又使用非财政性资金，使用财政性资金采购的部分

答案： ABCE

解析：《中华人民共和国政府采购法实施条例》第二条：国家机关、事业单位和团体组织的采购项目既使用财政性资金又使用非财政性资金的，使用财政性资金采购的部分，适用政府采购法及本条例；财政性资金与非财政性资金无法分割采购的，统一适用政府采购法及本条例。

标签： 财政性资金　非财政性资金

难易程度：易★

3. 被列为集中采购机构采购项目包括（　　）。

A. 紧急项目

B. 技术标准统一的项目

C. 服务标准统一的项目

D. 采购人普遍使用的项目

E. 金额巨大的项目

答案： BCD

解析：《中华人民共和国政府采购法实施条例》第三条：技术、服务等标准统一，采购人普遍使用的项目，列为集中采购机构采购项目。

标签： 集中采购机构采购　标准统一

难易程度：易★

4. （　　）人民政府或者其授权的机构根据实际情况，可以确定分别适用于本行政区域的集中采购目录和采购限额标准。

A. 省　　　　　　　　B. 市　　　　　　　　C. 县

D. 直辖市　　　　　　E. 自治区

答案： ADE

解析： 《中华人民共和国政府采购法实施条例》第五条：省、自治区、直辖市人民政府或者其授权的机构根据实际情况，可以确定分别适用于本行政区域省级、设区的市级、县级的集中采购目录和采购限额标准。

标签： 集中采购目录　限额标准

难易程度： 易★

5. 国务院财政部门应当根据国家的经济和社会发展政策，会同国务院有关部门制定政府采购政策，通过（　　）等措施，实现节约能源、保护环境、扶持不发达地区和少数民族地区、促进中小企业发展等目标。

A. 制定业绩标准　　　B. 优先采购　　　　　C. 预留中标名额

D. 价格评审优惠　　　E. 预留采购份额

答案： BDE

解析： 《中华人民共和国政府采购法实施条例》第六条：国务院财政部门应当根据国家的经济和社会发展政策，会同国务院有关部门制定政府采购政策，通过制定采购需求标准、预留采购份额、价格评审优惠、优先采购等措施，实现节约能源、保护环境、扶持不发达地区和少数民族地区、促进中小企业发展等目标。

标签： 政府采购政策

难易程度： 易★

6. 在政府采购活动中，采购人员及相关人员与供应商有下列利害关系之一的，应当回避（　　）。

A. 参加采购活动前3年内与供应商存在劳动关系

B. 参加采购活动前1年内担任供应商的董事、监事

C. 与供应商的法定代表人或者负责人有夫妻关系

D. 参加采购活动前 1 年内是供应商的控股股东或者实际控制人

E. 参加采购活动前 1 年内担任供应商的财务人员

答案：ABCDE

解析：《中华人民共和国政府采购法实施条例》第九条：在政府采购活动中，采购人员及相关人员与供应商有下列利害关系之一的，应当回避：

（一）参加采购活动前 3 年内与供应商存在劳动关系；

（二）参加采购活动前 3 年内担任供应商的董事、监事；

（三）参加采购活动前 3 年内是供应商的控股股东或者实际控制人；

（四）与供应商的法定代表人或者负责人有夫妻、直系血亲、三代以内旁系血亲或者近姻亲关系；

（五）与供应商有其他可能影响政府采购活动公平、公正进行的关系。供应商认为采购人员及相关人员与其他供应商有利害关系的，可以向采购人或者采购代理机构书面提出回避申请，并说明理由。采购人或者采购代理机构应当及时询问被申请回避人员，有利害关系的被申请回避人员应当回避。

标签：采购人 供应商 回避

难易程度：中★★

7. 下列属于采购人违规违法行为的有（　　　）。

A. 向供应商索要赠品

B. 向供应商索要回扣

C. 为小微企业提供价格评审优惠

D. 优先采购节能环保目录内的产品

E. 为中小企业预留采购份额

答案：AB

解析：《中华人民共和国政府采购法实施条例》第十一条：采购人不得向供应商索要或者接受其给予的赠品、回扣或者与采购无关的其他商品、服务。

标签：采购人 供应商 违法违规

难易程度：易★

8. 采购人、采购代理机构应当根据（　　）编制采购文件。

A. 采购需求　　　　　　B. 采购政策　　　　　　C. 采购预算

D. 供应商要求　　　　　E. 上级要求

答案： ABC

解析：《中华人民共和国政府采购法实施条例》第十五条：采购人、采购代理机构应当根据政府采购政策、采购预算、采购需求编制采购文件。

标签： 政府采购当事人　编制采购文件

难易程度： 易★

9. 参加政府采购活动的供应商需提供下列材料（　　）。

A. 营业执照

B. 供应商与采购人有过前期接触的证明材料

C. 具备履行合同所必需的设备和专业技术能力的证明材料

D. 财务状况报告

E. 参加政府采购活动前 3 年内在经营活动中没有重大违法记录的书面声明

答案： ACDE

解析：《中华人民共和国政府采购法实施条例》第十七条：参加政府采购活动的供应商应当具备政府采购法第二十二条第一款规定的条件，提供下列材料：

（一）法人或者其他组织的营业执照等证明文件，自然人的身份证明；

（二）财务状况报告，依法缴纳税收和社会保障资金的相关材料；

（三）具备履行合同所必需的设备和专业技术能力的证明材料；

（四）参加政府采购活动前 3 年内在经营活动中没有重大违法记录的书面声明；

（五）具备法律、行政法规规定的其他条件的证明材料。采购项目有特殊要求的，供应商还应当提供其符合特殊要求的证明材料或者情况说明。

标签： 政府采购当事人　供应商投标

难易程度： 易★

10. 采购人或者采购代理机构有下列情形之一的，属于以不合理的条件对供应商实行差别待遇或者歧视待遇（   ）。

A. 要求供应商提供营业执照

B. 要求供应商提供具备专业技术能力证明

C. 指定特定的专利为技术要求

D. 将特定行业的业绩作为加分因素

E. 限定供应商的所有制形式

答案：CDE

解析：《中华人民共和国政府采购法实施条例》第二十条：采购人或者采购代理机构有下列情形之一的，属于以不合理的条件对供应商实行差别待遇或者歧视待遇：

（一）就同一采购项目向供应商提供有差别的项目信息；

（二）设定的资格、技术、商务条件与采购项目的具体特点和实际需要不相适应或者与合同履行无关；

（三）采购需求中的技术、服务等要求指向特定供应商、特定产品；

（四）以特定行政区域或者特定行业的业绩、奖项作为加分条件或者中标、成交条件；

（五）对供应商采取不同的资格审查或者评审标准；

（六）限定或者指定特定的专利、商标、品牌或者供应商；

（七）非法限定供应商的所有制形式、组织形式或者所在地；

（八）以其他不合理条件限制或者排斥潜在供应商。

标签：政府采购当事人　对供应商实行差别待遇或者歧视待遇

难易程度：易★

11. 政府采购工程依法不进行招标的，应当依照《中华人民共和国政府采购法》和实施条例规定的（   ）方式进行采购。

A. 竞争性谈判　　　　B. 竞争性磋商　　　　C. 框架协议

D. 定点采购　　　　　E. 单一来源采购

答案：ABE

解析：《中华人民共和国政府采购法实施条例》第二十五条：政府采购工程依法不进行招标的，应当依照政府采购法和本条例规定的竞争性谈判或者单一来源采购方式采购。《政府采购竞争性磋商采购方式管理暂行办法》第三条：符合下列情形的项目，可以采用竞争性磋商方式开展采购：

……

（五）按照招标投标法及其实施条例必须进行招标的工程建设项目以外的工程建设项目。

标签：政府采购方式　政府采购工程

难易程度：中★★

12. 可以采用竞争性谈判方式的情形中，不能事先计算出价格总额的情形包括（　　）。

A. 因采购专利技术数量事先不确定

B. 采购人员失误

C. 商品或服务要求复杂

D. 因服务的时间事先不确定

E. 因采购人拖延导致

答案：AD

解析：《中华人民共和国政府采购法实施条例》第二十六条：政府采购法第三十条第三项规定的情形，应当是采购人不可预见的或者非因采购人拖延导致的；第四项规定的情形，是指因采购艺术品或者因专利、专有技术或者因服务的时间、数量事先不能确定等导致不能事先计算出价格总额。

标签：政府采购方式　竞争性谈判

难易程度：中★★

13. 只能从唯一供应商处采购的可以采用单一来源采购，具体是指（　　）。

A. 工程扩建

B. 货物使用不可替代的专利

C. 服务使用不可替代的专有技术

D. 公共服务项目具有特殊要求

E. 公共服务项目覆盖面广、金额大

答案：BCD

解析：《中华人民共和国政府采购法实施条例》第二十七条：政府采购法第三十一条第一项规定的情形，是指因货物或者服务使用不可替代的专利、专有技术，或者公共服务项目具有特殊要求，导致只能从某一特定供应商处采购。

标签：政府采购方式 单一来源采购

难易程度：易★

14. 采购人应当根据（　　）编制政府采购实施计划，报本级人民政府财政部门备案。

A. 上级要求　　　　　B. 集中采购目录　　　　C. 已编制的部门预算

D. 采购限额标准　　　E. 已批复的部门预算

答案：BDE

解析：《中华人民共和国政府采购法实施条例》第二十九条：采购人应当根据集中采购目录、采购限额标准和已批复的部门预算编制政府采购实施计划，报本级人民政府财政部门备案。

标签：政府采购程序

难易程度：易★

15. 招标文件应当包括采购项目的（　　）。

A. 投标报价要求　　　B. 投标业绩要求　　　　C. 商务条件

D. 采购需求　　　　　E. 拟签订的合同文本

答案：ABCDE

解析：《中华人民共和国政府采购法实施条例》第三十二条：招标文件应当包括采购项目的商务条件、采购需求、投标人的资格条件、投标报价要求、评标方法、评标标准以及拟签订的合同文本等。

标签：政府采购程序 招标文件

难易程度：易★

16. 政府采购招标评标方法有（　　）。

A. 专家评标法　　　　B. 最高评标价法　　　　C. 最低评标价法

D. 综合评分法　　　　E. 加权评分法

答案：CD

解析：《中华人民共和国政府采购法实施条例》第三十四条：政府采购招标评标方法分为最低评标价法和综合评分法。

标签： 政府采购程序　政府采购招标评标方法

难易程度： 易★

17. 政府采购评审专家在评审过程中受到非法干预的，应当及时向（　　）等举报。

A. 上级部门　　　　　B. 财政部门　　　　　C. 审计部门

D. 项目采购负责人　　E. 监察部门

答案：BE

解析：《中华人民共和国政府采购法实施条例》第四十条：政府采购评审专家在评审过程中受到非法干预的，应当及时向财政、监察等部门举报。

标签： 政府采购程序　专家评审

难易程度： 易★

18. 评标委员会、竞争性谈判小组或者询价小组成员应当按照（　　）的原则，根据采购文件规定的评审程序、评审方法和评审标准进行独立评审。

A. 公开　　　　　　　B. 客观　　　　　　　C. 公正

D. 审慎　　　　　　　E. 竞争

答案：BCD

解析：《中华人民共和国政府采购法实施条例》第四十一条：评标委员会、竞争性谈判小组或者询价小组成员应当按照客观、公正、审慎的原则，根据采购文件规定的评审程序、评审方法和评审标准进行独立评审。

标签： 政府采购程序　专家评审

难易程度： 中★★

19. 中标、成交结果公告内容应当包括（   ）。

A. 采购人联系方式

B. 中标或者成交供应商地址

C. 成交标的的数量与单价

D. 评审专家名单

E. 采购合同

答案： ABCD

解析：《中华人民共和国政府采购法实施条例》第四十三条：中标、成交结果公告内容应当包括采购人和采购代理机构的名称、地址、联系方式，项目名称和项目编号，中标或者成交供应商名称、地址和中标或者成交金额，主要中标或者成交标的的名称、规格型号、数量、单价、服务要求以及评审专家名单。

标签： 政府采购程序 中标、成交结果公告

难易程度： 易★

20. 供应商应知其权益受到损害之日，是指（   ）。

A. 对可以质疑的采购文件提出质疑的，为收到采购文件之日

B. 对可以质疑的采购文件提出质疑的，为采购文件公告期限届满之日

C. 对采购过程提出质疑的，为各采购程序环节结束之日

D. 对采购过程提出质疑的，为各采购程序环节开始之日

E. 对中标或成交结果提出质疑的，为中标或者成交结果公告开始之日

答案： ABC

解析：《中华人民共和国政府采购法实施条例》第五十三条：政府采购法第五十二条规定的供应商应知其权益受到损害之日，是指：

（一）对可以质疑的采购文件提出质疑的，为收到采购文件之日或者采购文件公告期限届满之日；

（二）对采购过程提出质疑的，为各采购程序环节结束之日；

（三）对中标或者成交结果提出质疑的，为中标或者成交结果公告期限届满之日。

标签：质疑与投诉

难易程度：难★★★

21. 财政部门对集中采购机构的考核事项包括（　　）。

A. 集中采购机构承接采购项目业绩情况

B. 集中采购机构采购政策的执行情况

C. 集中采购机构询问、质疑答复情况

D. 集中采购机构财务情况

E. 集中采购机构内部监督管理制度建设情况

答案：BCE

解析：《中华人民共和国政府采购法实施条例》第六十条：除政府采购法第六十六条规定的考核事项外，财政部门对集中采购机构的考核事项还包括：

（一）政府采购政策的执行情况；

（二）采购文件编制水平；

（三）采购方式和采购程序的执行情况；

（四）询问、质疑答复情况；

（五）内部监督管理制度建设及执行情况；

（六）省级以上人民政府财政部门规定的其他事项。财政部门应当制定考核计划，定期对集中采购机构进行考核，考核结果有重要情况的，应当向本级人民政府报告。

标签：监督检查

难易程度：中★★

22. （　　）以及其他有关部门依法对政府采购活动实施监督，发现采购当事人有违法行为的，应当及时通报财政部门。

A. 采购协会　　　　　B. 审计机关　　　　　C. 上级财政部门

D. 监察机关　　　　　E. 纳税人

答案：BD

解析：《中华人民共和国政府采购法实施条例》第六十五条：审计机关、监察机关以及其他有关部门依法对政府采购活动实施监督，发现采购当事人有违法行为的，应当及时通报财政部门。

标签： 监督检查

难易程度： 易★

23. 采购人化整为零规避公开招标的，应由财政部门（   ），对直接负责的主管人员和其他直接责任人员依法给予处分，并予以通报。

A. 给予停职处罚

B. 责令限期改正

C. 给予警告

D. 对直接负责的主管人员和其他直接责任人员依法给予处分

E. 对直接负责的主管人员和其他直接责任人员依法给予通报

答案： BCDE

解析：《中华人民共和国政府采购法实施条例》第六十七条：采购人有下列情形之一的，由财政部门责令限期改正，给予警告，对直接负责的主管人员和其他直接责任人员依法给予处分，并予以通报：

（一）未按照规定编制政府采购实施计划或者未按照规定将政府采购实施计划报本级人民政府财政部门备案；

（二）将应当进行公开招标的项目化整为零或者以其他任何方式规避公开招标；

……

（八）未按照规定时间将政府采购合同副本报本级人民政府财政部门和有关部门备案。

标签： 法律责任

难易程度： 难★★★

24. 集中采购机构内部监督管理制度不健全，对依法应当分设、分离的岗位、人员未分设、分离，应当（   ）。

A. 由财政部门责令限期改正

B. 由财政部门给予警告

C. 由财政部门给予停职处分

D. 由财政部门处以罚款

E. 由财政部门给予严重警告

答案： AB

解析：《中华人民共和国政府采购法实施条例》第六十九条：集中采购机构有下列情形之一的，由财政部门责令限期改正，给予警告，有违法所得的，并处没收违法所得，对直接负责的主管人员和其他直接责任人员依法给予处分，并予以通报：

（一）内部监督管理制度不健全，对依法应当分设、分离的岗位、人员未分设、分离；

（二）将集中采购项目委托其他采购代理机构采购；

（三）从事营利活动。

标签： 法律责任

难易程度： 难★★★

25. 有下列（　　）情形，属于恶意串通。

A. 供应商之间事先约定由某一特定供应商中标、成交

B. 供应商之间商定部分供应商放弃参加政府采购活动或者放弃中标、成交

C. 供应商之间协商报价、技术方案等投标文件或者响应文件的实质性内容

D. 供应商将政府采购合同转包

E. 属于同一商会组织成员的供应商按照组织要求协同参加政府采购

答案： ABCE

解析：《中华人民共和国政府采购法实施条例》第七十四条：有下列情形之一的，属于恶意串通，对供应商依照政府采购法第七十七条第一款的规定追究法律责任，对采购人、采购代理机构及其工作人员依照政府采购法第七十二条的规定追究法律责任：

（一）供应商直接或者间接从采购人或者采购代理机构处获得其他供应商的相关情况并修改其投标文件或者响应文件；

（二）供应商按照采购人或者采购代理机构的授意撤换、修改投标文件或者响应文件；

（三）供应商之间协商报价、技术方案等投标文件或者响应文件的实质性内容；

（四）属于同一集团、协会、商会等组织成员的供应商按照该组织要求协同参加政府采购活动；

（五）供应商之间事先约定由某一特定供应商中标、成交；

（六）供应商之间商定部分供应商放弃参加政府采购活动或者放弃中标、成交；

（七）供应商与采购人或者采购代理机构之间、供应商相互之间，为谋求特定供应商中标、成交或者排斥其他供应商的其他串通行为。

标签：法律责任

难易程度：中★★

26. 采购人或者采购代理机构应当在（　　）中公开采购项目预算金额。

A. 资格预审文件　　　　　B. 招标文件　　　　　　C. 谈判文件

D. 询价通知书　　　　　　E. 采购需求征求意见公告

答案：ABCD

解析：《中华人民共和国政府采购法实施条例》第三十条：采购人或者采购代理机构应当在招标文件、谈判文件、询价通知书中公开采购项目预算金额。

标签：政府采购程序　公开采购项目预算金额

难易程度：易★

27. 投标保证金应当以（　　）等形式提交。

A. 支票　　　　　　　　　B. 金融机构出具的保函　C. 汇票

D. 本票　　　　　　　　　E. 现金

答案：ABCD

解析：《中华人民共和国政府采购法实施条例》第三十三条：招标文件要求投标人提交投标保证金的，投标保证金不得超过采购项目预算金额的2%。投标保证金应当以支票、汇票、本票或者金融机构、担保机构出具的保函等非现金形式提交。投标人未按照招标文件要求提交投标保证金的，投标无效。

标签： 政府采购程序　投标保证金

难易程度： 易★

28. 政府采购法第六十三条所称政府采购项目的采购标准，是指项目采购所依据的（　　）。

A. 特定行业的业绩标准　B. 技术标准　　　　C. 经费预算标准

D. 资产配置标准　　　　E. 服务标准

答案： BCDE

解析：《中华人民共和国政府采购法实施条例》第五十九条：政府采购法第六十三条所称政府采购项目的采购标准，是指项目采购所依据的经费预算标准、资产配置标准和技术、服务标准等。

标签： 监督检查

难易程度： 易★

29. 采购人与供应商或者采购代理机构恶意串通，影响中标、成交结果的，应当（　　）。

A. 未确定中标、成交供应商的，终止本次采购活动

B. 未确定中标、成交供应商的，重新组织评审

C. 已确定中标或者成交供应商但尚未签订政府采购合同的，中标或者成交结果无效

D. 中标、成交供应商已经确定但采购合同尚未履行的，可从合格的中标、成交候选人中另行确定中标、成交供应商

E. 采购合同已经履行的，给采购人、供应商造成损失的，由责任人承担赔偿责任

答案： ACDE

解析：《中华人民共和国政府采购法》第七十二条：采购人、采购代理机构及其工作人员有下列情形之一，构成犯罪的，依法追究刑事责任；尚不构成犯罪的，处以罚款，有违法所得的，并处没收违法所得，属于国家机关工作人员的，依法给予行政处分：

（一）与供应商或者采购代理机构恶意串通的；

……

《中华人民共和国政府采购法实施条例》第七十一条：有政府采购法第七十一条、第七十二条规定的违法行为之一，影响或者可能影响中标、成交结果的，依照下列规定处理：

（一）未确定中标或者成交供应商的，终止本次政府采购活动，重新开展政府采购活动。

（二）已确定中标或者成交供应商但尚未签订政府采购合同的，中标或者成交结果无效，从合格的中标或者成交候选人中另行确定中标或者成交供应商；没有合格的中标或者成交候选人的，重新开展政府采购活动。

（三）政府采购合同已签订但尚未履行的，撤销合同，从合格的中标或者成交候选人中另行确定中标或者成交供应商；没有合格的中标或者成交候选人的，重新开展政府采购活动。

（四）政府采购合同已经履行，给采购人、供应商造成损失的，由责任人承担赔偿责任。政府采购当事人有其他违反政府采购法或者本条例规定的行为，经改正后仍然影响或者可能影响中标、成交结果或者依法被认定为中标、成交无效的，依照前款规定处理。

标签：法律责任

难易程度：难★★★

第三章 《政府采购货物和服务招标投标管理办法》相关试题

判断题

1.《政府采购货物和服务招标投标管理办法》（财政部第 87 号令）办法适用于我国采购人使用财政性资金在国内外进行的所有采购货物和服务的招标投标活动。 （　　）

答案：错误

解析：《政府采购货物和服务招标投标管理办法》（财政部第 87 号令）第二条：本办法适用于在中华人民共和国境内开展政府采购货物和服务（以下简称"货物服务"）招标投标活动。

标签：适用范围　招标投标

难易程度：易★

2. 采购人不得向供应商索要或者接受其给予的赠品、回扣或者与采购无关的其他商品、服务。 （　　）

答案：正确

解析：《政府采购货物和服务招标投标管理办法》（财政部第 87 号令）第六条：采购人不得向供应商索要或者接受其给予的赠品、回扣或者与采购无关的其他商品、服务。

标签：采购人　供应商　违法违规

难易程度：易★

3. 采购人应当按照财政部制定的《政府采购品目分类目录》确定采购项

目属性。按照《政府采购品目分类目录》无法确定的，按照有利于采购人的原则确定。 （   ）

答案：错误

解析：《政府采购货物和服务招标投标管理办法》（财政部第87号令）第七条：采购人应当按照财政部制定的《政府采购品目分类目录》确定采购项目属性。按照《政府采购品目分类目录》无法确定的，按照有利于采购项目实施的原则确定。

标签：采购项目属性　财政部

难易程度：中★★

4. 采购人委托采购代理机构代理招标的，采购代理机构应当在采购人委托的范围内依法开展采购活动，但在特殊情况下可超范围代理。 （   ）

答案：错误

解析：《政府采购货物和服务招标投标管理办法》（财政部第87号令）第八条：采购人委托采购代理机构代理招标的，采购代理机构应当在采购人委托的范围内依法开展采购活动。

标签：采购人　采购代理机构　委托范围

难易程度：易★

5. 按利于采购项目进行的原则，采购代理机构可为参加代理采购项目的投标人提供本项目的投标咨询。 （   ）

答案：错误

解析：《政府采购货物和服务招标投标管理办法》（财政部第87号令）第八条：采购代理机构及其分支机构不得在所代理的采购项目中投标或者代理投标，不得为所代理的采购项目的投标人参加本项目提供投标咨询。

标签：采购代理机构　投标咨询

难易程度：易★

6. 采购人根据价格测算情况，可以在采购预算额度内合理设定最低限价，但不得设定最高限价。 （   ）

答案：错误

解析：《政府采购货物和服务招标投标管理办法》（财政部第87号令）第十二条：采购人根据价格测算情况，可以在采购预算额度内合理设定最高限价，但不得设定最低限价。

标签：最高限价　最低限价　价格测算

难易程度：中★★

7. 在邀请招标中，投标邀请书应当同时向所有潜在供应商发出。（　　）

答案：错误

解析：《政府采购货物和服务招标投标管理办法》（财政部第87号令）第十四条：投标邀请书应当同时向所有受邀请的供应商发出。

标签：招标　邀请招标

难易程度：易★

8. 招标公告、资格预审公告内容应当以市级以上财政部门指定媒体发布的公告为准。（　　）

答案：错误

解析：《政府采购货物和服务招标投标管理办法》（财政部第87号令）第十六条：招标公告、资格预审公告的公告期限为5个工作日。公告内容应当以省级以上财政部门指定媒体发布的公告为准。公告期限自省级以上财政部门指定媒体最先发布公告之日起算。

标签：招标　公告内容

难易程度：易★

9. 公开招标进行资格预审的，招标公告和资格预审公告可以合并发布。（　　）

答案：正确

解析：《政府采购货物和服务招标投标管理办法》（财政部第87号令）第十八条：公开招标进行资格预审的，招标公告和资格预审公告可以合并发布，招标文件应当向所有通过资格预审的供应商提供。

标签：招标　资格预审

难易程度：易★

10. 按照政府采购公平公正的原则，采购人或者采购代理机构不得以任何理由拒绝联合体投标。 （ ）

答案：错误

解析：《政府采购货物和服务招标投标管理办法》（财政部第87号令）第十九条：采购人或者采购代理机构应当根据采购项目的实施要求，在招标公告、资格预审公告或者投标邀请书中载明是否接受联合体投标。如未载明，不得拒绝联合体投标。

标签：招标　联合体投标

难易程度：易★

11. 采购人或者采购代理机构应当根据采购项目的特点和采购需求编制招标文件。 （ ）

答案：正确

解析：《政府采购货物和服务招标投标管理办法》（财政部第87号令）第二十条：采购人或者采购代理机构应当根据采购项目的特点和采购需求编制招标文件。

标签：招标　编制招标文件

难易程度：易★

12. 采购人或采购代理机构可就资格预审文件收取一定费用。 （ ）

答案：错误

解析：《政府采购货物和服务招标投标管理办法》（财政部第87号令）第二十一条：资格预审文件应当免费提供。

标签：招标　资格预审文件

难易程度：易★

13. 招标文件应当以招标采购金额作为确定售价的依据，遵循以营利为目

的的原则。   （   ）

答案：错误

解析：《政府采购货物和服务招标投标管理办法》（财政部第87号令）第二十四条：招标文件售价应当按照弥补制作、邮寄成本的原则确定，不得以营利为目的，不得以招标采购金额作为确定招标文件售价的依据。

标签：招标　招标文件售价

难易程度：易★

14. 招标文件违反政府采购政策，并且影响了潜在投标人投标，采购人或者采购代理机构应当修改招标文件后重新招标。   （   ）

答案：正确

解析：《政府采购货物和服务招标投标管理办法》（财政部第87号令）第二十五条：招标文件、资格预审文件的内容不得违反法律、行政法规、强制性标准、政府采购政策，或者违反公开透明、公平竞争、公正和诚实信用原则。有前款规定情形，影响潜在投标人投标或者资格预审结果的，采购人或者采购代理机构应当修改招标文件或者资格预审文件后重新招标。

标签：招标　招标文件违规处理

难易程度：易★

15. 采购人或者采购代理机构可以对已发出的招标文件中的"采购标的"进行必要的修改。   （   ）

答案：错误

解析：《政府采购货物和服务招标投标管理办法》（财政部第87号令）第二十七条：采购人或者采购代理机构可以对已发出的招标文件、资格预审文件、投标邀请书进行必要的澄清或者修改，但不得改变采购标的和资格条件。

标签：招标　招标文件的澄清或者修改

难易程度：易★

16. 中标结果公示前，采购人、采购代理机构和有关人员不得向他人透露已获取招标文件的潜在投标人的名称与数量。   （   ）

答案：错误

解析：《政府采购货物和服务招标投标管理办法》（财政部第87号令）第二十八条：投标截止时间前，采购人、采购代理机构和有关人员不得向他人透露已获取招标文件的潜在投标人的名称、数量以及可能影响公平竞争的有关招标投标的其他情况。

标签：招标 公平竞争

难易程度：易★

17. 采购人、采购代理机构在发布招标公告、资格预审公告或者发出投标邀请书后，除因重大变故采购任务取消情况外，不得擅自终止招标活动。

（ ）

答案：正确

解析：《政府采购货物和服务招标投标管理办法》（财政部第87号令）第二十九条：采购人、采购代理机构在发布招标公告、资格预审公告或者发出投标邀请书后，除因重大变故采购任务取消情况外，不得擅自终止招标活动。

标签：招标 终止招标

难易程度：易★

18. 相对于法人或组织而言，自然人承受风险能力差，规模效益较低，因此自然人不能成为投标人。 （ ）

答案：错误

解析：《政府采购货物和服务招标投标管理办法》（财政部第87号令）第三十条：投标人，是指响应招标、参加投标竞争的法人、其他组织或者自然人。

标签：投标 投标人

难易程度：易★

19. 采用最低评标价法的采购项目，提供相同品牌产品的不同投标人参加同一合同项下投标的，应选择其中通过资格审查、符合性审查且报价最低的投标人参加评标。 （ ）

答案： 正确

解析：《政府采购货物和服务招标投标管理办法》（财政部第87号令）第三十一条：采用最低评标价法的采购项目，提供相同品牌产品的不同投标人参加同一合同项下投标的，以其中通过资格审查、符合性审查且报价最低的参加评标。

标签： 投标　最低评标价法

难易程度： 易★

20. 投标人应当在招标文件要求的开标结束时间前，将投标文件密封送达投标地点。 （　　）

答案： 错误

解析：《政府采购货物和服务招标投标管理办法》（财政部第87号令）第三十三条：投标人应当在招标文件要求提交投标文件的截止时间前，将投标文件密封送达投标地点。

标签： 投标　投标文件

难易程度： 易★

21. 投标人在投标截止时间前，可以对所递交的投标文件进行补充、修改或者撤回，并书面通知采购人或者采购代理机构。 （　　）

答案： 正确

解析：《政府采购货物和服务招标投标管理办法》（财政部第87号令）第三十四条：投标人在投标截止时间前，可以对所递交的投标文件进行补充、修改或者撤回，并书面通知采购人或者采购代理机构。

标签： 投标　投标文件

难易程度： 易★

22. 采购活动中，分包承担主体应当具备相应资质条件并且可再次分包，以保证采购的质量和效率。 （　　）

答案： 错误

解析：《政府采购货物和服务招标投标管理办法》（财政部第87号令）第

三十五条：投标人根据招标文件的规定和采购项目的实际情况，拟在中标后将中标项目的非主体、非关键性工作分包的，应当在投标文件中载明分包承担主体，分包承担主体应当具备相应资质条件且不得再次分包。

标签：投标 分包

难易程度：易★

23. 为加深评标委员会成员对采购项目与投标供应商的了解，可邀请评标委员会成员参加开标活动。 （　　　）

答案：错误

解析：《政府采购货物和服务招标投标管理办法》（财政部第87号令）第四十条：开标由采购人或者采购代理机构主持，邀请投标人参加。评标委员会成员不得参加开标活动。

标签：开标 评标委员会

难易程度：易★

24. 投标人未参加开标的，应视同放弃投标。 （　　　）

答案：错误

解析：《政府采购货物和服务招标投标管理办法》（财政部第87号令）第四十二条：投标人未参加开标的，视同认可开标结果。

标签：开标

难易程度：易★

25. 为保证政府采购的质量与效果，组织评标委员会时，应推选采购人代表担任评标组长。 （　　　）

答案：错误

解析：《政府采购货物和服务招标投标管理办法》（财政部第87号令）第四十五条：采购人或者采购代理机构负责组织评标工作，并履行下列职责：

（一）核对评审专家身份和采购人代表授权函，对评审专家在政府采购活动中的职责履行情况予以记录，并及时将有关违法违规行为向财政部门报告；

……

（四）组织评标委员会推选评标组长，采购人代表不得担任组长；

……

（十）处理与评标有关的其他事项。

标签：评标　评标委员会

难易程度：易★

26. 评标委员会可确定中标候选人名单，并且可根据采购人委托直接确定中标人。　　　　　　　　　　　　　　　　　　　　　　（　　）

答案：正确

解析：《政府采购货物和服务招标投标管理办法》（财政部第87号令）第四十六条：评标委员会负责具体评标事务，并独立履行下列职责：

（一）审查、评价投标文件是否符合招标文件的商务、技术等实质性要求；

（二）要求投标人对投标文件有关事项作出澄清或者说明；

（三）对投标文件进行比较和评价；

（四）确定中标候选人名单，以及根据采购人委托直接确定中标人；

（五）向采购人、采购代理机构或者有关部门报告评标中发现的违法行为。

标签：评标

难易程度：易★

27. 评标委员会由采购人代表和评审专家组成，成员人数应当为5人以上单数，其中评审专家不得少于成员总数的三分之一。　　　　（　　）

答案：错误

解析：《政府采购货物和服务招标投标管理办法》（财政部第87号令）第四十七条：评标委员会由采购人代表和评审专家组成，成员人数应当为5人以上单数，其中评审专家不得少于成员总数的三分之二。

标签：评标

难易程度：易★

28. 对技术复杂、专业性强的采购项目，通过随机方式难以确定合适评审专家的，经主管预算单位同意，采购人可以自行选定相应专业领域的评审专家。

（   ）

答案：正确

解析：《政府采购货物和服务招标投标管理办法》（财政部第87号令）第四十八条：对技术复杂、专业性强的采购项目，通过随机方式难以确定合适评审专家的，经主管预算单位同意，采购人可以自行选定相应专业领域的评审专家。

标签：评标　选定评审专家

难易程度：易★

29. 对于评审委员会指出的投标文件问题，投标人可澄清、说明或者补正，并且在沟通中可改变投标文件的报价。（   ）

答案：错误

解析：《政府采购货物和服务招标投标管理办法》（财政部第87号令）第五十一条：对于投标文件中含义不明确、同类问题表述不一致或者有明显文字和计算错误的内容，评标委员会应当以书面形式要求投标人作出必要的澄清、说明或者补正。投标人的澄清、说明或者补正应当采用书面形式，并加盖公章，或者由法定代表人或其授权的代表签字。投标人的澄清、说明或者补正不得超出投标文件的范围或者改变投标文件的实质性内容。

标签：评标

难易程度：易★

30. 技术、服务等标准统一的货物服务项目，应当采用综合评分法，提高采购效率，显示了政府采购"物有所值"的理念。（   ）

答案：错误

解析：《政府采购货物和服务招标投标管理办法》（财政部第87号令）第五十四条：技术、服务等标准统一的货物服务项目，应当采用最低评标价法。

标签：评标　最低评标价法

难易程度：易★

31. 中标通知书发出后，采购人不得违法改变中标结果，中标人不得以任何理由放弃中标。　　　　　　　　　　　　　　　　　（　　）

答案：错误

解析：《政府采购货物和服务招标投标管理办法》（财政部第87号令）第七十条：中标通知书发出后，采购人不得违法改变中标结果，中标人无正当理由不得放弃中标。

标签：中标

难易程度：易★

32. 政府采购合同的履行、违约责任和解决争议的方法等适用《中华人民共和国合同法》（现《中华人民共和国民法典》（合同编））。　（　　）

答案：正确

解析：《政府采购货物和服务招标投标管理办法》（财政部第87号令）第七十三条规定，政府采购合同的履行、违约责任和解决争议的方法等适用《中华人民共和国民法典》（合同编）。

标签：合同

难易程度：易★

33. 采购人可以邀请参加本项目的其他投标人或者第三方机构参与验收，参与验收的投标人或者第三方机构的意见作为验收书的参考资料一并存档。　　　　　　　　　　　　　　　　　　　　　　（　　）

答案：正确

解析：《政府采购货物和服务招标投标管理办法》（财政部第87号令）第七十四条：采购人应当及时对采购项目进行验收。采购人可以邀请参加本项目的其他投标人或者第三方机构参与验收。参与验收的投标人或者第三方机构的意见作为验收书的参考资料一并存档。

标签：合同

难易程度：易★

34. 政府采购当事人违反《政府采购货物和服务招标投标管理办法》（财政部第87号令）规定，给他人造成损失的，依法承担行政责任。   （   ）

答案：错误

解析：《政府采购货物和服务招标投标管理办法》（财政部第87号令）第八十条：政府采购当事人违反本办法规定，给他人造成损失的，依法承担民事责任。

标签：法律责任

难易程度：易★

单 选 题

1. 公开招标，是指采购人依法以招标公告的方式邀请（   ）的供应商参加投标的采购方式。

A. 非特定   B. 供应商库内   C. 已登记注册   D. 两家以上

答案：A

解析：《政府采购货物和服务招标投标管理办法》（财政部第87号令）第三条：公开招标，是指采购人依法以招标公告的方式邀请非特定的供应商参加投标的采购方式。

标签：公开招标　招标公告

难易程度：易★

2. 邀请招标，是指采购人依法从符合相应资格条件的供应商中随机抽取（   ）家以上供应商，并以投标邀请书的方式邀请其参加投标的采购方式。

A. 1   B. 2   C. 3   D. 5

答案：C

解析：《政府采购货物和服务招标投标管理办法》（财政部第87号令）第

三条：邀请招标，是指采购人依法从符合相应资格条件的供应商中随机抽取 3 家以上供应商，并以投标邀请书的方式邀请其参加投标的采购方式。

标签：邀请招标　投标邀请书

难易程度：易★

3. 采购人应当对采购标的的市场技术或者服务水平、供应、价格等情况进行（　　），根据调查情况、资产配置标准等科学、合理地确定采购需求，进行（　　）。

A. 需求调查，市场调查　　　　　B. 市场调查，价格测算

C. 价格测算，市场调查　　　　　D. 需求调查，市场调查

答案：B

解析：《政府采购货物和服务招标投标管理办法》（财政部第 87 号令）第十条：采购人应当对采购标的的市场技术或者服务水平、供应、价格等情况进行市场调查，根据调查情况、资产配置标准等科学、合理地确定采购需求，进行价格测算。

标签：公开招标　采购需求

难易程度：中★★

4. 采购需求应当（　　）。

A. 完整、明确　　　　　　　　　B. 完全标准化

C. 只描述技术标准　　　　　　　D. 向社会公开

答案：A

解析：《政府采购货物和服务招标投标管理办法》（财政部第 87 号令）第十一条：采购需求应当完整、明确，包括以下内容……

标签：采购需求

难易程度：中★★

5. 邀请招标如果采用采购人书面推荐产生符合资格条件供应商名单的，备选的符合资格条件供应商总数不得少于拟随机抽取供应商总数的（　　）。

A. 75%　　　　　B. 50%　　　　　C. 3 倍　　　　　D. 2 倍

答案：D

解析：《政府采购货物和服务招标投标管理办法》（财政部第87号令）第十四条：采用邀请招标方式的，采购人或者采购代理机构应当通过以下方式产生符合资格条件的供应商名单，并从中随机抽取3家以上供应商向其发出投标邀请书：

（一）发布资格预审公告征集；

（二）从省级以上人民政府财政部门（以下简称财政部门）建立的供应商库中选取；

（三）采购人书面推荐。采用前款第一项方式产生符合资格条件供应商名单的，采购人或者采购代理机构应当按照资格预审文件载明的标准和方法，对潜在投标人进行资格预审。采用第一款第二项或者第三项方式产生符合资格条件供应商名单的，备选的符合资格条件供应商总数不得少于拟随机抽取供应商总数的两倍。

标签：邀请招标 供应商名单 书面推荐

难易程度：中★★

6. 邀请招标中，符合资格条件的供应商名单可以从（　　）建立的供应商库中选取。

A. 财政部　　　　　　　　B. 省级以上人民政府财政部门

C. 市级以上人民政府财政部门　　D. 县级以上人民政府财政部门

答案：B

解析：《政府采购货物和服务招标投标管理办法》（财政部第87号令）第十四条：采用邀请招标方式的，采购人或者采购代理机构应当通过以下方式产生符合资格条件的供应商名单，并从中随机抽取3家以上供应商向其发出投标邀请书：

（一）发布资格预审公告征集；

（二）从省级以上人民政府财政部门（以下简称财政部门）建立的供应商库中选取；

（三）采购人书面推荐。

标签：邀请招标　随机抽取

难易程度：易★

7. 邀请招标随机抽取供应商时，应当有（　　）名采购人工作人员在场监督，并形成书面记录，随采购文件一并存档。

A. 超过1　　　　B. 不少于2　　　　C. 不少于3　　　　D. 至多3

答案：B

解析：《政府采购货物和服务招标投标管理办法》（财政部第87号令）第十四条：随机抽取供应商时，应当有不少于两名采购人工作人员在场监督，并形成书面记录，随采购文件一并存档。

标签：邀请招标　随机抽取　监督

难易程度：中★★

8. 招标公告、资格预审公告的公告期限为（　　）。

A. 5个工作日　　B. 3个工作日　　C. 5日　　　　　D. 3日

答案：A

解析：《政府采购货物和服务招标投标管理办法》（财政部第87号令）第十六条：招标公告、资格预审公告的公告期限为5个工作日。

标签：公告期限　招标公告资格预审公告

难易程度：难★★★

9. 招标公告、资格预审公告期限自（　　）起算。

A. 市级以上财政部门指定媒体最晚发布公告之日

B. 市级以上财政部门指定媒体最先发布公告之日

C. 省级以上财政部门指定媒体最晚发布公告之日

D. 省级以上财政部门指定媒体最先发布公告之日

答案：D

解析：《政府采购货物和服务招标投标管理办法》（财政部第87号令）第十六条：招标公告、资格预审公告的公告期限为5个工作日。公告内容应当以省级以上财政部门指定媒体发布的公告为准。公告期限自省级以上财政部门指定媒体最先发布公告之日起算。

标签： 公告期限 招标公告 资格预审公告

难易程度： 难★★★

10. 采购活动结束后，对于未中标人提供的样品，应当（　　）。

A. 及时退还给供应商

B. 采购人自行处置

C. 随采购档案保存

D. 按市价折算变卖，计入单位营业外收入

答案： A

解析：《政府采购货物和服务招标投标管理办法》（财政部第87号令）第二十二条：采购活动结束后，对于未中标人提供的样品，应当及时退还或者经未中标人同意后自行处理；对于中标人提供的样品，应当按照招标文件的规定进行保管、封存，并作为履约验收的参考。

标签： 招标 未中标人提供的样品

难易程度： 易★

11. 投标有效期从（　　）起算。

A. 投标公告发布的开始之日 B. 投标公告的发布的截止之日

C. 提交投标文件的截止之日 D. 提交投标文件的开始之日

答案： C

解析：《政府采购货物和服务招标投标管理办法》（财政部第87号令）第二十三条：投标有效期从提交投标文件的截止之日起算。投标文件中承诺的投标有效期应当不少于招标文件中载明的投标有效期。投标有效期内投标人撤销投标文件的，采购人或者采购代理机构可以不退还投标保证金。

标签： 招标 投标有效期

难易程度： 难★★★

12. 澄清或者修改的内容可能影响投标文件编制的，采购人或者采购代理机构应当在投标截止时间至少（　　）前，以书面形式通知所有获取招标文

件的潜在投标人；不足时长的，采购人或者采购代理机构应当顺延提交投标文件的截止时间。

A. 10 日　　　　B. 15 日　　　　C. 10 个工作日　D. 15 个工作日

答案：B

解析：《政府采购货物和服务招标投标管理办法》（财政部第87号令）第五条：地方各级人民政府财政部门（以下简称财政部门）对本级预算单位的政府采购信息发布活动进行监督管理。

标签：招标　招标文件澄清或者修改

难易程度：难★★★

13. 逾期送达或者未按照招标文件要求密封的投标文件，采购人、采购代理机构应当（　　）。

A. 拒收　　　　　　　　B. 征求其他供应商意见

C. 组织讨论并得出一致意见　　D. 视具体情况而定

答案：A

解析：《政府采购货物和服务招标投标管理办法》（财政部第87号令）第三十三条：逾期送达或者未按照招标文件要求密封的投标文件，采购人、采购代理机构应当拒收。

标签：投标　投标文件

难易程度：易★

14. 投标人在投标截止时间前撤回已提交的投标文件的，采购人或者采购代理机构应当自收到投标人书面撤回通知之日起（　　）个工作日内，退还已收取的投标保证金。

A. 2　　　　　　B. 3　　　　　　C. 5　　　　　　D. 7

答案：C

解析：《政府采购货物和服务招标投标管理办法》（财政部第87号令）第三十八条：投标人在投标截止时间前撤回已提交的投标文件的，采购人或者采购代理机构应当自收到投标人书面撤回通知之日起5个工作日内，退还已收取的投标保证金，但因投标人自身原因导致无法及时退还的除外。

标签：投标 退还投标保证金

难易程度：难★★★

15. 采购人或者采购代理机构逾期退还投标保证金的，除应当退还投标保证金本金外，还应当按中国人民银行同期贷款基准利率上浮（ ）后的利率支付超期资金占用费，但因投标人自身原因导致无法及时退还的除外。

A. 5%　　　　　B. 10%　　　　　C. 15%　　　　　D. 20%

答案：D

解析：《政府采购货物和服务招标投标管理办法》（财政部第87号令）第三十八条：采购人或者采购代理机构逾期退还投标保证金的，除应当退还投标保证金本金外，还应当按中国人民银行同期贷款基准利率上浮20%后的利率支付超期资金占用费，但因投标人自身原因导致无法及时退还的除外。

标签：投标 退还投标保证金

难易程度：难★★★

16. 投标人不足（ ）的，不得开标。

A. 2家　　　　　B. 3家　　　　　C. 5家　　　　　D. 3家以上单数

答案：B

解析：《政府采购货物和服务招标投标管理办法》（财政部第87号令）第四十一条：投标人不足3家的，不得开标。

标签：开标

难易程度：易★

17. 评标中因评标委员会成员缺席，且无法及时补足评标委员会成员的，应当（ ）。

A. 停止评标活动

B. 依照少数服从多数原则给出最终评审结果

C. 由采购人依据现评审结果确定最终评审结果

D. 视具体情况而定

答案：A

解析：《政府采购货物和服务招标投标管理办法》（财政部第87号令）第四十九条：评标中因评标委员会成员缺席、回避或者健康等特殊原因导致评标委员会组成不符合本办法规定的，采购人或者采购代理机构应当依法补足后继续评标。被更换的评标委员会成员所作出的评标意见无效。无法及时补足评标委员会成员的，采购人或者采购代理机构应当停止评标活动，封存所有投标文件和开标、评标资料，依法重新组建评标委员会进行评标。原评标委员会所作出的评标意见无效。

标签： 评标

难易程度： 中★★

18. 货物和服务招标项目综合评分法中，货物项目的价格分值占总分值的比重不得低于（   ）；服务项目的价格分值占总分值的比重不得低于（   ）。

A. 10%，30%   B. 30%，20%   C. 20%，10%   D. 30%，10%

答案： D

解析：《政府采购货物和服务招标投标管理办法》（财政部第87号令）第五十五条：货物项目的价格分值占总分值的比重不得低于30%；服务项目的价格分值占总分值的比重不得低于10%。执行国家统一定价标准和采用固定价格采购的项目，其价格不列为评审因素。

标签： 评标   综合评分法

难易程度： 易★

19. 投标文件报价出现前后大写金额和小写金额不一致的，应以（   ）为准。

A. 大写金额   B. 小写金额

C. 总价金额计算的金额   D. 开标一览表（报价表）

答案： A

解析：《政府采购货物和服务招标投标管理办法》（财政部第87号令）第五十九条：投标文件报价出现前后不一致的，除招标文件另有规定外，按照下列规定修正：

（一）投标文件中开标一览表（报价表）内容与投标文件中相应内容不

一致的，以开标一览表（报价表）为准；

（二）大写金额和小写金额不一致的，以大写金额为准；

（三）单价金额小数点或者百分比有明显错位的，以开标一览表的总价为准，并修改单价；

（四）总价金额与按单价汇总金额不一致的，以单价金额计算结果为准。

标签：评标 投标文件前后不一致

难易程度：易★

20. 评标委员会成员对需要共同认定的事项存在争议的，应当按照（ ）的原则作出结论。

A. 听从代理机构安排 B. 采购人决定

C. 少数服从多数 D. 采购人和评标委员会共同商量

答案：C

解析：《政府采购货物和服务招标投标管理办法》（财政部第87号令）第六十一条：评标委员会成员对需要共同认定的事项存在争议的，应当按照少数服从多数的原则作出结论。

标签：评标

难易程度：易★

21. 采购代理机构应当在评标结束后（ ）内将评标报告送采购人。

A. 2个工作日 B. 3个工作日 C. 2日 D. 3日

答案：A

解析：《政府采购货物和服务招标投标管理办法》（财政部第87号令）第六十八条：采购代理机构应当在评标结束后2个工作日内将评标报告送采购人。

标签：中标

难易程度：难★★★

22. 评审结果中，中标候选人并列，且招标文件未规定确定中标人方式，则（ ）。

A. 采购人自行决定   B. 评审小组对此重新评审

C. 供应商与采购人协商   D. 随机抽取

答案： D

解析：《政府采购货物和服务招标投标管理办法》（财政部第87号令）第六十八条：中标候选人并列的，由采购人或者采购人委托评标委员会按照招标文件规定的方式确定中标人；招标文件未规定的，采取随机抽取的方式确定。

标签： 中标

难易程度： 中★★

23. 采购人或者采购代理机构应当自中标人确定之日起（   ）工作日内，在（   ）以上财政部门指定的媒体上公告中标结果，招标文件应当随中标结果同时公告。

A. 2个，省级   B. 2个，市级   C. 3个，省级   D. 3个，市级

答案： A

解析：《政府采购货物和服务招标投标管理办法》（财政部第87号令）第六十九条：采购人或者采购代理机构应当自中标人确定之日起2个工作日内，在省级以上财政部门指定的媒体上公告中标结果，招标文件应当随中标结果同时公告。

标签： 中标

难易程度： 难★★★

24. 采购人应当自中标通知书发出之日起（   ）日内，按照招标文件和中标人投标文件的规定，与中标人签订书面合同。

A. 60   B. 50   C. 45   D. 30

答案： D

解析：《政府采购货物和服务招标投标管理办法》（财政部第87号令）第七十一条：采购人应当自中标通知书发出之日起30日内，按照招标文件和中标人投标文件的规定，与中标人签订书面合同。所签订的合同不得对招标文件确定的事项和中标人投标文件作实质性修改。

标签：合同　合同签订

难易程度：易★

25. 采购人擅自终止招标活动的，应当（　　）。

A. 处以 3 万元以下的罚款　　　　B. 处以 2 万元以下的罚款

C. 由财政部门责令限期改正　　　　D. 由财政部门给予处分

答案：C

解析：《政府采购货物和服务招标投标管理办法》（财政部第87号令）第七十八条：采购人、采购代理机构有下列情形之一的，由财政部门责令限期改正，情节严重的，给予警告，对直接负责的主管人员和其他直接责任人员，由其行政主管部门或者有关机关给予处分，并予通报；采购代理机构有违法所得的，没收违法所得，并可以处以不超过违法所得3倍、最高不超过3万元的罚款，没有违法所得的，可以处以1万元以下的罚款：

（一）违反本办法第八条第二款规定的；

……

（六）擅自终止招标活动的；

……

（十二）其他违反本办法规定的情形。

标签：法律责任

难易程度：中★★

26. 政府采购货物和服务招标项目中标公告期限为（　　）。

A. 2 个工作日　　　　　　　　　B. 1 个工作日

C. 2 日　　　　　　　　　　　　D. 3 日

答案：B

解析：《政府采购货物和服务招标投标管理办法》（财政部第87号令）第六十九条：中标公告期限为 1 个工作日

标签：中标　中标公告期限

难易程度：难★★★

27. 对于投标文件中含义不明确、同类问题表述不一致或者有明显文字和计算错误的内容，评标委员会应当以（　　）形式要求投标人作出必要的澄清、说明或者补正。

A. 会议　　　　　B. 书面　　　　　C. 口头　　　　　D. 公告

答案： B

解析：《政府采购货物和服务招标投标管理办法》（财政部第87号令）第五十一条：对于投标文件中含义不明确、同类问题表述不一致或者有明显文字和计算错误的内容，评标委员会应当以书面形式要求投标人作出必要的澄清、说明或者补正。

标签： 评标　投标文件澄清、说明或者补正

难易程度： 难★★★

28. 采购人、采购代理机构应当建立真实完整的招标采购档案，妥善保存（　　）的采购文件。

A. 每项采购活动　　　　　B. 仅金额较大采购活动

C. 仅重要事项采购活动　　D. 仅自行采购活动

答案： A

解析：《政府采购货物和服务招标投标管理办法》（财政部第87号令）第七十六条：采购人、采购代理机构应当建立真实完整的招标采购档案，妥善保存每项采购活动的采购文件。

标签： 中标和合同　招标采购档案

难易程度： 易★

29. 投标文件中承诺的投标有效期应当不少于（　　）中载明的投标有效期。

A. 资格预审公告　　　　　B. 招标公告

C. 招标文件　　　　　　　D.《中华人民共和国政府采购法》

答案： C

解析：《政府采购货物和服务招标投标管理办法》（财政部第87号令）第二十三条：投标文件中承诺的投标有效期应当不少于招标文件中载明的

投标有效期。

标签： 招标 投标有效期

难易程度： 中★★

30. 采购人进行市场调查是确定（ ）的基础。

A. 中标供应商 B. 中标价格 C. 评审小组 D. 采购需求

答案： D

解析：《政府采购货物和服务招标投标管理办法》（财政部第87号令）第十条：采购人应当对采购标的的市场技术或者服务水平、供应、价格等情况进行市场调查，根据调查情况、资产配置标准等科学、合理地确定采购需求，进行价格测算。

标签： 招标

难易程度： 易★

31. 某单位采用综合评分法采购饮水机，前来投标的供应商共有6家，其中品牌A供应商3家，品牌B供应商2家，品牌C供应商1家，假定所有投标人都通过了资格审查和符合性审查，那么最终获得中标人推荐资格的供应商为（ ）家。

A. 1 B. 3 C. 5 D. 6

答案： B

解析：《政府采购货物和服务招标投标管理办法》（财政部第87号令）第三十一条：使用综合评分法的采购项目，提供相同品牌产品且通过资格审查、符合性审查的不同投标人参加同一合同项下投标的，按一家投标人计算，评审后得分最高的同品牌投标人获得中标人推荐资格。所以本题中应在品牌A，品牌B与品牌C中各推出1家供应商（累计3家）参与中标人推荐。

标签： 投标

难易程度： 中★★

32. 采购需求不包括以下（ ）内容。

A. 采购标的需满足的服务标准要求

B. 采购标的的市场价格

C. 采购标的需满足的期限、效率要求

D. 采购标的需实现的功能或者目标

答案：B

解析：《政府采购货物和服务招标投标管理办法》（财政部第87号令）第十一条：采购需求应当完整、明确，包括以下内容：

（一）采购标的需实现的功能或者目标，以及为落实政府采购政策需满足的要求；

（二）采购标的需执行的国家相关标准、行业标准、地方标准或者其他标准、规范；

（三）采购标的需满足的质量、安全、技术规格、物理特性等要求；

（四）采购标的的数量、采购项目交付或者实施的时间和地点；

（五）采购标的需满足的服务标准、期限、效率等要求；

（六）采购标的的验收标准；

（七）采购标的的其他技术、服务等要求。

标签：招标　采购需求

难易程度：中★★

多选题

1.《政府采购货物和服务招标投标管理办法》（财政部第87号令）发布的意图是（　　）。

A. 规范政府采购当事人的采购行为

B. 加强对政府采购货物和服务招标投标活动的监督管理

C. 维护国家利益

D. 提高政府采购工程招标的效率

E. 维护政府采购招标投标活动当事人的合法权益

答案：ABCE

解析：《政府采购货物和服务招标投标管理办法》（财政部第87号令）第一条：为了规范政府采购当事人的采购行为，加强对政府采购货物和服务招标投标活动的监督管理，维护国家利益、社会公共利益和政府采购招标投标活动当事人的合法权益，依据《中华人民共和国政府采购法》（以下简称政府采购法）、《中华人民共和国政府采购法实施条例》（以下简称政府采购法实施条例）和其他有关法律法规规定，制定本办法。

标签：货物和服务招标投标　立法目的

难易程度：易★

2. 我国政府采购货物服务招标方式包括（　　　）。

A. 密封招标　　　　　　B. 公开招标　　　　　　C. 邀请招标

D. 竞争性谈判　　　　　E. 竞争性磋商

答案：BC

解析：《政府采购货物和服务招标投标管理办法》（财政部第87号令）第三条：货物服务招标分为公开招标和邀请招标。

标签：货物服务招标　公开招标　邀请招标

难易程度：易★

3. 《政府采购货物和服务招标投标管理办法》规定，属于地方预算的政府采购项目，（　　）人民政府根据实际情况，可以确定分别适用于本行政区域的公开招标数额标准。

A. 县　　　　　　　　　B. 市　　　　　　　　　C. 省

D. 自治区　　　　　　　E. 直辖市

答案：CDE

解析：《政府采购货物和服务招标投标管理办法》（财政部第87号令）第四条：属于地方预算的政府采购项目，省、自治区、直辖市人民政府根据实际情况，可以确定分别适用于本行政区域省级、设区的市级、县级公开招标数额标准。

标签：政府采购项目　公开招标数额标准

难易程度：易★

4. 采购人应当在货物服务招标投标活动中落实（　　　）等政府采购政策。

A. 节约能源　　　　　B. 扶持不发达地区　　　　C. 保护环境

D. 扶持少数民族地区　　E. 扶持中小企业

答案：ABCDE

解析：《政府采购货物和服务招标投标管理办法》（财政部第87号令）第五条：采购人应当在货物服务招标投标活动中落实节约能源、保护环境、扶持不发达地区和少数民族地区、促进中小企业发展等政府采购政策。

标签：政府采购政策

难易程度：易★

5. 采购人应当按照行政事业单位内部控制规范要求，建立健全本单位政府采购内部控制制度，在（　　　）等重点环节加强内部控制管理。

A. 编制政府采购预算　　B. 编写投标文件　　　　C. 组织采购活动

D. 确定采购需求　　　　E. 答复询问质疑

答案：ACDE

解析：《政府采购货物和服务招标投标管理办法》（财政部第87号令）第六条：采购人应当按照行政事业单位内部控制规范要求，建立健全本单位政府采购内部控制制度，在编制政府采购预算和实施计划、确定采购需求、组织采购活动、履约验收、答复询问质疑、配合投诉处理及监督检查等重点环节加强内部控制管理。

标签：采购人　内部控制

难易程度：易★

6.《政府采购货物和服务招标投标管理办法》规定，未纳入集中采购目录的政府采购项目，采购人可以（　　　）。

A. 随意采购

B. 不列入政府采购范围

C. 自行招标

D. 委托采购代理机构在委托的范围内代理招标

E. 直接向某个供应商购买

答案： CD

解析： 《政府采购货物和服务招标投标管理办法》（财政部第87号令）第九条：未纳入集中采购目录的政府采购项目，采购人可以自行招标，也可以委托采购代理机构在委托的范围内代理招标。

标签： 招标 未纳入集中采购目录的政府采购项目

难易程度： 易★

7. 采购人自行组织开展招标活动的，应当符合（ ）条件。

A. 有编制招标文件、组织招标的能力

B. 有编制招标文件、组织招标的条件

C. 有与采购项目专业性相适应的专业人员

D. 有上级主管部门的批准

E. 有财政部门审批

答案： ABC

解析： 《政府采购货物和服务招标投标管理办法》（财政部第87号令）第九条：采购人自行组织开展招标活动的，应当符合下列条件：

（一）有编制招标文件、组织招标的能力和条件；

（二）有与采购项目专业性相适应的专业人员。

标签： 招标 自行招标

难易程度： 易★

8. 《政府采购货物和服务招标投标管理办法》规定，采购需求应包括（ ）。

A. 采购标准合同文本

B. 采购标的的数量

C. 采购标的的验收标准

D. 采购标的需实现的功能

E. 采购标的需执行的国家相关标准

答案： BCDE

解析：《政府采购货物和服务招标投标管理办法》（财政部第87号令）第十一条：采购需求应当完整、明确，包括以下内容：

（一）采购标的需实现的功能或者目标，以及为落实政府采购政策需满足的要求；

（二）采购标的需执行的国家相关标准、行业标准、地方标准或者其他标准、规范；

（三）采购标的需满足的质量、安全、技术规格、物理特性等要求；

（四）采购标的的数量、采购项目交付或者实施的时间和地点；

（五）采购标的需满足的服务标准、期限、效率等要求；

（六）采购标的的验收标准；

（七）采购标的的其他技术、服务等要求。

标签： 招标　采购需求

难易程度： 易★

9. 政府采购货物和服务项目公开招标公告应包括（　　　）。

A. 采购人的地址

B. 采购项目的最低限价

C. 采购人的采购需求

D. 投标人的资格要求

E. 采购项目设定了最高限阶，公开最高限价

答案： ACDE

解析：《政府采购货物和服务招标投标管理办法》（财政部第87号令）第十三条：公开招标公告应当包括以下主要内容：

（一）采购人及其委托的采购代理机构的名称、地址和联系方法；

（二）采购项目的名称、预算金额，设定最高限价的，还应当公开最高限价；

（三）采购人的采购需求；

（四）投标人的资格要求；

（五）获取招标文件的时间期限、地点、方式及招标文件售价；

（六）公告期限；

（七）投标截止时间、开标时间及地点；

（八）采购项目联系人姓名和电话。

标签： 招标 公开招标公告

难易程度： 易★

10. 采用邀请招标方式的，采购人或者采购代理机构应当通过（ ）产生符合资格条件的供应商名单。

A. 发布资格预审公告征集

B. 从供应商库中选取

C. 采购人书面推荐

D. 专家书面推荐

E. 从历史类似项目中标供应商中选取

答案： ABC

解析：《政府采购货物和服务招标投标管理办法》（财政部第87号令）第十四条：采用邀请招标方式的，采购人或者采购代理机构应当通过以下方式产生符合资格条件的供应商名单，并从中随机抽取3家以上供应商向其发出投标邀请书：

（一）发布资格预审公告征集；

（二）从省级以上人民政府财政部门（以下简称财政部门）建立的供应商库中选取；

（三）采购人书面推荐。

标签： 招标 邀请招标

难易程度： 易★

11. 货物和服务招标资格预审公告应当包括（ ）。

A. 获取资格预审文件的时间期限

B. 获取资格预审文件的时间地点

C. 资格预审文件的价格

D. 提交资格预审申请文件的截止时间

E. 中标供应商联系方式

答案： ABD

解析：《政府采购货物和服务招标投标管理办法》（财政部第 87 号令）第十五条：资格预审公告应当包括以下主要内容：

（一）本办法第十三条第一至四项、第六项和第八项内容；

（二）获取资格预审文件的时间期限、地点、方式；

（三）提交资格预审申请文件的截止时间、地点及资格预审日期。

标签： 招标　资格预审公告

难易程度： 易★

12. 采购人、采购代理机构将（　　）等条件作为资格要求或者评审因素，视为对投标人实行差别待遇或者歧视待遇。

A. 投标人的注册资本

B. 进口货物生产厂家授权

C. 投标人的纳税额

D. 投标人的利润额

E. 投标人的从业人员数量

答案： ACDE

解析：《政府采购货物和服务招标投标管理办法》（财政部第 87 号令）第十七条：采购人、采购代理机构不得将投标人的注册资本、资产总额、营业收入、从业人员、利润、纳税额等规模条件作为资格要求或者评审因素，也不得通过将除进口货物以外的生产厂家授权、承诺、证明、背书等作为资格要求，对投标人实行差别待遇或者歧视待遇。

标签： 招标　对投标人实行差别待遇或者歧视待遇

难易程度： 易★

13. 政府采购货物和服务招标文件内容包括（　　）。

A. 投标邀请

B. 投标人应当提交的资格、资信证明文件

C. 评审时间

D. 投标人曾参与类似采购项目经历的证明材料

E. 投标文件编制要求

答案：ABE

解析：《政府采购货物和服务招标投标管理办法》（财政部第87号令）第二十条：采购人或者采购代理机构应当根据采购项目的特点和采购需求编制招标文件。招标文件应当包括以下主要内容：

（一）投标邀请；

（二）投标人须知（包括投标文件的密封、签署、盖章要求等）；

（三）投标人应当提交的资格、资信证明文件；

（四）为落实政府采购政策，采购标的需满足的要求，以及投标人须提供的证明材料；

（五）投标文件编制要求、投标报价要求和投标保证金交纳、退还方式以及不予退还投标保证金的情形；

（六）采购项目预算金额，设定最高限价的，还应当公开最高限价；

（七）采购项目的技术规格、数量、服务标准、验收等要求，包括附件、图纸等；

（八）拟签订的合同文本；

（九）货物、服务提供的时间、地点、方式；

（十）采购资金的支付方式、时间、条件；

（十一）评标方法、评标标准和投标无效情形；

（十二）投标有效期；

（十三）投标截止时间、开标时间及地点；

（十四）采购代理机构代理费用的收取标准和方式；

（十五）投标人信用信息查询渠道及截止时点、信用信息查询记录和证据留存的具体方式、信用信息的使用规则等；

（十六）省级以上财政部门规定的其他事项。

标签：招标 招标文件

难易程度：易★

14. 政府采购货物和服务招标资格预审文件应当包括（   ）。

A. 货物、服务提供的时间

B. 资格预审邀请

C. 申请人须知

D. 开标时间

E. 投标有效期

答案：BC

解析：《政府采购货物和服务招标投标管理办法》（财政部第87号令）第二十一条：采购人或者采购代理机构应当根据采购项目的特点和采购需求编制资格预审文件。资格预审文件应当包括以下主要内容：

（一）资格预审邀请；

（二）申请人须知；

（三）申请人的资格要求；

（四）资格审核标准和方法；

（五）申请人应当提供的资格预审申请文件的内容和格式；

（六）提交资格预审申请文件的方式、截止时间、地点及资格审核日期；

（七）申请人信用信息查询渠道及截止时点、信用信息查询记录和证据留存的具体方式、信用信息的使用规则等内容；

（八）省级以上财政部门规定的其他事项。

标签：招标 资格预审文件

难易程度：易★

15. 采购人、采购代理机构一般不得要求投标人提供样品，但（   ）特殊情况除外。

A. 采购货物技术要求复杂

B. 采购项目数量庞大

C. 仅凭书面方式不能准确描述采购需求

D. 需要对样品进行主观判断以确认是否满足采购需求

E. 紧急临时性采购

答案： CD

解析：《政府采购货物和服务招标投标管理办法》（财政部第87号令）第二十二条：采购人、采购代理机构一般不得要求投标人提供样品，仅凭书面方式不能准确描述采购需求或者需要对样品进行主观判断以确认是否满足采购需求等特殊情况除外。

标签： 招标　要求投标人提供样品

难易程度： 易★

16. 终止招标的，且已经收取招标文件费用或者投标保证金的，采购人或者采购代理机构应当（　　）。

　　A. 退还所收取的招标文件费用

　　B. 退还所收取的资格预审文件费用

　　C. 双倍返还供应商

　　D. 退还所收取的投标保证金

　　E. 退还收取投标人总费用在银行产生的孳息

答案： ADE

解析：《政府采购货物和服务招标投标管理办法》（财政部第87号令）第二十九条：终止招标的，采购人或者采购代理机构应当及时在原公告发布媒体上发布终止公告，以书面形式通知已经获取招标文件、资格预审文件或者被邀请的潜在投标人，并将项目实施情况和采购任务取消原因报告本级财政部门。已经收取招标文件费用或者投标保证金的，采购人或者采购代理机构应当在终止采购活动后5个工作日内，退还所收取的招标文件费用和所收取的投标保证金及其在银行产生的孳息。

标签： 招标　终止招标

难易程度： 易★

17. 有下列（　　）情形的，视为投标人串通投标，其投标无效。

　　A. 不同投标人的投标文件相互混装

　　B. 不同投标人向采购代理机构寻求本项目的咨询

　　C. 不同投标人的投标保证金从同一单位账户转出

D. 不同投标人的投标文件由同一单位或者个人编制

E. 不同投标人的投标文件异常一致

答案： ACDE

解析：《政府采购货物和服务招标投标管理办法》（财政部第 87 号令）第三十七条：有下列情形之一的，视为投标人串通投标，其投标无效：

（一）不同投标人的投标文件由同一单位或者个人编制；

（二）不同投标人委托同一单位或者个人办理投标事宜；

（三）不同投标人的投标文件载明的项目管理成员或者联系人员为同一人；

（四）不同投标人的投标文件异常一致或者投标报价呈规律性差异；

（五）不同投标人的投标文件相互混装；

（六）不同投标人的投标保证金从同一单位或者个人的账户转出。

标签： 投标　串通投标

难易程度： 易★

18. 公开招标数额标准以上的采购项目，投标截止后投标人数量不足，应按照以下（　　）处理。

A. 直接使用其他非招标采购方式

B. 若招标文件存在不合理条款的，采购人、采购代理机构改正后依法重新招标

C. 采用邀请招标方式

D. 经财政部门批准后，采用其他采购方式采购

E. 经财政部门批准后，与投标供应商继续采购流程

答案： BD

解析：《政府采购货物和服务招标投标管理办法》（财政部第 87 号令）第四十三条：公开招标数额标准以上的采购项目，投标截止后投标人不足 3 家或者通过资格审查或符合性审查的投标人不足 3 家的，除采购任务取消情形外，按照以下方式处理：

（一）招标文件存在不合理条款或者招标程序不符合规定的，采购人、采

购代理机构改正后依法重新招标；

（二）招标文件没有不合理条款、招标程序符合规定，需要采用其他采购方式采购的，采购人应当依法报财政部门批准。

标签： 开标

难易程度： 易★

19. 货物和服务招标采购项目符合下列（　　）情形之一的，评标委员会成员人数应当为 7 人以上单数。

A. 采购预算金额在 500 万元以上

B. 技术复杂

C. 采购进口产品

D. 涉密采购

E. 社会影响较大

答案： BE

解析： 《政府采购货物和服务招标投标管理办法》（财政部第 87 号令）第四十七条：采购项目符合下列情形之一的，评标委员会成员人数应当为 7 人以上单数：

（一）采购预算金额在 1000 万元以上；

（二）技术复杂；

（三）社会影响较大。

标签： 评标　评标委员会

难易程度： 易★

20. 评标结果汇总完成后，除（　　）情形外，任何人不得修改评标结果。

A. 分值汇总计算错误

B. 评标委员会成员对客观评审因素评分不一致

C. 经评标委员会认定评分畸高

D. 投标人串通投标

E. 评标委员会确定参与评标至评标结束前私自接触投标人

答案： ABC

解析：《政府采购货物和服务招标投标管理办法》（财政部第87号令）第六十四条：评标结果汇总完成后，除下列情形外，任何人不得修改评标结果：

（一）分值汇总计算错误的；

（二）分项评分超出评分标准范围的；

（三）评标委员会成员对客观评审因素评分不一致的；

（四）经评标委员会认定评分畸高、畸低的。

标签：评标　修改评标结果

难易程度：易★

21. 采购人或者采购代理机构负责组织评标工作，并履行（　　）职责。

A. 担任评标组长

B. 告知评审专家应当回避的情形

C. 维护评标秩序

D. 在评标期间采取必要的通讯管理措施，保证评标活动不受外界干扰

E. 宣布评标纪律

答案：BCDE

解析：《政府采购货物和服务招标投标管理办法》（财政部第87号令）第四十五条：采购人或者采购代理机构负责组织评标工作，并履行下列职责：

（一）核对评审专家身份和采购人代表授权函，对评审专家在政府采购活动中的职责履行情况予以记录，并及时将有关违法违规行为向财政部门报告；

（二）宣布评标纪律；

（三）公布投标人名单，告知评审专家应当回避的情形；

（四）组织评标委员会推选评标组长，采购人代表不得担任组长；

（五）在评标期间采取必要的通讯管理措施，保证评标活动不受外界干扰；

（六）根据评标委员会的要求介绍政府采购相关政策法规、招标文件；

（七）维护评标秩序，监督评标委员会依照招标文件规定的评标程序、方法和标准进行独立评审，及时制止和纠正采购人代表、评审专家的倾向性言论或者违法违规行为；

（八）核对评标结果，有本办法第六十四条规定情形的，要求评标委员会复核或者书面说明理由，评标委员会拒绝的，应予记录并向本级财政部门报告；

（九）评审工作完成后，按照规定向评审专家支付劳务报酬和异地评审差旅费，不得向评审专家以外的其他人员支付评审劳务报酬；

（十）处理与评标有关的其他事项。

标签： 评标

难易程度： 易★

22. 评标委员会负责具体评标事务，并独立履行（　　　）职责。

A. 审查、评价投标文件是否符合招标文件的商务实质性要求

B. 根据供应商提供样品组织验收

C. 拟定标准合同文本

D. 对投标文件进行比较和评价

E. 要求投标人对投标文件有关事项作出澄清或者说明

答案：ADE

解析：《政府采购货物和服务招标投标管理办法》（财政部第87号令）第四十六条：评标委员会负责具体评标事务，并独立履行下列职责：

（一）审查、评价投标文件是否符合招标文件的商务、技术等实质性要求；

（二）要求投标人对投标文件有关事项作出澄清或者说明；

（三）对投标文件进行比较和评价；

（四）确定中标候选人名单，以及根据采购人委托直接确定中标人；

（五）向采购人、采购代理机构或者有关部门报告评标中发现的违法行为。

标签： 评标

难易程度： 易★

23.《政府采购货物和服务招标投标管理办法》规定，在综合评分法中，评审因素的设定应当与投标人所提供货物服务的质量相关，包括（　　　）。

A. 资格条件　　　　　　　B. 投标报价　　　　　　　C. 履约能力

D. 售后服务   E. 营业规模

答案： BCD

解析：《政府采购货物和服务招标投标管理办法》（财政部第87号令）第五十五条：评审因素的设定应当与投标人所提供货物服务的质量相关，包括投标报价、技术或者服务水平、履约能力、售后服务等。资格条件不得作为评审因素。评审因素应当在招标文件中规定。

标签： 评标

难易程度： 易★

24. 评标报告应当包括（   ）内容。

A. 招标公告刊登的媒体名称

B. 评标委员会成员名单

C. 开标记录

D. 无效投标人名单

E. 招标文件

答案： ABCD

解析：《政府采购货物和服务招标投标管理办法》（财政部第87号令）第五十八条：评标委员会根据全体评标成员签字的原始评标记录和评标结果编写评标报告。评标报告应当包括以下内容：

（一）招标公告刊登的媒体名称、开标日期和地点；

（二）投标人名单和评标委员会成员名单；

（三）评标方法和标准；

（四）开标记录和评标情况及说明，包括无效投标人名单及原因；

（五）评标结果，确定的中标候选人名单或者经采购人委托直接确定的中标人；

（六）其他需要说明的情况，包括评标过程中投标人根据评标委员会要求进行的澄清、说明或者补正，评标委员会成员的更换等。

标签： 评标   评标报告

难易程度： 易★

25. 评标委员会认为投标人的报价明显低于其他通过符合性审查投标人的报价，有可能影响产品质量或者不能诚信履约的，应当按以下办法处理（   ）。

A. 投标人不能证明其报价合理性的，评标委员会应当将其作为无效投标处理

B. 投标人不能证明其报价合理性的，评标委员会应当征求其他投标人意见

C. 要求投标人在评标现场合理的时间内提供书面说明

D. 要求投标人在5个工作日内提供书面说明

E. 必要时投标人须提交报价相关证明材料

答案： ACE

解析：《政府采购货物和服务招标投标管理办法》（财政部第87号令）第六十条：评标委员会认为投标人的报价明显低于其他通过符合性审查投标人的报价，有可能影响产品质量或者不能诚信履约的，应当要求其在评标现场合理的时间内提供书面说明，必要时提交相关证明材料；投标人不能证明其报价合理性的，评标委员会应当将其作为无效投标处理。

标签： 评标　低价澄清

难易程度： 易★

26. 评标委员会及其成员不得有下列（   ）行为。

A. 征询采购人的倾向性意见

B. 违反评标纪律发表倾向性意见

C. 对需要共同认定的事项提出异议

D. 对需要专业判断的主观评审因素协商评分

E. 记录评标资料

答案： ABDE

解析：《政府采购货物和服务招标投标管理办法》（财政部第87号令）第六十二条：评标委员会及其成员不得有下列行为：

（一）确定参与评标至评标结束前私自接触投标人；

（二）接受投标人提出的与投标文件不一致的澄清或者说明，本办法第五

十一条规定的情形除外；

（三）违反评标纪律发表倾向性意见或者征询采购人的倾向性意见；

（四）对需要专业判断的主观评审因素协商评分；

（五）在评标过程中擅离职守，影响评标程序正常进行的；

（六）记录、复制或者带走任何评标资料；

（七）其他不遵守评标纪律的行为。

标签： 评标　评标纪律

难易程度： 易★

27. 投标人存在下列（　　）情况的，投标无效。

A. 未按照招标文件的规定提交投标保证金

B. 报价超过招标文件中规定的预算金额

C. 报价超过招标文件中规定的最低限价

D. 报价超过招标文件中规定的预算金额最高限价

E. 投标文件未按招标文件要求签署、盖章

答案：ABDE

解析：《政府采购货物和服务招标投标管理办法》（财政部第87号令）第六十三条：投标人存在下列情况之一的，投标无效：

（一）未按照招标文件的规定提交投标保证金的；

（二）投标文件未按招标文件要求签署、盖章的；

（三）不具备招标文件中规定的资格要求的；

（四）报价超过招标文件中规定的预算金额或者最高限价的；

（五）投标文件含有采购人不能接受的附加条件的；

（六）法律、法规和招标文件规定的其他无效情形。

标签： 开标　评标

难易程度： 易★

28. 评标委员会发现（　　），应当停止评标工作，与采购人或者采购代理机构沟通并作书面记录。

A. 招标文件内容违反国家有关强制性规定

B. 招标文件存在歧义导致评标工作无法进行

C. 招标文件存在重大缺陷导致评标工作无法进行

D. 投标人不符合资格性审查要求

E. 投标人投标文件存在歧义

答案：ABC

解析：《政府采购货物和服务招标投标管理办法》（财政部第87号令）第六十五条：评标委员会发现招标文件存在歧义、重大缺陷导致评标工作无法进行，或者招标文件内容违反国家有关强制性规定的，应当停止评标工作，与采购人或者采购代理机构沟通并作书面记录。采购人或者采购代理机构确认后，应当修改招标文件，重新组织采购活动。

标签：评标

难易程度：易★

29. 采购人、采购代理机构应当采取必要措施，保证评标在严格保密的情况下进行。除（　　）外，不得进入评标现场。

A. 采购人代表

B. 供应商

C. 采购人单位的监督人员

D. 评标现场组织人员

E. 采购人的其他工作人员

答案：AD

解析：《政府采购货物和服务招标投标管理办法》（财政部第87号令）第六十六条：采购人、采购代理机构应当采取必要措施，保证评标在严格保密的情况下进行。除采购人代表、评标现场组织人员外，采购人的其他工作人员以及与评标工作无关的人员不得进入评标现场。

标签：评标

难易程度：易★

30. 政府采购货物和服务招标中标结果公告内容应当包括（　　）。

A. 中标公告期限

B. 评审专家名单

C. 主要中标标的的规格型号

D. 开标记录

E. 投标人名单

答案：ABC

解析：《政府采购货物和服务招标投标管理办法》（财政部第87号令）第六十九条：中标结果公告内容应当包括采购人及其委托的采购代理机构的名称、地址、联系方式，项目名称和项目编号，中标人名称、地址和中标金额，主要中标标的的名称、规格型号、数量、单价、服务要求，中标公告期限以及评审专家名单。

标签：中标　中标结果公告

难易程度：易★

31. 政府采购货物和服务合同应当包括（　　）。

A. 履行期限　　　　　B. 预算金额　　　　　　　C. 标的

D. 验收要求　　　　　E. 违约责任

答案：ACDE

解析：《政府采购货物和服务招标投标管理办法》（财政部第87号令）第七十二条：政府采购合同应当包括采购人与中标人的名称和住所、标的、数量、质量、价款或者报酬、履行期限及地点和方式、验收要求、违约责任、解决争议的方法等内容。

标签：合同

难易程度：易★

32. 政府采购货物和服务招标项目中，采购人有下列（　　）情形的，由财政部门责令限期改正，情节严重的，给予警告。

A. 未按照《政府采购货物和服务招标投标管理办法》（财政部第87号令）的规定编制采购需求

B. 设定最低限价

C. 向中标人提出不合理要求作为签订合同条件

D. 未在规定时间内确定中标人

E. 设定最高限价

答案：ACD

解析：《政府采购货物和服务招标投标管理办法》（财政部第87号令）第七十七条：采购人有下列情形之一的，由财政部门责令限期改正；情节严重的，给予警告，对直接负责的主管人员和其他直接责任人员由其行政主管部门或者有关机关依法给予处分，并予以通报；涉嫌犯罪的，移送司法机关处理：

（一）未按照本办法的规定编制采购需求的；

（二）违反本办法第六条第二款规定的；

（三）未在规定时间内确定中标人的；

（四）向中标人提出不合理要求作为签订合同条件的。

标签：法律责任

难易程度：难★★★

33. 采购人或者采购代理机构可以在招标文件提供期限截止后，组织已获取招标文件的潜在投标人（　　）。

A. 进行评标　　　　　　B. 现场考察　　　　　　C. 提供样品

D. 组织开标　　　　　　E. 召开开标前答疑会

答案：BE

解析：《政府采购货物和服务招标投标管理办法》（财政部第87号令）第二十六条：采购人或者采购代理机构可以在招标文件提供期限截止后，组织已获取招标文件的潜在投标人现场考察或者召开开标前答疑会。

标签：招标

难易程度：易★

34. 某单位采购非单一产品时，应当根据采购项目（　　）等合理确定核心产品，并在招标文件中载明。

A. 采购需求　　　　　　B. 预算金额　　　　　　C. 技术标准

D. 技术构成　　　　　　E. 产品价格比重

答案：DE

解析：《政府采购货物和服务招标投标管理办法》（财政部第87号令）第三十一条：非单一产品采购项目，采购人应当根据采购项目技术构成、产品价格比重等合理确定核心产品，并在招标文件中载明。多家投标人提供的核心产品品牌相同的，按前两款规定处理。

标签：投标 核心产品

难易程度：中★★

第四章 《政府购买服务管理办法》相关试题

判断题

1. 制定《政府购买服务管理办法》的目的是规范政府购买服务行为，促进转变政府职能，改善公共服务供给。 （ ）

答案：正确

解析：《政府购买服务管理办法》第一条：为规范政府购买服务行为，促进转变政府职能，改善公共服务供给，根据《中华人民共和国预算法》《中华人民共和国政府采购法》《中华人民共和国合同法》等法律、行政法规的规定，制定本办法。

标签：政府购买服务　立法目的

难易程度：易★

2. 具备条件的个人可以作为政府购买服务的承接主体。 （ ）

答案：正确

解析：《政府购买服务管理办法》第六条：依法成立的企业、社会组织（不含由财政拨款保障的群团组织），公益二类和从事生产经营活动的事业单位，农村集体经济组织，基层群众性自治组织，以及具备条件的个人可以作为政府购买服务的承接主体。

标签：政府购买服务　购买主体　承接主体

难易程度：易★

3. 承接主体可以结合购买服务项目的特点规定购买主体的具体条件，但

不得以不合理的条件对购买主体实行差别待遇或者歧视待遇。　　（　　）

答案：错误

解析：《政府购买服务管理办法》第七条第二款：购买主体可以结合购买服务项目的特点规定承接主体的具体条件，但不得违反政府采购法律、行政法规，以不合理的条件对承接主体实行差别待遇或者歧视待遇。应为购买主体规定承接主体的条件，而不是承接主体规定购买主体的条件，故错误。

标签：政府购买服务　购买主体　承接主体

难易程度：易★

4. 国家对政府购买服务的具体范围和内容实行指导性目录管理。（　　）

答案：正确

解析：《政府购买服务管理办法》第十一条：政府购买服务的具体范围和内容实行指导性目录管理，指导性目录依法予以公开。

标签：政府购买服务　购买内容和目录

难易程度：易★

5. 省级财政部门根据本地区情况确定省以下政府购买服务指导性目录的编制方式和程序。　　　　　　　　　　　　　　　　　（　　）

答案：正确

解析：《政府购买服务管理办法》第十二条第二款：省级财政部门根据本地区情况确定省以下政府购买服务指导性目录的编制方式和程序。

标签：政府购买服务　购买内容和目录

难易程度：易★

6. 纳入政府购买服务指导性目录的服务事项，无论预算是否已经安排，均可以实施政府购买服务。　　　　　　　　　　　　　　（　　）

答案：错误

解析：《政府购买服务管理办法》第十四条：纳入政府购买服务指导性目录的服务事项，已安排预算的，可以实施政府购买服务。

标签：政府购买服务　购买内容和目录

难易程度：中★★

7. 公益一类事业单位、使用事业编制且由财政拨款保障的群团组织，可作为政府购买服务的购买主体和承接主体。 （ ）

答案：错误

解析：《政府购买服务管理办法》第八条：公益一类事业单位、使用事业编制且由财政拨款保障的群团组织，不作为政府购买服务的购买主体和承接主体。

标签：政府购买服务 购买主体和承接主体
难易程度：易★

8. 政府购买服务合同应当明确服务的内容、期限、数量、质量、价格，资金结算方式，各方权利义务事项和违约责任等内容。 （ ）

答案：正确

解析：《政府购买服务管理办法》第二十三条第二款：政府购买服务合同应当明确服务的内容、期限、数量、质量、价格，资金结算方式，各方权利义务事项和违约责任等内容。

标签：政府购买服务 合同及履行
难易程度：易★

9. 购买主体在编报年度部门预算时，应当反映政府购买服务支出情况。 （ ）

答案：正确

解析：《政府购买服务管理办法》第十六条第二款：购买主体在编报年度部门预算时，应当反映政府购买服务支出情况。政府购买服务支出应当符合预算管理有关规定。

标签：政府购买服务 购买活动的实施 购买主体
难易程度：易★

10. 购买主体应当根据购买内容及市场状况、相关供应商服务能力和信用状况等因素，通过过去合作经验综合确定承接主体。 （ ）

答案：错误

解析：《政府购买服务管理办法》第十七条：购买主体应当根据购买内容及市场状况、相关供应商服务能力和信用状况等因素，通过公平竞争择优确定承接主体。

标签：政府购买服务　购买活动的实施　购买主体

难易程度：易★

11. 政府购买服务活动中，对所购服务实施情况开展绩效评价，不可以运用第三方评价评估。　　　　　　　　　　　　　　　　　（　　）

答案：错误

解析：《政府购买服务管理办法》第二十条第一款：购买主体实施政府购买服务项目绩效管理，应当开展事前绩效评估，定期对所购服务实施情况开展绩效评价，具备条件的项目可以运用第三方评价评估。

标签：政府购买服务　购买活动的实施　绩效评价

难易程度：易★

12. 财政部门既可以对部门政府购买服务整体工作开展绩效评价，又可以对特定项目开展重点绩效评价。　　　　　　　　　　　　　（　　）

答案：正确

解析：《政府购买服务管理办法》第二十条第二款：财政部门可以根据需要，对部门政府购买服务整体工作开展绩效评价，或者对部门实施的资金金额和社会影响大的政府购买服务项目开展重点绩效评价。

标签：政府购买服务　购买活动的实施　绩效评价

难易程度：中★★

13. 政府购买服务活动中，承接主体应当按照合同约定提供服务，将服务项目转包给其他主体情况下需严格按照相关规定履行责任义务。（　　）

答案：错误

解析：《政府购买服务管理办法》第二十六条：承接主体应当按照合同约定提供服务，不得将服务项目转包给其他主体。

标签：政府购买服务 合同及履行 承接主体

难易程度：中★★

14. 政府购买服务活动中，承接主体可以使用政府购买服务合同向金融机构融资。 （ ）

答案：正确

解析：《政府购买服务管理办法》第二十九条第一款：承接主体可以依法依规使用政府购买服务合同向金融机构融资。

标签：政府购买服务 合同及履行 承接主体

难易程度：中★★

15. 政府购买服务活动中，购买主体不得为承接主体的融资行为提供担保。

（ ）

答案：正确

解析：《政府购买服务管理办法》第二十九条第二款：购买主体不得以任何形式为承接主体的融资行为提供担保。

标签：政府购买服务 合同及履行 购买主体 承接主体

难易程度：中★★

16. 购买主体向个人购买服务，应当限于确实适宜实施政府购买服务并且由个人承接的情形，不得以政府购买服务名义变相用工。 （ ）

答案：正确

解析：《政府购买服务管理办法》第十八条：购买主体向个人购买服务，应当限于确实适宜实施政府购买服务并且由个人承接的情形，不得以政府购买服务名义变相用工。

标签：政府购买服务 购买活动的实施

难易程度：易★

17. 政府购买服务的承接主体应当符合政府采购法律、行政法规规定的条件。

（ ）

答案：正确

解析：《政府购买服务管理办法》第七条第一款：政府购买服务的承接主体应当符合政府采购法律、行政法规规定的条件。

标签：政府购买服务　购买主体　承接主体

难易程度：易★

18. 政府购买服务活动中，购买主体和承接主体应当自觉接受财政监督、审计监督、社会监督以及服务对象的监督。　　　　　　　（　　　）

答案：正确

解析：《政府购买服务管理办法》第三十条：有关部门应当建立健全政府购买服务监督管理机制。购买主体和承接主体应当自觉接受财政监督、审计监督、社会监督以及服务对象的监督。

标签：政府购买服务　监督管理和法律责任

难易程度：易★

19. 党的机关、政协机关、民主党派机关、承担行政职能的事业单位和使用行政编制的群团组织机关使用财政性资金购买服务的，参照《政府购买服务管理办法》执行。　　　　　　　　　　　　　　　（　　　）

答案：正确

解析：《政府购买服务管理办法》第三十三条：党的机关、政协机关、民主党派机关、承担行政职能的事业单位和使用行政编制的群团组织机关使用财政性资金购买服务的，参照本办法执行。

标签：政府购买服务　参照执行

难易程度：易★

20. 涉密政府购买服务项目的实施，按照国家有关规定执行。　（　　　）

答案：正确

解析：《政府购买服务管理办法》第三十四条：涉密政府购买服务项目的实施，按照国家有关规定执行。

标签：政府购买服务　涉密项目

难易程度：易★

21.《政府购买服务管理办法》中所称政府购买服务，是指各级国家机关将属于自身职责范围且适合通过市场化方式提供的服务事项，按照政府采购方式和程序，交由符合条件的服务供应商承担，并根据服务数量和质量等因素向其支付费用的行为。 （ ）

答案：正确

解析：《政府购买服务管理办法》第二条：本办法所称政府购买服务，是指各级国家机关将属于自身职责范围且适合通过市场化方式提供的服务事项，按照政府采购方式和程序，交由符合条件的服务供应商承担，并根据服务数量和质量等因素向其支付费用的行为。

标签：政府购买服务 概念 政府采购

难易程度：易★

22. 融资行为可以纳入政府购买服务范围。 （ ）

答案：错误

解析：《政府购买服务管理办法》第十条：以下各项不得纳入政府购买服务范围：

（一）不属于政府职责范围的服务事项；

（二）应当由政府直接履职的事项；

（三）政府采购法律、行政法规规定的货物和工程，以及将工程和服务打包的项目；

（四）融资行为；

（五）购买主体的人员招、聘用，以劳务派遣方式用工，以及设置公益性岗位等事项；

（六）法律、行政法规以及国务院规定的其他不得作为政府购买服务内容的事项。

标签：政府购买服务 购买内容和目录

难易程度：易★

23. 政府采购活动中购买主体的人员招、聘用可以采用政府购买服务的方式。

（　　　）

答案：错误

解析：《政府购买服务管理办法》第十条：以下各项不得纳入政府购买服务范围：

（一）不属于政府职责范围的服务事项；

（二）应当由政府直接履职的事项；

（三）政府采购法律、行政法规规定的货物和工程，以及将工程和服务打包的项目；

（四）融资行为；

（五）购买主体的人员招、聘用，以劳务派遣方式用工，以及设置公益性岗位等事项；

（六）法律、行政法规以及国务院规定的其他不得作为政府购买服务内容的事项。

标签：政府购买服务　购买内容和目录

难易程度：易★

24. 政府采购活动中劳务派遣方式用工可以采用政府购买服务的方式。

（　　　）

答案：错误

解析：《政府购买服务管理办法》第十条：以下各项不得纳入政府购买服务范围：

（一）不属于政府职责范围的服务事项；

（二）应当由政府直接履职的事项；

（三）政府采购法律、行政法规规定的货物和工程，以及将工程和服务打包的项目；

（四）融资行为；

（五）购买主体的人员招、聘用，以劳务派遣方式用工，以及设置公益性岗位等事项；

（六）法律、行政法规以及国务院规定的其他不得作为政府购买服务内容的事项。

标签： 政府购买服务　购买内容和目录

难易程度： 易★

25. 政府采购法律、行政法规规定的货物和工程可以采用政府购买服务的方式。　　　　　　　　　　　　　　　　　　　　　（　　）

答案： 错误

解析：《政府购买服务管理办法》第十条：以下各项不得纳入政府购买服务范围：

（一）不属于政府职责范围的服务事项；

（二）应当由政府直接履职的事项；

（三）政府采购法律、行政法规规定的货物和工程，以及将工程和服务打包的项目；

（四）融资行为；

（五）购买主体的人员招、聘用，以劳务派遣方式用工，以及设置公益性岗位等事项；

（六）法律、行政法规以及国务院规定的其他不得作为政府购买服务内容的事项。

标签： 政府购买服务　购买内容和目录

难易程度： 易★

26. 将工程和服务打包的项目可以采用政府购买服务的方式。　（　　）

答案： 错误

解析：《政府购买服务管理办法》第十条：以下各项不得纳入政府购买服务范围：

（一）不属于政府职责范围的服务事项；

（二）应当由政府直接履职的事项；

（三）政府采购法律、行政法规规定的货物和工程，以及将工程和服务打包的项目；

（四）融资行为；

（五）购买主体的人员招、聘用，以劳务派遣方式用工，以及设置公益性岗位等事项；

（六）法律、行政法规以及国务院规定的其他不得作为政府购买服务内容的事项。

标签：政府购买服务　购买内容和目录

难易程度：易★

27. 某医院设置公益性岗位可以采用政府购买服务的方式。　　（　　）

答案：错误

解析：《政府购买服务管理办法》第十条：以下各项不得纳入政府购买服务范围：

（一）不属于政府职责范围的服务事项；

（二）应当由政府直接履职的事项；

（三）政府采购法律、行政法规规定的货物和工程，以及将工程和服务打包的项目；

（四）融资行为；

（五）购买主体的人员招、聘用，以劳务派遣方式用工，以及设置公益性岗位等事项；

（六）法律、行政法规以及国务院规定的其他不得作为政府购买服务内容的事项。

标签：政府购买服务　购买内容和目录

难易程度：易★

28. 政府购买服务指导性目录实行省、市两级分级管理。　　（　　）

答案：错误

解析：《政府购买服务管理办法》第十二条第一款：政府购买服务指导性目录在中央和省两级实行分级管理，财政部和省级财政部门分别制定本级政府购买服务指导性目录，各部门在本级指导性目录范围内编制本部门政府购买服务指导性目录。

标签：政府购买服务 购买内容和目录

难易程度：易★

29. 有关部门应当根据经济社会发展实际、政府职能转变和基本公共服务均等化、标准化的要求，编制、调整指导性目录。 （ ）

答案：正确

解析：《政府购买服务管理办法》第十三条第一款：有关部门应当根据经济社会发展实际、政府职能转变和基本公共服务均等化、标准化的要求，编制、调整指导性目录。

标签：政府购买服务 购买内容和目录 指导性目录

难易程度：易★

30. 政府购买服务项目中，未列入预算的项目不得实施。 （ ）

答案：正确

解析：《政府购买服务管理办法》第十六条第一款：政府购买服务项目所需资金应当在相关部门预算中统筹安排，并与中期财政规划相衔接，未列入预算的项目不得实施。

标签：政府购买服务 购买活动的实施 预算

难易程度：易★

31. 政府购买服务合同的签订、履行、变更，应当遵循《政府购买服务管理办法》而不是《中华人民共和国民法典》（合同编）的相关规定。

（ ）

答案：错误

解析：《政府购买服务管理办法》第二十二条规定，政府购买服务合同的签订、履行、变更，应当遵循《中华人民共和国民法典》（合同编）的相关规定。

标签：政府购买服务 合同及履行

难易程度：易★

32. 政府购买服务活动中，购买主体应当与确定的承接主体签订书面合同。

（　　）

答案：正确

解析：《政府购买服务管理办法》第二十三条第一款：购买主体应当与确定的承接主体签订书面合同。

标签：政府购买服务　合同及履行

难易程度：易★

33. 编制、调整指导性目录应当充分征求相关部门意见，根据实际需要进行专家论证。

（　　）

答案：正确

解析：《政府购买服务管理办法》第十三条第二款：编制、调整指导性目录应当充分征求相关部门意见，根据实际需要进行专家论证。

标签：政府购买服务　购买内容和目录　专家论证

难易程度：易★

34. 政府购买的基本公共服务项目的服务内容、水平、流程等标准要素，应当符合国家基本公共服务标准相关要求。

（　　）

答案：正确

解析：《政府购买服务管理办法》第十五条第二款：政府购买的基本公共服务项目的服务内容、水平、流程等标准要素，应当符合国家基本公共服务标准相关要求。

标签：政府购买服务　购买活动的实施

难易程度：易★

35. 政府购买服务项目采购环节的执行和监督管理，包括集中采购目录及标准、采购政策、采购方式和程序、信息公开、质疑投诉、失信惩戒等。（　　）

答案：正确

解析：《政府购买服务管理办法》第十九条：政府购买服务项目采购环节的执行和监督管理，包括集中采购目录及标准、采购政策、采购方式和程序、信息公开、质疑投诉、失信惩戒等，按照政府采购法律、行政法规和相关制度执行。

标签： 政府购买服务 购买活动的实施 采购环节

难易程度： 易★

36. 政府购买服务合同应当予以公告。 （ ）

答案： 正确

解析：《政府购买服务管理办法》第二十三条第三款：政府购买服务合同应当依法予以公告。

标签： 政府购买服务 合同及履行

难易程度： 易★

37. 购买主体应当加强政府购买服务项目履约管理，开展绩效执行监控，及时掌握项目实施进度和绩效目标实现情况。 （ ）

答案： 正确

解析：《政府购买服务管理办法》第二十五条：购买主体应当加强政府购买服务项目履约管理，开展绩效执行监控，及时掌握项目实施进度和绩效目标实现情况，督促承接主体严格履行合同，按照合同约定向承接主体支付款项。

标签： 政府购买服务 合同及履行 购买主体

难易程度： 易★

38. 政府采购承接主体应当建立政府购买服务项目台账，依照有关规定或合同约定记录保存并向购买主体提供项目实施相关重要资料信息。 （ ）

答案： 正确

解析：《政府购买服务管理办法》第二十七条：承接主体应当建立政府购买服务项目台账，依照有关规定或合同约定记录保存并向购买主体提供项目实施相关重要资料信息。

标签： 政府购买服务 合同及履行 承接主体

难易程度： 易★

39. 政府采购承接主体应当严格遵守相关财务规定，规范管理和使用政府购买服务项目资金。　　　　　　　　　　　　　　　（　　　）

答案： 正确

解析：《政府购买服务管理办法》第二十八条第一款：承接主体应当严格遵守相关财务规定，规范管理和使用政府购买服务项目资金。

标签： 政府购买服务　合同及履行　承接主体

难易程度： 易★

40. 政府采购承接主体应当配合相关部门对资金使用情况进行监督检查与绩效评价。　　　　　　　　　　　　　　　　　　　　（　　　）

答案： 正确

解析：《政府购买服务管理办法》第二十八条第二款：承接主体应当配合相关部门对资金使用情况进行监督检查与绩效评价。

标签： 政府购买服务　合同及履行　承接主体

难易程度： 易★

41. 政府购买服务支出应当符合预算管理有关规定。　　（　　　）

答案： 正确

解析：《政府购买服务管理办法》第十六条第二款：购买主体在编报年度部门预算时，应当反映政府购买服务支出情况。政府购买服务支出应当符合预算管理有关规定。

标签： 政府购买服务　购买活动的实施　购买主体

难易程度： 易★

单选题

1. 以下有关政府购买服务立法目的的表述不正确的是（　　　）。

A. 改进服务采购招标投标效率　　　B. 规范政府购买服务行为

C. 改善公共服务供给   D. 促进政府职能转变

答案：A

解析：《政府购买服务管理办法》第一条：为规范政府购买服务行为，促进转变政府职能，改善公共服务供给，根据《中华人民共和国预算法》《中华人民共和国政府采购法》《中华人民共和国合同法》等法律、行政法规的规定，制定本办法。

标签： 政府购买服务　立法目的

难易程度： 易★

2.（　　）负责制定全国性政府购买服务制度，指导和监督各地区、各部门政府购买服务工作，县级以上地方人民政府（　　）负责本行政区域政府购买服务管理。

A. 全国人民代表大会，财政部门

B. 全国人民代表大会，民政部门

C. 民政部，民政部门

D. 财政部，财政部门

答案：D

解析：《政府购买服务管理办法》第四条：财政部负责制定全国性政府购买服务制度，指导和监督各地区、各部门政府购买服务工作。县级以上地方人民政府财政部门负责本行政区域政府购买服务管理。

标签： 政府购买服务　财政部门

难易程度： 中★★

3. 政府购买服务对政府职能转变具有重要作用的原因是（　　）。

A. 政府购买服务转变了传统的政府直接提供公共服务的方式

B. 坚持转变政府职能，就是明确政府在公共服务提供中的职能应该是"划桨"

C. 政府需要组织公共服务的生产并亲自"划桨"

D. 政府不需要自己生产公共服务，而是将所有公共服务交由具备条件的社会力量和事业单位承担

答案： A

解析：《政府购买服务管理办法》第二条："本办法所称政府购买服务，是指各级国家机关将属于自身职责范围且适合通过市场化方式提供的服务事项，按照政府采购方式和程序，交由符合条件的服务供应商承担，并根据服务数量和质量等因素向其支付费用的行为。"政府购买服务是政府以契约化方式将公共服务生产交给社会力量承担，通过竞争机制促进提升公共服务质量和效率。因此，政府购买服务转变了传统的政府直接提供公共服务方式，是对政府职能的转变。

标签： 政府购买服务　政府职能转变　概念

难易程度： 难★★★

4.《政府购买服务管理办法》所称政府购买服务，是指各级国家机关将属于自身职责范围且适合通过（　　　）方式提供的服务事项，按照政府采购方式和程序，交由符合条件的（　　　）承担，并根据服务数量和质量等因素向其支付费用的行为。

A. 市场化；服务供应商　　　　　B. 市场化；服务代理商

C. 社会化；服务代理商　　　　　D. 社会化；服务供应商

答案： A

解析：《政府购买服务管理办法》第二条：本办法所称政府购买服务，是指各级国家机关将属于自身职责范围且适合通过市场化方式提供的服务事项，按照政府采购方式和程序，交由符合条件的服务供应商承担，并根据服务数量和质量等因素向其支付费用的行为。

标签： 政府购买服务　概念

难易程度： 中★★

5. 有关采购主体与政府购买服务的购买主体之间的区别，表述正确的是（　　　）。

A. 政府购买服务的购买主体比政府采购的主体范围更大

B. 政府采购的主体比政府购买服务的购买主体范围更大

C. 政府购买服务只关注购买主体的服务质量

D. 政府采购只关注采购主体的行为规范性

答案：B

解析：《政府购买服务管理办法》第五条规定，"各级国家机关是政府购买服务的购买主体。"《中华人民共和国政府采购法》第二条第二款规定，"本法所称政府采购，是指各级国家机关、事业单位和团体组织，使用财政性资金采购依法制定的集中采购目录以内的或者采购限额标准以上的货物、工程和服务的行为。"因此可判断，政府采购的主体比政府购买服务的主体范围更大。

标签：政府购买服务 购买主体

难易程度：难★★★

6. 政府购买服务的内容包括政府向社会公众提供的（   ），以及政府履职所需辅助性服务。

A. 公共补贴   B. 公共服务

C. 公共生产   D. 公共基础设施建设

答案：B

解析：《政府购买服务管理办法》第九条：政府购买服务的内容包括政府向社会公众提供的公共服务，以及政府履职所需辅助性服务。

标签：政府购买服务 购买内容

难易程度：中★★

7. 政府购买服务指导性目录在（   ）两级实行分级管理，（   ）分别制定本级政府购买服务指导性目录。

A. 中央和省；国务院和省级人民政府

B. 中央和省；财政部和省级财政部门

C. 省和市；省级人民政府和市级人民政府

D. 省和市；省级财政部门和市级财政部门

答案：B

解析：《政府购买服务管理办法》第十二条第一款：政府购买服务指导性目录在中央和省两级实行分级管理，财政部和省级财政部门分别制定本级政府购买服务指导性目录，各部门在本级指导性目录范围内编制本部门政府购买服务指导性目录。

标签： 政府购买服务　指导性目录

难易程度： 难★★★

8. （　　）负责制定全国性政府购买服务制度，指导和监督各地区、各部门政府购买服务工作。

A. 国务院　　　　　　　　　　B. 财政部

C. 国家发展和改革委员会　　　D. 司法部

答案： B

解析：《政府购买服务管理办法》第四条第一款：财政部负责制定全国性政府购买服务制度，指导和监督各地区、各部门政府购买服务工作。

标签： 政府购买服务　财政部

难易程度： 易★

9. 政府购买服务合同履行期限一般不超过（　　）年。

A. 1　　　　　B. 2　　　　　C. 3　　　　　D. 4

答案： A

解析：《政府购买服务管理办法》第二十四条：政府购买服务合同履行期限一般不超过1年；在预算保障的前提下，对于购买内容相对固定、连续性强、经费来源稳定、价格变化幅度小的政府购买服务项目，可以签订履行期限不超过3年的政府购买服务合同。

标签： 政府购买服务　合同及履行

难易程度： 中★★

10. 在预算保障的前提下，对于购买内容相对固定、连续性强、经费来源稳定、价格变化幅度小的政府购买服务项目，可以签订履行期限不超过（　　）年的政府购买服务合同。

A. 2　　　　　B. 3　　　　　C. 4　　　　　D. 5

答案： B

解析：《政府购买服务管理办法》第二十四条：政府购买服务合同履行期限一般不超过 1 年；在预算保障的前提下，对于购买内容相对固定、连续性强、经费来源稳定、价格变化幅度小的政府购买服务项目，可以签订履行期限不超过 3 年的政府购买服务合同。

标签：政府购买服务 合同及履行

难易程度：中★★

11. 购买主体及财政部门应当将（ ）作为承接主体选择、预算安排和政策调整的重要依据。

A. 供应商资信状况　　　　　B. 绩效评价结果

C. 自身资金状况　　　　　　D. 上级部门指令

答案：B

解析：《政府购买服务管理办法》第二十一条：购买主体及财政部门应当将绩效评价结果作为承接主体选择、预算安排和政策调整的重要依据。

标签：政府购买服务 购买活动的实施

难易程度：中★★

12. 政府购买服务项目所需资金应当在相关部门预算中统筹安排，并与（ ）相衔接，未列入预算的项目不得实施。

A. 中期预算　　　　　　　　B. 中期财政规划

C. 前期预算　　　　　　　　D. 前期决算

答案：B

解析：《政府购买服务管理办法》第十六条第一款：政府购买服务项目所需资金应当在相关部门预算中统筹安排，并与中期财政规划相衔接，未列入预算的项目不得实施。

标签：政府购买服务 购买活动的实施 预算

难易程度：中★★

13. 购买主体实施政府购买服务项目绩效管理，应当开展（ ）绩效评估，定期对所购服务实施情况开展绩效评价。

A. 事前   B. 事中   C. 中期   D. 事后

答案： A

解析：《政府购买服务管理办法》第二十条第一款：购买主体实施政府购买服务项目绩效管理，应当开展事前绩效评估，定期对所购服务实施情况开展绩效评价，具备条件的项目可以运用第三方评价评估。

标签： 政府购买服务 购买活动的实施 绩效评价

难易程度： 中★★

14. 政府购买服务应当突出（   ）和（   ），重点考虑、优先安排与改善民生密切相关，有利于转变政府职能、提高财政资金绩效的项目。

A. 公共性；公益性   B. 公共性；营利性

C. 公益性；外部性   D. 公共性；外部性

答案： A

解析：《政府购买服务管理办法》第十五条第一款：政府购买服务应当突出公共性和公益性，重点考虑、优先安排与改善民生密切相关，有利于转变政府职能、提高财政资金绩效的项目。

标签： 政府购买服务 购买活动的实施

难易程度： 中★★

多选题

1. 政府购买服务应当遵循的原则包括（   ）。

A. 预算约束原则   B. 以事定费原则   C. 质量优先原则

D. 诚实信用原则   E. 公开择优原则

答案： ABDE

解析：《政府购买服务管理办法》第三条：政府购买服务应当遵循预算约束、以事定费、公开择优、诚实信用、讲求绩效原则。

标签： 政府购买服务 购买原则

难易程度：难★★★

2. 政府购买服务的购买主体不包括（　　）。

A. 国家机关　　　　　B. 事业单位　　　　　C. 团体组织

D. 人民政协　　　　　E. 居民委员会

答案：BCDE

解析：《政府购买服务管理办法》第五条：各级国家机关是政府购买服务的购买主体。

标签：政府购买服务　购买主体　承接主体

难易程度：中★★

3. 以下不可作为政府购买服务承接主体的有（　　）。

A. 依法成立的企业

B. 由财政拨款的群团组织

C. 公益一类事业单位

D. 农村集体经济组织

E. 基层群众自治组织

答案：BC

解析：《政府购买服务管理办法》第六条：依法成立的企业、社会组织（不含由财政拨款保障的群团组织），公益二类和从事生产经营活动的事业单位，农村集体经济组织，基层群众性自治组织，以及具备条件的个人可以作为政府购买服务的承接主体。

标签：政府购买服务　购买主体　承接主体

难易程度：难★★★

4. 以下不得纳入政府购买服务范围的有（　　）。

A. 属于政府职责范围的服务事项

B. 应当由政府直接履职的事项

C. 政府采购法律、行政法规规定的货物和工程，以及将工程和服务打包的项目

D. 融资行为

E. 购买主体的人员招、聘用，以劳务派遣方式用工，以及设置公益性岗位等事项

答案：BCDE

解析：《政府购买服务管理办法》第十条：以下各项不得纳入政府购买服务范围：

（一）不属于政府职责范围的服务事项；

（二）应当由政府直接履职的事项；

（三）政府采购法律、行政法规规定的货物和工程，以及将工程和服务打包的项目；

（四）融资行为；

（五）购买主体的人员招、聘用，以劳务派遣方式用工，以及设置公益性岗位等事项；

（六）法律、行政法规以及国务院规定的其他不得作为政府购买服务内容的事项。

标签：购买内容和目录　范围

难易程度：中★★

5. 政府购买服务活动中，有关部门应当根据（　　）的要求，编制、调整指导性目录。

A. 经济社会发展实际　　B. 保护国内贸易　　　　C. 政府职能转变

D. 基本公共服务均等化　E. 基本公共服务标准化

答案：ACDE

解析：《政府购买服务管理办法》第十三条第一款：有关部门应当根据经济社会发展实际、政府职能转变和基本公共服务均等化、标准化的要求，编制、调整指导性目录。

标签：购买内容和目录

难易程度：中★★

第五章 《政府采购信息发布管理办法》 相关试题

判断题

1. 财政部指导和协调全国政府采购信息发布工作，并依照政府采购法律、行政法规有关规定，对全国政府采购信息发布活动进行监督管理。　　（　　）

答案：错误

解析：《政府采购信息发布管理办法》（财政部第 101 号令）第五条：财政部指导和协调全国政府采购信息发布工作，并依照政府采购法律、行政法规有关规定，对中央预算单位的政府采购信息发布活动进行监督管理。

标签：财政部职能

难易程度：易★

2. 财政部对中国政府采购网进行监督管理。　　　　　　　　　（　　）

答案：正确

解析：《政府采购信息发布管理办法》（财政部第 101 号令）第六条：财政部对中国政府采购网进行监督管理。省级（自治区、直辖市、计划单列市）财政部门对中国政府采购网省级分网进行监督管理。

标签：监督管理　中国政府采购网

难易程度：易★

3. 中央预算单位政府采购信息应当在中国政府采购网发布，地方预算单位政府采购信息应当在所在行政区域的中国政府采购网省级分网发布。　　（　　）

答案：正确

解析：《政府采购信息发布管理办法》（财政部第 101 号令）第八条：中央预算单位政府采购信息应当在中国政府采购网发布，地方预算单位政府采购信息应当在所在行政区域的中国政府采购网省级分网发布。

标签：政府采购信息发布位置

难易程度：易★

4. 发布主体发布政府采购信息不得有虚假和误导性陈述，不得遗漏依法必须公开的事项。 （　　）

答案：正确

解析：《政府采购信息发布管理办法》（财政部第 101 号令）第十条：发布主体发布政府采购信息不得有虚假和误导性陈述，不得遗漏依法必须公开的事项。

标签：发布主体发布政府采购信息

难易程度：易★

5. 发布主体在不同媒体发布的同一政府采购信息内容，可以根据采购活动具体情况进行调整。 （　　）

答案：错误

解析：《政府采购信息发布管理办法》（财政部第 101 号令）第十一条：发布主体应当确保其在不同媒体发布的同一政府采购信息内容一致。

标签：发布主体发布政府采购信息

难易程度：中★★

6. 指定媒体应当采取必要措施，对政府采购信息发布主体的身份进行核验。

（　　）

答案：正确

解析：《政府采购信息发布管理办法》（财政部第 101 号令）第十二条：指定媒体应当采取必要措施，对政府采购信息发布主体的身份进行核验。

标签：指定媒体　政府采购信息发布主体身份核验

难易程度：易★

7. 指定媒体应当向发布主体提供信息发布服务，可向市场主体和社会公众收取一定的信息查阅费用。 （　　　）

答案：错误

解析：《政府采购信息发布管理办法》（财政部第101号令）第十五条：指定媒体应当向发布主体免费提供信息发布服务，不得向市场主体和社会公众收取信息查阅费用。

标签：指定媒体提供信息发布服务

难易程度：易★

8.《政府采购信息公告管理办法》（财政部第101号令）自2020年3月1日起施行。财政部颁布实施的《政府采购信息公告管理办法》（财政部令第19号）同时废止。 （　　　）

答案：正确

解析：《政府采购信息发布管理办法》（财政部第101号令）第二十一条：本办法自2020年3月1日起施行。财政部2004年9月11日颁布实施的《政府采购信息公告管理办法》（财政部令第19号）同时废止。

标签：法律时效

难易程度：易★

单选题

1. 省级（自治区、直辖市、计划单列市）财政部门对中国政府采购网（　　　）进行监督管理。

A. 县级以上分网　　　　　　　B. 市级以上分网

C. 省级分网　　　　　　　　　D. 地方各级分网

答案：C

解析：《政府采购信息发布管理办法》（财政部第101号令）第五条：地方各级人民政府财政部门（以下简称财政部门）对本级预算单位的政府采购

信息发布活动进行监督管理。

标签：监督管理

难易程度：易★

2. 政府采购信息应当按照（　　）规定的格式编制。

A. 法律

B. 财政部

C. 预算单位

D.《政府采购信息发布管理办法》（财政部第101号令）

答案：B

解析：《政府采购信息发布管理办法》（财政部第101号令）第七条：政府采购信息应当按照财政部规定的格式编制。

标签：政府采购信息格式编制

难易程度：易★

3. 除中国政府采购网及其省级分网以外，政府采购信息可以在（　　）以上财政部门指定的其他媒体同步发布。

A. 县级　　　　　B. 市级　　　　　C. 省级　　　　　D. 区级

答案：C

解析：《政府采购信息发布管理办法》（财政部第101号令）第八条：除中国政府采购网及其省级分网以外，政府采购信息可以在省级以上财政部门指定的其他媒体同步发布。

标签：政府采购信息发布位置

难易程度：易★

4. 在不同媒体发布的同一政府采购信息内容、时间不一致的，以在（　　）的信息为准。

A. 最新发布的媒体内容　　　　　B. 最晚发布的媒体内容

C. 中国政府采购网　　　　　　　D. 中国招标投标公共服务平台

答案：C

解析:《政府采购信息发布管理办法》(财政部第 101 号令)第十一条:在不同媒体发布的同一政府采购信息内容、时间不一致的,以在中国政府采购网或者其省级分网发布的信息为准。同时在中国政府采购网和省级分网发布的,以在中国政府采购网上发布的信息为准。

标签: 政府采购信息发布 中国政府采购网

难易程度: 易★

5. 中国政府采购网或者其省级分网应当自收到政府采购信息起( )个工作日内发布。

A. 1 B. 2 C. 3 D. 5

答案: A

解析:《政府采购信息发布管理办法》(财政部第 101 号令)第十三条:中国政府采购网或者其省级分网应当自收到政府采购信息起 1 个工作日内发布。

标签: 政府采购信息发布时间要求

难易程度: 难★★★

6. 采购人或者其委托的采购代理机构存在擅自删除或修改政府采购信息内容的行为,应由( )以上财政部门依法处理。

A. 区级 B. 县级 C. 市级 D. 省级

答案: B

解析:《政府采购信息发布管理办法》(财政部第 101 号令)第十六条:采购人或者其委托的采购代理机构存在其他违反本办法规定行为的,由县级以上财政部门依法责令限期改正,给予警告,对直接负责的主管人员和其他直接责任人员,建议其行政主管部门或者有关机关依法依规处理,并予通报。

标签: 违规处理

难易程度: 易★

7. 指定媒体违反《政府采购信息发布管理办法》(财政部第 101 号令)规定的,由实施指定行为的( )以上财政部门依法处理。

A. 区级 B. 县级 C. 市级 D. 省级

答案： D

解析：《政府采购信息发布管理办法》（财政部第 101 号令）第十七条：指定媒体违反本办法规定的，由实施指定行为的省级以上财政部门依法责令限期改正，对直接负责的主管人员和其他直接责任人员，建议其行政主管部门或者有关机关依法依规处理，并予通报。

标签： 违规处理

难易程度： 易★

多 选 题

1.《政府采购信息发布管理办法》（财政部第 101 号令）发布的意图有（   ）。

A. 规范政府采购信息发布行为

B. 保护供应商的合法权益

C. 提高政府采购透明度

D. 促进政府采购电子化

E. 提高政府采购项目成功率

答案： AC

解析：《政府采购信息发布管理办法》（财政部第 101 号令）第一条：为了规范政府采购信息发布行为，提高政府采购透明度，根据《中华人民共和国政府采购法》《中华人民共和国政府采购法实施条例》等有关法律、行政法规，制定本办法。

标签： 政府采购信息发布　政府采购透明度　目的

难易程度： 易★

2.《政府采购信息发布管理办法》（财政部第 101 号令）中所指的政府采购信息包括（   ）。

A. 公开招标公告　　　B. 资格预审公告　　　C. 供应商投标信息

D. 政府采购合同公告　　E. 监督检查处理结果

答案：ABDE

解析：《政府采购信息发布管理办法》（财政部第 101 号令）第三条：本办法所称政府采购信息，是指依照政府采购有关法律制度规定应予公开的公开招标公告、资格预审公告、单一来源采购公示、中标（成交）结果公告、政府采购合同公告等政府采购项目信息，以及投诉处理结果、监督检查处理结果、集中采购机构考核结果等政府采购监管信息。

标签：政府采购信息范围

难易程度：易★

3. 政府采购信息发布应当遵循（　　）的原则。

A. 速度越快越好　　　B. 格式规范统一　　　C. 渠道相对集中

D. 便于查找获得　　　E. 节省物力财力

答案：BCD

解析：《政府采购信息发布管理办法》（财政部第 101 号令）第四条：政府采购信息发布应当遵循格式规范统一、渠道相对集中、便于查找获得的原则。

标签：政府采购信息发布原则

难易程度：中★★

4. 财政部门、采购人和其委托的采购代理机构（以下统称发布主体）应当对其提供的政府采购信息的（　　）负责。

A. 真实性　　　　　B. 传递效率　　　　C. 准确性

D. 合法性　　　　　E. 及时性

答案：ACDE

解析：《政府采购信息发布管理办法》（财政部第 101 号令）第九条：财政部门、采购人和其委托的采购代理机构（以下统称发布主体）应当对其提供的政府采购信息的真实性、准确性、合法性负责。

标签：发布政府采购信息的责任

难易程度：中★★

5. 中国政府采购网及其省级分网和省级以上财政部门指定的其他媒体应当对其收到的政府采购信息发布的（　　）负责。

A. 效率 B. 及时性 C. 内容合法性

D. 内容准确性 E. 完整性

答案： BE

解析：《政府采购信息发布管理办法》（财政部第 101 号令）第九条：中国政府采购网及其省级分网和省级以上财政部门指定的其他媒体（以下统称指定媒体）应当对其收到的政府采购信息发布的及时性、完整性负责。

标签： 发布政府采购信息的责任

难易程度： 中★★

6. 指定媒体应当加强安全防护，确保发布的政府采购信息（　　）。

A. 不被篡改信息内容

B. 不遗漏信息

C. 不得擅自删除信息内容

D. 不得擅自修改信息内容

E. 随意修改

答案： ABCD

解析：《政府采购信息发布管理办法》（财政部第 101 号令）第十四条：指定媒体应当加强安全防护，确保发布的政府采购信息不被篡改、不遗漏，不得擅自删除或者修改信息内容。

标签： 政府采购信息安全防护

难易程度： 易★

7. 采购代理机构存在篡改政府采购信息内容行为的，应由财政部门依法（　　）。

A. 责令限期改正 B. 给予警告 C. 给予处分

D. 处以罚款 E. 对直接负责的主管人员给予通报

答案： AB

解析：《政府采购信息发布管理办法》（财政部第 101 号令）第十六条：

采购人或者其委托的采购代理机构存在其他违反本办法规定行为的，由县级以上财政部门依法责令限期改正，给予警告，对直接负责的主管人员和其他直接责任人员，建议其行政主管部门或者有关机关依法依规处理，并予通报。其中，E 项为行政主管部门或有关机关的行为处理，不是财政部门的行为，故不选择。

标签：违规处理

难易程度：难★★★

8. 指定媒体违反《政府采购信息发布管理办法》（财政部第 101 号令）规定的，由财政部门依法（　　　）。

A. 责令限期改正

B. 给予警告

C. 给予处分

D. 建议行政主管部门对直接负责的主管人员依法依规处理

E. 对直接负责的主管人员给予通报

答案：AD

解析：《政府采购信息发布管理办法》（财政部第 101 号令）第十七条：指定媒体违反本办法规定的，由实施指定行为的省级以上财政部门依法责令限期改正，对直接负责的主管人员和其他直接责任人员，建议其行政主管部门或者有关机关依法依规处理，并予通报。

标签：违规处理

难易程度：难★★★

9. 财政部门及其工作人员在政府采购信息发布活动中存在懒政怠政、滥用职权等违法违纪行为的，依照（　　　）等国家有关规定追究相应责任；涉嫌犯罪的，依法移送有关国家机关处理。

A.《政府采购货物和服务招标投标管理办法》

B.《中华人民共和国监察法》

C.《中华人民共和国政府采购法》

D.《中华人民共和国公务员法》

E.《中华人民共和国刑法》

答案：BCD

解析：《政府采购信息发布管理办法》（财政部第101号令）第十八条：财政部门及其工作人员在政府采购信息发布活动中存在懒政怠政、滥用职权、玩忽职守、徇私舞弊等违法违纪行为的，依照《中华人民共和国政府采购法》《中华人民共和国公务员法》《中华人民共和国监察法》《中华人民共和国政府采购法实施条例》等国家有关规定追究相应责任；涉嫌犯罪的，依法移送有关国家机关处理。

标签：法律责任

难易程度：中★★

第六章 《政府采购质疑和投诉办法》 相关试题

判 断 题

1.《政府采购质疑和投诉办法》仅适用于政府采购质疑的答复、投诉的处理，不适用质疑和投诉的提出。 （　　）

答案： 错误

解析：《政府采购质疑和投诉办法》第二条：本办法适用于政府采购质疑的提出和答复、投诉的提起和处理。

标签： 政府采购质疑和投诉

难易程度： 易★

2.《政府采购质疑和投诉办法》要求，招标采购的政府采购项目，采购人负责供应商质疑答复。 （　　）

答案： 正确

解析：《政府采购质疑和投诉办法》第五条：采购人负责供应商质疑答复。

标签： 政府采购质疑和投诉　采购人

难易程度： 易★

3.《政府采购质疑和投诉办法》要求，采购人委托采购代理机构采购的，采购代理机构不负责供应商质疑答复。 （　　）

答案： 错误

解析：《政府采购质疑和投诉办法》第五条：采购人委托采购代理机构采

— 173 —

购的，采购代理机构在委托授权范围内作出答复。

标签：政府采购质疑和投诉　采购代理机构

难易程度：易★

4.《政府采购质疑和投诉办法》要求，供应商投诉按照采购人所属预算级次，由上级预算部门处理。　　　　　　　　　　　　　（　　）

答案：错误

解析：《政府采购质疑和投诉办法》第六条：供应商投诉按照采购人所属预算级次，由本级财政部门处理。

标签：政府采购质疑和投诉　供应商

难易程度：易★

5.《政府采购质疑和投诉办法》要求，跨区域联合采购项目的投诉，采购人所属预算级次相同的，由采购文件事先约定的财政部门负责处理，事先未约定的，由最先收到投诉的财政部门负责处理；采购人所属预算级次不同的，由预算级次最高的财政部门负责处理。　　　　　　　（　　）

答案：正确

解析：《政府采购质疑和投诉办法》第六条：跨区域联合采购项目的投诉，采购人所属预算级次相同的，由采购文件事先约定的财政部门负责处理，事先未约定的，由最先收到投诉的财政部门负责处理；采购人所属预算级次不同的，由预算级次最高的财政部门负责处理。

标签：政府采购质疑和投诉

难易程度：易★

6.《政府采购质疑和投诉办法》要求，采购人、采购代理机构无须在采购文件中载明接收质疑函的方式、联系部门等信息。　　　　　（　　）

答案：错误

解析：《政府采购质疑和投诉办法》第七条：采购人、采购代理机构应当在采购文件中载明接收质疑函的方式、联系部门、联系电话和通讯地址等信息。

标签：政府采购质疑和投诉

难易程度：易★

7.《政府采购质疑和投诉办法》要求，代理人提出质疑和投诉，应当提交供应商签署的授权委托书。 （ ）

答案：正确

解析：《政府采购质疑和投诉办法》第八条：代理人提出质疑和投诉，应当提交供应商签署的授权委托书。

标签：政府采购质疑和投诉 代理人

难易程度：易★

8.《政府采购质疑和投诉办法》要求，供应商可以委托代理人进行质疑和投诉。供应商为法人或者其他组织的，应当由法定代表人、主要负责人签字或盖章，并加盖公章。 （ ）

答案：正确

解析：《政府采购质疑和投诉办法》第八条：供应商可以委托代理人进行质疑和投诉。供应商为法人或者其他组织的，应当由法定代表人、主要负责人签字或盖章，并加盖公章。

标签：政府采购质疑和投诉

难易程度：易★

9.《政府采购质疑和投诉办法》要求，以联合体形式参加政府采购活动的，其投诉可以由联合体中任一方提出。 （ ）

答案：错误

解析：《政府采购质疑和投诉办法》第九条：以联合体形式参加政府采购活动的，其投诉应当由组成联合体的所有供应商共同提出。

标签：政府采购质疑和投诉 联合体

难易程度：易★

10.《政府采购质疑和投诉办法》要求，供应商认为采购文件、采购过程、中标或者成交结果使自己的权益受到损害的，可以用口头形式向采购人、

采购代理机构提出质疑。 （　　）

答案：错误

解析：《政府采购质疑和投诉办法》第十条：供应商认为采购文件、采购过程、中标或者成交结果使自己的权益受到损害的，可以在指导或者应知其权益受到损害之日起7个工作日内，以书面形式向采购人、采购代理机构提出质疑。

标签：质疑提出与答复　供应商

难易程度：易★

11.《政府采购质疑和投诉办法》要求，对采购文件提出质疑的供应商，应当在获取采购文件或者采购文件公告开始之日起7个工作日内提出。 （　　）

答案：错误

解析：《政府采购质疑和投诉办法》第十一条：潜在供应商已依法获取其可质疑的采购文件的，可以对该文件提出质疑。对采购文件提出质疑的，应当在获取采购文件或者采购文件公告期限届满之日起7个工作日内提出。

标签：质疑提出与答复　供应商

难易程度：易★

12.《政府采购质疑和投诉办法》要求，潜在供应商可以对采购文件提出质疑。 （　　）

答案：错误

解析：《政府采购质疑和投诉办法》第十一条：潜在供应商已依法获取其可质疑的采购文件的，可以对该文件提出质疑。

标签：质疑提出与答复　供应商

难易程度：易★

13.《政府采购质疑和投诉办法》要求，供应商为自然人提出质疑，应当由本人签字。 （　　）

答案：正确

解析：《政府采购质疑和投诉办法》第十二条：供应商为自然人的，应当由本人签字；供应商为法人或者其他组织的，应当由法定代表人、主要负责人，或者其授权代表签字或者盖章，并加盖公章。

标签：质疑提出与答复　供应商

难易程度：易★

14.《政府采购质疑和投诉办法》要求，必要时，质疑答复的内容可适当涉及商业秘密。　　　　　　　　　　　　　　　　　　（　　　）

答案：错误

解析：《政府采购质疑和投诉办法》第十五条：质疑答复的内容不得涉及商业秘密。

标签：质疑提出与答复

难易程度：易★

15.《政府采购质疑和投诉办法》要求，采购人、采购代理机构认为供应商质疑成立但未对中标、成交结果构成影响的，可以继续开展采购活动。（　　　）

答案：正确

解析：《政府采购质疑和投诉办法》第十六条：采购人、采购代理机构认为供应商质疑不成立，或者成立但未对中标、成交结果构成影响的，继续开展采购活动。

标签：质疑提出与答复

难易程度：易★

16.《政府采购质疑和投诉办法》要求，只要有供应商对采购文件提出质疑，采购人都应当修改采购文件后重新开展采购活动。　　　（　　　）

答案：错误

解析：《政府采购质疑和投诉办法》第十六条：采购人、采购代理机构认为供应商质疑成立且影响或者可能影响中标、成交结果的，按照下列情况处理：

（一）对采购文件提出的质疑，依法通过澄清或者修改可以继续开展采购活动的，澄清或者修改采购文件后继续开展采购活动；否则应当修改采购文件后重新开展采购活动。

……

标签：质疑提出与答复　供应商

难易程度：易★

17.《政府采购质疑和投诉办法》要求，供应商对采购过程、中标或者成交结果提出质疑的，应当依法另行确定中标、成交供应商。　　　（　　　）

答案：错误

解析：《政府采购质疑和投诉办法》第十六条：采购人、采购代理机构认为供应商质疑成立且影响或者可能影响中标、成交结果的，按照下列情况处理：

……

（二）对采购过程、中标或者成交结果提出质疑的，合格供应商符合法定数量时，可以从合格的中标或者成交候选人中另行确定中标、成交供应商的，应当依法另行确定中标、成交供应商；否则应当重新开展采购活动。

标签：质疑提出与答复　供应商

难易程度：易★

18.《政府采购质疑和投诉办法》要求，供应商投诉的事项不得超出已质疑事项的范围，但基于质疑答复内容提出的投诉事项除外。　　（　　　）

答案：正确

解析：《政府采购质疑和投诉办法》第二十条：供应商投诉的事项不得超出已质疑事项的范围。

标签：投诉提起　供应商

难易程度：易★

19.《政府采购质疑和投诉办法》要求，财政部门处理投诉事项原则上采用书面审查的方式。财政部门认为有必要时，可以进行调查取证或者组织质证。质证应当通知相关当事人到场，并制作质证笔录。质证笔录应当由当事人签字确认。　　　（　　　）

答案：正确

解析：《政府采购质疑和投诉办法》第二十三条：财政部门处理投诉事项原则上采用书面审查的方式。财政部门认为有必要时，可以进行调查取证或者组织质证。质证应当通知相关当事人到场，并制作质证笔录。质证笔录应当由当事人签字确认。

标签：投诉处理

难易程度：易★

20.《政府采购质疑和投诉办法》要求，应当由被投诉人承担举证责任的投诉事项，被投诉人未提供相关证据、依据和其他有关材料的，视为该投诉事项不成立。 （ ）

答案：错误

解析：《政府采购质疑和投诉办法》第二十五条：应当由投诉人承担举证责任的投诉事项，投诉人未提供相关证据、依据和其他有关材料的，视为该投诉事项不成立；被投诉人未按照投诉答复通知书要求提交相关证据、依据和其他有关材料的，视同其放弃说明权利，依法承担不利后果。

标签：投诉处理 政府采购当事人

难易程度：易★

21.《政府采购质疑和投诉办法》要求，财政部门处理投诉事项，需要检验、检测、鉴定、专家评审以及需要投诉人补正材料的，所需时间不计算在投诉处理期限内。 （ ）

答案：正确

解析：《政府采购质疑和投诉办法》第二十七条：财政部门处理投诉事项，需要检验、检测、鉴定、专家评审以及需要投诉人补正材料的，所需时间不计算在投诉处理期限内。

标签：投诉处理 政府采购当事人

难易程度：易★

22.《政府采购质疑和投诉办法》要求，财政部门向相关单位、第三方开展检验、检测、鉴定、专家评审的，无须将所需时间告知投诉人。 （ ）

答案：错误

解析：《政府采购质疑和投诉办法》第二十七条：财政部门向相关单位、第三方开展检验、检测、鉴定、专家评审的，应当将所需时间告知投诉人。

标签：投诉处理　政府采购当事人

难易程度：易★

23.《政府采购质疑和投诉办法》要求，财政部门受理投诉后，投诉人书面申请撤回投诉的，财政部门应当终止投诉处理程序，并书面告知相关当事人。　　　　　　　　　　　　　　　　　　　　　　　（　　　）

答案：正确

解析：《政府采购质疑和投诉办法》第三十条：财政部门受理投诉后，投诉人书面申请撤回投诉的，财政部门应当终止投诉处理程序，并书面告知相关当事人。

标签：投诉处理　政府采购当事人

难易程度：易★

24.《政府采购质疑和投诉办法》要求，投诉人对废标行为提起的投诉事项成立的，财政部门应当认定废标行为无效。　　　　　　（　　　）

答案：正确

解析：《政府采购质疑和投诉办法》第三十二条：投诉人对废标行为提起的投诉事项成立的，财政部门应当认定废标行为无效。

标签：投诉处理

难易程度：易★

25.《政府采购质疑和投诉办法》要求，投诉人以非法手段取得证明材料的，属于虚假恶意投诉，财政部门有权将其列入不良行为记录名单，永远禁止其参加政府采购活动。　　　　　　　　　　　　　　（　　　）

答案：错误

解析：《政府采购质疑和投诉办法》第三十七条：投诉人有下列行为之一

的，属于虚假恶意投诉，由财政部门列入不良行为记录名单，禁止其1~3年内参加政府采购活动：

（一）捏造事实；

（二）提供虚假材料；

（三）以非法手段取得证明材料。

标签：法律责任 政府采购当事人

难易程度：易★

26.《政府采购质疑和投诉办法》要求，财政部门处理投诉，按照"谁过错谁负责"的原则向投诉人和被投诉人收取费用。 （ ）

答案：错误

解析：《政府采购质疑和投诉办法》第四十一条：财政部门处理投诉不得向投诉人和被投诉人收取任何费用。但因处理投诉发生的第三方检验、检测、鉴定等费用，由提出申请的供应商先行垫付。投诉处理决定明确双方责任后，按照"谁过错谁负责"的原则由承担责任的一方负担；双方都有责任的，由双方合理分担。

标签：法律责任 政府采购当事人

难易程度：易★

27.《政府采购质疑和投诉办法》要求，供应商可以委托代理人进行质疑和投诉，双方可不签订授权委托书。 （ ）

答案：错误

解析：《政府采购质疑和投诉办法》第八条：供应商可以委托代理人进行质疑和投诉，其授权委托书应当载明代理人的姓名或者名称、代理事项、具体权限、期限和相关事项。

标签：政府采购质疑和投诉

难易程度：易★

28.《政府采购质疑和投诉办法》要求，供应商提出质疑应当提交质疑函和必要的证明材料。供应商为法人或者其他组织的，应当由法定代表人、主

要负责人提交并加盖公章，不可由其授权代表签字或者盖章。　　（　　）

答案： 错误

解析：《政府采购质疑和投诉办法》第十二条：供应商为自然人的，应当由本人签字；供应商为法人或者其他组织的，应当由法定代表人、主要负责人，或者其授权代表签字或者盖章，并加盖公章。

标签： 质疑提出与答复　供应商

难易程度： 易★

29.《政府采购质疑和投诉办法》要求，采购人、采购代理机构不得拒收质疑供应商在法定质疑期内发出的质疑函，应当在收到质疑函后7个工作日内作出答复，并以书面形式通知质疑供应商和其他有关供应商。（　　）

答案： 正确

解析：《政府采购质疑和投诉办法》第十三条：采购人、采购代理机构不得拒收质疑供应商在法定质疑期内发出的质疑函，应当在收到质疑函后7个工作日内作出答复，并以书面形式通知质疑供应商和其他有关供应商。

标签： 质疑提出与答复　供应商

难易程度： 易★

30.《政府采购质疑和投诉办法》要求，质疑答复导致中标、成交结果改变的，采购人或者采购代理机构应当将有关情况书面报告上级财政部门。（　　）

答案： 错误

解析：《政府采购质疑和投诉办法》第十六条：质疑答复导致中标、成交结果改变的，采购人或者采购代理机构应当将有关情况书面报告本级财政部门。

标签： 质疑提出与答复

难易程度： 易★

31.《政府采购质疑和投诉办法》中规定，财政部门收到投诉书后，应当在7个工作日内进行审查。　　　　　　　　　　　　（　　）

答案： 错误

解析：《政府采购质疑和投诉办法》第二十一条：财政部门收到投诉书后，应当在5个工作日内进行审查。

标签：投诉处理

难易程度：易★

32.《政府采购质疑和投诉办法》要求，对采购过程、中标或者成交结果提出的质疑，不论合格供应商是否符合法定数量，都应当重新开展采购活动。

（ ）

答案：错误

解析：《政府采购质疑和投诉办法》第十六条：对采购过程、中标或者成交结果提出的质疑，合格供应商符合法定数量时，可以从合格的中标或者成交候选人中另行确定中标、成交供应商的，应当依法另行确定中标、成交供应商；否则应当重新开展采购活动。

标签：质疑提出与答复 供应商

难易程度：易★

33.《政府采购质疑和投诉办法》规定，被投诉人未按照投诉答复通知书要求提交相关证据、依据和其他有关材料的，视同其放弃说明权利，依法承担不利后果。

（ ）

答案：正确

解析：《政府采购质疑和投诉办法》第二十五条：应当由投诉人承担举证责任的投诉事项，投诉人未提供相关证据、依据和其他有关材料的，视为该投诉事项不成立；被投诉人未按照投诉答复通知书要求提交相关证据、依据和其他有关材料的，视同其放弃说明权利，依法承担不利后果。

标签：质疑提出与答复

难易程度：易★

34.《政府采购质疑和投诉办法》要求，财政部门在处理投诉事项期间，可以视具体情况书面通知采购人和采购代理机构暂停采购活动，暂停采购活动时间最长不得超过30日。

（ ）

答案：正确

解析：《政府采购质疑和投诉办法》第二十八条：财政部门在处理投诉事项期间，可以视具体情况书面通知采购人和采购代理机构暂停采购活动，暂停采购活动时间最长不得超过 30 日。

标签：投诉处理　政府采购当事人

难易程度：易★

35.《政府采购质疑和投诉办法》要求，财政部门处理投诉事项，需要检验、检测、鉴定、专家评审以及需要投诉人补正材料的，所需时间计算在投诉处理期限内。　　　　　　　　　　　　　　　　　　　（　　）

答案：错误

解析：《政府采购质疑和投诉办法》第二十七条：财政部门处理投诉事项，需要检验、检测、鉴定、专家评审以及需要投诉人补正材料的，所需时间不计算在投诉处理期限内。

标签：投诉处理

难易程度：易★

36.《政府采购质疑和投诉办法》要求，投诉人在全国范围12 个月内两次以上投诉查无实据的，由财政部门列入不良行为记录名单。　　　（　　）

答案：错误

解析：《政府采购质疑和投诉办法》第三十七条：投诉人在全国范围 12 个月内三次以上投诉查无实据的，由财政部门列入不良行为记录名单。

标签：法律责任　政府采购当事人

难易程度：易★

37.《政府采购质疑和投诉办法》要求，政府采购供应商提出质疑和投诉应当坚持"应质疑尽质疑""应投诉尽投诉"的原则。　　　　　（　　）

答案：错误

解析：《政府采购质疑和投诉办法》第三条：政府采购供应商（以下简称供应商）提出质疑和投诉应当坚持依法依规、诚实信用原则。

标签：质疑提出与答复 供应商

难易程度：易★

38.《政府采购质疑和投诉办法》要求，政府采购质疑答复和投诉处理应当坚持依法依规、权责清晰、公平公正、简便高效原则。 （ ）

答案：错误

解析：《政府采购质疑和投诉办法》第四条：政府采购质疑答复和投诉处理应当坚持依法依规、权责对等、公平公正、简便高效原则。

标签：质疑提出与答复 供应商

难易程度：易★

39.《政府采购质疑和投诉办法》要求，潜在供应商已依法获取其可质疑的采购文件的，可以对该文件进行质疑。 （ ）

答案：正确

解析：《政府采购质疑和投诉办法》第十一条：潜在供应商已依法获取其可质疑的采购文件的，可以对该文件提出质疑。

标签：质疑提出与答复 供应商

难易程度：易★

40.《政府采购质疑和投诉办法》要求，财政部门处理投诉事项原则上采用书面审查的方式。如供应商要求调查取证，可以进行调查取证或者组织质证。

（ ）

答案：错误

解析：《政府采购质疑和投诉办法》第二十三条：财政部门处理投诉事项原则上采用书面审查的方式。财政部门认为有必要时，可以进行调查取证或者组织质证。

标签：投诉处理 政府采购当事人

难易程度：易★

单 选 题

1.《政府采购质疑和投诉办法》要求，（　　）负责依法处理供应商投诉。

A. 县级以上各级人民政府

B. 市级以上各级人民政府

C. 县级以上各级人民政府财政部门

D. 市级以上各级人民政府财政部门

答案：C

解析：《政府采购质疑和投诉办法》第五条：县级以上各级人民政府财政部门负责依法处理供应商投诉。

标签：政府采购质疑和投诉

难易程度：易★

2.《政府采购质疑和投诉办法》要求，（　　）财政部门应当在（　　）财政部门指定的政府采购信息发布媒体公布受理投诉的方式、联系部门、联系电话和通讯地址等信息。

A. 县级以上；市级以上　　　　　B. 县级以上；省级以上

C. 市级以上；市级以上　　　　　D. 市级以上；省级以上

答案：B

解析：《政府采购质疑和投诉办法》第七条：县级以上财政部门应当在省级以上财政部门指定的政府采购信息发布媒体公布受理投诉的方式、联系部门、联系电话和通讯地址等信息。

标签：政府采购质疑和投诉

难易程度：易★

3.《政府采购质疑和投诉办法》要求，以联合体形式参加政府采购活动的，其投诉应当由组成联合体的（　　）供应商共同提出。

A. 2 个以上　　　B. 3 个以上　　　C. 4 个以上　　　D. 所有

答案： D

解析：《政府采购质疑和投诉办法》第九条：以联合体形式参加政府采购活动的，其投诉应当由组成联合体的所有供应商共同提出。

标签： 政府采购质疑和投诉

难易程度： 易★

4.《政府采购质疑和投诉办法》要求，供应商可以委托代理人进行质疑和投诉。供应商为法人或者其他组织的，应当由（　　）签字或盖章，并加盖公章。

A. 项目经理　　　　　　　　B. 主要技术负责人

C. 项目责任人　　　　　　　D. 法定代表人、主要负责人

答案： D

解析：《政府采购质疑和投诉办法》第八条：供应商可以委托代理人进行质疑和投诉。供应商为法人或者其他组织的，应当由法定代表人、主要负责人签字或盖章，并加盖公章。

标签： 政府采购质疑和投诉

难易程度： 易★

5.《政府采购质疑和投诉办法》要求，供应商认为采购文件、采购过程、中标或者成交结果使自己的权益受到损害的，可以在知道或者应知其权益受到损害之日起（　　）个工作日内，以书面形式向采购人、采购代理机构提出质疑。

A. 3　　　　　　　B. 5　　　　　　　C. 7　　　　　　　D. 10

答案： C

解析：《政府采购质疑和投诉办法》第十条：供应商认为采购文件、采购过程、中标或者成交结果使自己的权益受到损害的，可以在指导或者应知其权益受到损害之日起 7 个工作日内，以书面形式向采购人、采购代理机构提出质疑。

标签： 质疑与答复　供应商

难易程度：难★★★

6.《政府采购质疑和投诉办法》要求，对采购文件提出质疑的供应商，应当在获取采购文件或者采购文件公告（   ）起（   ）个工作日内提出。

A. 开始之日；10   B. 届满之日；10

C. 开始之日；7   D. 届满之日；7

答案：D

解析：《政府采购质疑和投诉办法》第十一条：潜在供应商已依法获取其可质疑的采购文件的，可以对该文件提出质疑。对采购文件提出质疑的，应当在获取采购文件或者采购文件公告期限届满之日起7个工作日内提出。

标签：质疑与答复　供应商

难易程度：难★★★

7.《政府采购质疑和投诉办法》要求，采购人、采购代理机构不得拒收质疑供应商在法定质疑期内发出的质疑函，应当在（   ）内作出答复，并以书面形式通知质疑供应商和其他有关供应商。

A. 质疑函发出后5个工作日   B. 质疑期届满前5个工作日

C. 收到质疑函后7个工作日   D. 质疑函发出后7个工作日

答案：C

解析：《政府采购质疑和投诉办法》第十三条：采购人、采购代理机构不得拒收质疑供应商在法定质疑期内发出的质疑函，应当在收到质疑函后7个工作日内作出答复，并以书面形式通知质疑供应商和其他有关供应商。

标签：质疑与答复　供应商

难易程度：难★★★

8.《政府采购质疑和投诉办法》要求，质疑答复导致中标、成交结果改变的，采购人或者采购代理机构应当将有关情况书面报告（   ）。

A. 本级财政部门   B. 本级监督部门

C. 本级财政部门和监督部门   D. 上级财政部门和监督部门

答案：A

解析：《政府采购质疑和投诉办法》第十六条：质疑答复导致中标、成交结果改变的，采购人或者采购代理机构应当将有关情况书面报告本级财政部门。

标签：质疑与答复

难易程度：易★

9.《政府采购质疑和投诉办法》要求，质疑供应商对采购人、采购代理机构的答复不满意，或者采购人、采购代理机构未在规定时间内作出答复的，可以在（ ）内向相应的财政部门提起投诉。

A. 答复期满前 7 个工作日 　　　 B. 答复期满后 7 个工作日

C. 答复期满前 15 个工作日 　　 D. 答复期满后 15 个工作日

答案：D

解析：《政府采购质疑和投诉办法》第十七条：质疑供应商对采购人、采购代理机构的答复不满意，或者采购人、采购代理机构未在规定时间内作出答复的，可以在答复期满后 15 个工作日内向本办法第六条规定的财政部门提起投诉。

标签：政府采购当事人　投诉提起

难易程度：中★★

10.《政府采购质疑和投诉办法》要求，财政部门收到投诉书后，应当在（ ）个工作日内进行审查。

A. 3 　　　　　　 B. 5 　　　　　　 C. 7 　　　　　　 D. 10

答案：B

解析：《政府采购质疑和投诉办法》第二十一条：财政部门收到投诉书后，应当在 5 个工作日内进行审查。

标签：投诉处理

难易程度：易★

11.《政府采购质疑和投诉办法》要求，财政部门收到投诉书后，对于投诉书内容残缺、不符合相关规定的，应当（ ）。

A. 不予受理

B. 在5个工作日内书面告知投诉人不予受理，并说明理由

C. 在收到投诉书5个工作日内书面通知投诉人重新提交

D. 在收到投诉书5个工作日内一次性书面通知投诉人补正

答案：D

解析：《政府采购质疑和投诉办法》第二十一条：财政部门收到投诉书后，应当在5个工作日内进行审查，审查后按照下列情况处理：

（一）投诉书内容不符合本办法第十八条规定的，应当在收到投诉书5个工作日内一次性书面通知投诉人补正。

标签：投诉处理

难易程度：中★★

12.《政府采购质疑和投诉办法》要求，财政部门收到投诉书后，对于投诉不属于本部门管辖的，应当（　　　）。

A. 不予受理

B. 在3个工作日内书面告知投诉人不予受理，并说明理由

C. 在3个工作日内书面告知投诉人向有管辖权的部门提起投诉

D. 将投诉书转交至相关部门，并在5个工作日内书面告知投诉人

答案：C

解析：《政府采购质疑和投诉办法》第二十一条：财政部门收到投诉书后，应当在5个工作日内进行审查，审查后按照下列情况处理：

……

（三）投诉不属于本部门管辖的，应当在3个工作日内书面告知投诉人向有管辖权的部门提起诉讼。

标签：投诉处理

难易程度：中★★

13.《政府采购质疑和投诉办法》要求，财政部门收到投诉书后，对于投诉符合规定的，自收到投诉书之日起即为受理，并在收到投诉后（　　　）个工作日内向被投诉人和其他与投诉事项有关的当事人发出投诉答复通知书和投诉书副本。

A. 3　　　　　B. 5　　　　　C. 8　　　　　D. 15

答案：C

解析：《政府采购质疑和投诉办法》第二十一条：财政部门收到投诉书后，应当在5个工作日内进行审查，审查后按照下列情况处理：

......

（四）投诉符合本办法第十八条、第十九条规定的，自收到投诉书之日起即为受理，并在收到投诉后8个工作日内向被投诉人和其他与投诉事项有关的当事人发出投诉答复通知书和投诉书副本。

标签：投诉处理

难易程度：中★★

14.《政府采购质疑和投诉办法》要求，被投诉人和其他与投诉事项有关的当事人应当在收到投诉答复通知书及投诉书副本之日起（　　）个工作日内，以书面形式向财政部门作出说明，并提交相关证据、依据和其他有关材料。

A. 3　　　　　B. 5　　　　　C. 8　　　　　D. 10

答案：B

解析：《政府采购质疑和投诉办法》第二十二条：被投诉人和其他与投诉事项有关的当事人应当在收到投诉答复通知书及投诉书副本之日起5个工作日内，以书面形式向财政部门作出说明，并提交相关证据、依据和其他有关材料。

标签：投诉处理

难易程度：中★★

15.《政府采购质疑和投诉办法》要求，财政部门应当自收到投诉之日起（　　）个工作日内，对投诉事项作出处理决定。

A. 10　　　　　B. 15　　　　　C. 25　　　　　D. 30

答案：D

解析：《政府采购质疑和投诉办法》第二十六条：财政部门应当自收到投诉之日起30个工作日内，对投诉事项作出处理决定。

标签：投诉处理

难易程度：中★★

16.《政府采购质疑和投诉办法》要求，财政部门在处理投诉事项期间，可以视具体情况书面通知采购人和采购代理机构暂停采购活动，暂停采购活动时间最长不得超过（　　）。

A. 20 日　　　　B. 30 日　　　　C. 30 个工作日　　D. 3 个月

答案： B

解析：《政府采购质疑和投诉办法》第二十八条：财政部门在处理投诉事项期间，可以视具体情况书面通知采购人和采购代理机构暂停采购活动，暂停采购活动时间最长不得超过 30 日。

标签： 投诉处理

难易程度：中★★

17.《政府采购质疑和投诉办法》要求，投诉人对采购文件提起的投诉事项，财政部门经查证属实，认定投诉事项成立。对于影响或者可能影响采购结果的，财政部门的下列做法错误的是（　　）。

A. 未确定中标或者成交供应商的，责令重新开展采购活动

B. 已确定中标或者成交供应商的，认定中标或者成交结果无效，责令重新开展采购活动

C. 政府采购合同已经签订的但尚未履行，撤销合同，责令重新开展采购活动

D. 政府采购合同已经履行的，给他人造成损失的，相关当事人可依法提起诉讼，由责任人承担赔偿责任

答案： B

解析：《政府采购质疑和投诉办法》第三十一条：投诉人对采购文件提起的投诉事项，财政部门经查证属实，应当认定投诉事项成立。经认定成立的投诉事项不影响采购结果的，继续开展采购活动；影响或者可能影响采购结果的，财政部门按照下列情况处理：

（一）未确定中标或者成交供应商的，责令重新开展采购活动。

（二）已确定中标或者成交供应商但尚未签订政府采购合同的，认定中标

或者成交结果无效，责令重新开展采购活动。

（三）政府采购合同已经签订但尚未履行的，撤销合同，责令重新开展采购活动。

（四）政府采购合同已经履行，给他人造成损失的，相关当事人可依法提起诉讼，由责任人承担赔偿责任。

标签：投诉处理

难易程度：难★★★

18.《政府采购质疑和投诉办法》要求，财政部门应当将投诉处理决定书送达投诉人和与投诉事项有关的当事人，并及时将投诉处理结果在（   ）财政部门指定的政府采购信息发布媒体上公告。

A. 省级   B. 省级以上   C. 市级   D. 市级以上

答案：B

解析：《政府采购质疑和投诉办法》第三十六条：财政部门应当将投诉处理决定书送达投诉人和与投诉事项有关的当事人，并及时将投诉处理结果在省级以上财政部门指定的政府采购信息发布媒体上公告。

标签：投诉处理

难易程度：易★

19.《政府采购质疑和投诉办法》要求，投诉人在全国范围（   ）个月内（   ）次以上投诉查无实据的，由财政部门列入不良行为记录名单。

A. 3；五   B. 6；三

C. 9；五   D. 12；三

答案：D

解析：《政府采购质疑和投诉办法》第三十七条：投诉人在全国范围12个月内三次以上投诉查无实据的，由财政部门列入不良行为记录名单。

标签：法律责任   政府采购当事人

难易程度：易★

20.《政府采购质疑和投诉办法》要求，采购人应当在收到供应商的书面质疑后（　　）个工作日内作出答复，并以（　　）通知质疑供应商和其他有关供应商。

A. 14；书面形式　　　　　　　　B. 7；书面形式

C. 14；口头形式　　　　　　　　D. 7；口头形式

答案：B

解析：《政府采购质疑和投诉办法》第十条：供应商认为采购文件、采购过程、中标或者成交结果使自己的权益受到损害的，可以在知道或者应知其权益受到损害之日起 7 个工作日内，以书面形式向采购人、采购代理机构提出质疑。

标签：投诉处理

难易程度：中★★

21.《政府采购质疑和投诉办法》要求，质疑供应商对采购人、采购代理机构的答复不满意或者采购人、采购代理机构未在规定的时间内作出答复的，可以（　　）。

A. 向当地人民法院提起诉讼

B. 向同级政府提出申诉

C. 向同级政府采购监督管理部门投诉

D. 向上级政府采购监督管理部门投诉

答案：C

解析：《政府采购质疑和投诉办法》第十七条：质疑供应商对采购人、采购代理机构的答复不满意或者采购人、采购代理机构未在规定的时间内作出答复的，可以在答复期满后 15 个工作日内向本办法第六条规定的财政部门提起投诉。第六条：供应商投诉按照采购人所属预算级次，由本级财政部门处理。

标签：投诉处理

难易程度：中★★

22.《政府采购质疑和投诉办法》要求，（　　）负责依法处理供应商投诉。

A. 县级以上各级人民政府财政部门

B. 县级及以上各级人民政府财政部门

C. 市级以上各级人民政府财政部门

D. 省级人民政府财政部门

答案： A

解析：《政府采购质疑和投诉办法》第五条：县级以上各级人民政府财政部门负责依法处理供应商投诉。

标签： 政府采购质疑和投诉

难易程度： 易★

23.《政府采购质疑和投诉办法》要求，跨区域联合采购项目的投诉，采购人所属预算级次不同的，由（　　）负责处理。

A. 采购文件事先约定的财政部门　　B. 最先收到投诉的财政部门

C. 预算级次最低的财政部门　　　　D. 预算级次最高的财政部门

答案： D

解析：《政府采购质疑和投诉办法》第六条：跨区域联合采购项目的投诉，采购人所属预算级次相同的，由采购文件事先约定的财政部门负责处理，事先未约定的，由最先收到投诉的财政部门负责处理；采购人所属预算级次不同的，由预算级次最高的财政部门负责处理。

标签： 政府采购质疑和投诉

难易程度： 中★★

24.《政府采购质疑和投诉办法》要求，质疑供应商对采购人、采购代理机构的答复不满意，或者采购人、采购代理机构未在规定时间内作出答复的，可以在答复期满后（　　）个工作日内向规定的财政部门提起投诉。

A. 3　　　　　　　　　　　　　　B. 5

C. 7　　　　　　　　　　　　　　D. 15

答案： D

解析：《政府采购质疑和投诉办法》第十七条：质疑供应商对采购人、采购代理机构的答复不满意，或者采购人、采购代理机构未在规定时间内作出答复的，可以在答复期满后15个工作日内向规定的财政部门提起投诉。

标签： 质疑与答复

难易程度： 易★

25.《政府采购质疑和投诉办法》要求，投诉人对采购文件提起的诉讼事项，财政部门经查证属实的，应当认定投诉事项成立。经认定成立的投诉事项影响或者可能影响采购结果的，以下关于财政部门的处理方法错误的是（　　）。

A. 未确定中标或者成交供应商的，责令重新开展采购活动

B. 已确定中标或者成交供应商但尚未签订政府采购合同的，认定中标或者成交结果无效，责令重新开展采购活动

C. 政府采购合同已经签订但尚未履行的，依法修改合同条款并按规定履行

D. 政府采购合同已经履行，给他人造成损失的，相关当事人可依法提起诉讼，由责任人承担赔偿责任

答案： C

解析：《政府采购质疑和投诉办法》第三十一条：投诉人对采购文件提起的投诉事项，财政部门经查证属实，应当认定投诉事项成立。经认定成立的投诉事项不影响采购结果的，继续开展采购活动；影响或者可能影响采购结果的，财政部门按照下列情况处理：

（一）未确定中标或者成交供应商的，责令重新开展采购活动。

（二）已确定中标或者成交供应商但尚未签订政府采购合同的，认定中标或者成交结果无效，责令重新开展采购活动。

（三）政府采购合同已经签订但尚未履行的，撤销合同，责令重新开展采购活动。

（四）政府采购合同已经履行，给他人造成损失的，相关当事人可依法提起诉讼，由责任人承担赔偿责任。

标签： 投诉处理

难易程度： 难★★★

26.《政府采购质疑和投诉办法》要求，某预算单位"物业管理项目"，中标公告中显示"各有关当事人对中标结果有异议的，可以在中标公告发布之日起七个工作日内以书面形式向采购人及采购代理机构提出质疑，逾期将

不再受理。"请判断该做法是否合规（　　　）。

A. 合规，对中标或者成交结果提出质疑的，在中标或者成交结果公告发布之日起 7 个工作日内提出

B. 不合规，对中标或者成交结果提出质疑的，在中标或者成交结果公告期限届满之日起 7 个工作日内提出

C. 不合规，对中标或者成交结果提出质疑的，在中标或者成交结果公告期限届满之日起 5 个工作日内提出

D. 不合规，对中标或者成交结果提出质疑的，在中标或者成交结果公告发布之日起 5 个工作日内提出

答案：B

解析：《政府采购质疑和投诉办法》第十条：供应商认为采购文件、采购过程、中标或者成交结果使自己的权益受到损害的，可以在知道或者应知其权益受到损害之日起 7 个工作日内，以书面形式向采购人、采购代理机构提出质疑。

标签：投诉处理

难易程度：难★★★

27.《政府采购质疑和投诉办法》要求，采购文件可以要求供应商在法定质疑期内一次性提出针对同一（　　　）的质疑。

A. 采购主体权利　　　　　　　B. 采购项目内容

C. 采购程序环节　　　　　　　D. 采购标的内容

答案：C

解析：《政府采购质疑和投诉办法》第十条：采购文件可以要求供应商在法定质疑期内一次性提出针对同一采购程序环节的质疑。

标签：质疑与答复　供应商

难易程度：易★

28.《政府采购质疑和投诉办法》要求，财政部门收到投诉书后，应当在（　　　）内进行审查。

A. 5 日　　　　　B. 7 日　　　　　C. 5 个工作日　　D. 7 个工作日

答案：C

解析：《政府采购质疑和投诉办法》第二十一条：财政部门收到投诉书后，应当在5个工作日内进行审查。

标签：投诉处理　政府采购当事人

难易程度：易★

29.《政府采购质疑和投诉办法》要求，对于投诉人对采购文件提起的投诉事项，经认定成立，且已确定中标或者成交供应商但尚未签订政府采购合同的，应当（　　）。

A. 认定中标或者成交结果无效，在其余供应商中重新确定中标供应商

B. 认定中标或者成交结果无效，重新开展采购活动

C. 经认定成立的投诉事项不影响采购结果的，继续签订政府采购合同

D. 继续开展采购活动，由责任人向相关当事人负赔偿责任

答案：B

解析：《政府采购质疑和投诉办法》第三十一条：投诉人对采购文件提起的投诉事项，财政部门经查证属实的，应当认定投诉事项成立。经认定成立的投诉事项不影响采购结果的，继续开展采购活动；影响或者可能影响采购结果的，财政部门依照下列情况处理：

……

（二）已确定中标或者成交供应商但尚未签订政府采购合同的，认定中标或者成交结果无效，责令重新开展采购活动。

标签：政府采购质疑和投诉　政府采购当事人

难易程度：难★★★

多选题

1.《政府采购质疑和投诉办法》要求，以下选项中属于政府采购主体的有（　　）。

A. 国家机关　　　　　　B. 事业单位　　　　　　C. 团体组织

D. 个人　　　　　　　　E. 国有企业

答案：ABC

解析：《中华人民共和国政府采购法》第二条：本法所称政府采购，是指各级国家机关、事业单位和团体组织，使用财政性资金采购依法制定的集中采购目录以内的或者采购限额标准以上的货物、工程和服务的行为。

标签：政府采购主体

难易程度：易★

2.《政府采购质疑和投诉办法》要求，政府采购供应商提出质疑和投诉应当坚持的原则有（　　　）。

A. 依法依规　　　　　　B. 公平公正　　　　　　C. 简便高效

D. 诚实信用　　　　　　E. 权责对等

答案：AD

解析：《政府采购质疑和投诉办法》第三条：政府采购供应商提出质疑和投诉应当坚持依法依规、诚实信用原则。

标签：政府采购质疑和投诉

难易程度：易★

3.《政府采购质疑和投诉办法》要求，政府采购质疑答复和投诉处理应当坚持的原则有（　　　）。

A. 依法依规　　　　　　B. 公平公正　　　　　　C. 简便高效

D. 换位思考　　　　　　E. 权责对等

答案：ABCE

解析：《政府采购质疑和投诉办法》第四条：政府采购质疑答复和投诉处理应当坚持依法依规、权责对等、公平公正、简便高效原则。

标签：政府采购质疑和投诉

难易程度：易★

4.《政府采购质疑和投诉办法》要求，供应商可以委托代理人进行质疑和投诉。其授权委托书应当载明代理人的（　　　）。

A. 姓名   B. 期限   C. 权限

D. 通讯地址   E. 代理事项

答案：ABCE

解析：《政府采购质疑和投诉办法》第八条：供应商可以委托代理人进行质疑和投诉。其授权委托书应当载明代理人的姓名或者名称、代理事项、具体权限、期限和相关事项。

标签：政府采购质疑和投诉

难易程度：易★

5.《政府采购质疑和投诉办法》要求，供应商提出质疑应当提交质疑函和必要的证明材料。质疑函应当包括（　　　）。

A. 供应商姓名或名称、地址、邮编、联系人及联系电话

B. 具体、明确的质疑事项和与质疑事项相关的请求

C. 事实依据

D. 提出质疑的日期

E. 诚信承诺

答案：ABCD

解析：《政府采购质疑和投诉办法》第十二条：供应商提出质疑应当提交质疑函和必要的证明材料。质疑函应当包括下列内容：

（一）供应商姓名或名称、地址、邮编、联系人及联系电话；

（二）质疑项目的名称、编号；

（三）具体、明确的质疑事项和与质疑事项相关的请求；

（四）事实依据；

（五）必要的法律依据；

（六）提出质疑的日期。

标签：质疑提出与答复　供应商

难易程度：易★

6.《政府采购质疑和投诉办法》要求，供应商对评审过程、中标或者成交结果提出质疑的，采购人、采购代理机构可以组织原（　　　）协助答复质疑。

A. 中标供应商 　　　　B. 评标委员会 　　　　C. 竞争性谈判小组

D. 询价小组 　　　　E. 竞争性磋商小组

答案：BCDE

解析：《政府采购质疑和投诉办法》第十四条：供应商对评审过程、中标或者成交结果提出质疑的，采购人、采购代理机构可以组织原评标委员会、竞争性谈判小组、询价小组或者竞争性磋商小组协助答复质疑。

标签：质疑与答复　供应商

难易程度：易★

7.《政府采购质疑和投诉办法》要求，质疑答复应当包括（　　　）。

A. 质疑供应商的姓名或者名称

B. 收到质疑函的日期

C. 质疑答复人名称

D. 处理决定

E. 免责声明

答案：ABCD

解析：《政府采购质疑和投诉办法》第十五条：质疑答复应当包括下列内容：

（一）质疑供应商的姓名或者名称；

（二）收到质疑函的日期、质疑项目名称及编号；

（三）质疑事项、质疑答复的具体内容、事实依据和法律依据；

（四）告知质疑供应商依法投诉的权利；

（五）质疑答复人名称；

（六）答复质疑的日期。

标签：质疑与答复　政府采购当事人

难易程度：中★★

8.《政府采购质疑和投诉办法》要求，投诉人投诉时，应当提交投诉书和必要的证明材料，并按照被投诉采购人、采购代理机构和与投诉事项有关的供应商数量提供投诉书的副本。投诉书应当包括（　　　）。

A. 投诉人和被投诉人的姓名、通讯地址、邮编

B. 诚信承诺书

C. 质疑和质疑答复情况说明及相关证明材料

D. 具体、明确的投诉事项和与投诉事项相关的投诉请求

E. 提起投诉的日期

答案： ACDE

解析：《政府采购质疑和投诉办法》第十八条：投诉人投诉时，应当提交投诉书和必要的证明材料，并按照被投诉采购人、采购代理机构和与投诉事项有关的供应商数量提供投诉书的副本。投诉书应当包括下列内容：

（一）投诉人和被投诉人的姓名或者名称、通讯地址、邮编、联系人及联系电话；

（二）质疑和质疑答复情况说明及相关证明材料；

（三）具体、明确的投诉事项和与投诉事项相关的投诉请求；

（四）事实依据；

（五）法律依据；

（六）提起投诉的日期。

标签： 投诉提起　政府采购当事人

难易程度： 中★★

9. 《政府采购质疑和投诉办法》要求，投诉人提起投诉应当符合（　　）条件。

A. 提起投诉前未经过质疑

B. 投诉书内容符合《政府采购质疑和投诉办法》的规定

C. 在投诉有效期限内提起投诉

D. 没有其他投诉事项同时等待处理

E. 财政部规定的其他条件

答案： BCE

解析：《政府采购质疑和投诉办法》第十九条：投诉人提起投诉应当符合下列条件：

（一）提起投诉前已依法进行质疑；

（二）投诉书内容符合本办法的规定；

（三）在投诉有效期限内提起投诉；

（四）同一投诉事项未经财政部门投诉处理；

（五）财政部规定的其他条件。

标签： 投诉提起 政府采购当事人

难易程度： 中★★

10.《政府采购质疑和投诉办法》要求，投诉处理过程中，有下列（ ）情形的，财政部门应当驳回投诉：

A. 投诉事项不属于本预算层级受理范围

B. 受理后发现投诉不符合法定受理条件

C. 投诉事项缺乏事实依据

D. 投诉人提供虚假材料

E. 投诉人以非法手段取得证明材料

答案： BCDE

解析：《政府采购质疑和投诉办法》第二十九条：投诉处理过程中，有下列情形之一的，财政部门应当驳回投诉：

（一）受理后发现投诉不符合法定受理条件；

（二）投诉事项缺乏事实依据，投诉事项不成立；

（三）投诉人捏造事实或者提供虚假材料；

（四）投诉人以非法手段取得证明材料。证据来源的合法性存在明显疑问，投诉人无法证明其取得方式合法的，视为以非法手段取得证明材料。

标签： 投诉提起

难易程度： 中★★

11. 依据《政府采购质疑和投诉办法》规定，财政部门制作的投诉处理决定书，应当包括（ ）内容。

A. 投诉人和被投诉人的姓名或者名称、通讯地址等

B. 处理决定查明的事实和相关依据，具体处理决定和法律依据

C. 告知相关当事人申请行政复议的权利、行政复议机关和行政复议申请

期限，以及提起行政诉讼的权利和起诉期限

D. 作出处理决定的日期

E. 不用告知相关当事人申请行政复议的权利

答案： ABCD

解析：《政府采购质疑和投诉办法》第三十三条：财政部门作出处理决定，应当制作投诉处理决定书，并加盖公章。投诉处理决定书应当包括下列内容：

（一）投诉人和被投诉人的姓名或者名称、通讯地址等；

（二）处理决定查明的事实和相关依据，具体处理决定和法律依据；

（三）告知相关当事人申请行政复议的权利、行政复议机关和行政复议申请期限，以及提起行政诉讼的权利和起诉期限；

（四）作出处理决定的日期。

标签： 投诉处理

难易程度： 中★★

12. 依据《政府采购质疑和投诉办法》规定，采购人、采购代理机构对质疑不予答复或者答复与事实明显不符，并不能作出合理说明的，由行政主管部门对直接负责的主管人员和其他直接责任人员，给予（　　）。

A. 警告   B. 处分   C. 通报

D. 开除   E. 罚款

答案： BC

解析：《政府采购质疑和投诉办法》第三十六条：采购人、采购代理机构有下列情形之一的，由财政部门责令限期改正；情节严重的，给予警告，对直接负责的主管人员和其他直接责任人员，由其行政主管部门或者有关机关给予处分，并予通报：

（一）拒收质疑供应商在法定质疑期内发出的质疑函；

（二）对质疑不予答复或者答复与事实明显不符，并不能作出合理说明；

（三）拒绝配合财政部门处理投诉事宜。

标签： 法律责任　政府采购当事人

难易程度： 易★

第七章 《政府采购进口产品管理办法》
相关试题

判 断 题

1. 政府采购应当采购本国产品，确需采购进口产品的，实行审核管理。

（　　）

答案： 正确

解析： 《政府采购进口产品管理办法》第四条：政府采购应当采购本国产品，确需采购进口产品的，实行审核管理。

标签： 政府采购进口产品

难易程度： 易★

2. 依据《政府采购进口产品管理办法》规定，采购人采购进口产品时，应当优先购买向我方转让技术、让渡利润、提供培训服务及其他补偿贸易措施的产品。

（　　）

答案： 错误

解析： 《政府采购进口产品管理办法》第五条：采购人采购进口产品时，应当坚持有利于本国企业自主创新或消化吸收核心技术的原则，优先购买向我方转让技术、提供培训服务及其他补偿贸易措施的产品。

标签： 政府采购进口产品

难易程度： 易★

3. 采购人拟采购国家限制进口的重大科学仪器和装备的，应当出具发展改革委的意见。

（　　）

答案：错误

解析：《政府采购进口产品管理办法》第十条：采购人拟采购国家限制进口的重大科学仪器和装备的，应当出具科技部的意见。

标签：政府采购进口产品　审核管理

难易程度：易★

4. 参与采购进口产品论证的专家不得作为采购评审专家参与同一项目的采购评审工作。　　　　　　　　　　　　　　　　　　　（　　　）

答案：正确

解析：《政府采购进口产品管理办法》第十三条：参与论证的专家不得作为采购评审专家参与同一项目的采购评审工作。

标签：政府采购进口产品　审核管理

难易程度：易★

5. 政府采购进口产品合同履行中，采购人确需追加与合同标的相同的产品，所有补充合同的采购金额不超过原合同采购金额的15%的，可以与供应商协商签订补充合同，不需要重新审核。　　　　　　　　（　　　）

答案：错误

解析：《政府采购进口产品管理办法》第十七条：政府采购进口产品合同履行中，采购人确需追加与合同标的相同的产品，在不改变合同其他条款的前提下，且所有补充合同的采购金额不超过原合同采购金额的10%的，可以与供应商协商签订补充合同，不需要重新审核。

标签：政府采购进口产品　审核管理

难易程度：易★

6. 参加进口产品论证的专家可以作为采购评审专家参与同一采购项目的采购评审工作。　　　　　　　　　　　　　　　　　　　　（　　　）

答案：错误

解析：《政府采购进口产品管理办法》第十三条：参与论证的专家不得作为采购评审专家参与同一项目的采购评审工作。

标签：政府采购进口产品　审核管理

难易程度：易★

7. 参加进口产品论证的专家必须包括一名法律专家。　　　（　）

答案：正确

解析：《政府采购进口产品管理办法》第十二条：专家组应当由五人以上的单数组成，其中，必须包括一名法律专家。

标签：政府采购进口产品

难易程度：易★

8. 政府采购进口产品应当以公开招标为主要方式。　　　（　）

答案：正确

解析：《政府采购进口产品管理办法》第十四条：政府采购进口产品应当以公开招标为主要方式。因特殊情况需要采用公开招标以外的采购方式的，按照政府采购有关规定执行。

标签：政府采购进口产品

难易程度：易★

9. 根据《政府采购进口产品管理办法》，外国公司委托国内保税区工厂（该工厂性质是该外国公司投资企业）生产，该外国公司买回后在国内销售（进行海关出境和入境手续后进入国内销售）的产品，属于政府采购项下的进口产品。　　　（　）

答案：正确

解析：《政府采购进口产品管理办法》第三条：本办法所称进口产品是指通过中国海关报关验放进入中国境内且产自关境外的产品。

标签：政府采购进口产品

难易程度：难★★★

单选题

1. (   ) 人民政府财政部门应当依法开展政府采购进口产品审核活动,并实施监督管理。

A. 省市级

B. 市级以上

C. 市、自治州以上

D. 设区的市、自治州以上

答案: D

解析:《政府采购进口产品管理办法》第六条:设区的市、自治州以上人民政府财政部门应当依法开展政府采购进口产品审核活动,并实施监督管理。

标签: 政府采购进口产品

难易程度: 易★

2. 下列关于政府采购进口产品论证专家的说法,正确的是 (   )。

A. 论证专家应当由三人以上单数组成

B. 专家组成员必须包含一名采购代表

C. 论证专家必须从财政部门专家库抽取

D. 论证专家必须包括一名法律专家

答案: D

解析:《政府采购进口产品管理办法》第十二条:专家组应当由五人以上的单数组成,其中,必须包括一名法律专家,产品技术专家应当为非本单位并熟悉该产品的专家。

标签: 政府采购进口产品　论证专家

难易程度: 易★

3. 根据《政府采购进口产品管理办法》,采购人拟采购国家限制进口的重大技术装备和重大产业技术的,应当出具 (   ) 的意见。

A. 工业和信息化部

B. 科技部

C. 发展改革委

D. 财政部

答案：C

解析：《政府采购进口产品管理办法》第十条：采购人拟采购国家限制进口的重大技术装备和重大产业技术的，应当出具发展改革委的意见。

标签： 政府采购进口产品　审核管理

难易程度： 易★

4. 根据《政府采购进口产品管理办法》，采购人因产品的一致性或者服务配套要求，需要继续从原供应商处添购原有采购项目的，（　　）。

　　A. 需要重新审核，且添购资金总额不得超过原合同采购金额的30%

　　B. 不需要重新审核，但添购资金总额不得超过原合同采购金额的10%

　　C. 不需要重新审核，但添购资金总额不得超过原合同采购金额的20%

　　D. 需要重新审核，且添购资金总额不得超过原合同采购金额的50%

答案：B

解析：《政府采购进口产品管理办法》第十六条：采购人因产品的一致性或者服务配套要求，需要继续从原供应商处添购原有采购项目的，不需要重新审核，但添购资金总额不得超过原合同采购金额的10%。

标签： 政府采购进口产品　审核管理

难易程度： 易★

5. 根据《政府采购进口产品管理办法》，政府采购进口产品合同应当将（　　）作为必备条款。

　　A. 维护国家利益和社会公共利益

　　B. 向我国企业转让技术

　　C. 推动和促进自主创新

　　D. 依法规范进口产品采购行为

答案：A

解析：《政府采购进口产品管理办法》第十八条：政府采购进口产品合同应当将维护国家利益和社会公共利益作为必备条款。

标签： 政府采购进口产品　审核管理

难易程度： 易★

6. 根据《政府采购进口产品管理办法》，供应商向采购人、采购代理机构行贿或提供其他不正当利益的，处以采购金额（　　）的罚款，列入不良行为记录名单，在（　　）内禁止参加政府采购活动。

A. 5‰以上 10‰以下；1 ~ 3 年

B. 10‰以下；3 年内

C. 3‰以上 10‰以下；1 ~ 3 年内

D. 5‰以上 10‰以下；3 年内

答案：A

解析：《政府采购进口产品管理办法》第二十三条：供应商有下列情形之一的，处以采购金额 5‰以上 10‰以下的罚款，列入不良行为记录名单，在 1 ~ 3 年内禁止参加政府采购活动，有违法所得的，并处没收违法所得，情节严重的，由工商行政管理机关吊销营业执照；涉嫌犯罪的，移送司法机关处理：

（一）提供虚假材料谋取中标、成交的；

（二）采取不正当手段诋毁、排挤其他供应商的；

（三）与采购人、其他供应商或者采购代理机构恶意串通的；

（四）向采购人、采购代理机构行贿或者提供其他不正当利益的；

（五）在招标采购过程中与采购人进行协商谈判的；

（六）拒绝有关部门监督检查或者提供虚假情况的。

标签： 政府采购进口产品　监督检查

难易程度： 中★★

多选题

1. 根据《政府采购进口产品管理办法》，采购人需要采购的产品应当满足（　　），在获得财政部门核准后，依法开展政府采购活动。

A. 在中国境内无法获取

B. 在中国境内无同类替代

C. 无法以合理的技术条件获取

D. 无法以合理的商业条件获取

E. 法律法规另有规定确需采购

答案： ADE

解析：《政府采购进口产品管理办法》第七条：采购人需要采购的产品在中国境内无法获取或者无法以合理的商业条件获取，以及法律法规另有规定确需采购进口产品的，应当在获得财政部门核准后，依法开展政府采购活动。

标签： 政府采购进口产品　审核管理

难易程度： 易★

2. 根据《政府采购进口产品管理办法》，采购人拟采购的进口产品属于国家法律法规政策明确规定鼓励进口产品的，在报财政部门审核时，应当出具（　　　）。

A.《政府采购进口产品申请表》

B. 关于鼓励进口产品的国家法律法规政策文件复印件

C.《政府采购进口产品所属行业主管部门意见》

D.《政府采购进口产品专家论证意见》

E.《政府采购进口产品管理办法》

答案： AB

解析：《政府采购进口产品管理办法》第九条：采购人拟采购的进口产品属于国家法律法规政策明确规定鼓励进口产品的，在报财政部门审核时，应当出具第八条第（一）款、第（二）款材料。《政府采购进口产品管理办法》第八条：采购人报财政部门审核时，应当出具以下材料：

（一）《政府采购进口产品申请表》；

（二）关于鼓励进口产品的国家法律法规政策文件复印件；

（三）进口产品所属行业的设区的市、自治州以上主管部门出具的《政府采购进口产品所属行业主管部门意见》；

（四）专家组出具的《政府采购进口产品管理办法》。

标签：政府采购进口产品　审核管理

难易程度：易★

3. 根据《政府采购进口产品管理办法》，采购人拟采购的进口产品属于国家法律法规政策明确规定限制进口产品的，在报财政部门审核时，应当出具（　　）。

A.《政府采购进口产品申请表》

B. 关于鼓励进口产品的国家法律法规政策文件复印件

C.《政府采购进口产品所属行业主管部门意见》

D.《政府采购进口产品专家论证意见》

E.《政府采购进口产品管理办法》

答案：ACD

解析：《政府采购进口产品管理办法》第十条：采购人拟采购的进口产品属于国家法律法规政策明确规定限制进口产品的，在报财政部门审核时，应当出具第八条第（一）款、第（三）款和第（四）款材料。《政府采购进口产品管理办法》第八条：采购人报财政部门审核时，应当出具以下材料：

（一）《政府采购进口产品申请表》；

（二）关于鼓励进口产品的国家法律法规政策文件复印件；

（三）进口产品所属行业的设区的市、自治州以上主管部门出具的《政府采购进口产品所属行业主管部门意见》；

（四）专家组出具的《政府采购进口产品管理办法》。

标签：政府采购进口产品　审核管理

难易程度：易★

4. 根据《政府采购进口产品管理办法》，供应商有（　　）情形的，中标、成交无效。

A. 提供虚假材料谋取中标、成交

B. 采取不正当手段诋毁、排挤其他供应商

C. 与采购人、其他供应商或者采购代理机构恶意串通

D. 拒绝有关部门监督检查或者提供虚假情况

E. 在招标采购过程中与采购人协商谈判

答案： ABCE

解析：《政府采购进口产品管理办法》第二十三条：供应商有前款（一）至（五）项情形之一的，中标、成交无效：

（一）提供虚假材料谋取中标、成交的；

（二）采取不正当手段诋毁、排挤其他供应商的；

（三）与采购人、其他供应商或者采购代理机构恶意串通的；

（四）向采购人、采购代理机构行贿或者提供其他不正当利益的；

（五）在招标采购过程中与采购人进行协商谈判的；

（六）拒绝有关部门监督检查或者提供虚假情况的。

标签： 政府采购进口产品　监督检查

难易程度： 易★

第八章 《关于完善中央单位政府采购预算管理和中央高校、科研院所科研仪器设备采购管理有关事项的通知》相关试题

判 断 题

1.《关于完善中央单位政府采购预算管理和中央高校、科研院所科研仪器设备采购管理有关事项的通知》指出，全面完整编制政府采购预算是加强政府采购管理的重要基础。   （   ）

答案： 正确

解析：《关于完善中央单位政府采购预算管理和中央高校、科研院所科研仪器设备采购管理有关事项的通知》第一项：全面完整编制政府采购预算是加强政府采购管理的重要基础。

标签： 政府采购预算管理

难易程度： 易★

2. 中央高校、科研院所科研仪器设备采购，须在政府采购评审专家内选择评审专家。   （   ）

答案： 错误

解析：《关于完善中央单位政府采购预算管理和中央高校、科研院所科研仪器设备采购管理有关事项的通知》第二项：（四）中央高校、科研院所科研仪器设备采购，可在政府采购评审专家外自行选择评审专家。

标签： 科研仪器设备采购管理

难易程度： 易★

3.《关于完善中央单位政府采购预算管理和中央高校、科研院所科研仪器设备采购管理有关事项的通知》要求，中央单位应准确区分不同类型，根据采购项目情况据实进行政府采购预算的报批和备案管理，不得随意调减政府采购预算以规避政府采购和公开招标。　　　　　　　　　（　　）

答案： 正确

解析：《关于完善中央单位政府采购预算管理和中央高校、科研院所科研仪器设备采购管理有关事项的通知》第一项：中央单位应准确区分不同类型，根据采购项目情况据实进行政府采购预算的报批和备案管理，不得随意调减政府采购预算以规避政府采购和公开招标。

标签： 政府采购预算管理

难易程度： 易★

4. 中央高校、科研院所采购进口科研仪器设备，应按规定做好专家论证工作，参与论证的专家不可自行选定，专家论证意见随采购文件存档备查。
　　　　　　　　　　　　　　　　　　　　　　　　　（　　）

答案： 错误

解析：《关于完善中央单位政府采购预算管理和中央高校、科研院所科研仪器设备采购管理有关事项的通知》第二项：中央高校、科研院所采购进口科研仪器设备，应按规定做好专家论证工作，参与论证的专家可自行选定，专家论证意见随采购文件存档备查。

标签： 科研仪器设备采购管理

难易程度： 易★

5.《关于完善中央单位政府采购预算管理和中央高校、科研院所科研仪器设备采购管理有关事项的通知》中规定，中央单位应随部门预算编制一并编制政府采购预算。　　　　　　　　　　　　　　　　　　　（　　）

答案： 正确

解析：《关于完善中央单位政府采购预算管理和中央高校、科研院所科研

仪器设备采购管理有关事项的通知》第一项：全面完整编制政府采购预算是
加强政府采购管理的重要基础。中央单位应随部门预算编制一并编制政府采
购预算。

标签： 政府采购预算管理

难易程度： 易★

6.《关于完善中央单位政府采购预算管理和中央高校、科研院所科研仪器
设备采购管理有关事项的通知》中规定，预算执行中部门预算资金调剂（包
括追加、追减或调整结构）需要明确政府采购预算的，应按部门预算调剂的
有关程序和规定一并办理，由主管预算单位报财政部（部门预算管理司）审
核批复。   （ ）

答案： 正确

解析：《关于完善中央单位政府采购预算管理和中央高校、科研院所科研
仪器设备采购管理有关事项的通知》第一项：预算执行中部门预算资金调剂
（包括追加、追减或调整结构）需要明确政府采购预算的，应按部门预算调剂
的有关程序和规定一并办理，由主管预算单位报财政部（部门预算管理司）
审核批复。

标签： 政府采购预算管理

难易程度： 易★

7.《关于完善中央单位政府采购预算管理和中央高校、科研院所科研仪器
设备采购管理有关事项的通知》要求，除部门预算资金调剂情形外，中央单
位预算执行中预算支出总金额不变但需要单独调剂政府采购预算的类别（货
物、工程、服务）和金额，以及使用非财政拨款资金采购需要明确政府采购
预算的，由主管预算单位报财政部（部门预算管理司）备案。   （ ）

答案： 错误

解析：《关于完善中央单位政府采购预算管理和中央高校、科研院所科研
仪器设备采购管理有关事项的通知》第一项：除部门预算资金调剂情形外，
中央单位预算执行中预算支出总金额不变但需要单独调剂政府采购预算的类
别（货物、工程、服务）和金额，以及使用非财政拨款资金采购需要明确政

府采购预算的，由主管预算单位报财政部（国库司）备案。

　　标签：政府采购预算管理

　　难易程度：易★

　　8. 中央高校、科研院所申请变更政府采购方式时可注明"科研仪器设备"，财政部将予以优先审批。　　　　　　　　　　　　　（　　）

　　答案：正确

　　解析：《关于完善中央单位政府采购预算管理和中央高校、科研院所科研仪器设备采购管理有关事项的通知》第一项：中央高校、科研院所申请变更政府采购方式时可注明"科研仪器设备"，财政部将予以优先审批。

　　标签：科研仪器设备采购管理

　　难易程度：易★

单 选 题

　　1. 对中央高校、科研院所进口科研仪器设备实行（　　）管理。

　　A. 登记制　　　　　B. 审批制　　　　　C. 备案制　　　　　D. 名单制

　　答案：C

　　解析：《关于完善中央单位政府采购预算管理和中央高校、科研院所科研仪器设备采购管理有关事项的通知》第二项：（二）对中央高校、科研院所进口科研仪器设备实行备案制管理。

　　标签：科研仪器设备采购管理

　　难易程度：易★

　　2. 中央高校、科研院所达到公开招标数额标准的科研仪器设备采购项目需要采用公开招标以外采购方式的，申请变更政府采购方式时，（　　）。

　　A. 需提供单位内部会商意见

　　B. 需提供单位内部会商意见，并将单位内部会商意见随采购文件存档备查

C. 无须提供单位内部会商意见

D. 无须提供单位内部会商意见，但应将单位内部会商意见随采购文件存档备查

答案：D

解析：《关于完善中央单位政府采购预算管理和中央高校、科研院所科研仪器设备采购管理有关事项的通知》第二项：（三）中央高校、科研院所达到公开招标数额标准的科研仪器设备采购项目需要采用公开招标以外采购方式的，申请变更政府采购方式时可不再提供单位内部会商意见，但应将单位内部会商意见随采购文件存档备查。

标签：科研仪器设备采购管理　政府采购方式审批流程

难易程度：易★

多 选 题

1.《关于完善中央单位政府采购预算管理和中央高校、科研院所科研仪器设备采购管理有关事项的通知》要求，下列情形中，须由主管预算单位报财政部国库司备案的是（　　　）。

A. 部门预算资金追加、追减

B. 部门预算资金调整结构

C. 中央单位预算支出总金额不变但需单独调剂政府采购预算的类别

D. 中央单位预算支出总金额不变但需单独调剂政府采购预算的金额

E. 使用非财政拨款资金采购需要明确政府采购预算

答案：CDE

解析：《关于完善中央单位政府采购预算管理和中央高校、科研院所科研仪器设备采购管理有关事项的通知》第一项：除部门预算资金调剂情形外，中央单位预算执行中预算支出总金额不变但需要单独调剂政府采购预算的类别（货物、工程、服务）和金额，以及使用非财政拨款资金采购需要明确政

府采购预算的，由主管预算单位报财政部（国库司）备案。

标签： 中央单位政府采购预算管理　科研仪器设备采购

难易程度： 易★

2.《关于完善中央单位政府采购预算管理和中央高校、科研院所科研仪器设备采购管理有关事项的通知》要求，主管单位将政府采购预算调剂资金报财政部备案时，备案文件中应当载明（　　　）。

A. 预算项目名称及编码

B. 采购项目名称

C. 采购项目起止时间

D. 政府采购预算类别、金额

E. 调剂原因

答案： ABDE

解析：《关于完善中央单位政府采购预算管理和中央高校、科研院所科研仪器设备采购管理有关事项的通知》第一项：备案文件中应当载明中央单位名称、预算项目名称及编码、采购项目名称以及政府采购预算的类别、金额和调剂原因等项目基本情况说明。

标签： 中央单位政府采购预算管理　科研仪器设备采购

难易程度： 易★

第九章 《关于进一步加强政府采购需求和履约验收管理的指导意见》相关试题

判 断 题

1.《关于进一步加强政府采购需求和履约验收管理的指导意见》指出，科学合理确定政府采购预算是加强政府采购源头管理的重要内容。 （　　）

答案：正确

解析：《关于进一步加强政府采购需求和履约验收管理的指导意见》第一项：科学合理确定采购需求是加强政府采购源头管理的重要内容，是执行政府采购预算，发挥采购政策功能，落实公平竞争交易规则的重要抓手，在采购活动整体流程中具有承上启下的重要作用。

标签：政府采购需求管理

难易程度：易★

2.《关于进一步加强政府采购需求和履约验收管理的指导意见》要求，采购项目应当引入第三方专业机构和专家，吸纳社会力量参与采购需求编制及论证。 （　　）

答案：错误

解析：《关于进一步加强政府采购需求和履约验收管理的指导意见》第二项：需求复杂的采购项目可引入第三方专业机构和专家，吸纳社会力量参与采购需求编制及论证。

标签：政府采购需求管理

难易程度：易★

3.《关于进一步加强政府采购需求和履约验收管理的指导意见》要求，采购人或者采购代理机构应当成立验收小组，按照采购合同的约定对供应商履约情况进行验收。 （ ）

答案：正确

解析：《关于进一步加强政府采购需求和履约验收管理的指导意见》第三项：……

（八）采购人或者采购代理机构应当成立验收小组，按照采购合同的约定对供应商履约情况进行验收。

标签：政府采购履约验收管理

难易程度：易★

4.《关于进一步加强政府采购需求和履约验收管理的指导意见》要求，履约验收结果应当与采购合同约定的资金支付及履约保证金返还条件挂钩。

（ ）

答案：正确

解析：《关于进一步加强政府采购需求和履约验收管理的指导意见》第三项：……

（八）验收结果应当与采购合同约定的资金支付及履约保证金返还条件挂钩。

标签：政府采购履约验收管理

难易程度：易★

5.《关于进一步加强政府采购需求和履约验收管理的指导意见》要求，科学合理确定采购需求在采购活动整体流程中具有承上启下的重要作用。

（ ）

答案：正确

解析：《关于进一步加强政府采购需求和履约验收管理的指导意见》第一项：科学合理确定采购需求是加强政府采购源头管理的重要内容，是执行政府采购预算，发挥采购政策功能，落实公平竞争交易规则的重要抓手，在采购活动整体流程中具有承上启下的重要作用。

标签：政府采购需求管理

难易程度：易★

6.《关于进一步加强政府采购需求和履约验收管理的指导意见》要求，采购人委托采购代理机构编制采购需求的，应当在采购活动开始后对采购需求进行书面确认。　　　　　　　　　　　　　　　（　　）

答案：错误

解析：《关于进一步加强政府采购需求和履约验收管理的指导意见》第二项：采购人负责确定采购需求。采购人负责组织确定本单位采购项目的采购需求。采购人委托采购代理机构编制采购需求的，应当在采购活动开始前对采购需求进行书面确认。

标签：政府采购需求管理

难易程度：易★

7.《关于进一步加强政府采购需求和履约验收管理的指导意见》要求，采购需求、项目验收标准和程序应当作为采购合同的附件。　（　　）

答案：正确

解析：《关于进一步加强政府采购需求和履约验收管理的指导意见》第二项：采购需求、项目验收标准和程序应当作为采购合同的附件。

标签：政府采购需求管理

难易程度：易★

8.《关于进一步加强政府采购需求和履约验收管理的指导意见》要求，采购人委托采购代理机构进行履约验收的，采购人无须对验收结果进行书面确认。　　　　　　　　　　　　　　　（　　）

答案：错误

解析：《关于进一步加强政府采购需求和履约验收管理的指导意见》第五项：采购人委托采购代理机构进行履约验收的，应当对验收结果进行书面确认。

标签：政府采购履约验收管理

难易程度：易★

9. 根据《关于进一步加强政府采购需求和履约验收管理的指导意见》，采购人应当根据采购项目的具体情况，自行组织项目验收，不可委托采购代理机构验收。 （ ）

答案：错误

解析：《关于进一步加强政府采购需求和履约验收管理的指导意见》第五项：采购人应当根据采购项目的具体情况，自行组织项目验收或者委托采购代理机构验收。

标签：政府采购履约验收管理

难易程度：易★

10. 根据《关于进一步加强政府采购需求和履约验收管理的指导意见》，政府采购项目验收结束后，应当出具验收书，列明各项标准的验收情况及项目总体评价，由采购人或采购代理机构方签署。 （ ）

答案：错误

解析：《关于进一步加强政府采购需求和履约验收管理的指导意见》第八项：验收结束后，应当出具验收书，列明各项标准的验收情况及项目总体评价，由验收双方共同签署。

标签：政府采购履约验收管理

难易程度：易★

11. 根据《关于进一步加强政府采购需求和履约验收管理的指导意见》，某预算单位采购一批物资，采购活动由采购办公室负责执行，物资实际使用人为具体科室，则物资验收时应邀请实际使用人参加。 （ ）

答案：正确

解析：《关于进一步加强政府采购需求和履约验收管理的指导意见》第七项：对于采购人和使用人分离的采购项目，应当邀请实际使用人参与验收。

标签：政府采购履约验收管理

难易程度：易★

单 选 题

1. 根据《关于进一步加强政府采购需求和履约验收管理的指导意见》，
（ ）是深化政府采购制度改革，提高政府采购效率和质量的重要保证。

A. 规范政府采购预算

B. 依法加强政府采购需求和履约验收管理

C. 完善政府采购制度体系

D. 加大政府采购监督力度

答案：B

解析：《关于进一步加强政府采购需求和履约验收管理的指导意见》第一项：依法加强政府采购需求和履约验收管理，是深化政府采购制度改革，提高政府采购效率和质量的重要保证。

标签：政府采购需求管理　政府采购履约验收管理

难易程度：易★

2. 根据《关于进一步加强政府采购需求和履约验收管理的指导意见》，
（ ）是保证采购质量、开展绩效评价、形成闭环管理的重要环节，对实现采购与预算、资产与财务等管理工作协调联动具有重要意义。

A. 科学合理确定采购需求　　　　B. 合理编制政府采购预算

C. 严格执行政府采购预算　　　　D. 严格规范开展履约验收

答案：D

解析：《关于进一步加强政府采购需求和履约验收管理的指导意见》第一项：严格规范开展履约验收是加强政府采购结果管理的重要举措，是保证采购质量、开展绩效评价、形成闭环管理的重要环节，对实现采购与预算、资产与财务等管理工作协调联动具有重要意义。

标签：政府采购履约验收管理

难易程度：易★

3. 根据《关于进一步加强政府采购需求和履约验收管理的指导意见》，严格规范开展履约验收对实现采购与预算、资产与财务等管理工作（   ）具有重要意义。

A. 协调联动　　B. 严格内控　　C. 相互牵制　　D. 互相约束

答案：A

解析：《关于进一步加强政府采购需求和履约验收管理的指导意见》第一项：严格规范开展履约验收是加强政府采购结果管理的重要举措，是保证采购质量、开展绩效评价、形成闭环管理的重要环节，对实现采购与预算、资产与财务等管理工作协调联动具有重要意义。

标签：政府采购履约验收管理

难易程度：易★

4. 根据《关于进一步加强政府采购需求和履约验收管理的指导意见》，供应商在履约过程中有政府采购法律法规规定的违法违规情形的，采购人应当及时报告（   ）。

A. 本级财政部门　　　　　　　　B. 上级财政部门

C. 本级纪检部门　　　　　　　　D. 上级纪检部门

答案：A

解析：《关于进一步加强政府采购需求和履约验收管理的指导意见》第三项：

······

（九）供应商在履约过程中有政府采购法律法规规定的违法违规情形的，采购人应当及时报告本级财政部门。

标签：政府采购履约验收管理　供应商

难易程度：易★

5. 根据《关于进一步加强政府采购需求和履约验收管理的指导意见》，（   ）负责组织确定本单位采购项目的采购需求。

A. 招标人　　B. 投标人　　C. 评标人　　D. 采购人

答案：D

解析：《关于进一步加强政府采购需求和履约验收管理的指导意见》规定，"采购人负责组织确定本单位采购项目的采购需求"。

标签：政府采购需求管理

难易程度：易★

6. 根据《关于进一步加强政府采购需求和履约验收管理的指导意见》，服务类项目，可根据项目特点对服务期内的服务实施情况进行（　　），结合考核情况和服务效果进行验收。

A. 分项考核　　　　B. 分期考核　　　　C. 分层考核　　　　D. 分段考核

答案：B

解析：《关于进一步加强政府采购需求和履约验收管理的指导意见》规定，服务类项目，可根据项目特点对服务期内的服务实施情况进行分期考核，结合考核情况和服务效果进行验收。

标签：政府采购履约验收管理

难易程度：易★

7. 根据《关于进一步加强政府采购需求和履约验收管理的指导意见》，（　　）项目应当按照行业管理部门规定的标准、方法和内容进行验收。

A. 货物类　　　　B. 服务类　　　　C. 工程类　　　　D. 以上都对

答案：C

解析：《关于进一步加强政府采购需求和履约验收管理的指导意见》第六条：工程类项目应当按照行业管理部门规定的标准、方法和内容进行验收。

标签：政府采购履约验收管理

难易程度：易★

8. 根据《关于进一步加强政府采购需求和履约验收管理的指导意见》，对于采购人和使用人分离的采购项目，应当邀请（　　）参与验收。

A. 实际购买人　　　　　　　　B. 实际使用人

C. 第三方专业机构或专家　　　D. 参加本项目的其他供应商

答案：B

解析：《关于进一步加强政府采购需求和履约验收管理的指导意见》第七条：对于采购人和使用人分离的采购项目，应当邀请实际使用人参与验收。

标签： 政府采购履约验收管理

难易程度： 易★

多 选 题

1. 根据《关于进一步加强政府采购需求和履约验收管理的指导意见》，采购需求应当包含的内容有（　　）。

A. 采购对象需实现的功能或目标

B. 满足项目需要的技术、服务、安全要求

C. 采购对象的数量、交付或实施的时间和地点

D. 采购对象的验收标准

E. 采购人及供应商各自权利义务

答案： ABCD

解析：《关于进一步加强政府采购需求和履约验收管理的指导意见》第二项：采购需求应当包括采购对象需实现的功能或者目标，满足项目需要的所有技术、服务、安全等要求，采购对象的数量、交付或实施的时间和地点，采购对象的验收标准等内容。

标签： 政府采购需求管理

难易程度： 易★

2. 根据《关于进一步加强政府采购需求和履约验收管理的指导意见》，对于技术复杂、社会影响较大的货物类项目，可以根据需要设置（　　）。

A. 出厂检验　　　　　　　　　　　B. 到货检验

C. 零部件检验　　　　　　　　　　D. 安装调试检验

E. 配套服务检验

答案： ABDE

解析：《关于进一步加强政府采购需求和履约验收管理的指导意见》第三项：

......

（六）技术复杂、社会影响较大的货物类项目，可以根据需要设置出厂检验、到货检验、安装调试检验、配套服务检验等多重验收环节。

标签：政府采购履约验收管理

难易程度：易★

3. 根据《关于进一步加强政府采购需求和履约验收管理的指导意见》，对于采购人和使用人分离的采购项目，应当邀请实际使用人参与验收。采购人、采购代理机构可以邀请（　　　）参与验收，相关验收意见作为验收书的参考资料。

A. 未参加该项目的其他供应商

B. 参加该项目的其他供应商

C. 第三方专业机构

D. 专家

E. 主管预算单位

答案：BCD

解析：《关于进一步加强政府采购需求和履约验收管理的指导意见》第三项：

......

（七）对于采购人和使用人分离的采购项目，应当邀请实际使用人参与验收。采购人、采购代理机构可以邀请参加本项目的其他供应商或第三方专业机构及专家参与验收，相关验收意见作为验收书的参考资料。

标签：政府采购履约验收管理

难易程度：易★

第十章 《政府采购需求管理办法》相关试题

1. 根据《政府采购需求管理办法》，政府采购需求管理，是指采购人组织确定采购预算的活动。 （　　）

答案： 错误

解析：《政府采购需求管理办法》第三条：本办法所称政府采购需求管理，是指采购人组织确定采购需求和编制采购实施计划，并实施相关风险控制管理的活动。

标签： 政府采购需求管理

难易程度： 易★

2. 按照法律法规的规定，对采购项目开展可行性研究等前期工作，已包含《政府采购需求管理办法》规定的需求调查内容的，可不再重复调查。 （　　）

答案： 正确

解析：《政府采购需求管理办法》第十一条：按照法律法规的规定，对采购项目开展可行性研究等前期工作，已包含本办法规定的需求调查内容的，可以不再重复调查；对在可行性研究等前期工作中未涉及的部分，应当按照本办法的规定开展需求调查。

标签： 政府采购需求管理　需求调查

难易程度： 易★

3. 根据《政府采购需求管理办法》，采购实施计划主要包括"合同订立安排"和"合同管理安排"两部分内容。 （ ）

答案：正确

解析：《政府采购需求管理办法》第十三条：采购实施计划主要包括以下内容：

（一）合同订立安排；

（二）合同管理安排。

标签：政府采购需求管理 采购实施计划

难易程度：易★

4. 根据《政府采购需求管理办法》，采购人应当通过供应商资格条件、设定评审规则等措施，落实支持创新、绿色发展、中小企业发展等政府采购政策功能。 （ ）

答案：正确

解析：《政府采购需求管理办法》第十四条：采购人应当通过供应商资格条件、设定评审规则等措施，落实支持创新、绿色发展、中小企业发展等政府采购政策功能。

标签：采购实施计划 政府采购政策功能

难易程度：易★

5. 根据《政府采购需求管理办法》，政府集中采购目录以外的项目采购人不得委托集中采购机构采购。 （ ）

答案：错误

解析：《政府采购需求管理办法》第十六条：采购人采购纳入政府集中采购目录的项目，必须委托集中采购机构采购。政府集中采购目录以外的项目可以自行采购，也可以自主选择委托集中采购机构，或者集中采购机构以外的采购代理机构采购。

标签：采购实施计划

难易程度：易★

6. 根据《政府采购需求管理办法》，采购项目划分采购包的，应共同确定每个采购包的采购方式、竞争范围、评审规则和合同类型、合同文本、定价方式等相关合同订立、管理安排。 （ ）

答案：错误

解析：《政府采购需求管理办法》第十七条：采购项目划分采购包的，要分别确定每个采购包的采购方式、竞争范围、评审规则和合同类型、合同文本、定价方式等相关合同订立、管理安排。

标签：采购实施计划

难易程度：易★

7. 根据《政府采购需求管理办法》，大型设备、咨询服务等采购项目，一般采用招标、谈判（磋商）方式采购，采用最低价法评审，采用固定总价或者固定单价的定价方式。 （ ）

答案：错误

解析：《政府采购需求管理办法》第十九条：采购需求客观、明确，且技术较复杂或者专业性较强的采购项目，如大型设备、咨询服务等，一般采用招标、谈判（磋商）方式采购，通过综合性评审选择性价比最优的产品，采用固定总价或者固定单价的定价方式。

标签：采购实施计划

难易程度：易★

8. 根据《政府采购需求管理办法》，采购需求客观、明确的采购项目，采购需求中客观但不可量化的指标可以作为实质性要求和评分项。 （ ）

答案：错误

解析：《政府采购需求管理办法》第二十一条：采购需求客观、明确的采购项目，采购需求中客观但不可量化的指标应当作为实质性要求，不得作为评分项。

标签：采购实施计划

难易程度：易★

9. 根据《政府采购需求管理办法》，采购项目涉及后续采购的，可以要求供应商报出后续相应的价格，作为评审时考虑的因素。　　　　　（　　）

答案：正确

解析：《政府采购需求管理办法》第二十一条：采购项目涉及后续采购的，如大型装备等，要考虑兼容性要求。可以要求供应商报出后续相应的价格，以及后续采购的可替代性、相关产品的估价，作为评审时考虑的因素。

标签：采购实施计划

难易程度：易★

10. 根据《政府采购需求管理办法》，政府采购合同类型按照《中华人民共和国民法典（合同编)》规定的典型合同类别确定。　　　　（　　）

答案：错误

解析：《政府采购需求管理办法》第二十二条：合同类型按照民法典规定的典型合同类别，结合采购标的的实际情况确定。

标签：采购实施计划

难易程度：易★

11. 根据《政府采购需求管理办法》，对于订购、设计、定制开发的信息化建设项目，采购人应当约定知识产权的归属和处理方式。　　（　　）

答案：正确

解析：《政府采购需求管理办法》第二十三条：采购项目涉及采购标的的知识产权归属、处理的，如订购、设计、定制开发的信息化建设项目等，应当约定知识产权的归属和处理方式。

标签：采购实施计划

难易程度：易★

12. 根据《政府采购需求管理办法》，凡要开展需求调查的采购项目，其合同文本均应由采购人聘请的法律顾问审定。　　　　　（　　）

答案：正确

解析：《政府采购需求管理办法》第二十三条：属于本办法第十一条规定

范围的采购项目，合同文本应当经过采购人聘请的法律顾问审定。《政府采购需求管理办法》第十一条：对于下列采购项目，应当开展需求调查：

（一）1000万元以上的货物、服务采购项目，3000万元以上的工程采购项目；

（二）涉及公共利益、社会关注度较高的采购项目，包括政府向社会公众提供的公共服务项目等；

（三）技术复杂、专业性较强的项目，包括需定制开发的信息化建设项目、采购进口产品的项目等；

（四）主管预算单位或者采购人认为需要开展需求调查的其他采购项目。

标签：采购实施计划

难易程度：难★★★

13. 根据《政府采购需求管理办法》，采购人、采购代理机构邀请参加本项目的其他供应商或第三方专业机构及专家参与合同验收的，相关验收意见作为验收的依据。 （　　）

答案：错误

解析：《政府采购需求管理办法》第二十四条：采购人、采购代理机构可以邀请参加本项目的其他供应商或第三方专业机构及专家参与验收，相关验收意见作为验收的参考资料。

标签：采购实施计划

难易程度：易★

14. 根据《政府采购需求管理办法》，政府向社会公众提供的公共服务项目，合同验收时应邀请公众参与并出具意见，验收结果应当向社会公告。

（　　）

答案：正确

解析：《政府采购需求管理办法》第二十四条：政府向社会公众提供的公共服务项目，验收时应邀请服务对象参与并出具意见，验收结果应当向社会公告。

标签：采购实施计划

难易程度：易★

15. 根据《政府采购需求管理办法》，合同验收时，不能明确客观标准、涉及主观判断的内容可不验收。 （ ）

答案： 错误

解析：《政府采购需求管理办法》第二十四条：验收内容要包括每一项技术和商务要求履约情况，验收标准要包括所有客观、量化指标。不能明确客观标准、涉及主观判断的，可以通过在采购人、使用人中开展问卷调查等方式，转化为客观、量化的验收标准。

标签： 采购实施计划

难易程度：中★★

16. 根据《政府采购需求管理办法》，如有特殊情况，履约验收方案可在合同签订后期追加。 （ ）

答案： 错误

解析：《政府采购需求管理办法》第二十四条：履约验收方案应当在合同中约定。

标签： 采购实施计划

难易程度：易★

17. 根据《政府采购需求管理办法》，采购人应将采购需求管理作为政府采购内控管理的重要内容，加强对采购需求的形成和实现过程的内部控制和风险管理。 （ ）

答案： 正确

解析：《政府采购需求管理办法》第二十七条：采购人应将采购需求管理作为政府采购内控管理的重要内容，建立健全采购需求管理制度，加强对采购需求的形成和实现过程的内部控制和风险管理。

标签： 政府采购需求管理 风险控制

难易程度：易★

18. 根据《政府采购需求管理办法》，采购人可以自行组织确定采购需求，也可以委托采购代理机构或其他第三方机构开展。　　　　（　　）

答案： 正确

解析：《政府采购需求管理办法》第二十八条：采购人可以自行组织确定采购需求和编制采购实施计划，也可以委托采购代理机构或者其他第三方机构开展。

标签： 政府采购需求管理　风险控制

难易程度： 易★

19. 根据《政府采购需求管理办法》，采购人可以根据本单位实际情况，建立相关专家和第三方机构参与审查的工作机制。　　　　（　　）

答案： 正确

解析：《政府采购需求管理办法》第三十二条：采购人可以根据本单位实际情况，建立相关专家和第三方机构参与审查的工作机制。

标签： 政府采购需求管理　风险控制

难易程度： 易★

20. 根据《政府采购需求管理办法》，参与确定采购需求和编制采购实施计划的专家和第三方机构可以参与对采购需求和采购实施计划的审查。（　　）

答案： 错误

解析：《政府采购需求管理办法》第三十二条：参与确定采购需求和编制采购实施计划的专家和第三方机构不得参与审查。

标签： 政府采购需求管理　风险控制

难易程度： 易★

21. 根据《政府采购需求管理办法》，财政部门应当依法加强对政府采购需求管理的监督检查，定期开展监督检查工作。　　　　（　　）

答案： 错误

解析：《政府采购需求管理办法》第三十五条：财政部门应当依法加强对政府采购需求管理的监督检查，将采购人需求管理作为政府采购活动监督检查的重要内容，不定期开展监督检查工作，采购人应当如实反映情况，提供有关材料。

标签：政府采购需求管理　监督检查

难易程度：易★

22. 根据《政府采购需求管理办法》，编制采购需求前一年内，采购人已就相关采购标的开展过需求调查的可以不再重复开展。　　　　（　　）

答案：正确

解析：《政府采购需求管理办法》第十一条：编制采购需求前一年内，采购人已就相关采购标的开展过需求调查的可以不再重复开展。

标签：政府采购需求管理

难易程度：易★

23. 根据《政府采购需求管理办法》，采购人应当通过确定供应商资格条件、设定评审规则等措施，落实支持创新、绿色发展、中小企业发展等政府采购政策功能。　　　　　　　　　　　　　　　　　　　　（　　）

答案：正确

解析：《政府采购需求管理办法》第十四条：采购人应当通过确定供应商资格条件、设定评审规则等措施，落实支持创新、绿色发展、中小企业发展等政府采购政策功能。

标签：政府采购需求管理　政府采购政策功能

难易程度：易★

24. 根据《政府采购需求管理办法》，采购人采购纳入集中采购目录的项目可以自行采购。　　　　　　　　　　　　　　　　　　（　　）

答案：错误

解析：《政府采购需求管理办法》第十六条：采购人采购纳入集中采购目录的项目，必须委托集中采购机构采购。政府集中采购目录以外的项目可以自行采购，也可以自主选择委托集中采购机构，或者集中采购机构以外的采购代理机构采购。

标签：政府采购需求管理

难易程度：易★

25. 根据《政府采购需求管理办法》，业绩情况作为资格条件时，涉及政府采购政策支持的创新产品采购的，不得提出同类业务合同、生产台数、使用时长等业绩要求。　　　　　　　　　　　　　　（　　）

答案：正确

解析：《政府采购需求管理办法》第十八条：涉及政府采购政策支持的创新产品采购的，不得提出同类业务合同、生产台数、使用时长等业绩要求。

标签：采购实施计划

难易程度：易★

26. 根据《政府采购需求管理办法》，采购需求客观、明确且规格、标准统一的采购项目，一般采用固定总价或者浮动单价的定价方式。　（　　）

答案：错误

解析：《政府采购需求管理办法》第十九条：采购需求客观、明确且规格、标准统一的采购项目，如通用设备、物业管理等，一般采用招标或者询价方式采购，以价格作为授予合同的主要考虑因素，采用固定总价或者固定单价的定价方式。

标签：采购实施计划　定价方式

难易程度：易★

27. 根据《政府采购需求管理办法》，采购需求客观、明确，且技术较复杂或者专业性较强的采购项目，如大型设备、咨询服务等，一般采用招标、谈判（磋商）方式采购，通过综合性评审选择性价比最优的产品，采用固定总价或者固定单价的定价方式。　　　　　　　　　　（　　）

答案：正确

解析：《政府采购需求管理办法》第十九条：采购需求客观、明确，且技术较复杂或者专业性较强的采购项目，如大型设备、咨询服务等，一般采用招标、谈判（磋商）方式采购，通过综合性评审选择性价比最优的产品，采用固定总价或者固定单价的定价方式。

标签：采购实施计划　定价方式

难易程度：易★

28. 根据《政府采购需求管理办法》，不能完全确定客观指标，需由供应商提供设计方案、解决方案或者组织方案的采购项目，一般采用固定总价或者固定单价、成本补偿、绩效激励等单一或者组合定价方式。　　　（　　）

答案：正确

解析：《政府采购需求管理办法》第十九条第三款：采购需求客观、明确，且技术较复杂或专业性较强的采购项目，如大型设备、咨询服务等，一般采用招标、谈判（磋商）方式采购，通过综合性评审选择性价比最优的产品，采用固定总价或者固定单价的定价方式。

标签：采购实施计划　定价方式

难易程度：易★

29. 根据《政府采购需求管理办法》，订购、设计、定制开发的信息化建设项目等，应当约定知识产权的归属和处理方式。　　　（　　）

答案：正确

解析：根据《政府采购需求管理办法》第二十三条第二款规定，采购项目涉及采购标的的知识产权归属、处理的，如订购、设计、定制开发的信息化建设项目等，应当约定知识产权的归属和处理方式。采购人可以根据项目特点划分合同履行阶段，明确分期考核要求和对应的付款进度安排。对于长期运行的项目，要充分考虑成本、收益以及可能出现的重大市场风险，在合同中约定成本补偿、风险分担等事项。

标签：采购实施计划

难易程度：易★

30. 根据《政府采购需求管理办法》，采购人可以自行组织确定采购需求和编制采购实施计划，也可以委托采购代理机构或者其他第三方机构开展。

（　　）

答案：正确

解析：《政府采购需求管理办法》第二十八条：采购人可以自行组织确定采购需求和编制采购实施计划，也可以委托采购代理机构或者其他第三方机构开展。

标签：采购实施计划

难易程度：易★

31. 根据《政府采购需求管理办法》，政府采购需求审查分为一般性审查、特殊审查和重点审查。 （   ）

答案：错误

解析：《政府采购需求管理办法》第二十九条：采购人应当建立审查工作机制，在采购活动开始前，针对采购需求管理中的重点风险事项，对采购需求和采购实施计划进行审查，审查分为一般性审查和重点审查。

标签：政府采购需求管理　风险控制

难易程度：易★

32. 根据《政府采购需求管理办法》，参与确定采购需求和编制采购实施计划的专家和第三方机构不得参与审查。 （   ）

答案：正确

解析：《政府采购需求管理办法》第三十二条：参与确定采购需求和编制采购实施计划的专家和第三方机构不得参与审查。

标签：政府采购需求管理　风险控制

难易程度：易★

单 选 题

1. 根据《政府采购需求管理办法》，以下不符合采购需求"清楚明了、表述规范、含义准确"要求的是（   ）。

A. 技术要求和商务要求的量化指标明确相应等次, 有连续区间的按照区间划分等次

B. 由供应商提供设计方案的采购项目, 说明采购标的的功能、应用场景、目标等

C. 采购需求直接引用相关国家标准、行业标准、地方标准等标准、规范

D. 采购需求的表述含混不清、笼统不具体

答案： D

解析：《政府采购需求管理办法》第九条：采购需求应当清楚明了、表述规范、含义准确。技术要求和商务要求应当客观, 量化指标应当明确相应等次, 有连续区间的按照区间划分等次。需由供应商提供设计方案、解决方案或者组织方案的采购项目, 应当说明采购标的的功能、应用场景、目标等基本要求, 并尽可能明确其中的客观、量化指标。采购需求可以直接引用相关国家标准、行业标准、地方标准等标准、规范, 也可以根据项目目标提出更高的技术要求。

标签： 采购需求

难易程度： 易★

2. 根据《政府采购需求管理办法》, 采购人面向市场主体开展需求调查时, 选择的调查对象一般（   ）。

A. 不少于 3 个   B. 不少于 2 个

C. 不少于 3 个, 且具有代表性   D. 不少于 2 个, 且具有代表性

答案： C

解析：《政府采购需求管理办法》第十条：面向市场主体开展需求调查时, 选择的调查对象一般不少于 3 个, 并应当具有代表性。

标签： 采购需求　需求调查

难易程度： 易★

3. 根据《政府采购需求管理办法》, 编制采购需求前（   ）, 采购人已就相关采购标的开展过需求调查的可以不再重复开展。

A. 半年内   B. 一年内   C. 两年内   D. 三年内

答案：B

解析：《政府采购需求管理办法》第十一条：编制采购需求前一年内，采购人已就相关采购标的开展过需求调查的可以不再重复开展。

标签：采购需求 需求调查

难易程度：易★

4. 根据《政府采购需求管理办法》，业绩情况作为资格条件时，要求供应商提供的同类业务合同各一般不超过（　　）个，并明确同类业务的具体范围。

A. 2　　　　　　　B. 3　　　　　　　C. 4　　　　　　　D. 5

答案：A

解析：《政府采购需求管理办法》第十八条：业绩情况作为资格条件时，要求供应商提供的同类业务合同各一般不超过2个，并明确同类业务的具体范围。

标签：采购实施计划

难易程度：易★

5. 根据《政府采购需求管理办法》，首购订购、设计服务等采购项目，一般采用（　　）方式采购。

A. 招标　　　　　　　　　　　B. 询价

C. 谈判（磋商）　　　　　　　D. 单一来源采购

答案：C

解析：《政府采购需求管理办法》第十九条：不能完全确定客观指标，需由供应商提供设计方案、解决方案或者组织方案的采购项目，如首购订购、设计服务、政府和社会资本合作等，一般采用谈判（磋商）方式采购，综合考虑以单方案报价、多方案报价以及性价比要求等因素选择评审方法，并根据实现项目目标的要求，采取固定总价或者固定单价、成本补偿、绩效激励等单一或者组合定价方式。

标签：采购实施计划 采购方式

难易程度：易★

6. 根据《政府采购需求管理办法》，对于订购、设计等采购项目，可以在评审因素中适当考虑（　　）要求，合理设置分值和权重。

A. 供应商的业绩　　　　　　　　B. 供应商的履约能力

C. 全生命周期成本　　　　　　　D. 相关产品的估价

答案： B

解析：《政府采购需求管理办法》第二十一条：需由供应商提供设计方案、解决方案或者组织方案，且供应商经验和能力对履约有直接影响的，如订购、设计等采购项目，可以在评审因素中适当考虑供应商的履约能力要求，并合理设置分值和权重。

标签：采购实施计划

难易程度：易★

7. 根据《政府采购需求管理办法》，政府采购合同的权利义务要围绕（　　）设置。

A. 采购预算和风险分担　　　　　B. 采购计划和合同履行

C. 采购安排和风险分担　　　　　D. 采购需求和合同履行

答案： D

解析：《政府采购需求管理办法》第二十三条：合同权利义务要围绕采购需求和合同履行设置。

标签：采购实施计划

难易程度：易★

8. 根据《政府采购需求管理办法》，下列关于采购需求审查工作的说法，不正确的是（　　）。

A. 采购人应当建立审查工作机制

B. 在采购活动开始前，针对采购需求管理中的重点风险事项，对采购需求和采购实施计划进行审查

C. 需求审查分为一般性审查和重点审查

D. 不得对审查不通过的进行重新审查

答案： D

解析：《政府采购需求管理办法》第二十九条：采购人应当建立审查工作机制，在采购活动开始前，针对采购需求管理中的重点风险事项，对采购需求和采购实施计划进行审查，审查分为一般性审查和重点审查。对于审查不通过的，应当修改采购需求和采购实施计划的内容并重新进行审查。

标签：政府采购需求管理 风险控制

难易程度：中★★

9. 根据《政府采购需求管理办法》，在需求审查工作中，"是否明确知识产权等方面要求"属于（　　）审查的内容。

A. 一般性审查　　　　　　　　　B. 非歧视性审查

C. 竞争性审查　　　　　　　　　D. 履约风险审查

答案：D

解析：《政府采购需求管理办法》第三十一条：重点审查是在一般性审查的基础上，进行以下审查：（四）履约风险审查。主要审查合同文本是否按规定由法律顾问审定，合同文本运用是否适当，是否围绕采购需求和合同履行设置权利义务，是否明确知识产权等方面的要求，履约验收方案是否完整、标准是否明确，风险处置措施和替代方案是否可行。

标签：政府采购需求管理 风险控制

难易程度：易★

10. 根据《政府采购需求管理办法》，在需求审查工作中，"风险处置措施和替代方案是否可行"（　　）的内容。

A. 一般性审查　　　　　　　　　B. 非歧视性审查

C. 竞争性审查　　　　　　　　　D. 履约风险审查

答案：D

解析：《政府采购需求管理办法》第三十一条：重点审查是在一般性审查的基础上，进行以下审查：……（四）履约风险审查。主要审查合同文本是否按规定由法律顾问审定，合同文本运用是否适当，是否围绕采购需求和合同履行设置权利义务，是否明确知识产权等方面的要求，履约验收方案是否完整、标准是否明确、风险处置措施和替代方案是否可行。

标签：政府采购需求管理　风险控制

难易程度：易★

11. 根据《政府采购需求管理办法》，采购人可以在确定采购需求前，通过咨询、论证、问卷调查等方式开展需求调查，面向市场主体开展需求调查时，选择的调查对象一般不少于（　　）个，并应当具有代表性。

A. 3　　　　　　B. 4　　　　　　C. 5　　　　　　D. 6

答案：A

解析：《政府采购需求管理办法》第十条：面向市场主体开展需求调查时，选择的调查对象一般不少于3个，并应当具有代表性。

标签：政府采购需求管理　需求调查

难易程度：易★

12. 根据《政府采购需求管理办法》，关于政府采购需求管理，下列说法正确的是（　　）。

A. 政府采购需求管理，应当遵循效率至上的原则

B. 采购需求管理应当遵循科学合理、厉行节约、规范高效、权责对等的原则

C. 采购人只需要对采购需求和采购实施计划的合法性、合理性负责

D. 主管预算单位负责指导本部门采购需求管理工作

答案：D

解析：《政府采购需求管理办法》第三条：本办法所称政府采购需求管理，是指采购人组织确定采购需求和编制采购实施计划，并实施相关风险控制管理的活动。第四条：采购需求管理应当遵循科学合理、厉行节约、规范高效、权责清晰的原则。第五条：采购人对采购需求管理负有主体责任，按照本办法规定开展采购需求管理各项工作，对采购需求和采购实施计划的合法性、合规性、合理性负责。主管预算单位负责指导本部门采购需求管理工作。

标签：政府采购需求管理

难易程度：中★★

13. 根据《政府采购需求管理办法》，下列关于需求调查的说法正确的是（　　）。

A. 面向市场主体开展需求调查时，选择的调查对象一般为 3 个，并应当具有代表性

B. 1000 万元以上的货物、工程采购项目，3000 万元以上的服务采购项目应开展需求调查

C. 采购项目前期工作中应包含需求调查内容

D. 编制采购需求前 1 年内，采购人已就相关采购标的开展过需求调查的可不再重复开展

答案： D

解析：《政府采购需求管理办法》第十条：面向市场主体开展需求调查时，选择的调查对象一般不少于 3 个，并应当具有代表性。第十一条：对于下列采购项目，应当开展需求调查：

（一）1000 万元以上的货物、服务采购项目，3000 万元以上的工程采购项目；

（二）涉及公共利益、社会关注度较高的采购项目，包括政府向社会公众提供的公共服务项目等；

（三）技术复杂、专业性较强的项目，包括需定制开发的信息化建设项目、采购进口产品的项目等；

（四）主管预算单位或者采购人认为需要开展需求调查的其他采购项目。编制采购需求前一年内，采购人已就相关采购标的开展过需求调查的可以不再重复开展。按照法律法规的规定，对采购项目开展可行性研究等前期工作，已包含本法所规定的需求调查内容的，可以不再重复调查；对在可行性研究等前期工作中未涉及的部分，应当按照本办法的规定开展需求调查。

标签： 政府采购需求管理　采购需求

难易程度： 难★★★

14. 根据《政府采购需求管理办法》，采购需求客观、明确且规格、标准统一的采购项目，可以采用（　　）定价方式。

A. 绩效激励　　　B. 固定单价　　　C. 暂定总价　　　D. 成本补偿

答案：B

解析：《政府采购需求管理办法》第十九条：采购方式、评审方法和定价方式的选择应当符合法定适用情形和采购需求特点，其中，达到公开招标数额标准，因特殊情况需要采用公开招标以外的采购方式的，应当依法获得批准。采购需求客观、明确且规格、标准统一的采购项目，如通用设备、物业管理等，一般采用招标或者询价方式采购，以价格作为授予合同的主要考虑因素，采用固定总价或者固定单价的定价方式。采购需求客观、明确，且技术较复杂或者专业性较强的采购项目，如大型装备、咨询服务等，一般采用招标、谈判（磋商）方式采购，通过综合性评审选择性价比最优的产品，采用固定总价或者固定单价的定价方式。不能完全确定客观指标，需由供应商提供设计方案、解决方案或者组织方案的采购项目，如首购订购、设计服务、政府和社会资本合作等，一般采用谈判（磋商）方式采购，综合考虑以单方案报价、多方案报价以及性价比要求等因素选择评审方法，并根据实现项目目标的要求，采取固定总价或者固定单价、成本补偿、绩效激励等单一或者组合定价方式。

标签： 政府采购需求管理　采购实施计划

难易程度： 易★

15. 根据《政府采购需求管理办法》，下列选项中，不属于一般性审查的是（　　）。

A. 采购需求是否符合预算、资产、财务等管理制度规定

B. 对采购方式、评审规则、合同类型、定价方式的选择是否说明适用理由

C. 属于按规定需要报相关监管部门批准、核准的事项，是否作出相关安排

D. 进口产品的采购是否必要

答案：D

解析：《政府采购需求管理办法》第三十条：一般性审查主要审查是否按

照本办法规定的程序和内容确定采购需求、编制采购实施计划。审查内容包括,采购需求是否符合预算、资产、财务等管理制度规定;对采购方式、评审规则、合同类型、定价方式的选择是否说明适用理由;属于按规定需要报相关监管部门批准、核准的事项,是否作出相关安排;采购实施计划是否完整。

标签: 政府采购需求管理 风险控制

难易程度: 易★

16. 根据《政府采购需求管理办法》,在政府采购项目投诉、举报处理和监督检查过程中,发现采购人未按规定建立采购需求管理内控制度的,可以由主管预算单位采取( )方式责令整改。

A. 巡查　　　　　B. 约谈　　　　　C. 提醒　　　　　D. 通报

答案: B

解析:《政府采购需求管理办法》第三十六条:在政府采购项目投诉、举报处理和监督检查过程中,发现采购人未按本办法规定建立采购需求管理内控制度、开展采购需求调查和审查工作的,由财政部门采取约谈、书面关注等方式责令采购人整改,并告知其主管预算单位。对情节严重或者拒不改正的,将有关线索移交纪检监察、审计部门处理。

标签: 政府采购需求管理 监督检查与法律责任

难易程度: 易★

多选题

1. 根据《政府采购需求管理办法》,采购需求管理应当遵循( )原则。

A. 科学合理　　　　　B. 厉行节约　　　　　C. 规范高效

D. 公平竞争　　　　　E. 权责清晰

答案: ABCE

解析：《政府采购需求管理办法》第四条：采购需求管理应当遵循科学合理、厉行节约、规范高效、权责清晰的原则。

标签： 政府采购需求管理

难易程度： 易★

2. 根据《政府采购需求管理办法》，采购人按照规定开展采购需求管理各项工作，对采购需求和采购实施计划的（　　）负责。

A. 公开性　　　　　　B. 审慎性　　　　　　C. 合法性

D. 合规性　　　　　　E. 合理性

答案： CDE

解析：《政府采购需求管理办法》第五条：采购人对采购需求管理负有主体责任，按照本办法规定开展采购需求管理各项工作，对采购需求和采购实施计划的合法性、合规性、合理性负责。

标签： 政府采购需求管理　采购人

难易程度： 易★

3. 根据《政府采购需求管理办法》，在政府采购需求管理中，采购标的需要满足的技术要求，包括（　　）。

A. 性能和材料　　　　B. 结构和外观　　　　C. 安全

D. 付款条件　　　　　E. 服务内容和标准

答案： ABCE

解析：《政府采购需求管理办法》第六条：技术要求是指对采购标的的功能和质量要求，包括性能、材料、结构、外观、安全，或者服务内容和标准等。

标签： 采购需求

难易程度： 易★

4. 根据《政府采购需求管理办法》，在政府采购需求管理中，采购标的需要满足的商务要求，包括（　　）。

A. 交付时间和地点

B. 付款条件、进度和方式

C. 技术参数要求

D. 售后服务

E. 保险

答案： ABDE

解析：《政府采购需求管理办法》第六条：商务要求是指取得采购标的的时间、地点、财务和服务要求，包括交付（实施）的时间（期限）和地点（范围），付款条件（进度和方式），包装和运输，售后服务，保险等。

标签： 采购需求

难易程度： 易★

5. 根据《政府采购需求管理办法》，以下采购项目，应当开展需求调查的有（　　）。

A. 1000 万元以上的货物、服务采购项目，2000 万元以上的工程采购项目

B. 1000 万元以上的货物、服务采购项目，3000 万元以上的工程采购项目

C. 政府向社会公众提供的公共服务项目

D. 定制开发的信息化建设项目

E. 采购进口产品的项目

答案： BCDE

解析：《政府采购需求管理办法》第十一条：对于下列采购项目，应当开展需求调查：

（一）1000 万元以上的货物、服务采购项目，3000 万元以上的工程采购项目；

（二）涉及公共利益、社会关注度较高的采购项目，包括政府向社会公众提供的公共服务项目等；

（三）技术复杂、专业性较强的项目，包括需定制开发的信息化建设项目、采购进口产品的项目等；

（四）主管预算单位或者采购人认为需要开展需求调查的其他采购项目。

标签：需求调查

难易程度：易★

6. 根据《政府采购需求管理办法》，在采购实施计划中，对合同订立作出安排的内容有（　　）。

A. 采购项目预算、最高限价

B. 采购活动的时间安排

C. 采购组织形式

D. 定价方式

E. 风险管控措施

答案：ABC

解析：《政府采购需求管理办法》第十三条：采购实施计划主要包括以下内容：

（一）合同订立安排，包括采购项目预（概）算、最高限价，开展采购活动的时间安排，采购组织形式和委托代理安排，采购包划分与合同分包，供应商资格条件，采购方式、竞争范围和评审规则等。

（二）合同管理安排，包括合同类型、定价方式、合同文本的主要条款、履约验收方案、风险管控措施等。

标签：采购实施计划

难易程度：中★★

7. 根据《政府采购需求管理办法》，根据采购需求特点提出的供应商资格条件，要与（　　）直接相关，且属于履行合同必需的条件。

A. 采购项目预算　　　B. 采购方式　　　　　　C. 竞争范围

D. 供应商履约能力　　E. 采购标的的功能、质量

答案：DE

解析：《政府采购需求管理办法》第十八条：根据采购需求特点提出的供应商资格条件，要与采购标的的功能、质量和供应商履约能力直接相关，且属于履行合同必需的条件，包括特定的专业资格或者技术资格、设备设施、

业绩情况、专业人才及其管理能力等。

标签： 采购实施计划

难易程度： 易★

8. 根据《政府采购需求管理办法》，采购需求客观、明确且规格、标准统一的采购项目，一般采用（　　）方式采购。

A. 招标 　　　　　 B. 竞争性谈判 　　　　　 C. 询价

D. 单一来源采购 　 E. 竞争性磋商

答案： AC

解析： 《政府采购需求管理办法》第十九条：采购需求客观、明确且规格、标准统一的采购项目，如通用设备、物业管理等，一般采用招标或者询价方式采购，以价格作为授予合同的主要考虑因素，采用固定总价或者固定单价的定价方式。

标签： 采购实施计划　采购方式

难易程度： 易★

9. 根据《政府采购需求管理办法》，不能完全确定客观指标，需由供应商提供设计方案、解决方案或者组织方案的采购项目，综合考虑（　　）因素选择评审方法。

A. 质量第一 　　　　 B. 性价比 　　　　　 C. 单方案报价

D. 多方案报价 　　 E. 交付效率

答案： BCD

解析： 《政府采购需求管理办法》第十九条：不能完全确定客观指标，需由供应商提供设计方案、解决方案或者组织方案的采购项目，如首购订购、设计服务、政府和社会资本合作等，一般采用谈判（磋商）方式采购，综合考虑以单方案报价、多方案报价以及性价比要求等因素选择评审方法，并根据实现项目目标的要求，采取固定总价或者固定单价、成本补偿、绩效激励等单一或者组合定价方式。

标签： 采购实施计划

难易程度： 易★

10. 根据《政府采购需求管理办法》，采购项目涉及采购标的的知识产权归属、处理的，采购人可以根据项目特点划分合同履行阶段，明确（　　）。

A. 可能出现的市场风险

B. 对应的付款进度安排

C. 分期验收要求

D. 分期考核要求

E. 成本补偿事项

答案： BD

解析：《政府采购需求管理办法》第二十三条：采购项目涉及采购标的的知识产权归属、处理的，如订购、设计、定制开发的信息化建设项目等，应当约定知识产权的归属和处理方式。采购人可以根据项目特点划分合同履行阶段，明确分期考核要求和对应的付款进度安排。

标签： 采购实施计划

难易程度： 易★

11. 根据《政府采购需求管理办法》，报财政部门备案的采购实施计划具体内容包括（　　）。

A. 采购项目类别、名称

B. 采购标的、预算、数量

C. 采购负责人姓名、联系方式

D. 组织形式、采购方式

E. 落实政府采购政策

答案： ABDE

解析：《政府采购需求管理办法》第二十六条：各级财政部门应当按照简便、必要的原则，明确报财政部门备案的采购实施计划具体内容，包括采购项目的类别、名称、采购标的、采购预算、采购数量（规模）、组织形式、采购方式、落实政府采购政府有关内容等。

标签： 采购实施计划

难易程度： 易★

12. 根据《政府采购需求管理办法》，一般性审查的审查内容包括（　　）。

A. 是否围绕采购需求设置权利义务

B. 采购需求是否符合预算、资产、财务等管理制度规定

C. 对采购方式、评审规则、合同类型、定价方式的选择是否说明适用理由

D. 属于按规定需要报相关监管部门批准、核准的事项，是否作出相关安排

E. 采购实施计划是否完整

答案：BCDE

解析：《政府采购需求管理办法》第三十条：一般性审查主要审查是否按照本办法规定的程序和内容确定采购需求、编制采购实施计划。审查内容包括，采购需求是否符合预算、资产、财务等管理制度规定；对采购方式、评审规则、合同类型、定价方式的选择是否说明适用理由；属于按规定需要报相关监管部门批准、核准的事项，是否作出相关安排；采购实施计划是否完整。

标签：政府采购需求管理　风险控制

难易程度：易★

13. 根据《政府采购需求管理办法》，下列选项属于非歧视性审查的有（　　）。

A. 资格条件设置是否合理

B. 技术要求是否指向特定的专利、商标、品牌、技术路线

C. 评审因素设置是否具有倾向性

D. 将履约能力作为评审因素是否适当

E. 评审方法是否适当

答案：ABCD

解析：《政府采购需求管理办法》第三十一条：重点审查是在一般性审查的基础上，进行以下审查：

（一）非歧视性审查。主要审查是否指向特定供应商或者特定产品，包括

资格条件设置是否合理，要求供应商提供超过2个同类业务合同的，是否具有合理性；技术要求是否指向特定的专利、商标、品牌、技术路线等；评审因素设置是否具有倾向性，将履约能力作为评审因素是否适当。

标签： 政府采购需求管理 风险控制

难易程度： 易★

14. 根据《政府采购需求管理办法》，下列选项属于竞争性审查的有（ ）。

A. 是否围绕采购需求设置权利义务

B. 采用单一来源采购方式的，是否符合法定情形

C. 采购需求的内容是否完整、明确

D. 是否考虑后续采购竞争性

E. 评审方法、评审因素、价格权重等评审规则是否适当

答案： BCDE

解析：《政府采购需求管理办法》第三十一条：重点审查是在一般性审查的基础上，进行以下审查：

......

（二）竞争性审查。主要审查是否确保充分竞争，包括应当以公开方式邀请供应商的，是否依法采用公开竞争方式；采用单一来源采购方式的，是否符合法定情形；采购需求的内容是否完整、明确，是否考虑后续采购竞争性；评审方法、评审因素、价格权重等评审规则是否适当。

标签： 政府采购需求管理 风险控制

难易程度： 易★

15. 根据《政府采购需求管理办法》，在政府采购项目投诉、举报处理和监督检查过程中，发现采购人未按规定建立采购需求管理内控制度、开展需求调查和审查工作的，由财政部门采取（ ）等方式责令采购人整改，并告知其主管预算单位。

A. 约谈   B. 限期整改   C. 书面关注

D. 通报批评   E. 停职检查

答案：AC

解析：《政府采购需求管理办法》第三十六条：在政府采购项目投诉、举报处理和监督检查过程中，发现采购人未按规定建立采购需求管理内控制度、开展需求调查和审查工作的，由财政部门采取约谈、书面关注等方式责令采购人整改，并告知其主管预算单位。

标签：政府采购需求管理　监督检查　法律责任

难易程度：易★

16. 根据《政府采购需求管理办法》，在政府采购项目投诉、举报处理和监督检查过程中，发现采购方式、评审规则、供应商资格条件等存在（　　　　）问题的，依照《中华人民共和国政府采购法》等国家有关规定处理。

A. 歧视性　　　　　　　　B. 倾向性　　　　　　　　C. 限制性

D. 原则性　　　　　　　　E. 不符合政府采购政策

答案：ACE

解析：《政府采购需求管理办法》第三十七条：在政府采购项目投诉、举报处理和监督检查过程中，发现采购方式、评审规则、供应商资格条件等存在歧视性、限制性、不符合政府采购政策等问题的，依照《中华人民共和国政府采购法》等国家有关规定处理。

标签：政府采购需求管理　监督检查　法律责任

难易程度：易★

第十一章 《关于加强政府采购活动内部控制管理的指导意见》相关试题

判 断 题

1.《关于加强政府采购活动内部控制管理的指导意见》要求，政府采购要坚持底线思维和结果导向，坚持传统管理手段，切实加强政府采购活动中的权力运行监督。 （ ）

答案：错误

解析：《关于加强政府采购活动内部控制管理的指导意见》（财库〔2016〕99号）指导思想指出，坚持底线思维和问题导向，创新政府采购管理手段，切实加强政府采购活动中的权力运行监督。

标签：内部控制管理

难易程度：易★

2.《关于加强政府采购活动内部控制管理的指导意见》要求，在政府采购执行与监管过程中贯彻权责分设原则，因责定权、权责分离。 （ ）

答案：错误

解析：《关于加强政府采购活动内部控制管理的指导意见》（财库〔2016〕99号）基本原则指出，权责对等与依法惩处并行。在政府采购执行与监管过程中贯彻权责一致原则，因权定责、权责对应。严格执行法律法规的问责条款，有错必究、失责必惩。

标签：内部控制管理

难易程度：易★

3.《关于加强政府采购活动内部控制管理的指导意见》要求，以"分事行权、分岗设权、分级授权"为主线，通过制定制度、健全机制、完善措施、规范流程，逐步形成依法合规、运转高效、风险可控、问责严格的政府采购内部运转和管控制度。 （　　）

答案： 正确

解析：《关于加强政府采购活动内部控制管理的指导意见》（财库〔2016〕99 号）主要目标指出，以"分事行权、分岗设权、分级授权"为主线，通过制定制度、健全机制、完善措施、规范流程，逐步形成依法合规、运转高效、风险可控、问责严格的政府采购内部运转和管控制度。

标签： 内部控制管理

难易程度： 易★

4.《关于加强政府采购活动内部控制管理的指导意见》要求，抓住关键环节、岗位和重大风险事项，管理从宽，分散防控。 （　　）

答案： 错误

解析：《关于加强政府采购活动内部控制管理的指导意见》（财库〔2016〕99 号）基本原则指出，全面管控与突出重点并举。将政府采购内部控制管理贯穿于政府采购执行与监管的全流程、各环节，全面控制，重在预防。抓住关键环节、岗位和重大风险事项，从严管理，重点防控。

标签： 内部控制管理

难易程度： 易★

5.《关于加强政府采购活动内部控制管理的指导意见》要求，集中采购机构应当做好流程控制，围绕委托代理、编制采购文件和拟订合同文本、执行采购程序、代理采购绩效等政府采购活动的重点内容和环节加强管理。 （　　）

答案： 正确

解析：《关于加强政府采购活动内部控制管理的指导意见》（财库〔2016〕99 号）落实主体责任指出，集中采购机构应当做好流程控制，围绕委托代理、编制采购文件和拟订合同文本、执行采购程序、代理采购绩效等政府采购活动的重点内容和环节加强管理。

标签：内部控制管理

难易程度：易★

6.《关于加强政府采购活动内部控制管理的指导意见》要求，采购人、集中采购机构对于评审现场组织、单一来源采购项目议价、合同签订、履约验收等相关业务，原则上应当由 3 人以上共同办理，并明确主要负责人员。（　　）

答案：错误

解析：《关于加强政府采购活动内部控制管理的指导意见》（财库〔2016〕99 号）指出，相关业务多人参与。采购人、集中采购机构对于评审现场组织、单一来源采购项目议价、合同签订、履约验收等相关业务，原则上应当由 2 人以上共同办理，并明确主要负责人员。

标签：内部控制管理

难易程度：易★

7.《关于加强政府采购活动内部控制管理的指导意见》要求，要严格执行岗位分离、轮岗交流等制度，暂不具备条件的可适当放宽要求。　　（　　）

答案：错误

解析：《关于加强政府采购活动内部控制管理的指导意见》（财库〔2016〕99 号）指出加强组织领导。建立政府采购内部控制管理工作的领导、协调机制，做好政府采购内部控制管理各项工作。要严格执行岗位分离、轮岗交流等制度，暂不具备条件的要创造条件逐步落实，确不具备条件的基层单位可适当放宽要求。

标签：内部控制管理

难易程度：易★

单选题

1. 下列选项中不属于政府采购活动内部控制管理的基本原则的是（　　）。

A. 全面管控与突出重点并举　　　B. 统筹分配与责任突出并重

C. 分工制衡与提升效能并重　　　D. 权责对等与依法惩处并行

答案： B

解析：《关于加强政府采购活动内部控制管理的指导意见》（财库〔2016〕99 号）基本原则指出，全面管控与突出重点并举，分工制衡与提升效能并重，权责对等与依法惩处并行。

标签： 内部控制管理

难易程度： 中★★

2.《关于加强政府采购活动内部控制管理的指导意见》规定，加强政府采购活动内部控制管理规定，要明晰事权，依法履职尽责。采购人、采购代理机构和监管部门应当根据法定职责开展工作，既不能失职不作为，也不得越权乱作为。下列选项不属于以下具体要求的是（　　　）。

A. 实施归口管理　　　　　　　　B. 明确委托代理权利义务

C. 强化内部监督　　　　　　　　D. 界定岗位职责

答案： D

解析：《关于加强政府采购活动内部控制管理的指导意见》（财库〔2016〕99 号）主要措施指出，明晰事权，依法履职尽责。采购人、采购代理机构和监管部门应当根据法定职责开展工作，既不能失职不作为，也不得越权乱作为。实施归口管理。明确委托代理权利义务。强化内部监督。

标签： 内部控制管理

难易程度： 中★★

3.《关于加强政府采购活动内部控制管理的指导意见》规定，加强政府采购活动内部控制管理要求分级授权，推动科学决策。明确不同级别的决策权限和责任归属，按照分级授权的决策模式，建立与组织机构、采购业务相适应的内部授权管理体系。下列选项中不属于其具体要求的是（　　　）。

A. 加强关键环节控制　　　　　　B. 完善内部审核制度

C. 完善决策机制　　　　　　　　D. 加强所属单位管理

答案： A

解析：《关于加强政府采购活动内部控制管理的指导意见》（财库〔2016〕99号）中规定要分级授权，推动科学决策。明确不同级别的决策权限和责任归属，按照分级授权的决策模式，建立与组织机构、采购业务相适应的内部授权管理体系，加强所属单位管理，完善决策机制和内部审核制度。

标签：内部控制管理

难易程度：易★

4.《关于加强政府采购活动内部控制管理的指导意见》规定，加强对政府采购活动的内部控制管理，是贯彻《中共中央关于全面推进依法治国若干重大问题的决定》的重要举措，也是深化政府采购制度改革的内在要求，对（　　）具有重要意义。

A. 落实党风廉政建设主体责任、推进依法采购

B. 加强政府采购部门内部管理、推进依法采购

C. 加强政府采购部门内部管理、促进廉政建设

D. 加强党政机关内部建设、推进依法采购

答案：A

解析：《关于加强政府采购活动内部控制管理的指导意见》（财库〔2016〕99号）中指出，加强对政府采购活动的内部控制管理，是贯彻《中共中央关于全面推进依法治国若干重大问题的决定》的重要举措，也是深化政府采购制度改革的内在要求，对落实党风廉政建设主体责任、推进依法采购具有重要意义。

标签：内部控制管理

难易程度：易★

5.《关于加强政府采购活动内部控制管理的指导意见》要求，加强政府采购活动内部控制管理要坚持（　　）思维和（　　）导向，创新政府采购管理手段。

A. 创新；问题　　B. 底线；问题　　C. 底线；绩效　　D. 创新；绩效

答案：B

解析：《关于加强政府采购活动内部控制管理的指导意见》（财库〔2016〕

99 号）指出要执行《行政事业单位内部控制规范（试行)》（财会〔2012〕21 号）和《财政部关于全面推进行政事业单位内部控制建设的指导意见》（财会〔2015〕24 号）相关规定，坚持底线思维和问题导向。

标签： 内部控制管理

难易程度： 易★

6.《关于加强政府采购活动内部控制管理的指导意见》要求，加强政府采购活动内部控制管理要切实加强政府采购活动中的权力运行监督，有效（　　）和（　　）。

A. 防范腐败；预防风险　　　　　B. 防范风险；预防腐败

C. 防范舞弊；预防腐败　　　　　D. 防范违法；预防风险

答案： C

解析：《关于加强政府采购活动内部控制管理的指导意见》（财库〔2016〕99 号）中规定要创新政府采购管理手段，切实加强政府采购活动中的权力运行监督，有效防范舞弊和预防腐败，提升政府采购活动的组织管理水平和财政资金使用效益，提高政府采购公信力。

标签： 内部控制管理

难易程度： 易★

7.《关于加强政府采购活动内部控制管理的指导意见》要求，采购人应加强政府采购活动内部控制管理要提升（　　）和（　　），提高政府采购公信力。

A. 政府采购活动的打击腐败力度；财政资金使用效益

B. 政府采购活动的监督管理水平；财政资金监督管理水平

C. 政府采购活动的打击腐败力度；财政资金监督管理水平

D. 政府采购活动的组织管理水平；财政资金使用效益

答案： D

解析：《关于加强政府采购活动内部控制管理的指导意见》（财库〔2016〕99 号）中规定要创新政府采购管理手段，切实加强政府采购活动中的权力运行监督，有效防范舞弊和预防腐败，提升政府采购活动的组织管理水平和财政资金使用效益，提高政府采购公信力。

标签：内部控制管理

难易程度：易★

8. 《关于加强政府采购活动内部控制管理的指导意见》要求，将政府采购内部控制管理贯穿于政府采购执行与监管的全流程、各环节，全面（　　），重在（　　）。

A. 预防；控制　　　　　　　　B. 控制；预防

C. 监督；预防　　　　　　　　D. 监督；控制

答案：B

解析：《关于加强政府采购活动内部控制管理的指导意见》（财库〔2016〕99号）基本原则要求全面管控与突出重点并举。将政府采购内部控制管理贯穿于政府采购执行与监管的全流程、各环节，全面控制，重在预防。抓住关键环节、岗位和重大风险事项，从严管理，重点防控。

标签：内部控制管理

难易程度：易★

9. 《关于加强政府采购活动内部控制管理的指导意见》要求，提升政府采购内部控制管理，要发挥内部机构之间，相关业务、环节和岗位之间的相互监督和制约作用，合理安排分工，优化流程衔接，提高（　　）和（　　）。

A. 监督力度；行政效能　　　　B. 监督力度；采购绩效

C. 采购绩效；行政效能　　　　D. 行政职能；监督效果

答案：C

解析：《关于加强政府采购活动内部控制管理的指导意见》（财库〔2016〕99号）中基本原则要求分工制衡与提升效能并重。发挥内部机构之间，相关业务、环节和岗位之间的相互监督和制约作用，合理安排分工，优化流程衔接，提高采购绩效和行政效能。

标签：内部控制管理

难易程度：易★

10.《关于加强政府采购活动内部控制管理的指导意见》要求，采购人应当做好政府采购业务的内部归口管理和所属单位管理，明确内部工作机制，重点加强对（　　）、政策落实、信息公开、履约验收、结果评价等的管理。

A. 采购人员　　　　　　　　B. 采购需求

C. 采购过程　　　　　　　　D. 采购代理机构

答案： B

解析：《关于加强政府采购活动内部控制管理的指导意见》（财库〔2016〕99 号）中落实主体责任规定采购人应当做好政府采购业务的内部归口管理和所属单位管理，明确内部工作机制，重点加强对采购需求、政策落实、信息公开、履约验收、结果评价等的管理。

标签： 内部控制管理

难易程度： 易★

11.《关于加强政府采购活动内部控制管理的指导意见》要求，集中采购机构应当做好流程控制，围绕（　　）、编制采购文件和拟订合同文本、执行采购程序、代理采购绩效等政府采购活动的重点内容和环节加强管理。

A. 供应商选取　　　　　　　B. 分包合同

C. 按规履约　　　　　　　　D. 委托代理

答案： D

解析：《关于加强政府采购活动内部控制管理的指导意见》（财库〔2016〕99 号）中落实主体责任规定，集中采购机构应当做好流程控制，围绕委托代理、编制采购文件和拟订合同文本、执行采购程序、代理采购绩效等政府采购活动的重点内容和环节加强管理。

标签： 内部控制管理

难易程度： 易★

12.《关于加强政府采购活动内部控制管理的指导意见》要求，采购人、集中采购机构对于评审现场组织、单一来源采购项目议价、合同签订、履约验收等相关业务，原则上应当由（　　）人以上共同办理，并明确主要负责人员。

A. 2   B. 3   C. 4   D. 5

答案： A

解析：《关于加强政府采购活动内部控制管理的指导意见》（财库〔2016〕99 号）中主要措施规定，采购人、集中采购机构对于评审现场组织、单一来源采购项目议价、合同签订、履约验收等相关业务，原则上应当由 2 人以上共同办理，并明确主要负责人员。

标签： 内部控制管理

难易程度： 中★★

13.《关于加强政府采购活动内部控制管理的指导意见》要求，采购人、集中采购机构和监管部门应当明确不同级别的决策权限和责任归属，按照（   ）的决策模式，建立与组织机构、采购业务相适应的内部授权管理体系。

A. 分级授权   B. 依责授权

C. 监督授权   D. 依法授权

答案： A

解析：《关于加强政府采购活动内部控制管理的指导意见》（财库〔2016〕99 号）中主要措施规定，分级授权，推动科学决策。明确不同级别的决策权限和责任归属，按照分级授权的决策模式，建立与组织机构、采购业务相适应的内部授权管理体系。

标签： 内部控制管理

难易程度： 易★

14.《关于加强政府采购活动内部控制管理的指导意见》要求，主管预算单位应当明确与所属预算单位在政府采购管理、执行等方面的职责范围和权限划分，细化业务流程和工作要求，加强对所属预算单位的（   ），强化对政府采购政策落实的指导。

A. 采购预算管理   B. 采购执行管理

C. 采购绩效管理   D. 采购监督管理

答案： B

解析：《关于加强政府采购活动内部控制管理的指导意见》规定，主管预算单位应当明确与所属预算单位在政府采购管理、执行等方面的职责范围和权限划分，细化业务流程和工作要求，加强对所属预算单位的采购执行管理，强化对政府采购政策落实的指导。

标签： 内部控制管理

难易程度： 易★

15.《关于加强政府采购活动内部控制管理的指导意见》要求，采购人、集中采购机构和监管部门应当加强（　　），按照规定妥善保管与政府采购管理、执行相关的各类文件。

A. 政府采购文件保存　　　　　　B. 政府采购人员安排

C. 政府采购文件管理　　　　　　D. 政府采购记录控制

答案： D

解析：《关于加强政府采购活动内部控制管理的指导意见》（财库〔2016〕99号）有关主要措施规定，健全档案管理。采购人、集中采购机构和监管部门应当加强政府采购记录控制，按照规定妥善保管与政府采购管理、执行相关的各类文件。

标签： 内部控制管理

难易程度： 易★

16.《关于加强政府采购活动内部控制管理的指导意见》要求，采购人、集中采购机构和监管部门要深刻领会政府采购活动中加强内部控制管理的重要性和必要性，结合（　　）机制建设、防止权力滥用的工作要求，准确把握政府采购工作的内在规律，加快体制机制创新，强化硬的制度约束，切实提高政府采购内部控制管理水平。

A. 权责风险对应　　　　　　　　B. 严防系统风险

C. 廉政风险防控　　　　　　　　D. 权利重点监督

答案： C

解析：《关于加强政府采购活动内部控制管理的指导意见》（财库〔2016〕99号）有关保障措施规定，采购人、集中采购机构和监管部门要深刻领会政府采购活动中加强内部控制管理的重要性和必要性，结合廉政风险防控机制建设、防止权力滥用的工作要求，准确把握政府采购工作的内在规律，加快体制机制创新，强化硬的制度约束，切实提高政府采购内部控制管理水平。

标签：内部控制管理

难易程度：易★

17.《关于加强政府采购活动内部控制管理的指导意见》要求，运用信息技术落实政府采购内部控制管理措施，政府采购管理交易系统及采购人内部业务系统应当重点强化（　　）、电子档案管理等系统功能建设。

A. 人员身份验证　　　　　　　B. 岗位业务授权

C. 系统操作记录　　　　　　　D. 以上均是

答案：D

解析：《关于加强政府采购活动内部控制管理的指导意见》（财库〔2016〕99号）有关保障措施规定，完善技术保障。运用信息技术落实政府采购内部控制管理措施，政府采购管理交易系统及采购人内部业务系统应当重点强化人员身份验证、岗位业务授权、系统操作记录、电子档案管理等系统功能建设。

标签：内部控制管理

难易程度：易★

18.《关于加强政府采购活动内部控制管理的指导意见》要求，加强政府采购内控制度要求建立内部控制管理的激励约束机制，将内部控制制度的建设和执行情况纳入绩效考评体系，将（　　）与（　　）、内部分析和外部评价相结合，定期对内部控制的有效性进行总结，加强评估结果应用，不断改进内部控制管理体系。

A. 日常评价；全面监督　　　　B. 日常考核；重点监督

C. 日常考核；全面监督　　　　D. 日常评价；重点监督

答案：D

解析：《关于加强政府采购活动内部控制管理的指导意见》（财库〔2016〕99号）有关保障措施规定，强化运行监督。建立内部控制管理的激励约束机制，将内部控制制度的建设和执行情况纳入绩效考评体系，将日常评价与重点监督、内部分析和外部评价相结合。

标签：内部控制管理

难易程度：易★

多选题

1. 《关于加强政府采购活动内部控制管理的指导意见》（财库〔2016〕99号）主要目标的确立中设置的主线包括（　　）。

A. 分事行权　　　　　B. 分岗行权　　　　　C. 分岗设权

D. 分级授权　　　　　E. 分项授权

答案：ACD

解析：《关于加强政府采购活动内部控制管理的指导意见》（财库〔2016〕99号）的主要目标是，以"分事行权、分岗设权、分级授权"为主线，通过制定制度、健全机制、完善措施、规范流程，逐步形成依法合规、运转高效、风险可控、问责严格的政府采购内部运转和管控制度。

标签：内部控制管理

难易程度：中★★

2. 下列选项中（　　）属于《关于加强政府采购活动内部控制管理的指导意见》（财库〔2016〕99号）中明确的重点任务。

A. 严防廉政风险　　　B. 控制法律风险　　　C. 防范行政风险

D. 落实政策功能　　　E. 提升履职效能

答案：ABDE

解析：《关于加强政府采购活动内部控制管理的指导意见》（财库〔2016〕99号）的重点任务是，严防廉政风险，控制法律风险，落实政策功能，提升履职效能。

标签：内部控制管理

难易程度：易★

3.《关于加强政府采购活动内部控制管理的指导意见》（财库〔2016〕99 号）要求，要合理设岗，强化权责对应。合理设置岗位，明确岗位职责、权限和责任主体，细化各流程、各环节的工作要求和执行标准。下列选项中属于其具体要求的有（　　）。

A. 界定岗位职责

B. 不相容岗位分离

C. 相关业务多人参与

D. 实施定期轮岗

E. 强化内部监督

答案： ABCD

解析：《关于加强政府采购活动内部控制管理的指导意见》（财库〔2016〕99 号）要求，要合理设岗，强化权责对应。合理设置岗位，明确岗位职责、权限和责任主体，细化各流程、各环节的工作要求和执行标准，界定岗位职责，不相容岗位分离，相关业务多人参与，实施定期轮岗。

标签： 内部控制管理

难易程度：易★

4. 加强政府采购活动内部控制管理要求优化流程，实现重点管控。加强对采购活动的流程控制，突出重点环节，确保政府采购项目规范运行。下列选项中属于其具体要求的有（　　）。

A. 增强采购计划性　　　B. 加强关键环节控制　　　C. 明确时限要求

D. 强化利益冲突管理　　E. 健全档案管理

答案： ABCDE

解析：《关于加强政府采购活动内部控制管理的指导意见》（财库〔2016〕99 号）要求，要优化流程，实现重点管控。加强对采购活动的流程控制，突出重点环节，确保政府采购项目规范运行，增强采购计划性，加强关键环节控制，明确时限要求，强化利益冲突管理，健全档案管理。

标签： 内部控制管理

难易程度：易★

5.《关于加强政府采购活动内部控制管理的指导意见》要求，采购人、集中采购机构和监管部门要深刻领会政府采购活动中加强内部控制管理的重要性和必要性，结合廉政风险防控机制建设、防止权力滥用的工作要求，准确把握政府采购工作的内在规律，加快体制机制创新，强化硬的制度约束，切实提高政府采购内部控制管理水平。下列选项中属于其具体保障措施的有（　　）。

A. 加强组织领导 　　　　B. 加快建章立制 　　　　C. 完善技术保障

D. 强化运行监督 　　　　E. 健全档案管理

答案：ABCD

解析：《关于加强政府采购活动内部控制管理的指导意见》（财库〔2016〕99号）要求，采购人、集中采购机构和监管部门要深刻领会政府采购活动中加强内部控制管理的重要性和必要性，结合廉政风险防控机制建设、防止权力滥用的工作要求，准确把握政府采购工作的内在规律，加快体制机制创新，强化硬的制度约束，切实提高政府采购内部控制管理水平，加强组织领导，加快建章立制，完善技术保障，强化运行监督。

标签：内部控制管理

难易程度：易★

6.《关于加强政府采购活动内部控制管理的指导意见》指出，近年来，一些采购人、集中采购机构和政府采购监管部门积极探索建立政府采购活动内部控制制度，取得了初步成效，但总体上还存在（　　）等问题。

A. 法规不完善 　　　　B. 体系不完整 　　　　C. 发展不平衡

D. 制度不健全 　　　　E. 改革不充分

答案：BCD

解析：《关于加强政府采购活动内部控制管理的指导意见》（财库〔2016〕99号）指出，近年来，一些采购人、集中采购机构和政府采购监管部门积极探索建立政府采购活动内部控制制度，取得了初步成效，但总体上还存在体系不完整、制度不健全、发展不平衡等问题。

标签：内部控制管理

难易程度：易★

7.《关于加强政府采购活动内部控制管理的指导意见》要求，加强政府采购活动内部控制管理要抓住（　　），从严管理，重点防控。

A. 重大风险环节　　　　B. 关键环节　　　　　　C. 关键人员

D. 重大风险事项　　　　E. 关键岗位

答案：BDE

解析：《关于加强政府采购活动内部控制管理的指导意见》（财库〔2016〕99号）的基本原则是，全面管控与突出重点并举。将政府采购内部控制管理贯穿于政府采购执行与监管的全流程、各环节，全面控制，重在预防。抓住关键环节、岗位和重大风险事项，从严管理，重点防控。

标签：内部控制管理

难易程度：易★

8.《关于加强政府采购活动内部控制管理的指导意见》要求，以"分事行权、分岗设权、分级授权"为主线，通过制定制度、健全机制、完善措施、规范流程，逐步形成（　　）的政府采购内部运转和管控制度。

A. 运转高效　　　　　　B. 权责对等　　　　　　C. 依法合规

D. 风险可控　　　　　　E. 问责严格

答案：ACDE

解析：《关于加强政府采购活动内部控制管理的指导意见》（财库〔2016〕99号）的主要目标是，以"分事行权、分岗设权、分级授权"为主线，通过制定制度、健全机制、完善措施、规范流程，逐步形成依法合规、运转高效、风险可控、问责严格的政府采购内部运转和管控制度，做到约束机制健全、权力运行规范、风险控制有力、监督问责到位，实现对政府采购活动内部权力运行的有效制约。

标签：内部控制管理

难易程度：易★

9.《关于加强政府采购活动内部控制管理的指导意见》要求，加强政府采购活动内部控制管理要做到（　　），实现对政府采购活动内部权力运行的有效制约。

A. 权利责任对等　　　B. 约束机制健全　　　C. 监督问责到位

D. 权力运行规范　　　E. 风险控制有力

答案： BCDE

解析：《关于加强政府采购活动内部控制管理的指导意见》（财库〔2016〕99号）的主要目标是，以"分事行权、分岗设权、分级授权"为主线，通过制定制度、健全机制、完善措施、规范流程，逐步形成依法合规、运转高效、风险可控、问责严格的政府采购内部运转和管控制度，做到约束机制健全、权力运行规范、风险控制有力、监督问责到位，实现对政府采购活动内部权力运行的有效制约。

标签： 内部控制管理

难易程度： 易★

10.《关于加强政府采购活动内部控制管理的指导意见》要求，监管部门应当强化依法行政意识，围绕放管服改革要求，重点完善（　　）等内部管理制度和工作规程。

A. 采购方式审批　　　B. 采购进口产品审核　　　C. 采购风险防控

D. 投诉处理　　　　　E. 监督检查

答案： ABDE

解析：《关于加强政府采购活动内部控制管理的指导意见》（财库〔2016〕99号）在落实主体责任中明确，监管部门应当强化依法行政意识，围绕放管服改革要求，重点完善采购方式审批、采购进口产品审核、投诉处理、监督检查等内部管理制度和工作规程。

标签： 内部控制管理

难易程度： 易★

11.《关于加强政府采购活动内部控制管理的指导意见》要求，加强政府采购活动内部控制管理，要落实精简、统一、效能的要求，科学确定（　　），推进政府采购流程优化、执行顺畅，提升政府采购整体效率、效果和效益。

A. 事权归属　　　　B. 授权关系　　　　C. 岗位责任

D. 主体责任　　　　E. 流程控制

答案：ABCE

解析：《关于加强政府采购活动内部控制管理的指导意见》（财库〔2016〕99号）在明确重点任务中规定，提升履职效能。落实精简、统一、效能的要求，科学确定事权归属、岗位责任、流程控制和授权关系，推进政府采购流程优化、执行顺畅，提升政府采购整体效率、效果和效益。

标签：内部控制管理

难易程度：易★

12.《关于加强政府采购活动内部控制管理的指导意见》要求，委托采购代理机构采购的，采购人应当和采购代理机构依法签订政府采购委托代理协议，明确代理采购的（　　）等具体事项。

A. 责任　　　　　　B. 权利　　　　　　C. 范围

D. 权限　　　　　　E. 期限

答案：CDE

解析：《关于加强政府采购活动内部控制管理的指导意见》（财库〔2016〕99号）在主要措施中规定，明确委托代理权利义务。委托采购代理机构采购的，采购人应当和采购代理机构依法签订政府采购委托代理协议，明确代理采购的范围、权限和期限等具体事项。

标签：内部控制管理

难易程度：易★

13.《关于加强政府采购活动内部控制管理的指导意见》要求，采购人、集中采购机构和监管部门应当发挥内部审计、纪检监察等机构的监督作用，加强对采购执行和监管工作的（　　）。

A. 常规审计　　　　B. 定期审计　　　　C. 合规审计

D. 监督审计　　　　E. 专项审计

答案：AE

解析：《关于加强政府采购活动内部控制管理的指导意见》（财库〔2016〕99号）在主要措施中规定，强化内部监督。采购人、集中采购机构和监管部门应当发挥内部审计、纪检监察等机构的监督作用，加强对采购执行和监管工作的常规审计和专项审计。

标签：内部控制管理

难易程度：易★

14.《关于加强政府采购活动内部控制管理的指导意见》要求，加强政府采购活动内部控制管理，要畅通问题反馈和受理渠道，通过检查、考核、设置监督电话或信箱等多种途径查找和发现问题，有效（　　）风险事项。

A. 分析　　　　　　B. 预判　　　　　　C. 监督

D. 管理　　　　　　E. 处置

答案：ABDE

解析：《关于加强政府采购活动内部控制管理的指导意见》（财库〔2016〕99号）在主要措施中规定，畅通问题反馈和受理渠道，通过检查、考核、设置监督电话或信箱等多种途径查找和发现问题，有效分析、预判、管理、处置风险事项。

标签：内部控制管理

难易程度：易★

15.《关于加强政府采购活动内部控制管理的指导意见》要求，采购人、集中采购机构和监管部门应当结合自身特点，对照政府采购法律、法规、规章及制度规定，认真梳理不同（　　）需要重点控制的风险事项，划分风险等级，建立制度规则、风险事项等台账，合理确定岗位职责。

A. 人员　　　　　　B. 环节　　　　　　C. 业务

D. 流程　　　　　　E. 岗位

答案：BCE

解析：《关于加强政府采购活动内部控制管理的指导意见》（财库〔2016〕99号）在主要措施规定，界定岗位职责。采购人、集中采购机构和监管部门应当结合自身特点，对照政府采购法律、法规、规章及制度规定，认真梳理不同业务、环节、岗位需要重点控制的风险事项，划分风险等级，建立制度规则、风险事项等台账，合理确定岗位职责。

标签： 内部控制管理

难易程度： 易★

16.《关于加强政府采购活动内部控制管理的指导意见》要求，加强政府采购活动内部控制管理，要建立健全政府采购（　　　）制度。

A. 项目责任追溯　　　　B. 在岗监督　　　　　　C. 在岗审查

D. 离岗审查　　　　　　E. 离岗监督

答案： ABD

解析：《关于加强政府采购活动内部控制管理的指导意见》（财库〔2016〕99 号）在主要措施中规定，建立健全政府采购在岗监督、离岗审查和项目责任追溯制度。

标签： 内部控制管理

难易程度： 中★★

17.《关于加强政府采购活动内部控制管理的指导意见》要求，采购人、集中采购机构和监管部门应当建立健全内部政府采购事项（　　　）相结合的议事决策机制。

A. 内部会签　　　　　　B. 集体研究　　　　　　C. 合法性审查

D. 集体决议　　　　　　E. 合规性审查

答案： ABC

解析：《关于加强政府采购活动内部控制管理的指导意见》（财库〔2016〕99 号）在主要措施中规定，完善决策机制。采购人、集中采购机构和监管部门应当建立健全内部政府采购事项集体研究、合法性审查和内部会签相结合的议事决策机制。

标签： 内部控制管理

难易程度： 难★★★

18.《关于加强政府采购活动内部控制管理的指导意见》要求，采购人、集中采购机构确定采购方式、组织采购活动，监管部门办理审批审核事项、开展监督检查、作出处理处罚决定等，应当依据法律制度和有关政策要求细化内部审核的（　　）。

A. 审核标准　　　　　B. 各项要素　　　　　C. 审核要求

D. 审核权限　　　　　E. 工作要求

答案： ABDE

解析：《关于加强政府采购活动内部控制管理的指导意见》（财库〔2016〕99号）在主要措施中规定，完善内部审核制度。采购人、集中采购机构确定采购方式、组织采购活动，监管部门办理审批审核事项、开展监督检查、作出处理处罚决定等，应当依据法律制度和有关政策要求细化内部审核的各项要素、审核标准、审核权限和工作要求，实行办理、复核、审定的内部审核机制，对照要求逐层把关。

标签： 内部控制管理

难易程度： 易★

19.《关于加强政府采购活动内部控制管理的指导意见》要求，采购人应当提高编报与执行政府采购预算、实施计划的（　　），制定政府采购实施计划执行时间表和项目进度表，有序安排采购活动。

A. 合规性　　　　　B. 系统性　　　　　C. 准确性

D. 及时性　　　　　E. 严肃性

答案： BCDE

解析：《关于加强政府采购活动内部控制管理的指导意见》（财库〔2016〕99号）在主要措施中规定，增强采购计划性。采购人应当提高编报与执行政府采购预算、实施计划的系统性、准确性、及时性和严肃性，制定政府采购实施计划执行时间表和项目进度表，有序安排采购活动。

标签： 内部控制管理

难易程度： 中★★

第十二章 《关于促进政府采购公平竞争优化营商环境的通知》相关试题

判断题

1. 根据《关于促进政府采购公平竞争优化营商环境的通知》规定，小额零星采购适用的协议供货、定点采购不属于全面清理政府采购领域妨碍公平竞争的做法。 （ ）

答案： 正确

解析：《关于促进政府采购公平竞争优化营商环境的通知》（财库〔2019〕38 号）第一条规定，除小额零星采购适用的协议供货、定点采购以及财政部另有规定的情形外，通过入围方式设置备选库、名录库、资格库作为参与政府采购活动的资格条件，妨碍供应商进入政府采购市场属于全面清理政府采购领域妨碍公平竞争的规定和做法，要重点清理和纠正。

标签： 优化营商环境

难易程度： 易★

2. 根据《关于促进政府采购公平竞争优化营商环境的通知》规定，不依法及时、有效、完整发布或者提供采购项目信息，妨碍供应商参与政府采购活动属于全面清理政府采购领域妨碍公平竞争的规定和做法，要重点清理和纠正。 （ ）

答案： 正确

解析：《关于促进政府采购公平竞争优化营商环境的通知》（财库〔2019〕38 号）第一条规定，不依法及时、有效、完整发布或者提供采购项目信息，妨碍供应商参与政府采购活动属于全面清理政府采购领域妨碍公平竞争的规定和做法，要重点清理和纠正。

标签： 优化营商环境

难易程度： 易★

3. 根据《关于促进政府采购公平竞争优化营商环境的通知》规定，对于供应商法人代表已经出具委托书的，也应要求供应商法人代表亲自领购采购文件或者到场参加开标、谈判等。 （ ）

答案： 错误

解析：《关于促进政府采购公平竞争优化营商环境的通知》（财库〔2019〕38号）第三条第一款规定，优化采购活动办事程序。对于供应商法人代表已经出具委托书的，不得要求供应商法人代表亲自领购采购文件或者到场参加开标、谈判等。

标签： 优化营商环境

难易程度： 易★

4. 根据《关于促进政府采购公平竞争优化营商环境的通知》规定，对于采购人、采购代理机构可以通过互联网或者相关信息系统查询的信息，不得要求供应商提供。 （ ）

答案： 正确

解析：《关于促进政府采购公平竞争优化营商环境的通知》（财库〔2019〕38号）第三条第一款规定，对于采购人、采购代理机构可以通过互联网或者相关信息系统查询的信息，不得要求供应商提供。

标签： 优化营商环境

难易程度： 易★

5. 根据《关于促进政府采购公平竞争优化营商环境的通知》规定，对于供应商能够在线提供的材料，还应要求供应商同时提供纸质材料以便核对。

（ ）

答案： 错误

解析：《关于促进政府采购公平竞争优化营商环境的通知》（财库〔2019〕38号）第三条第一款规定，除必要的原件核对外，对于供应商能够在线提供的材料，不得要求供应商同时提供纸质材料。

标签： 优化营商环境

难易程度： 易★

6. 根据《关于促进政府采购公平竞争优化营商环境的通知》规定，对于供应商依照规定提交各类声明函、承诺函的，不得要求其再提供有关部门出具的相关证明文件。　　　　　　　　　　　　　　　（　　）

答案： 正确

解析：《关于促进政府采购公平竞争优化营商环境的通知》（财库〔2019〕38号）第三条第一款规定，对于供应商依照规定提交各类声明函、承诺函的，不得要求其再提供有关部门出具的相关证明文件。

标签： 优化营商环境

难易程度： 易★

7. 根据《关于促进政府采购公平竞争优化营商环境的通知》规定，电子化采购的项目，采购人、采购代理机构应当向供应商有偿提供电子采购文件。

（　　）

答案： 错误

解析：《关于促进政府采购公平竞争优化营商环境的通知》（财库〔2019〕38号）第三条第二款规定，实现电子化采购的，采购人、采购代理机构应当向供应商免费提供电子采购文件；暂未实现电子化采购的，鼓励采购人、采购代理机构向供应商免费提供纸质采购文件。

标签： 优化营商环境

难易程度： 易★

8. 根据《关于促进政府采购公平竞争优化营商环境的通知》规定，收取投标（响应）保证金的，采购人、采购代理机构约定的到账（保函提交）截止时间可以不与投标（响应）截止时间一致，但应按照规定及时退还供应商。

（ ）

答案：错误

解析：《关于促进政府采购公平竞争优化营商环境的通知》（财库〔2019〕38号）第三条第三款规定，收取投标（响应）保证金的，采购人、采购代理机构约定的到账（保函提交）截止时间应当与投标（响应）截止时间一致，并按照规定及时退还供应商。

标签：优化营商环境

难易程度：易★

9. 根据《关于促进政府采购公平竞争优化营商环境的通知》规定，采购人和供应商应当在政府采购合同中明确约定双方的违约责任。 （ ）

答案：正确

解析：《关于促进政府采购公平竞争优化营商环境的通知》（财库〔2019〕38号）第三条第五款规定，采购人和供应商应当在政府采购合同中明确约定双方的违约责任。对于因采购人原因导致变更、中止或者终止政府采购合同的，采购人应当依照合同约定对供应商受到的损失予以赔偿或者补偿。

标签：优化营商环境

难易程度：易★

10. 根据《关于促进政府采购公平竞争优化营商环境的通知》规定，中国政府采购网及地方分网等政府采购信息发布平台应当提供便捷、免费的在线检索服务，向市场主体无偿提供所有依法公开的政府采购信息。 （ ）

答案：正确

解析：《关于促进政府采购公平竞争优化营商环境的通知》（财库〔2019〕38号）第五条第一款规定，中国政府采购网及地方分网等政府采购信息发布平台应当提供便捷、免费的在线检索服务，向市场主体无偿提供所有依法公开的政府采购信息。

标签：优化营商环境

难易程度：易★

11. 根据《关于促进政府采购公平竞争优化营商环境的通知》规定，要保证正常开标秩序，不允许除投标人及其代表等其他人员观摩开标活动。

（　　）

答案：错误

解析：《关于促进政府采购公平竞争优化营商环境的通知》（财库〔2019〕38号）第五条第一款规定，推进开标活动对外公开，在保证正常开标秩序的前提下，允许除投标人及其代表之外的其他人员观摩开标活动。

标签：优化营商环境

难易程度：中★★

单选题

1. 根据《关于促进政府采购公平竞争优化营商环境的通知》规定，对于满足合同约定支付条件的，采购人应当自收到发票后（　　）日内将资金支付到合同约定的供应商账户。

A. 7　　　　　　　　B. 10　　　　　　　　C. 15　　　　　　　　D. 30

答案：D

解析：《关于促进政府采购公平竞争优化营商环境的通知》（财库〔2019〕38号）第三条第四款规定，对于满足合同约定支付条件的，采购人应当自收到发票后30日内将资金支付到合同约定的供应商账户，不得以机构变动、人员更替、政策调整等为由延迟付款，不得将采购文件和合同中未规定的义务作为向供应商付款的条件。

标签：优化营商环境

难易程度：难★★★

2. 根据《关于促进政府采购公平竞争优化营商环境的通知》规定，各地区、各部门制定涉及市场主体的政府采购制度办法，要严格执行公平竞争审查制度，充分听取（　　）和相关行业协会商会意见，评估对市场竞争的影响，防止出现排除、限制市场竞争问题。

A. 市场主体　　　B. 国家机关　　　C. 上级领导　　　D. 同级部门

答案：A

解析：《关于促进政府采购公平竞争优化营商环境的通知》（财库〔2019〕38号）第二条第一款规定，各地区、各部门制定涉及市场主体的政府采购制度办法，要严格执行公平竞争审查制度，充分听取市场主体和相关行业协会商会意见，评估对市场竞争的影响，防止出现排除、限制市场竞争问题。

标签：优化营商环境

难易程度：易★

3. 根据《关于促进政府采购公平竞争优化营商环境的通知》规定，严格执行公平竞争审查制度须重点审查制度办法中以下内容（　　　）。

A. 是否设置不合理和歧视性的准入条件排斥潜在供应商参与政府采购活动

B. 是否设置没有法律法规依据的行政审批或者具有审批性质的备案

C. 是否违规给予特定供应商优惠待遇

D. 以上均正确

答案：D

解析：《关于促进政府采购公平竞争优化营商环境的通知》（财库〔2019〕38号）第一条规定，各地区、各部门应当严格落实《中华人民共和国政府采购法》等相关法律法规的要求，依法保障各类市场主体平等参与政府采购活动的权利。要全面清理政府采购领域妨碍公平竞争的规定和做法，重点清理和纠正以下问题：

（一）以供应商的所有制形式、组织形式或者股权结构，对供应商实施差别待遇或者歧视待遇，对民营企业设置不平等条款，对内资企业和外资企业在中国境内生产的产品、提供的服务区别对待；

（二）除小额零星采购适用的协议供货、定点采购以及财政部另有规定的情形外，通过入围方式设置备选库、名录库、资格库作为参与政府采购活动的资格条件，妨碍供应商进入政府采购市场；

（三）要求供应商在政府采购活动前进行不必要的登记、注册，或者要求设立分支机构，设置或者变相设置进入政府采购市场的障碍；

（四）设置或者变相设置供应商规模、成立年限等门槛，限制供应商参与政府采购活动；

（五）要求供应商购买指定软件，作为参加电子化政府采购活动的条件；

（六）不依法及时、有效、完整发布或者提供采购项目信息，妨碍供应商参与政府采购活动；

（七）强制要求采购人采用抓阄、摇号等随机方式或者比选方式选择采购代理机构，干预采购人自主选择采购代理机构；

（八）设置没有法律法规依据的审批、备案、监管、处罚、收费等事项；

（九）除《政府采购货物和服务招标投标管理办法》第六十八条规定的情形外，要求采购人采用随机方式确定中标、成交供应商；

（十）违反法律法规相关规定的其他妨碍公平竞争的情形。

标签：优化营商环境

难易程度：易★

4. 根据《关于促进政府采购公平竞争优化营商环境的通知》规定，相关政府采购制度办法具有排除、限制竞争效果的，应当（　　）。

A. 尽快出台

B. 暂缓出台

C. 不予出台或者调整至符合相关要求后出台

D. 以上均不正确

答案：C

解析：《关于促进政府采购公平竞争优化营商环境的通知》（财库〔2019〕38号）第二条规定，经审查认为不具有排除、限制竞争效果的，可以颁布实施；具有排除、限制竞争效果的，应当不予出台或者调整至符合相关要求后出台；未经公平竞争审查的，不得出台。

标签：优化营商环境

难易程度：易★

5. 根据《关于促进政府采购公平竞争优化营商环境的通知》规定，在政府采购相关制度办法实施过程中，应当（ ）其对全国统一市场和公平竞争的影响。

A. 持续评估   B. 随机评估

C. 定期或者适时评估   D. 以上均不正确

答案：C

解析：《关于促进政府采购公平竞争优化营商环境的通知》（财库〔2019〕38号）第二条第二款规定，在政府采购相关制度办法实施过程中，应当定期或者适时评估其对全国统一市场和公平竞争的影响，对妨碍统一市场和公平竞争的，要及时修改完善或者予以废止。

标签：优化营商环境

难易程度：易★

6. 根据《关于促进政府采购公平竞争优化营商环境的通知》规定，要优化政府采购营商环境要求积极推进电子化政府采购平台和电子卖场建设，建立健全统一的（ ）和（ ）。

A. 技术方法；信息规范   B. 技术标准；信息规范

C. 技术标准；数据规范   D. 技术准则；数据规范

答案：C

解析：《关于促进政府采购公平竞争优化营商环境的通知》（财库〔2019〕38号）第四条第二款规定，加快实施"互联网＋政府采购"行动。积极推进电子化政府采购平台和电子卖场建设，建立健全统一的技术标准和数据规范，逐步实现全国范围内的互联互通，推动与公共资源交易平台数据共享，提升供应商参与政府采购活动的便利程度。

标签：优化营商环境

难易程度：易★

7. 根据《关于促进政府采购公平竞争优化营商环境的通知》规定，要推进开标活动对外公开，在（ ）的前提下，允许除投标人及其代表之外的其他人员观摩开标活动。

A. 保证不干扰投标人及其代表   B. 保证公共安全

C. 保证正常开标秩序　　　　　D. 上级部门批准

答案： C

解析：《关于促进政府采购公平竞争优化营商环境的通知》（财库〔2019〕38号）第五条第一款规定，推进开标活动对外公开，在保证正常开标秩序的前提下，允许除投标人及其代表之外的其他人员观摩开标活动。

标签： 优化营商环境

难易程度： 易★

多选题

1. 根据《关于促进政府采购公平竞争优化营商环境的通知》规定，为依法保障各类市场主体平等参与政府采购活动的权利，要全面清理政府采购领域妨碍公平竞争的规定和做法，重点清理和纠正以下问题（　　）。

A. 以供应商的所有制形式、组织形式或者股权结构，对供应商实施差别待遇或者歧视待遇，对民营企业设置不平等条款，对内资企业和外资企业在中国境内生产的产品、提供的服务区别对待

B. 除小额零星采购适用的协议供货、定点采购以及财政部另有规定的情形外，通过入围方式设置备选库、名录库、资格库作为参与政府采购活动的资格条件，妨碍供应商进入政府采购市场

C. 要求供应商在政府采购活动前进行不必要的登记、注册，或者要求设立分支机构，设置或者变相设置进入政府采购市场的障碍

D. 要求供应商购买指定软件，作为参加电子化政府采购活动的条件

E. 强制要求采购人采用抓阄、摇号等随机方式或者比选方式选择采购代理机构，干预采购人自主选择采购代理机构

答案： ABCDE

解析：《关于促进政府采购公平竞争优化营商环境的通知》（财库〔2019〕38号）第一条规定，全面清理政府采购领域妨碍公平竞争的规定和做法各地

区、各部门应当严格落实《中华人民共和国政府采购法》等相关法律法规的要求，依法保障各类市场主体平等参与政府采购活动的权利。要全面清理政府采购领域妨碍公平竞争的规定和做法，重点清理和纠正以下问题：

（一）以供应商的所有制形式、组织形式或者股权结构，对供应商实施差别待遇或者歧视待遇，对民营企业设置不平等条款，对内资企业和外资企业在中国境内生产的产品、提供的服务区别对待；

（二）除小额零星采购适用的协议供货、定点采购以及财政部另有规定的情形外，通过入围方式设置备选库、名录库、资格库作为参与政府采购活动的资格条件，妨碍供应商进入政府采购市场；

（三）要求供应商在政府采购活动前进行不必要的登记、注册，或者要求设立分支机构，设置或者变相设置进入政府采购市场的障碍；

（四）设置或者变相设置供应商规模、成立年限等门槛，限制供应商参与政府采购活动；

（五）要求供应商购买指定软件，作为参加电子化政府采购活动的条件；

（六）不依法及时、有效、完整发布或者提供采购项目信息，妨碍供应商参与政府采购活动；

（七）强制要求采购人采用抓阄、摇号等随机方式或者比选方式选择采购代理机构，干预采购人自主选择采购代理机构；

（八）设置没有法律法规依据的审批、备案、监管、处罚、收费等事项；

（九）除《政府采购货物和服务招标投标管理办法》第六十八条规定的情形外，要求采购人采用随机方式确定中标、成交供应商；

（十）违反法律法规相关规定的其他妨碍公平竞争的情形。

标签： 优化营商环境

难易程度： 易★

2. 根据《关于促进政府采购公平竞争优化营商环境的通知》规定，采购人、采购代理机构应当允许供应商自主选择（　　）等形式缴纳或提交保证金。

A. 支票　　　　　B. 汇票　　　　　　C. 本票

D. 保函　　　　　E. 现金

答案：ABCD

解析：《关于促进政府采购公平竞争优化营商环境的通知》（财库〔2019〕38 号）第三条第三款规定，采购人、采购代理机构应当允许供应商自主选择以支票、汇票、本票、保函等非现金形式缴纳或提交保证金。

标签：优化营商环境

难易程度：易★

3. 根据《关于促进政府采购公平竞争优化营商环境的通知》规定，要完善质疑答复内部控制制度，有条件的采购人和集中采购机构应当实现政府采购（　　）岗位与（　　）岗位相分离，进一步健全政府采购质疑投诉处理机制。

A. 质疑答复　　　　　　B. 审查复核　　　　　　C. 操作执行

D. 采购批准　　　　　　E. 投诉处理

答案：AC

解析：《关于促进政府采购公平竞争优化营商环境的通知》（财库〔2019〕38 号）第六条第一款规定，完善质疑答复内部控制制度，有条件的采购人和集中采购机构应当实现政府采购质疑答复岗位与操作执行岗位相分离，进一步健全政府采购质疑投诉处理机制。

标签：优化营商环境

难易程度：中★★

4. 根据《关于促进政府采购公平竞争优化营商环境的通知》规定，以下属于政府采购领域妨碍公平竞争的规定和做法的是（　　）。

A. 以供应商的所有制形式、组织形式或者股权结构，对供应商实施差别待遇或者歧视待遇，对民营企业设置不平等条款，对内资企业和外资企业在中国境内生产的产品、提供的服务区别对待

B. 除小额零星采购适用的协议供货、定点采购以及财政部另有规定的情形外，通过入围方式设置备选库、名录库、资格库作为参与政府采购活动的资格条件，妨碍供应商进入政府采购市场

C. 要求供应商在政府采购活动前进行不必要的登记、注册，或者要求设立分支机构，设置或者变相设置进入政府采购市场的障碍

D. 设置或者变相设置供应商规模、成立年限等门槛，限制供应商参与政府采购活动

E. 不要求供应商购买指定软件，作为参加电子化政府采购活动的条件

答案： ABCD

解析：《关于促进政府采购公平竞争优化营商环境的通知》（财库〔2019〕38号）第一条规定，全面清理政府采购领域妨碍公平竞争的规定和做法各地区、各部门应当严格落实《中华人民共和国政府采购法》等相关法律法规的要求，依法保障各类市场主体平等参与政府采购活动的权利。要全面清理政府采购领域妨碍公平竞争的规定和做法，重点清理和纠正以下问题：

（一）以供应商的所有制形式、组织形式或者股权结构，对供应商实施差别待遇或者歧视待遇，对民营企业设置不平等条款，对内资企业和外资企业在中国境内生产的产品、提供的服务区别对待；

（二）除小额零星采购适用的协议供货、定点采购以及财政部另有规定的情形外，通过入围方式设置备选库、名录库、资格库作为参与政府采购活动的资格条件，妨碍供应商进入政府采购市场；

（三）要求供应商在政府采购活动前进行不必要的登记、注册，或者要求设立分支机构，设置或者变相设置进入政府采购市场的障碍；

（四）设置或者变相设置供应商规模、成立年限等门槛，限制供应商参与政府采购活动；

（五）要求供应商购买指定软件，作为参加电子化政府采购活动的条件；

（六）不依法及时、有效、完整发布或者提供采购项目信息，妨碍供应商参与政府采购活动；

（七）强制要求采购人采用抓阄、摇号等随机方式或者比选方式选择采购代理机构，干预采购人自主选择采购代理机构；

（八）设置没有法律法规依据的审批、备案、监管、处罚、收费等事项；

（九）除《政府采购货物和服务招标投标管理办法》第六十八条规定的情形外，要求采购人采用随机方式确定中标、成交供应商；

（十）违反法律法规相关规定的其他妨碍公平竞争的情形。

标签： 优化营商环境

难易程度：易★

5. 根据《关于促进政府采购公平竞争优化营商环境的通知》规定，深化政府采购制度改革，要加快完善电子化政府采购平台的网上交易功能，实现（　　），实行电子开标、电子评审。

A. 在线发布采购公告

B. 在线支付履约保证金

C. 在线提交投标（响应）文件

D. 在线提供采购文件

E. 在线磋商采购事项

答案：ACD

解析：《关于促进政府采购公平竞争优化营商环境的通知》（财库〔2019〕38号）第四条第一款规定，推进采购项目电子化实施。要加快完善电子化政府采购平台的网上交易功能，实现在线发布采购公告、提供采购文件、提交投标（响应）文件，实行电子开标、电子评审。

标签：优化营商环境

难易程度：中★★

6. 根据《关于促进政府采购公平竞争优化营商环境的通知》规定，深化政府采购改革，应逐步建立电子化政府采购平台与财政业务、采购单位内部管理等信息系统的衔接，完善和优化（　　）、提交发票、资金支付等线上流程。

A. 合同签订　　　　　B. 合同检查　　　　　C. 履约验收

D. 信用评价　　　　　E. 用户反馈

答案：ACDE

解析：《关于促进政府采购公平竞争优化营商环境的通知》（财库〔2019〕38号）第四条第一款规定，逐步建立电子化政府采购平台与财政业务、采购单位内部管理等信息系统的衔接，完善和优化合同签订、履约验收、信用评价、用户反馈、提交发票、资金支付等线上流程。

标签：优化营商环境

难易程度：易★

第十三章 《关于印发〈政府采购贫困地区农副产品实施方案〉的通知》相关试题

判断题

1.《关于印发〈政府采购贫困地区农副产品实施方案〉的通知》要求，扶贫工作要坚持社会主导、政府参与、市场运作、互利共赢原则。　　（　　）

答案：错误

解析：《关于印发〈政府采购贫困地区农副产品实施方案〉的通知》（财库〔2019〕41号）在总体要求中规定，深入贯彻落实习近平总书记关于扶贫工作的重要论述，坚持精准扶贫精准脱贫基本方略，坚持政府引导、社会参与、市场运作、互利共赢原则，围绕贫困人口稳定脱贫和贫困地区长远发展。

标签：脱贫攻坚　农副产品

难易程度：易★

2.《关于印发〈政府采购贫困地区农副产品实施方案〉的通知》要求，自2020年起，各级预算单位通过网络销售平台全面启动贫困地区农副产品采购工作，财政部、国务院扶贫办依托网络销售平台定期统计和通报采购情况。

（　　）

答案：正确

解析：《关于印发〈政府采购贫困地区农副产品实施方案〉的通知》（财库〔2019〕41号）在任务目标中规定，自2020年起，各级预算单位通过网络销售平台全面启动贫困地区农副产品采购工作，财政部、国务院扶贫办依托网络销售平台定期统计和通报采购情况。

标签：脱贫攻坚　农副产品

难易程度：易★

3.《关于印发〈政府采购贫困地区农副产品实施方案〉的通知》要求，贫困县扶贫部门要在本地区社会组织领导下做好农副产品货源组织工作。（　　）

答案：错误

解析：《关于印发〈政府采购贫困地区农副产品实施方案〉的通知》（财库〔2019〕41号）在工作重点中规定，贫困县扶贫部门在本地区党委、政府领导下做好农副产品货源组织工作，向省级扶贫部门推荐本地区农副产品和带贫能力强、产品质量好、有诚信的企业、合作社、家庭农场等市场主体，并对拟推荐的市场主体带贫益贫成效进行审核，出具相关证明。

标签：脱贫攻坚　农副产品

难易程度：中★★

4.《关于印发〈政府采购贫困地区农副产品实施方案〉的通知》要求，贫困县要引导本地区市场主体按照政府需求发展本地区特色优势产业，打造区域公共品牌。（　　）

答案：错误

解析：《关于印发〈政府采购贫困地区农副产品实施方案〉的通知》（财库〔2019〕41号）在工作重点中规定，贫困县要引导本地区市场主体按照市场需求发展本地区特色优势产业，打造区域公共品牌，实现贫困地区农副产品产地、质量等可追溯。

标签：脱贫攻坚　农副产品

难易程度：易★

5.《关于印发〈政府采购贫困地区农副产品实施方案〉的通知》要求，有关省（区、市）扶贫办要对农副产品及市场主体进行审核，并向农业农村部报送本地区重点扶贫农副产品和供应商建议名录。（　　）

答案：错误

解析：《关于印发〈政府采购贫困地区农副产品实施方案〉的通知》（财库〔2019〕41号）在工作重点中规定，有关省（区、市）扶贫办要结合本地区脱贫攻坚实际，会同有关部门对贫困县推荐的农副产品及市场主体进行审核，并向国务院扶贫办报送本地区重点扶贫农副产品和供应商建议名录。

标签：脱贫攻坚 农副产品

难易程度：易★

6.《关于印发〈政府采购贫困地区农副产品实施方案〉的通知》要求，网络销售平台实行"合理收费"。 （　　　）

答案：错误

解析：《关于印发〈政府采购贫困地区农副产品实施方案〉的通知》（财库〔2019〕41号）在工作重点中规定，网络销售平台实行"零收费"。除按商业原则由平台代收的通道费、第三方服务费及履约保证金外，不向供应商收取入场费、平台使用费等相关费用，不向预算单位收取交易服务费。

标签：脱贫攻坚 农副产品

难易程度：中★★

7.《关于印发〈政府采购贫困地区农副产品实施方案〉的通知》要求，鼓励各级预算单位工会组织通过网络销售平台采购工会福利、慰问品等。（　　　）

答案：正确

解析：《关于印发〈政府采购贫困地区农副产品实施方案〉的通知》（财库〔2019〕41号）在工作重点中规定，鼓励各级预算单位工会组织通过网络销售平台采购工会福利、慰问品等。有关单位工会采购金额纳入本单位扶贫统计范围。

标签：脱贫攻坚 农副产品

难易程度：中★★

8.《关于印发〈政府采购贫困地区农副产品实施方案〉的通知》要求，国务院扶贫办依托消费扶贫数据库统计、汇总各地区、各单位采购情况，作为其参与消费扶贫的重要依据。部分情况可通过其他渠道购买，购买数额列

入消费扶贫数据库统计范围。其预算单位需将佐证材料，按年上传至消费扶贫数据库。 （ ）

答案：错误

解析：《关于印发〈政府采购贫困地区农副产品实施方案〉的通知》（财库〔2019〕41 号）在重点工作中规定，有以上情况的预算单位需将佐证材料，按月上传至消费扶贫数据库，其中带贫成效主要是指带动建档立卡贫困人口数和增收数额，经贫困县扶贫办初审后报省级扶贫办审核认定。

标签：脱贫攻坚　农副产品

难易程度：易★

9.《关于印发〈政府采购贫困地区农副产品实施方案〉的通知》要求，其中带贫成效主要是指带动建档立卡贫困人口数和增收数额，经贫困县扶贫办初审后报省级扶贫办审核认定。 （ ）

答案：正确

解析：《关于印发〈政府采购贫困地区农副产品实施方案〉的通知》（财库〔2019〕41 号）在重点工作中规定，购买扶贫协作地区贫困县农副产品的预算单位还需本地区扶贫协作部门复核。

标签：脱贫攻坚　农副产品

难易程度：易★

10.《关于印发〈政府采购贫困地区农副产品实施方案〉的通知》要求，各省级财政部门、扶贫部门要会同供销等有关部门建立协作机制，明确责任，形成合力，统筹推进、指导、协调本地区贫困地区农副产品采购工作。 （ ）

答案：正确

解析：《关于印发〈政府采购贫困地区农副产品实施方案〉的通知》（财库〔2019〕41 号）在工作机制中规定，各省级财政部门、扶贫部门要会同供销等有关部门建立协作机制，明确责任，形成合力，统筹推进、指导、协调本地区贫困地区农副产品采购工作。

标签：脱贫攻坚　农副产品

难易程度：易★

11.《关于印发〈政府采购贫困地区农副产品实施方案〉的通知》要求，对带贫益贫效果弄虚作假的供应商，将保留供应商资格，但给予通报批评。

（　　　）

答案：错误

解析：《关于印发〈政府采购贫困地区农副产品实施方案〉的通知》（财库〔2019〕41号）在工作机制中规定，对带贫益贫效果弄虚作假的供应商，将取消供应商资格，情节严重的对所在贫困县和省份进行通报。

标签：脱贫攻坚　农副产品

难易程度：易★

12.《关于印发〈政府采购贫困地区农副产品实施方案〉的通知》要求，财政部和国务院扶贫办将定期或不定期对预算单位购买贫困地区农副产品、有关省份推进政府采购支持脱贫攻坚、供应商带贫益贫等情况进行通报。　（　　　）

答案：错误

解析：《关于印发〈政府采购贫困地区农副产品实施方案〉的通知》（财库〔2019〕41号）在工作机制中规定，财政部和国务院扶贫办将定期对预算单位购买贫困地区农副产品、有关省份推进政府采购支持脱贫攻坚、供应商带贫益贫等情况进行通报。

标签：脱贫攻坚　农副产品

难易程度：易★

13.《关于印发〈政府采购贫困地区农副产品实施方案〉的通知》要求，对存在弄虚作假、以次充好、扰乱市场行为的供应商，无论情节轻重，按照相关法律法规追究责任。

（　　　）

答案：错误

解析：《关于印发〈政府采购贫困地区农副产品实施方案〉的通知》（财库〔2019〕41号）在工作机制中规定，对存在弄虚作假、以次充好、扰乱市场行为的供应商取消入驻和上架资格，出现严重产品质量和食品安全问题的供应商，按照相关法律法规追究责任，并向所在贫困县进行通报；对供应商出现问题较多的贫困县及其所在省份进行通报，情节严重的限制或取消其推荐本地区农副产品和市场主体的资格。

标签：脱贫攻坚　农副产品

难易程度：中★★

14.《关于印发〈政府采购贫困地区农副产品实施方案〉的通知》要求，政府采购农副产品发现平台或供应商有违法违规、虚假瞒报等情况，可及时向国务院扶贫办消费扶贫工作专班和"12317"监督举报电话举报。（　　）

答案：正确

解析：《关于印发〈政府采购贫困地区农副产品实施方案〉的通知》（财库〔2019〕41号）在工作机制中规定，发现平台或供应商有违法违规、虚假瞒报等情况，可及时向国务院扶贫办消费扶贫工作专班和"12317"监督举报电话举报。国务院扶贫办将委托第三方开展核查评估，组织专家、媒体等开展暗访，坚决杜绝弄虚作假、借机敛财、"搭便车"等现象。

标签：脱贫攻坚　农副产品

难易程度：易★

单选题

1. 根据《关于印发〈政府采购贫困地区农副产品实施方案〉的通知》，政府采购贫困地区农副产品的工作重点不包括（　　）。

A. 加强贫困地区农副产品货源组织

B. 搭建贫困地区农副产品销售平台

C. 组织引导预算单位购买贫困地区农副产品

D. 创新贫困地区农副产品采购方式

答案：D

解析：《关于印发〈政府采购贫困地区农副产品实施方案〉的通知》（财库〔2019〕41号）在重点工作中规定，加强贫困地区农副产品货源组织，搭建贫困地区农副产品销售平台，组织引导预算单位购买贫困地区农副产品。

标签：脱贫攻坚　农副产品

难易程度：中★★

2.《关于印发〈政府采购贫困地区农副产品实施方案〉的通知》要求，发现供应商有违法违规、虚假瞒报等情况，可及时向国务院扶贫办消费扶贫工作专班和"（　　）"监督举报电话举报。

A. 12358　　　　　B. 12317　　　　　C. 12345　　　　　D. 12319

答案：B

解析：《关于印发〈政府采购贫困地区农副产品实施方案〉的通知》（财库〔2019〕41号）在工作机制中规定，发现平台或供应商有违法违规、虚假瞒报等情况，可及时向国务院扶贫办消费扶贫工作专班和"12317"监督举报电话举报。

标签：脱贫攻坚　农副产品

难易程度：难★★★

多选题

1.《关于印发〈政府采购贫困地区农副产品实施方案〉的通知》，有（　　）情况者，可通过其他渠道购买。

A. 承担扶贫协作任务的、贫困县定点扶贫任务的预算单位购买扶贫协作地区和定点贫困县农副产品，并能够提供任务证明、采购凭证、带贫成效等相关佐证材料的

B. 贫困县所属预算单位购买本县农副产品，并能够提供采购凭证、带贫成效等相关佐证材料的

C. 在国务院扶贫办指导下，各省（区、市）和中央定点扶贫单位通过产销对接会等方式，组织本地区、本系统、本行业集中采购贫困县农副产品，并能够提供采购凭证、带贫成效等相关佐证材料的

D. 其他经国务院扶贫办、财政部共同认可的采购行为

E. 其他经国务院扶贫办、财政部之一认可的采购行为

答案：ABCD

解析：《关于印发〈政府采购贫困地区农副产品实施方案〉的通知》（财库〔2019〕41号）在重点工作中规定国务院扶贫办依托消费扶贫数据库统计、汇总各地区、各单位采购情况，作为其参与消费扶贫的重要依据。有下列情况之一者，可通过其他渠道购买，购买数额列入消费扶贫数据库统计范围：

（一）承担扶贫协作任务的、贫困县定点扶贫任务的预算单位购买扶贫协作地区和定点贫困县农副产品，并能够提供任务证明、采购凭证、带贫成效等相关佐证材料的；

（二）贫困县所属预算单位购买本县农副产品，并能够提供采购凭证、带贫成效等相关佐证材料的；

（三）在国务院扶贫办指导下，各省（区、市）和中央定点扶贫单位通过产销对接会等方式，组织本地区、本系统、本行业集中采购贫困县农副产品，并能够提供采购凭证、带贫成效等相关佐证材料的；

（四）其他经国务院扶贫办、财政部共同认可的采购行为。

标签：脱贫攻坚　农副产品

难易程度：中★★

2. 根据《关于印发〈政府采购贫困地区农副产品实施方案〉的通知》，政府采购贫困地区农副产品实施方案中的工作机制包括（　　　）。

A. 组织保障机制　　　B. 利益分割机制　　　C. 宣传引导机制

D. 激励约束机制　　　E. 监督举报机制

答案：ACDE

解析：《关于印发〈政府采购贫困地区农副产品实施方案〉的通知》（财库〔2019〕41号）的工作机制包括组织保障机制、利益联结机制、宣传引导机制、激励约束机制、监督举报机制。

标签：脱贫攻坚　农副产品

难易程度：易★

第十四章 《关于开展政府采购意向公开工作的通知》相关试题

判断题

1.《关于开展政府采购意向公开工作的通知》规定，采购意向公开工作遵循"试点先行，分步实施"的原则。　　　　　　　　　　　（　　）

答案： 正确

解析：《关于开展政府采购意向公开工作的通知》（财库〔2020〕10号）第二条规定，采购意向公开工作遵循"试点先行，分步实施"的原则。2020年在中央预算单位和北京市、上海市、深圳市市本级预算单位开展试点。

标签： 采购意向公开

难易程度： 易★

2.《关于开展政府采购意向公开工作的通知》规定，除北京市、上海市、深圳市市本级预算单位外的其他地区，采购意向公开时间从2022年1月1日起实施。　　　　　　　　　　　　　　　　　　　　　　　（　　）

答案： 错误

解析：《关于开展政府采购意向公开工作的通知》（财库〔2020〕10号）第二条规定，采购意向公开工作遵循"试点先行，分步实施"的原则。2020年在中央预算单位和北京市、上海市、深圳市市本级预算单位开展试点。其他地区可根据地方实际确定采购意向公开时间，原则上省级预算单位2021年1月1日起实施的采购项目，省级以下各级预算单位2022年1月1日起实施的采购项目，应当按规定公开采购意向。

标签：采购意向公开

难易程度：难★★★

3.《关于开展政府采购意向公开工作的通知》规定，采购意向应在市级以上财政部门指定媒体公开。　　　　　　　　　　　　　　（　　）

答案：错误

解析：《关于开展政府采购意向公开工作的通知》（财库〔2020〕10号）第三条规定，中央预算单位的采购意向在中国政府采购网（www. ccgp. gov. cn）中央主网公开，地方预算单位的采购意向在中国政府采购网地方分网公开，采购意向也可在省级以上财政部门指定的其他媒体同步公开。

标签：采购意向公开

难易程度：易★

4.《关于开展政府采购意向公开工作的通知》规定，采购意向公开的内容不包括预算金额。　　　　　　　　　　　　　　　　　　　（　　）

答案：错误

解析：《关于开展政府采购意向公开工作的通知》（财库〔2020〕10号）第四条第二款规定，采购意向公开的内容应当包括采购项目名称、采购需求概况、预算金额、预计采购时间等。

标签：采购意向公开

难易程度：易★

5.《关于开展政府采购意向公开工作的通知》规定，采购意向由主管预算单位定期或者不定期公开。　　　　　　　　　　　　　　（　　）

答案：错误

解析：《关于开展政府采购意向公开工作的通知》（财库〔2020〕10号）第五条规定，采购意向由预算单位定期或者不定期公开。

标签：采购意向公开

难易程度：易★

6.《关于开展政府采购意向公开工作的通知》规定，预算执行中新增采购项目应当及时公开采购意向。 （　　）

答案：正确

解析：《关于开展政府采购意向公开工作的通知》（财库〔2020〕10号）第五条规定，预算执行中新增采购项目应当及时公开采购意向。采购意向公开时间应当尽量提前，原则上不得晚于采购活动开始前30日公开采购意向。因预算单位不可预见的原因急需开展的采购项目，可不公开采购意向。

标签：采购意向公开

难易程度：中★★

单选题

1.《关于开展政府采购意向公开工作的通知》规定，关于采购意向公开的内容，采购意向按采购（　　）公开。

A. 内容　　　　　B. 地区　　　　　C. 供应商　　　　　D. 项目

答案：D

解析：《关于开展政府采购意向公开工作的通知》（财库〔2020〕10号）第四条第一款规定，采购意向按采购项目公开。

标签：采购意向公开

难易程度：易★

2.《关于开展政府采购意向公开工作的通知》规定，部门预算批复前公开的采购意向，以部门预算"（　　）"内容为依据；部门预算批复后公开的采购意向，以部门预算为依据。

A. 一上　　　　　B. 一下　　　　　C. 二上　　　　　D. 二下

答案：C

解析：《关于开展政府采购意向公开工作的通知》（财库〔2020〕10号）第五条规定，部门预算批复前公开的采购意向，以部门预算"二上"内容为依据；部门预算批复后公开的采购意向，以部门预算为依据。

标签： 采购意向公开

难易程度： 中★★

3.《关于开展政府采购意向公开工作的通知》规定，采购意向公开时间应当尽量提前，原则上不得晚于采购活动开始前（　　）日公开采购意向。

A. 3　　　　　　B. 7　　　　　　C. 15　　　　　　D. 30

答案： D

解析：《关于开展政府采购意向公开工作的通知》（财库〔2020〕10 号）第五条规定，预算执行中新增采购项目应当及时公开采购意向。采购意向公开时间应当尽量提前，原则上不得晚于采购活动开始前 30 日公开采购意向。

标签： 采购意向公开

难易程度： 难★★★

多选题

1. 根据《关于开展政府采购意向公开工作的通知》，做好采购意向公开工作有助于（　　）具有重要作用。

A. 提高政府采购透明度

B. 方便供应商提前了解政府采购信息

C. 保障各类市场主体平等参与政府采购活动

D. 提高采购规模

E. 防范抑制腐败

答案： ABCE

解析：《关于开展政府采购意向公开工作的通知》（财库〔2020〕10 号）第一条规定，推进采购意向公开是优化政府采购营商环境的重要举措。做好采购意向公开工作有助于提高政府采购透明度，方便供应商提前了解政府采购信息，对于保障各类市场主体平等参与政府采购活动，提升采购绩效，防范抑制腐败具有重要作用。各地区、各部门要充分认识此项工作的重要意义，高度重视、精心组织，认真做好采购意向公开工作。

标签：采购意向公开

难易程度：易★

2. 根据《关于开展政府采购意向公开工作的通知》，以下项目可以不公开采购意向的项目有（　　）。

A. 以定点采购方式实施的小额零星采购

B. 以协议供货采购方式实施的小额零星采购

C. 由集中采购机构统一组织的批量集中采购

D. 由采购人以邀请招标采购方式实施的批量采购

E. 由采购人以询价采购方式实施的定点采购

答案：ABC

解析：《关于开展政府采购意向公开工作的通知》（财库〔2020〕10号）第四条规定，采购意向按采购项目公开。除以协议供货、定点采购方式实施的小额零星采购和由集中采购机构统一组织的批量集中采购外，按项目实施的集中采购目录以内或者采购限额标准以上的货物、工程、服务采购均应当公开采购意向。

标签：采购意向公开

难易程度：中★★

第十五章 《财政部关于政府采购支持绿色建材促进建筑品质提升试点工作的通知》相关试题

判断题

1. 根据《财政部关于政府采购支持绿色建材促进建筑品质提升试点工作的通知》，财政部要加强部门间的沟通协调，明确相关部门职责，强化对政府工程采购、实施和履约验收中的监督管理，引导采购人、工程承包单位、建材企业、相关行业协会及第三方机构积极参与试点工作，形成推进试点的合力。（   ）

答案：正确

解析：《财政部关于政府采购支持绿色建材促进建筑品质提升试点工作的通知》（财库〔2020〕31号）在基本原则中规定，加强统筹协调。加强部门间的沟通协调，明确相关部门职责，强化对政府工程采购、实施和履约验收中的监督管理，引导采购人、工程承包单位、建材企业、相关行业协会及第三方机构积极参与试点工作，形成推进试点的合力。

标签：绿色采购 建材

难易程度：易★

2. 根据《财政部关于政府采购支持绿色建材促进建筑品质提升试点工作的通知》，财政部鼓励非试点地区积极推广绿色建筑和绿色建材应用。（   ）

答案：正确

解析：《财政部关于政府采购支持绿色建材促进建筑品质提升试点工作的通知》（财库〔2020〕31号）在试点城市中规定，试点城市为南京市、杭州市、绍兴市、湖州市、青岛市、佛山市。鼓励其他地区按照本通知要求，积极推广绿色建筑和绿色建材应用。

标签： 绿色采购 建材

难易程度： 难★★★

3. 根据《财政部关于政府采购支持绿色建材促进建筑品质提升试点工作的通知》，到 2025 年，我国要基本形成绿色建筑和绿色建材政府采购需求标准。 （ ）

答案： 错误

解析：《财政部关于政府采购支持绿色建材促进建筑品质提升试点工作的通知》（财库〔2020〕31 号）在工作目标中规定，到 2022 年，基本形成绿色建筑和绿色建材政府采购需求标准，政策措施体系和工作机制逐步完善，政府采购工程建筑品质得到提升，绿色消费和绿色发展的理念进一步增强。

标签： 绿色采购 建材

难易程度： 难★★★

4. 根据《财政部关于政府采购支持绿色建材促进建筑品质提升试点工作的通知》，鼓励试点地区将使用财政性资金实施的医院、学校、办公楼、综合体、展览馆、会展中心、体育馆、保障性住房外的其他新建工程项目纳入试点范围。 （ ）

答案： 正确

解析：《财政部关于政府采购支持绿色建材促进建筑品质提升试点工作的通知》（财库〔2020〕31 号）在试点项目中规定，医院、学校、办公楼、综合体、展览馆、会展中心、体育馆、保障性住房等新建政府采购工程。鼓励试点地区将使用财政性资金实施的其他新建工程项目纳入试点范围。

标签： 绿色采购 建材

难易程度： 易★

5. 根据《财政部关于政府采购支持绿色建材促进建筑品质提升试点工作的通知》，支持绿色建材促进建筑品质提升的试点工作试点时间为 2 年，相关

工程项目原则上应于 2025 年 12 月底前竣工。 （　　）

答案： 错误

解析：《财政部关于政府采购支持绿色建材促进建筑品质提升试点工作的通知》（财库〔2020〕31 号）在试点期限中规定。试点时间为 2 年，相关工程项目原则上应于 2022 年 12 月底前竣工。对于较大规模的工程项目，可适当延长试点时间。

标签： 绿色采购　建材

难易程度： 难★★★

6. 根据《财政部关于政府采购支持绿色建材促进建筑品质提升试点工作的通知》规定，试点地区要通过试点，在《绿色建筑和绿色建材政府采购基本要求》的基础上，细化和完善绿色建筑政府采购相关设计规范、施工规范和产品标准，形成客观、量化、可验证，适应本地区实际和不同建筑类型的绿色建筑和绿色建材政府采购需求标准，报财政部、住房和城乡建设部。 （　　）

答案： 正确

解析：《财政部关于政府采购支持绿色建材促进建筑品质提升试点工作的通知》（财库〔2020〕31 号）的试点内容规定：试点地区要通过试点，在《基本要求》的基础上，细化和完善绿色建筑政府采购相关设计规范、施工规范和产品标准，形成客观、量化、可验证，适应本地区实际和不同建筑类型的绿色建筑和绿色建材政府采购需求标准，报财政部、住房和城乡建设部。

标签： 绿色采购　建材

难易程度： 易★

7. 根据《财政部关于政府采购支持绿色建材促进建筑品质提升试点工作的通知》规定，要积极推动工程造价改革，完善工程概预算编制办法，充分发挥政府定价作用。 （　　）

答案： 错误

解析：《财政部关于政府采购支持绿色建材促进建筑品质提升试点工作的

通知》（财库〔2020〕31 号）的试点内容规定，要积极推动工程造价改革，完善工程概预算编制办法，充分发挥市场定价作用，将政府采购绿色建筑和绿色建材增量成本纳入工程造价。

标签：绿色采购　建材

难易程度：易★

8. 根据《财政部关于政府采购支持绿色建材促进建筑品质提升试点工作的通知》规定，采购人必须采购获得绿色建材评价标识、认证或者获得环境标志产品认证的绿色建材产品。　　　　　　　　　　　　　（　　）

答案：错误

解析：《财政部关于政府采购支持绿色建材促进建筑品质提升试点工作的通知》（财库〔2020〕31 号）的试点内容规定，对于尚未纳入《基本要求》的建材产品，鼓励采购人采购获得绿色建材评价标识、认证或者获得环境标志产品认证的绿色建材产品。

标签：绿色采购　建材

难易程度：中★★

9. 根据《财政部关于政府采购支持绿色建材促进建筑品质提升试点工作的通知》规定，试点地区要积极探索创新线上施工监管模式，督促施工单位使用符合要求的绿色建材产品，严格按照《政府采购需求管理办法》的规定施工。　　　　　　　　　　　　　　　　　　　（　　）

答案：错误

解析：《财政部关于政府采购支持绿色建材促进建筑品质提升试点工作的通知》（财库〔2020〕31 号）的试点内容规定，试点地区要积极探索创新施工现场监管模式，督促施工单位使用符合要求的绿色建材产品，严格按照《基本要求》的规定和工程建设相关标准施工。

标签：绿色采购　建材

难易程度：中★★

1. 财政部关于政府采购支持绿色建材促进建筑品质提升的试点工作有助于（ ）。

A. 发挥政府采购政策功能

B. 加快推广绿色建筑和绿色建材应用

C. 促进建筑品质提升和新型建筑工业化发展

D. 以上均是

答案：D

解析：《财政部关于政府采购支持绿色建材促进建筑品质提升试点工作的通知》（财库〔2020〕31号）规定，为发挥政府采购政策功能，加快推广绿色建筑和绿色建材应用，促进建筑品质提升和新型建筑工业化发展，根据《中华人民共和国政府采购法》和《中华人民共和国政府采购法实施条例》，现就政府采购支持绿色建材促进建筑品质提升试点工作通知。

标签：绿色采购　建材

难易程度：易★

2.《财政部关于政府采购支持绿色建材促进建筑品质提升试点工作的通知》要求，财政部关于政府采购支持绿色建材促进建筑品质提升的试点工作坚持的基本原则不包括（ ）。

A. 坚持先行先试　　　　　B. 落实监督管理

C. 强化主体责任　　　　　D. 加强统筹协调

答案：B

解析：《财政部关于政府采购支持绿色建材促进建筑品质提升试点工作的通知》（财库〔2020〕31号）在基本原则中规定，坚持先行先试。选择一批绿色发展基础较好的城市，在政府采购工程中探索支持绿色建筑和绿色建材推广应用的有效模式，形成可复制、可推广的经验。强化主体责任。压实采购人落实政策的主体责任，通过加强采购需求管理等措施，切实提高绿色建筑和绿色建材在政府采购工程中的比重。加强统筹协调。加强部门间的沟通协调，明确相关部门职责，强化对政府工程采购、实施和履约验收中的监督管理，引导采购人、工程承包单位、建材企业、相关行业协会及第三方机构积极参与试点工作，形成推进试点的合力。

标签： 绿色采购　建材

难易程度： 中★★

3. 根据《财政部关于政府采购支持绿色建材促进建筑品质提升试点工作的通知》，鼓励建成（　　）星级及以上绿色建筑。

A. 一　　　　　　B. 二　　　　　　C. 三　　　　　　D. 四

答案： B

解析：《财政部关于政府采购支持绿色建材促进建筑品质提升试点工作的通知》（财库〔2020〕31 号）在工作目标中规定，在政府采购工程中推广可循环可利用建材、高强度高耐久建材、绿色部品部件、绿色装饰装修材料、节水节能建材等绿色建材产品，积极应用装配式、智能化等新型建筑工业化建造方式，鼓励建成二星级及以上绿色建筑。

标签： 绿色采购　建材

难易程度： 中★★

4. 根据《财政部关于政府采购支持绿色建材促进建筑品质提升试点工作的通知》，到（　　）年，基本形成绿色建筑和绿色建材政府采购需求标准，政策措施体系和工作机制逐步完善，政府采购工程建筑品质得到提升，绿色消费和绿色发展的理念进一步增强。

A. 2022　　　　　B. 2023　　　　　C. 2024　　　　　D. 2025

答案： A

解析：《财政部关于政府采购支持绿色建材促进建筑品质提升试点工作的通知》（财库〔2020〕31 号）在工作目标中规定，到 2022 年，基本形成绿色建筑和绿色建材政府采购需求标准，政策措施体系和工作机制逐步完善，政府采购工程建筑品质得到提升，绿色消费和绿色发展的理念进一步增强。

标签：绿色采购　建材

难易程度：难★★★

5. 根据《财政部关于政府采购支持绿色建材促进建筑品质提升试点工作的通知》规定，财政部、住房和城乡建设部会同相关部门根据建材产品在政府采购工程中的应用情况、（　　）和相关产业升级发展方向等，结合有关国家标准、行业标准等绿色建材产品标准，制定发布绿色建筑和绿色建材政府采购基本要求。

A. 市场需求情况　　　　　　　　B. 市场供给情况

C. 市场导向情况　　　　　　　　D. 政府导向情况

答案：B

解析：《财政部关于政府采购支持绿色建材促进建筑品质提升试点工作的通知》（财库〔2020〕31号）的试点内容规定，形成绿色建筑和绿色建材政府采购需求标准。财政部、住房和城乡建设部会同相关部门根据建材产品在政府采购工程中的应用情况、市场供给情况和相关产业升级发展方向等，结合有关国家标准、行业标准等绿色建材产品标准，制定发布绿色建筑和绿色建材政府采购基本要求。

标签：绿色采购　建材

难易程度：易★

多 选 题

1.《财政部关于政府采购支持绿色建材促进建筑品质提升试点工作的通知》以习近平新时代中国特色社会主义思想为指导，牢固树立新发展理念，积极发挥（　　）。

A. 发挥政府采购的示范引领作用

B. 在政府采购工程中积极推广绿色建筑和绿色建材应用

C. 推进建筑业供给侧结构性改革

D. 促进绿色生产和绿色消费

E. 推动采购规模稳步增长

答案：ABCD

解析：《财政部关于政府采购支持绿色建材促进建筑品质提升试点工作的通知》（财库〔2020〕31号）在指导思想中规定，以习近平新时代中国特色社会主义思想为指导，牢固树立新发展理念，发挥政府采购的示范引领作用，在政府采购工程中积极推广绿色建筑和绿色建材应用，推进建筑业供给侧结构性改革，促进绿色生产和绿色消费，推动经济社会绿色发展。

标签：绿色采购 建材

难易程度：易★

2. 以下属于财政部关于政府采购支持绿色建材促进建筑品质提升试点工作的试点内容的有（ ）。

A. 形成绿色建筑和绿色建材政府采购需求标准

B. 落实绿色建材采购要求

C. 探索开展绿色建材批量集中采购

D. 严格建材价格合理化

E. 加强对绿色采购政策执行的监督检查

答案：ABCE

解析：《财政部关于政府采购支持绿色建材促进建筑品质提升试点工作的通知》（财库〔2020〕31号）的试点内容规定，形成绿色建筑和绿色建材政府采购需求标准。加强工程设计管理。落实绿色建材采购要求。探索开展绿色建材批量集中采购。严格工程施工和验收管理。加强对绿色采购政策执行的监督检查。

标签：绿色采购 建材

难易程度：易★

第十六章 《政府采购促进中小企业发展管理办法》相关试题

判断题

1. 采购人在政府采购活动中应当通过加强采购需求管理，落实预留采购份额、价格评审优惠、优先采购等措施，提高中小企业在政府采购中的份额，支持中小企业发展。　　　　　　　　　　　　　　　（　　）

答案： 正确

解析：《政府采购促进中小企业发展管理办法》（财库〔2020〕46号）第三条规定，采购人在政府采购活动中应当通过加强采购需求管理，落实预留采购份额、价格评审优惠、优先采购等措施，提高中小企业在政府采购中的份额，支持中小企业发展。

标签： 中小企业

难易程度： 易★

2. 在货物采购项目中，供应商提供的货物既有中小企业制造货物，也有大型企业制造货物的，也可享受《政府采购促进中小企业发展管理办法》规定的中小企业扶持政策。　　　　　　　　　　　　　（　　）

答案： 错误

解析：《政府采购促进中小企业发展管理办法》（财库〔2020〕46号）第四条规定，在货物采购项目中，供应商提供的货物既有中小企业制造货物，也有大型企业制造货物的，不享受本办法规定的中小企业扶持政策。以联合体形式参加政府采购活动，联合体各方均为中小企业的，联合体视同中小企业。

标签：中小企业

难易程度：易★

3. 以联合体形式参加政府采购活动，联合体各方均为中小企业的，联合体视同中小企业。其中，联合体各方均为小微企业的，联合体视同小微企业。

（   ）

答案：正确

解析：《政府采购促进中小企业发展管理办法》（财库〔2020〕46 号）第四条规定，以联合体形式参加政府采购活动，联合体各方均为中小企业的，联合体视同中小企业。其中，联合体各方均为小微企业的，联合体视同小微企业。

标签：中小企业

难易程度：易★

4. 依照《政府采购促进中小企业发展管理办法》规定，组成联合体或者接受分包的小微企业与联合体内其他企业、分包企业之间存在直接控股、管理关系的，不享受价格扣除优惠政策。（   ）

答案：正确

解析：《政府采购促进中小企业发展管理办法》（财库〔2020〕46 号）第九条规定，组成联合体或者接受分包合同的小微企业与联合体内其他企业、分包企业之间不得存在直接控股、管理关系的，不享受价格扣除优惠政策。

标签：中小企业

难易程度：易★

5. 中小企业参加政府采购活动，应当出具《政府采购促进中小企业发展管理办法》规定的《中小企业声明函》，否则不得享受相关中小企业扶持政策。（   ）

答案：正确

解析：《政府采购促进中小企业发展管理办法》（财库〔2020〕46 号）第十一条规定，第十一条：中小企业参加政府采购活动，应当出具本办法规定的《中小企业声明函》（附 1），否则不得享受相关中小企业扶持政策。任何单位和个人不得要求供应商提供《中小企业声明函》之外的中小企业身份证明文件。

标签：中小企业

难易程度：易★

6. 《政府采购促进中小企业发展管理办法》鼓励中小企业依法合规通过政府采购合同融资。　　　　　　　　　　　　　　　　　（　　）

答案：正确

解析：《政府采购促进中小企业发展管理办法》（财库〔2020〕46 号）第十五条规定，鼓励各地区、各部门在采购活动中允许中小企业引入信用担保手段，为中小企业在投标（响应）保证、履约保证等方面提供专业化服务。鼓励中小企业依法合规通过政府采购合同融资。

标签：中小企业

难易程度：易★

7. 对外援助项目、国家相关资格或者资质管理制度另有规定的项目，必须适用《政府采购促进中小企业发展管理办法》。　　　　　（　　）

答案：错误

解析：《政府采购促进中小企业发展管理办法》（财库〔2020〕46 号）第二十二条规定，对外援助项目、国家相关资格或者资质管理制度另有规定的项目，不适用本办法。

标签：中小企业

难易程度：易★

8. 采购人在政府采购活动中可以以企业注册资本、资产总额、营业收入、从业人员、利润、纳税额等规模条件和财务指标作为供应商的资格要求或者评审因素。　　　　　　　　　　　　　　　　　　（　　）

答案：错误

解析：《政府采购促进中小企业发展管理办法》（财库〔2020〕46 号）第五条规定，第五条：采购人在政府采购活动中应当合理确定采购项目的采购需求，不得以企业注册资本、资产总额、营业收入、从业人员、利润、纳税额等规模条件和财务指标作为供应商的资格要求或者评审因素，不得在企业股权结构、经营年限等方面对中小企业实行差别待遇或者歧视待遇。

标签：中小企业

难易程度：易★

9. 按照《政府采购促进中小企业发展管理办法》的规定，对于通过预留采购项目、预留专门采购包、要求以联合体形式参加或者合同分包等措施签订的采购合同，应当明确标注本合同为中小企业预留合同。　　　　（　　　）

答案：正确

解析：《政府采购促进中小企业发展管理办法》（财库〔2020〕46 号）第十四条规定，对于通过预留采购项目、预留专门采购包、要求以联合体形式参加或者合同分包等措施签订的采购合同，应当明确标注本合同为中小企业预留合同。

标签：中小企业

难易程度：易★

单选题

1.《政府采购促进中小企业发展管理办法》制定的目的为（　　　）、促进中小企业健康发展。

A. 推动国民经济稳定运行　　　　B. 提升政府采购合规水平

C. 促进政府采购绩效管理　　　　D. 发挥政府采购的政策功能

答案：D

解析：《政府采购促进中小企业发展管理办法》（财库〔2020〕46 号）第一条规定，第一条：为了发挥政府采购的政策功能，促进中小企业健康发展，根据《中华人民共和国政府采购法》、《中华人民共和国中小企业促进法》等有关法律法规，制定本办法。

标签：中小企业

难易程度：易★

2. 采购限额标准以上，（   ）万元以下的货物和服务采购项目、（   ）万元以下的工程采购项目，适宜由中小企业提供的，采购人应当专门面向中小企业采购。

A. 100；300

B. 200；300

C. 200；400

D. 400；500

答案：C

解析：《政府采购促进中小企业发展管理办法》（财库〔2020〕46 号）第七条规定，采购限额标准以上，200 万元以下的货物和服务采购项目、400 万元以下的工程采购项目，适宜由中小企业提供的，采购人应当专门面向中小企业采购。

标签：中小企业

难易程度：易★

3. 超过 200 万元的货物和服务采购项目、超过 400 万元的工程采购项目中适宜由中小企业提供的，预留该部分采购项目预算总额的（   ）以上专门面向中小企业采购，其中预留给小微企业的比例不低于（   ）。

A. 20%；40%

B. 20%；50%

C. 30%；60%

D. 30%；50%

答案：C

解析：《政府采购促进中小企业发展管理办法》（财库〔2020〕46 号）第八条规定，超过 200 万元的货物和服务采购项目、超过 400 万元的工程采购项目中适宜由中小企业提供的，预留该部分采购项目预算总额的 30% 以上专门面向中小企业采购，其中预留给小微企业的比例不低于 60%。

标签：中小企业

难易程度：中★★

4. 对于经主管预算单位统筹后未预留份额专门面向中小企业采购的采购项目，以及预留份额项目中的非预留部分采购包，采购人、采购代理机构应当对符合本办法规定的小微企业报价给予（　　）（工程项目为3%～5%）的扣除，用扣除后的价格参加评审。

A. 6%～10%　　　　　　　　B. 4%～8%

C. 5%～10%　　　　　　　　D. 8%～12%

答案：A

解析：《政府采购促进中小企业发展管理办法》（财库〔2020〕46号）第九条规定，对于经主管预算单位统筹后未预留份额专门面向中小企业采购的采购项目，以及预留份额项目中的非预留部分采购包，采购人、采购代理机构应当对符合本办法规定的小微企业报价给予6%～10%（工程项目为3%～5%）的扣除，用扣除后的价格参加评审。

标签：中小企业

难易程度：中★★

5. 在经主管预算单位统筹后未预留份额专门面向中小企业采购的采购项目，以及预留份额项目中的非预留部分采购包中，适用招标投标法的政府采购工程建设项目，采用综合评估法但未采用低价优先法计算价格分的，评标时应当在采用原报价进行评分的基础上增加其价格得分的（　　）作为其价格分。

A. 2%～5%　　　　　　　　B. 3%～5%

C. 3%～6%　　　　　　　　D. 2%～6%

答案：B

解析：《政府采购促进中小企业发展管理办法》（财库〔2020〕46号）第九条规定，适用招标投标法的政府采购工程建设项目，采用综合评估法但未采用低价优先法计算价格分的，评标时应当在采用原报价进行评分的基础上增加其价格得分的3%～5%作为其价格分。

标签：中小企业

难易程度：易★

6. 接受大中型企业与小微企业组成联合体或者允许大中型企业向一家或者多家小微企业分包的采购项目，对于联合协议或者分包意向协议约定小微企业的合同份额占到合同总金额（　　）以上的，采购人、采购代理机构应当对联合体或者大中型企业的报价给予2%～3%（工程项目为1%～2%）的扣除，用扣除后的价格参加评审。

A. 15%　　　　　B. 20%　　　　　C. 25%　　　　　D. 30%

答案：D

解析：《政府采购促进中小企业发展管理办法》（财库〔2020〕46号）第九条规定，接受大中型企业与小微企业组成联合体或者允许大中型企业向一家或者多家小微企业分包的采购项目，对于联合协议或者分包意向协议约定小微企业的合同份额占到合同总金额30%以上的，采购人、采购代理机构应当对联合体或者大中型企业的报价给予2%～3%（工程项目为1%～2%）的扣除，用扣除后的价格参加评审。

标签：中小企业

难易程度：易★

7. 在接受大中型企业与小微企业组成联合体或者允许大中型企业向一家或者多家小微企业分包的采购项目中，适用招标投标法的政府采购工程建设项目，采用综合评估法但未采用低价优先法计算价格分的，评标时应当在采用原报价进行评分的基础上增加其价格得分的（　　）作为其价格分。

A. 1%～2%　　　　　　　　　B. 1%～3%

C. 2%～3%　　　　　　　　　D. 2%～4%

答案：A

解析：《政府采购促进中小企业发展管理办法》（财库〔2020〕46号）第九条规定，适用招标投标法的政府采购工程建设项目，采用综合评估法但未采用低价优先法计算价格分的，评标时应当在采用原报价进行评分的基础上增加其价格得分的 1% ~2% 作为其价格分。

标签：中小企业

难易程度：易★

8.《政府采购促进中小企业发展管理办法》规定，"采购人应当严格按照本办法规定和主管预算单位制定的预留采购份额具体方案开展采购活动。预留份额的采购项目或者采购包，通过发布公告方式邀请供应商后，符合资格条件的中小企业数量不足（　　　）家的，应当中止采购活动，视同未预留份额的采购项目或者采购包，按照本办法第九条有关规定重新组织采购活动。"

A. 3　　　　　　B. 4　　　　　　C. 5　　　　　　D. 6

答案：A

解析：《政府采购促进中小企业发展管理办法》（财库〔2020〕46号）第十条规定，采购人应当严格按照本办法规定和主管预算单位制定的预留采购份额具体方案开展采购活动。预留份额的采购项目或者采购包，通过发布公告方式邀请供应商后，符合资格条件的中小企业数量不足3家的，应当中止采购活动，视同未预留份额的采购项目或者采购包。

标签：中小企业

难易程度：易★

9.《政府采购促进中小企业发展管理办法》规定，主管预算单位应当自（　　　）年起向同级财政部门报告本部门上一年度面向中小企业预留份额和采购的具体情况，并在中国政府采购网公开预留项目执行情况。

A. 2021　　　　　B. 2022　　　　　C. 2023　　　　　D. 2024

答案：B

解析：《政府采购促进中小企业发展管理办法》（财库〔2020〕46号）第十八条规定，主管预算单位应当自2022年起向同级财政部门报告本部门上一年度面向中小企业预留份额和采购的具体情况，并在中国政府采购网公开预留项目执行情况。未达到本办法规定的预留份额比例的，应当作出说明。

标签：中小企业

难易程度：中★★

10. 政府采购监督检查、投诉处理及政府采购行政处罚中对中小企业的认定，由货物制造商或者工程、服务供应商注册登记所在地的县级以上人民政府中小企业主管部门负责。中小企业主管部门应当在收到财政部门或者有关招标投标行政监督部门关于协助开展中小企业认定函后（　　）个工作日内做出书面答复。

A. 5　　　　　　B. 7　　　　　　C. 10　　　　　　D. 15

答案：C

解析：《政府采购促进中小企业发展管理办法》（财库〔2020〕46 号）第十六条规定，政府采购监督检查、投诉处理及政府采购行政处罚中对中小企业的认定，由货物制造商或者工程、服务供应商注册登记所在地的县级以上人民政府中小企业主管部门负责。中小企业主管部门应当在收到财政部门或者有关招标投标行政监督部门关于协助开展中小企业认定函后 10 个工作日内做出书面答复。

标签：中小企业

难易程度：难★★★

11. 超过 200 万元的货物和服务采购项目、超过 400 万元的工程采购项目中适宜由中小企业提供的，预留该部分采购项目预算总额的 30% 以上专门面向中小企业采购，其中预留给小微企业的比例不低于 60%。预留份额通过除（　　）外的措施进行。

A. 将采购项目整体或者设置采购包专门面向中小企业采购

B. 要求供应商以集体采购的形式参加采购活动，且联合体总体承担达到一定比例

C. 要求供应商以联合体形式参加采购活动，且联合体中中小企业承担的部分达到一定比例

D. 要求获得采购合同的供应商将采购项目中的一定比例分包给一家或者多家中小企业

答案：B

解析：《政府采购促进中小企业发展管理办法》（财库〔2020〕46号）第八条规定，预留份额通过下列措施进行：

（一）将采购项目整体或者设置采购包专门面向中小企业采购；

（二）要求供应商以联合体形式参加采购活动，且联合体中中小企业承担的部分达到一定比例；

（三）要求获得采购合同的供应商将采购项目中的一定比例分包给一家或者多家中小企业。

标签：中小企业

难易程度：中★★

多选题

1. 在政府采购活动中，供应商提供的货物、工程或者服务符合下列哪些情形的，享受《政府采购促进中小企业发展管理办法》规定的中小企业扶持政策。（ ）

A. 在服务采购项目中，服务由中小企业承接，但实际提供服务的人员为大企业

B. 在货物采购项目中，货物由中小企业制造，即货物由中小企业生产且使用该中小企业商号或者注册商标

C. 在货物采购项目中，货物由大企业制造，但使用其他中小企业商号或者注册商标

D. 在工程采购项目中，工程由中小企业承建，即工程施工单位为中小企业

E. 在服务采购项目中，服务由中小企业承接，即提供服务的人员为中小企业依照《中华人民共和国劳动合同法》订立劳动合同的从业人员

答案：BDE

解析:《政府采购促进中小企业发展管理办法》(财库〔2020〕46号)第四条规定"在政府采购活动中,供应商提供的货物、工程或者服务符合下列情形的,享受本办法规定的中小企业扶持政策:

(一)在货物采购项目中,货物由中小企业制造,即货物由中小企业生产且使用该中小企业商号或者注册商标;

(二)在工程采购项目中,工程由中小企业承建,即工程施工单位为中小企业;

(三)在服务采购项目中,服务由中小企业承接,即提供服务的人员为中小企业依照《中华人民共和国劳动合同法》订立劳动合同的从业人员。"

标签:中小企业

难易程度:中★★

2. 政府采购中可不专门面向中小企业预留采购份额的情形包括(　　)。

A. 法律法规和国家有关政策明确规定优先或者应当面向事业单位、社会组织等非企业主体采购的

B. 因确需使用不可替代的专利、专有技术,基础设施限制,或者提供特定公共服务等原因,只能从中小企业之外的供应商处采购的

C. 集中采购机构代理采购项目

D. 按照本办法规定预留采购份额无法确保充分供应、充分竞争,或者存在可能影响政府采购目标实现的情形

E. 框架协议采购项目

答案:ABDE

解析:《政府采购促进中小企业发展管理办法》(财库〔2020〕46号)第六条规定,主管预算单位应当组织评估本部门及所属单位政府采购项目,统筹制定面向中小企业预留采购份额的具体方案,对适宜由中小企业提供的采购项目和采购包,预留采购份额专门面向中小企业采购,并在政府采购预算中单独列示。符合下列情形之一的,可不专门面向中小企业预留采购份额:

(一)法律法规和国家有关政策明确规定优先或者应当面向事业单位、社

会组织等非企业主体采购的；

（二）因确需使用不可替代的专利、专有技术，基础设施限制，或者提供特定公共服务等原因，只能从中小企业之外的供应商处采购的；

（三）按照本办法规定预留采购份额无法确保充分供应、充分竞争，或者存在可能影响政府采购目标实现的情形；

（四）框架协议采购项目；

（五）省级以上人民政府财政部门规定的其他情形。除上述情形外，其他均为适宜由中小企业提供的情形。

标签： 中小企业

难易程度： 易★

3. 采购项目涉及中小企业采购的，采购文件应当明确以下内容中的（   ）。

A. 明确采购标的对应的中小企业划分标准所属行业

B. 预留份额的采购项目或者采购包，明确该项目或相关采购包专门面向中小企业采购，以及相关标的及预算金额

C. 要求以联合体形式参加或者合同分包的，明确联合协议或者分包意向协议中中小企业合同金额应当达到的比例，并作为供应商资格条件

D. 非预留份额的采购项目或者采购包，明确有关价格扣除比例或者价格分加分比例

E. 规定依据本办法规定享受扶持政策获得政府采购合同的，小微企业可以将合同分包给大中型企业，中型企业不得将合同分包给大型企业

答案： ABCD

解析：《政府采购促进中小企业发展管理办法》（财库〔2020〕46号）第十二条规定，采购项目涉及中小企业采购的，采购文件应当明确以下内容：

（一）预留份额的采购项目或者采购包，明确该项目或相关采购包专门面向中小企业采购，以及相关标的及预算金额；

（二）要求以联合体形式参加或者合同分包的，明确联合协议或者分包意向协议中中小企业合同金额应当达到的比例，并作为供应商资格条件；

（三）非预留份额的采购项目或者采购包，明确有关价格扣除比例或者价格分加分比例；

（四）依据本办法规定享受扶持政策获得政府采购合同的小微企业，不得将合同分包给大中型企业，中型企业不得将合同分包给大型企业；

（五）采购人认为具备相关条件的，明确对中小企业在资金支付期限、预付款比例等方面的优惠措施；

（六）明确采购标的对应的中小企业划分标准所属行业；

（七）法律法规和省级以上人民政府财政部门规定的其他事项。

标签：中小企业

难易程度：中★★

第十七章 《关于政府采购进口产品管理有关问题的通知》相关试题

判 断 题

1. 根据《中华人民共和国政府采购法》的规定，《政府采购进口产品管理办法》（财库〔2007〕119 号）文件的适用范围为，各级国家机关、事业单位和团体组织使用财政性资金采购市级以上人民政府公布的政策集中采购目录以内或者采购限额标准以上的进口产品。　　　　　　　（　　）

答案：错误

解析：《关于政府采购进口产品管理有关问题的通知》（财办库〔2008〕248 号）第一条规定，根据《中华人民共和国政府采购法》的规定，财库〔2007〕119 号文件的适用范围为，各级国家机关、事业单位和团体组织使用财政性资金采购省级以上人民政府公布的政策集中采购目录以内或者采购限额标准以上的进口产品。

标签：进口产品管理

难易程度：易★

2. 根据《中华人民共和国海关法》规定，我国现行关境是指适用海关法的中华人民共和国行政管辖区域，包括香港、澳门和台湾金马等单独关境地区。　　　　　　　　　　　　　　　　　　　　　（　　）

答案：错误

解析：《关于政府采购进口产品管理有关问题的通知》（财办库〔2008〕248 号）第二条第一款规定，根据《中华人民共和国海关法》（以下简称海关法）的规定，我国现行关境是指适用海关法的中华人民共和国行政管辖区域，不包括香港、澳门和台湾金马等单独关境地区。

标签： 进口产品管理

难易程度： 易★

3. 保税区、出口加工区、保税港区、珠澳港区、珠澳跨境工业区珠海园区、中哈霍尔果斯国际边境合作中心中方配套区、综合保税区等区域，为海关特殊监管区域，这些区域仅在关税待遇及贸易管制方面实施同于我国关境内其他地区的特殊政策，仍属于中华人民共和国关境内区域，由海关按照海关法实施监管。（　　）

答案： 错误

解析：《关于政府采购进口产品管理有关问题的通知》（财办库〔2008〕248号）第二条第二款规定，保税区、出口加工区、保税港区、珠澳港区、珠澳跨境工业区珠海园区、中哈霍尔果斯国际边境合作中心中方配套区、综合保税区等区域，为海关特殊监管区域，这些区域仅在关税待遇及贸易管制方面实施不同于我国关境内其他地区的特殊政策，但仍属于中华人民共和国关境内区域，由海关按照海关法实施监管。

标签： 进口产品管理

难易程度： 易★

4. 保税区、出口加工区、保税港区、珠澳港区、珠澳跨境工业区珠海园区、中哈霍尔果斯国际边境合作中心中方配套区、综合保税区等区域，为海关特殊监管区域，凡在海关特殊监管区域内企业生产或加工（包括从境外进口料件）销往境内其他地区的产品，不作为政府采购项下进口产品。（　　）

答案： 正确

解析：《关于政府采购进口产品管理有关问题的通知》（财办库〔2008〕248号）第二条第二款规定，保税区、出口加工区、保税港区、珠澳港区、珠澳跨境工业区珠海园区、中哈霍尔果斯国际边境合作中心中方配套区、综合保税区等区域，为海关特殊监管区域，这些区域仅在关税待遇及贸易管制方面实施不同于我国关境内其他地区的特殊政策，但仍属于中华人民共和国关境内区域，由海关按照海关法实施监管。因此，凡在海关特殊监管区域内企业生产或加工（包括从境外进口料件）销往境内其他地区的产品，不作为政府采购项下进口产品。

标签：进口产品管理

难易程度：易★

5. 保税区、出口加工区、保税港区、珠澳港区、珠澳跨境工业区珠海园区、中哈霍尔果斯国际边境合作中心中方配套区、综合保税区等区域，为海关特殊监管区域，对从境外进入海关特殊监管区域，再经办理报关手续后从海关特殊监管区进入境内其他地区的产品，应当设定为进口产品。

（　　）

答案：正确

解析：《关于政府采购进口产品管理有关问题的通知》（财办库〔2008〕248号）第二条第二款规定，保税区、出口加工区、保税港区、珠澳港区、珠澳跨境工业区珠海园区、中哈霍尔果斯国际边境合作中心中方配套区、综合保税区等区域，为海关特殊监管区域，这些区域仅在关税待遇及贸易管制方面实施不同于我国关境内其他地区的特殊政策，但仍属于中华人民共和国关境内区域，由海关按照海关法实施监管。

标签：进口产品管理

难易程度：易★

6.《政府采购进口产品管理办法》（财库〔2007〕119号）文件规定的国家限制进口产品，是指商务部、发展改革委、科技部等部门制订的相关目录。

（　　）

答案：正确

解析：《关于政府采购进口产品管理有关问题的通知》（财办库〔2008〕248号）第四条规定，财库〔2007〕119号文件规定的国家限制进口产品，是指商务部、发展改革委、科技部等部门制订的相关目录。采购人采购产品属于国家限制进口产品时，除需要向设区的市、自治州以上人民政府财政部门（以下简称财政部门）出具专家论证意见外，还要同时出具产品所属行业主管部门的意见。

标签：进口产品管理

难易程度：易★

7. 采购人采购产品属于国家限制进口的重大科学仪器和装备时，除需要向设区的市、自治州以上人民政府财政部门出具专家论证意见外，只需要出具产品所属行业主管部门的意见。　　　　　　　　　　　（　　　）

答案：错误

解析：《关于政府采购进口产品管理有关问题的通知》（财办库〔2008〕248号）第四条规定，采购人采购产品属于国家限制进口产品时，除需要向设区的市、自治州以上人民政府财政部门（以下简称财政部门）出具专家论证意见外，还要同时出具产品所属行业主管部门的意见，其中，属于国家限制进口的重大科学仪器和装备的，应当出具科技部的意见。

标签：进口产品管理

难易程度：中★★

8. 采购人采购产品属于国家限制进口的重大科学仪器和装备的，除需要向设区的市、自治州以上人民政府财政部门出具专家论证意见外，还要同时出具产品所属行业主管部门、发展改革委的意见。　　　　（　　　）

答案：错误

解析：《关于政府采购进口产品管理有关问题的通知》（财办库〔2008〕248号）第四条规定，采购人采购产品属于国家限制进口产品时，除需要向设区的市、自治州以上人民政府财政部门（以下简称财政部门）出具专家论证意见外，还要同时出具产品所属行业主管部门的意见，其中，属于国家限制进口的重大科学仪器和装备的，应当出具科技部的意见。

标签：进口产品管理

难易程度：中★★

9. 采购人采购产品属于国家限制进口产品时，除需要向设区的市、自治州以上人民政府财政部门出具专家论证意见外，还要同时出具产品所属行业

主管部门的意见，当采购人的行政主管部门也是采购产品所属行业主管部门时，以产品所属行业主管部门出具意见。 （　　）

答案：正确

解析：《关于政府采购进口产品管理有关问题的通知》（财办库〔2008〕248号）第四条规定，当采购人的行政主管部门也是采购产品所属行业主管部门时，以产品所属行业主管部门出具意见。

标签：进口产品管理

难易程度：易★

10. 采购人采购产品属于国家限制进口产品时，除需要向设区的市、自治州以上人民政府财政部门出具专家论证意见外，还要同时出具产品所属行业主管部门的意见，当采购人的行政主管部门与采购产品所属行业主管部门不一致时，以采购人的行政主管部门出具的意见为有效意见。 （　　）

答案：错误

解析：《关于政府采购进口产品管理有关问题的通知》（财办库〔2008〕248号）第四条规定，当采购人的行政主管部门与采购产品所属行业主管部门不一致时，仍以产品所属行业主管部门出具的意见为有效意见。

标签：进口产品管理

难易程度：中★★

11. 采购人采购进口产品时，必须在采购活动开始前向财政部门提出申请并获得财政部门审核同意后，才能开展采购活动。 （　　）

答案：正确

解析：《关于政府采购进口产品管理有关问题的通知》（财办库〔2008〕248号）第五条规定，采购人采购进口产品时，必须在采购活动开始前向财政部门提出申请并获得财政部门审核同意后，才能开展采购活动。

标签：进口产品管理

难易程度：易★

12. 采购人采购进口产品时，采购活动组织开始后才报经财政部门审核同

意的采购活动，属于违法行为。 （　　）

答案：正确

解析：《关于政府采购进口产品管理有关问题的通知》（财办库〔2008〕248 号）第五条规定，采购活动组织开始后才报经财政部门审核同意的采购活动，属于违法行为。

标签：进口产品管理

难易程度：易★

13. 采购人未在采购文件中明确规定不允许进口产品参加的，视为允许进口产品参加。 （　　）

答案：错误

解析：《关于政府采购进口产品管理有关问题的通知》（财办库〔2008〕248 号）第五条规定，在采购活动开始前没有获得财政部门同意而开展采购活动的，视同为拒绝采购进口产品，应当在采购文件中明确作出不允许进口产品参加的规定。未在采购文件中明确规定不允许进口产品参加的，也视为拒绝进口产品参加。

标签：进口产品管理

难易程度：中★★

14. 财政部门审核同意购买进口产品的，应当在采购文件中明确规定采购进口产品，国内产品不得参与采购竞争。 （　　）

答案：错误

解析：《关于政府采购进口产品管理有关问题的通知》（财办库〔2008〕248 号）第五条规定，财政部门审核同意购买进口产品的，应当在采购文件中明确规定可以采购进口产品，但如果因信息不对称等原因，仍有满足需求的国内产品要求参与采购竞争的，采购人及其委托的采购代理机构不得对其加以限制，应当按照公平竞争原则实施采购。

标签：进口产品管理

难易程度：中★★

15. 对于实行协议供货的政府集中采购目录产品，集中采购机构在组织采购中，进口产品不得入围。 （ ）

答案：错误

解析：《关于政府采购进口产品管理有关问题的通知》（财办库〔2008〕248号）第六条规定，对于实行协议供货的政府集中采购目录产品，集中采购机构在组织采购中，可以不限制进口产品入围，但采购人在采购入围进口产品前，需要报经财政部门审核同意。

标签：进口产品管理

难易程度：中★★

16. 对于非协议供货的政府集中采购目录产品，采购人没有出具财政部门同意采购进口产品审核意见的，集中采购机构一律不得为其组织采购进口产品。 （ ）

答案：正确

解析：《关于政府采购进口产品管理有关问题的通知》（财办库〔2008〕248号）第六条第一款规定，对于非协议供货的政府集中采购目录产品，采购人没有出具财政部门同意采购进口产品审核意见的，集中采购机构一律不得为其组织采购进口产品。

标签：进口产品管理

难易程度：易★

17. 实行批量审核的进口产品，经财政部门审核同意后，在下一年度内随时按规定组织购买，无需再逐一申请报批。 （ ）

答案：错误

解析：《关于政府采购进口产品管理有关问题的通知》（财办库〔2008〕248号）第六条第二款规定，对于政府集中采购目录内的、采购量小且采购次数多的经常性产品，可以实行批量审核，即采购人向财政部门提出一揽子采购进口产品清单的申请、所需证明材料和采购计划，经财政部门审核同意后，在本年内随时按规定组织购买，无需再逐一申请报批。

标签：进口产品管理

难易程度：中★★

18. 财政部门应当制定相应的论证专家考核标准和监督办法，加强对论证专家的管理，确保论证意见科学准确，原则上可以承担或组织其专家论证工作。 （　　　）

答案：错误

解析：《关于政府采购进口产品管理有关问题的通知》（财办库〔2008〕248 号）第七条规定，财政部门应当制定相应的论证专家考核标准和监督办法，加强对论证专家的管理，确保论证意见科学准确，原则上不得承担或组织其专家论证工作。

标签：进口产品管理

难易程度：中★★

单选题

1. 通过走私违法方式进口的产品，由于未进行进口申报，不存在进口报关记录，因此，应当通过商品或者其包装上的（　　　）等其他证据来间接证明其为境外生产的产品。

A. 供应商标识　　B. 原产地标识　　C. 消费地标识　　D. 生产商标识

答案：B

解析：《关于政府采购进口产品管理有关问题的通知》（财办库〔2008〕248 号）第三条规定，通过走私违法方式进口的产品，由于未进行进口申报，不存在进口报关记录，因此，应当通过商品或其包装上的原产地标识等其他证据来间接证明其为境外生产的产品。

标签：进口产品管理

难易程度：易★

2. 采购人采购产品属于国家限制进口产品时，除需要向设区的市、自治州以上人民政府财政部门出具专家论证意见外，还要同时出具产品所属行业主管部门的意见，其中，产品属于国家限制进口的重大技术装备和重大产业技术的，应当出具（　　）的意见。

　　A. 发展改革委　　B. 科技部　　　　C. 财政部　　　　D. 商务部

　　答案：A

　　解析：《关于政府采购进口产品管理有关问题的通知》（财办库〔2008〕248号）第四条规定，采购人采购产品属于国家限制进口产品时，除需要向设区的市、自治州以上人民政府财政部门（以下简称财政部门）出具专家论证意见外，还要同时出具产品所属行业主管部门的意见，其中，产品属于国家限制进口的重大技术装备和重大产业技术的，应当出具发展改革委的意见。

　　标签：进口产品管理

　　难易程度：中★★

3. 对于政府集中采购目录内的、采购量小且采购次数多的经常性产品，可以实行（　　），即采购人向财政部门提出一揽子采购进口产品清单的申请、所需证明材料和采购计划，经财政部门审核同意后，在本年内随时按规定组织购买，无需再逐一申请报批。

　　A. 集中审核　　　B. 分批审核　　　C. 批量审核　　　D. 汇总审核

　　答案：C

　　解析：《关于政府采购进口产品管理有关问题的通知》（财办库〔2008〕248号）第六条第二款规定，对于政府集中采购目录内的、采购量小且采购次数多的经常性产品，可以实行批量审核，即采购人向财政部门提出一揽子采购进口产品清单的申请、所需证明材料和采购计划，经财政部门审核同意后，在本年内随时按规定组织购买，无需再逐一申请报批。

　　标签：进口产品管理

　　难易程度：中★★

4. 进口产品专家论证意见原则上由采购人（　　），其论证专家应当是熟悉该产品，并且与采购人或采购代理机构没有经济和行政隶属等关系。

　　A. 咨询组织　　　B. 协助组织　　　C. 申请组织　　　D. 自行组织

答案：D

解析：《关于政府采购进口产品管理有关问题的通知》（财办库〔2008〕248 号）第七条规定，进口产品专家论证意见原则上由采购人自行组织，其论证专家应当是熟悉该产品，并且与采购人或采购代理机构没有经济和行政隶属等关系。

标签：进口产品管理

难易程度：易★

多选题

1. 通过正常渠道进口的产品，无论在境内流转多少次，尽管中间商业环节没有保留进口报关单证，但通过层层倒推，最终可以找到进口代理商或者进口收货人，从而可以向海关查询进口报关记录。这种方法一般适用于（　　）等商品。

A. 办公用品　　　　　B. 生产设备　　　　　C. 软件系统

D. 机械　　　　　　　E. 汽车

答案：BDE

解析：《关于政府采购进口产品管理有关问题的通知》（财办库〔2008〕248 号）第三条规定，通过正常渠道进口的产品，无论在境内流转多少次，尽管中间商业环节没有保留进口报关单证，但通过层层倒推，最终可以找到进口代理商或者进口收货人，从而可以向海关查询进口报关记录。这种方法一般适用于生产设备、机械、汽车等大宗商品。

标签：进口产品管理

难易程度：中★★

第十八章 《关于推进和完善服务项目政府采购有关问题的通知》相关试题

判断题

1. 根据《关于推进和完善服务项目政府采购有关问题的通知》，列入政府集中采购目录的服务项目，采购需求标准均由集中采购机构提出。（　　）

答案： 错误

解析：《关于推进和完善服务项目政府采购有关问题的通知》（财库〔2014〕37号）第一条规定，第一类为保障政府部门自身正常运转需要向社会购买的服务。第二类为政府部门为履行宏观调控、市场监管等职能需要向社会购买的服务。第三类为增加国民福利、受益对象特定，政府向社会公众提供的公共服务。

标签： 进口产品管理

难易程度： 中★★

2. 根据《关于推进和完善服务项目政府采购有关问题的通知》，采购人、集中采购机构应当明确相关岗位的职责和权限，确保政府采购需求制定与内部审批、采购文件准备与验收等不相容岗位分设。（　　）

答案： 正确

解析：《关于推进和完善服务项目政府采购有关问题的通知》（财库〔2014〕37号）第二条规定，采购人、集中采购机构应当明确相关岗位的职责和权限，确保政府采购需求制定与内部审批、采购文件准备与验收等不相容岗位分设。

标签：进口产品管理

难易程度：易★

3. 根据《关于推进和完善服务项目政府采购有关问题的通知》规定，采购人可以根据政府采购服务项目的需求特点，采用金额不固定、数量不固定、期限不固定、特许经营服务等新型合同类型。　　　　　（　　）

答案：正确

解析：《关于推进和完善服务项目政府采购有关问题的通知》（财库〔2014〕37号）第三条规定，积极探索新的政府采购合同类型。各地各部门可以根据政府采购服务项目的需求特点，灵活采用购买、委托、租赁、雇用等各种合同方式，探索研究金额不固定、数量不固定、期限不固定、特许经营服务等新型合同类型。

标签：进口产品管理

难易程度：易★

4. 根据《关于推进和完善服务项目政府采购有关问题的通知》，采购人或者集中采购机构应当按照采购合同规定组织履约验收，供应商提交的服务成果应当在政府采购网公开。　　　　　　　　　　　（　　）

答案：错误

解析：《关于推进和完善服务项目政府采购有关问题的通知》（财库〔2014〕37号）第三条规定，采购人或者集中采购机构应当按照采购合同规定组织履约验收，并出具验收书，验收书应当包括每一项服务要求的履约情况。第二类服务项目，供应商提交的服务成果应当在政府部门内部公开。

标签：进口产品管理

难易程度：中★★

5. 根据《关于推进和完善服务项目政府采购有关问题的通知》，以人为对象的公共服务项目，验收时还应邀请全部服务对象参与并出具意见。（　　）

答案：错误

解析：《关于推进和完善服务项目政府采购有关问题的通知》（财库〔2014〕37号）第四条规定，第三类服务项目，验收时可以邀请第三方评价机构参与并出具意见，验收结果应当向社会公告。以人为对象的公共服务项目，验收时还应按一定比例邀请服务对象参与并出具意见。

标签：进口产品管理

难易程度：中★★

单选题

1. 根据《关于推进和完善服务项目政府采购有关问题的通知》，根据现行政府采购品目分类，按照服务受益对象将服务项目分为（　　）类。

A. 三　　　　　　B. 四　　　　　　C. 五　　　　　　D. 六

答案：A

解析：《关于推进和完善服务项目政府采购有关问题的通知》（财库〔2014〕37号）第一条规定，根据现行政府采购品目分类，按照服务受益对象将服务项目分为三类。

标签：服务项目

难易程度：易★

2.《关于推进和完善服务项目政府采购有关问题的通知》要求，推进制定完整、明确、符合国家法律法规以及政府采购政策规定的服务采购需求标准。对于第三类服务项目，还应当征求（　　）的意见。

A. 供应商　　　　B. 采购人　　　　C. 专家　　　　D. 社会公众

答案：D

解析：《关于推进和完善服务项目政府采购有关问题的通知》（财库〔2014〕37号）第一条规定，推进制定完整、明确、符合国家法律法规以及政府采购政策规定的服务采购需求标准。对于第三类服务项目，还应当征求社会公众的意见。

标签：服务项目

难易程度：中★★

3.《关于推进和完善服务项目政府采购有关问题的通知》要求，推进制定完整、明确、符合国家法律法规以及政府采购政策规定的服务采购需求标准。（　　）中列入政府集中采购目录的服务项目，采购需求标准由集中采购机构提出。

A. 第一类　　　　B. 第二类　　　　C. 第三类　　　　D. 以上均是

答案：A

解析：《关于推进和完善服务项目政府采购有关问题的通知》（财库〔2014〕37 号）第二条规定，推进制定完整、明确、符合国家法律法规以及政府采购政策规定的服务采购需求标准。第一类中列入政府集中采购目录的服务项目，采购需求标准由集中采购机构提出。

标签：服务项目

难易程度：中★★

4. 根据《关于推进和完善服务项目政府采购有关问题的通知》，采购需求具有相对固定性、延续性且价格变化幅度小的服务项目，在年度预算能保障的前提下，采购人可以签订不超过（　　）年履行期限的政府采购合同。

A. 一　　　　　　B. 两　　　　　　C. 三　　　　　　D. 五

答案：C

解析：《关于推进和完善服务项目政府采购有关问题的通知》（财库〔2014〕37 号）第三条规定，采购需求具有相对固定性、延续性且价格变化幅度小的服务项目，在年度预算能保障的前提下，采购人可以签订不超过三年履行期限的政府采购合同。

标签：服务项目

难易程度：中★★

5.《关于推进和完善服务项目政府采购有关问题的通知》规定，（　　）服务项目，验收时可以邀请第三方评价机构参与并出具意见，验收结果应当向社会公告。

A. 第一类　　　　B. 第二类　　　　C. 第三类　　　　D. 以上均是

答案：C

解析：《关于推进和完善服务项目政府采购有关问题的通知》（财库〔2014〕37 号）第四条规定，第三类服务项目，验收时可以邀请第三方评价机构参与并出具意见，验收结果应当向社会公告。

标签：服务项目

难易程度：易★

多选题

1.《关于推进和完善服务项目政府采购有关问题的通知》规定，要按照"方式灵活、程序简便、竞争有序、结果评价"的原则，针对服务项目的不同特点，探索与之相适应的（　　），建立健全适应服务项目政府采购工作特点的新机制。

A. 采购预算　　　　B. 采购方式　　　　C. 评审制度

D. 合同类型　　　　E. 采购时间

答案：BCD

解析：《关于推进和完善服务项目政府采购有关问题的通知》（财库〔2014〕37 号）第一条规定，要按照"方式灵活、程序简便、竞争有序、结果评价"的原则，针对服务项目的不同特点，探索与之相适应的采购方式、评审制度与合同类型，建立健全适应服务项目政府采购工作特点的新机制。

标签：服务项目

难易程度：中★★

2. 根据现行政府采购品目分类，按照服务受益对象将服务项目分为三类。下列属于第一类为保障政府部门自身正常运转需要向社会购买的服务的有（   ）。

A. 公文印刷　　　　　B. 法规政策制定　　　　　C. 公车租赁

D. 物业管理　　　　　E. 系统维护

答案： ACDE

解析：《关于推进和完善服务项目政府采购有关问题的通知》（财库〔2014〕37号）第一条规定，根据现行政府采购品目分类，按照服务受益对象将服务项目分为三类：第一类为保障政府部门自身正常运转需要向社会购买的服务。如公文印刷、物业管理、公车租赁、系统维护等。第二类为政府部门为履行宏观调控、市场监管等职能需要向社会购买的服务。如法规政策、发展规划、标准制定的前期研究和后期宣传、法律咨询等。

标签： 服务项目

难易程度： 难★★★

3. 根据现行政府采购品目分类，按照服务受益对象将服务项目分为三类。下列属于第二类政府部门为履行宏观调控、市场监管等职能需要向社会购买的服务的有（   ）。

A. 系统维护　　　　　B. 发展规划　　　　　C. 法律咨询

D. 标准制定的前期研究　　E. 标准制定的后期宣传

答案： BCDE

解析：《关于推进和完善服务项目政府采购有关问题的通知》（财库〔2014〕37号）第一条规定，根据现行政府采购品目分类，按照服务受益对象将服务项目分为三类：第一类为保障政府部门自身正常运转需要向社会购买的服务。如公文印刷、物业管理、公车租赁、系统维护等。第二类为政府部门为履行宏观调控、市场监管等职能需要向社会购买的服务。如法规政策、发展规划、标准制定的前期研究和后期宣传、法律咨询等。

标签： 服务项目

难易程度： 易★

4. 根据现行政府采购品目分类，按照服务受益对象将服务项目分为三类。下列属于第三类为增加国民福利、受益对象特定，政府向社会公众提供的公共服务的有（ ）。

A. 公共设施管理服务　　B. 环境服务　　　　　C. 专业技术服务

D. 医疗卫生　　　　　　E. 社会服务

答案：ABCDE

解析：《关于推进和完善服务项目政府采购有关问题的通知》（财库〔2014〕37号）第一条规定，第三类为增加国民福利、受益对象特定，政府向社会公众提供的公共服务。包括：以物为对象的公共服务，如公共设施管理服务、环境服务、专业技术服务等；以人为对象的公共服务，如教育、医疗卫生和社会服务等。

标签：服务项目

难易程度：易★

5. 鼓励引入政府采购履约担保制度。对于（ ）的服务项目，可以探索运用市场化手段，引入政府采购信用担保，通过履约担保促进供应商保证服务效果，提高服务水平。

A. 金额较大　　　　　　B. 履约周期长　　　　C. 适用对象广

D. 社会影响面广　　　　E. 对供应商有较高信誉要求

答案：ABDE

解析：《关于推进和完善服务项目政府采购有关问题的通知》（财库〔2014〕37号）第四条规定，鼓励引入政府采购履约担保制度。对于金额较大、履约周期长、社会影响面广或者对供应商有较高信誉要求的服务项目，可以探索运用市场化手段，引入政府采购信用担保，通过履约担保促进供应商保证服务效果，提高服务水平。

标签：服务项目

难易程度：中★★

6. 建立绩效评价与后续采购相衔接的管理制度。按照全过程预算绩效管理制度要求，加强服务项目政府采购绩效评价，对项目的（ ）进行综合、客观评价。

A. 资金节约　　　　B. 政策效能　　　　C. 透明程度

D. 使用效率　　　　E. 专业化水平

答案： ABCE

解析：《关于推进和完善服务项目政府采购有关问题的通知》（财库〔2014〕37号）第五条规定，建立绩效评价与后续采购相衔接的管理制度。按照全过程预算绩效管理制度要求，加强服务项目政府采购绩效评价，对项目的资金节约、政策效能、透明程度以及专业化水平进行综合、客观评价。对于服务项目验收或者绩效评价结果优秀的供应商，在同类项目的采购中同等条件下可以优先考虑。

标签： 服务项目

难易程度： 中★★

7.《关于推进和完善服务项目政府采购有关问题的通知》要求，根据现行政府采购品目分类，按照服务受益对象将服务项目分为（　　）三类。

A. 保障政府部门自身正常运转需要向社会购买的服务

B. 政府部门为履行宏观调控、市场监管等职能需要向社会购买的服务

C. 为保障经济平稳运行、促进产业转型升级需要向社会购买的服务

D. 为增加国民福利、受益对象特定，政府向社会公众提供的公共服务

E. 为提高政府采购绩效、增强政府服务能力而向社会购买的公共服务

答案： ABD

解析：《关于推进和完善服务项目政府采购有关问题的通知》（财库〔2014〕37号）第一条规定，根据现行政府采购品目分类，按照服务受益对象将服务项目分为三类。第一类为保障政府部门自身正常运转需要向社会购买的服务。如公文印刷、物业管理、公车租赁、系统维护等。第二类为政府部门为履行宏观调控、市场监管等职能需要向社会购买的服务。如法规政策、发展规划、标准制定的前期研究和后期宣传、法律咨询等。第三类为增加国民福利、受益对象特定，政府向社会公众提供的公共服务。包括：以物为对象的公共服务，如公共设施管理服务、环境服务、专业技术服务等；以人为

对象的公共服务,如教育、医疗卫生和社会服务等。

标签:服务项目

难易程度:易★

8.《关于推进和完善服务项目政府采购有关问题的通知》要求,根据现行政府采购品目分类,按照服务受益对象将服务项目分为三类。下列( )属于第三类为增加国民福利、受益对象特定,政府向社会公众提供的公共服务中的以物为对象的公共服务。

A. 社会服务 B. 公共设施管理服务 C. 环境服务

D. 专业技术服务 E. 医疗卫生服务

答案:BCD

解析:《关于推进和完善服务项目政府采购有关问题的通知》(财库〔2014〕37号)第一条规定,第三类为增加国民福利、受益对象特定,政府向社会公众提供的公共服务。包括:以物为对象的公共服务,如公共设施管理服务、环境服务、专业技术服务等;以人为对象的公共服务,如教育、医疗卫生和社会服务等。

标签:服务项目

难易程度:易★

第十九章 《关于在政府采购活动中查询及使用信用记录有关问题的通知》相关试题

判 断 题

1. 在政府采购活动中查询及使用信用记录，对参与政府采购活动的供应商、采购代理机构及评审专家进行守信激励、失信约束，是政府相关部门开展协同监管和联合惩戒的重要举措。　　　　　　　　　　（　　）

答案： 正确

解析：《关于在政府采购活动中查询及使用信用记录有关问题的通知》（财库〔2016〕125号）第一条规定，高度重视信用记录查询及使用工作，在政府采购活动中查询及使用信用记录，对参与政府采购活动的供应商、采购代理机构及评审专家进行守信激励、失信约束，是政府相关部门开展协同监管和联合惩戒的重要举措。

标签： 信用记录

难易程度： 易★

2.《关于在政府采购活动中查询及使用信用记录有关问题的通知》规定，各级财政部门、采购人、采购代理机构应当通过"天眼查"网站查询相关主体信用记录。　　　　　　　　　　　　　　　　　（　　）

答案： 错误

解析：《关于在政府采购活动中查询及使用信用记录有关问题的通知》（财库〔2016〕125号）第二条规定，认真做好信用记录查询及使用工作，各级财政部门、采购人、采购代理机构应当通过"信用中国"网站（www.creditchina.gov.cn）、中国政府采购网（www.ccgp.gov.cn）等渠道查询相关主体信用记录，并采取必要方式做好信用信息查询记录和证据留存，信用信息查询记录及相关证据应当与其他采购文件一并保存。

标签：信用记录

难易程度：易★

3.《关于在政府采购活动中查询及使用信用记录有关问题的通知》规定，两个以上的自然人、法人或者其他组织组成一个联合体，以一个供应商的身份共同参加政府采购活动的，应当对牵头进行信用记录查询，牵头单位存在不良信用记录的，视同联合体存在不良信用记录。 （ ）

答案：错误

解析：《关于在政府采购活动中查询及使用信用记录有关问题的通知》（财库〔2016〕125号）第二条规定，认真做好信用记录查询及使用工作，两个以上的自然人、法人或者其他组织组成一个联合体，以一个供应商的身份共同参加政府采购活动的，应当对所有联合体成员进行信用记录查询，联合体成员存在不良信用记录的，视同联合体存在不良信用记录。

标签：信用记录

难易程度：易★

4.《关于在政府采购活动中查询及使用信用记录有关问题的通知》规定，对具有行贿、受贿、欺诈等不良信用记录的人员不得聘用为评审专家，已聘用的应当在评审事项结束后解聘。 （ ）

答案：错误

解析：《关于在政府采购活动中查询及使用信用记录有关问题的通知》（财库〔2016〕125号）第二条规定，认真做好信用记录查询及使用工作，各级财政部门应当在评审专家选聘及日常管理中查询有关信用记录，对具有行贿、受贿、欺诈等不良信用记录的人员不得聘用为评审专家，已聘用的应当及时解聘。

标签：信用记录

难易程度：易★

5.《关于在政府采购活动中查询及使用信用记录有关问题的通知》规定，采购人及采购代理机构应当妥善保管相关主体信用信息，不得用于政府采购以外事项。 （　　）

答案：正确

解析：《关于在政府采购活动中查询及使用信用记录有关问题的通知》（财库〔2016〕125 号）第二条规定，认真做好信用记录查询及使用工作，采购人及采购代理机构应当妥善保管相关主体信用信息，不得用于政府采购以外事项。

标签：信用记录

难易程度：易★

单 选 题

1.《关于在政府采购活动中查询及使用信用记录有关问题的通知》规定，各级财政部门、采购人、采购代理机构应当通过"（　　）"网站、中国政府采购网等渠道查询相关主体信用记录，并采取必要方式做好信用信息查询记录和证据留存，信用信息查询记录及相关证据应当与其他采购文件一并保存。

A. 采购信用　　　　B. 信用采购　　　　C. 信用中国　　　　D. 中国信用

答案：C

解析：《关于在政府采购活动中查询及使用信用记录有关问题的通知》（财库〔2016〕125 号）第二条规定，认真做好信用记录查询及使用工作，各级财政部门、采购人、采购代理机构应当通过"信用中国"网站（www.creditchina. gov. cn）、中国政府采购网（www. ccgp. gov. cn）等渠道查询相关主体信用记录，并采取必要方式做好信用信息查询记录和证据留存，信用信息查询记录及相关证据应当与其他采购文件一并保存。

标签：信用记录

难易程度：易★

多选题

1.《关于在政府采购活动中查询及使用信用记录有关问题的通知》规定，各地区各部门应当按照社会信用体系建设有关要求，根据社会信用体系建设情况，创造条件将相关主体的信用记录作为（　　　）的重要依据。

A. 编制预算

B. 供应商资格审查

C. 采购代理机构委托

D. 选聘评审专家

E. 履约验收

答案： BCD

解析：《关于在政府采购活动中查询及使用信用记录有关问题的通知》（财库〔2016〕125 号）第一条规定，高度重视信用记录查询及使用工作，在政府采购活动中查询及使用信用记录，对参与政府采购活动的供应商、采购代理机构及评审专家进行守信激励、失信约束，是政府相关部门开展协同监管和联合惩戒的重要举措。

标签： 信用记录

难易程度： 中★★

2.《关于在政府采购活动中查询及使用信用记录有关问题的通知》规定，采购人或者采购代理机构应当在采购文件中明确（　　　）等内容。

A. 信用信息查询的查询渠道

B. 信用信息查询的开始时点

C. 信用信息查询记录的具体方式

D. 信用信息的使用规则

E. 证据留存的具体方式

答案： ACDE

解析:《关于在政府采购活动中查询及使用信用记录有关问题的通知》（财库〔2016〕125 号）第二条规定，认真做好信用记录查询及使用工作，采购人或者采购代理机构应当在采购文件中明确信用信息查询的查询渠道及截止时点、信用信息查询记录和证据留存的具体方式、信用信息的使用规则等内容。

标签：信用记录

难易程度：易★

第二十章 《财政部关于进一步规范政府采购评审工作有关问题的通知》相关试题

判 断 题

1.《财政部关于进一步规范政府采购评审工作有关问题的通知》规定，评审委员会成员要依法集体协商评审，并对评审意见承担责任。 （　　）

答案：错误

解析：《财政部关于进一步规范政府采购评审工作有关问题的通知》（财库〔2012〕69号）第一条第二款规定，评审委员会成员要依法独立评审，并对评审意见承担个人责任。

标签：评审工作

难易程度：易★

2.《财政部关于进一步规范政府采购评审工作有关问题的通知》规定，评审委员会成员对需要共同认定的事项存在争议的，按照少数服从多数的原则做出结论。 （　　）

答案：正确

解析：《财政部关于进一步规范政府采购评审工作有关问题的通知》（财库〔2012〕69号）第一条第二款规定，评审委员会成员要依法独立评审，并对评审意见承担个人责任。

标签：评审工作

难易程度：易★

3.《财政部关于进一步规范政府采购评审工作有关问题的通知》规定，评审委员会成员对评审情况以及在评审过程中获悉的国家秘密、商业秘密不承担保密责任。　　　　　　　　　　　　　　　　　　　　　（　　）

答案： 错误

解析：《财政部关于进一步规范政府采购评审工作有关问题的通知》（财库〔2012〕69号）第一条第三款规定，评审委员会成员、采购人和采购代理机构工作人员、相关监督人员等与评审工作有关的人员，对评审情况以及在评审过程中获悉的国家秘密、商业秘密负有保密责任。

标签： 评审工作

难易程度： 易★

4.《财政部关于进一步规范政府采购评审工作有关问题的通知》规定，采购人、采购代理机构和评审委员会对非法干预评审工作等违法违规行为，应当及时向财政部门报告。　　　　　　　　　　　　　　　　（　　）

答案： 正确

解析：《财政部关于进一步规范政府采购评审工作有关问题的通知》（财库〔2012〕69号）第一条第四款规定，采购人、采购代理机构和评审委员会在评审工作中，要依法相互监督和制约，并自觉接受各级财政部门的监督。对非法干预评审工作等违法违规行为，应当及时向财政部门报告。

标签： 评审工作

难易程度： 易★

5.《财政部关于进一步规范政府采购评审工作有关问题的通知》规定，评审委员会如需要供应商对投标或响应文件有关事项作出澄清的，澄清事项可以超出投标或响应文件的范围，但不得实质性改变投标或响应文件的内容。

（　　）

答案： 错误

解析：《财政部关于进一步规范政府采购评审工作有关问题的通知》（财库〔2012〕69号）第二条第三款规定，评审委员会如需要供应商对投标或响应文件有关事项作出澄清的，应当给予供应商必要的反馈时间，但澄清事项不得超出投标或响应文件的范围，不得实质性改变投标或响应文件的内容，不得通过澄清等方式对供应商实行差别对待。

标签： 评审工作

难易程度： 易★

6.《财政部关于进一步规范政府采购评审工作有关问题的通知》规定，采购人需要在评审前介绍项目背景和技术需求的，应当事先提交书面介绍材料，书面介绍材料作为采购项目文件随其他文件一并存档。 （　　）

答案： 正确

解析：《财政部关于进一步规范政府采购评审工作有关问题的通知》（财库〔2012〕69号）第三条第一款规定，采购人需要在评审前介绍项目背景和技术需求的，应当事先提交书面介绍材料，介绍内容不得存在歧视性、倾向性意见，不得超出采购文件所述范围，书面介绍材料作为采购项目文件随其他文件一并存档。

标签： 评审工作

难易程度： 易★

7.《财政部关于进一步规范政府采购评审工作有关问题的通知》规定，评审委员会应当推选组长，但采购人代表不得担任组长。 （　　）

答案： 正确

解析：《财政部关于进一步规范政府采购评审工作有关问题的通知》（财库〔2012〕69号）第三条第一款规定，评审委员会应当推选组长，但采购人代表不得担任组长。

标签： 评审工作

难易程度： 易★

8.《财政部关于进一步规范政府采购评审工作有关问题的通知》规定，出现评审专家临时缺席、回避等情形导致评审现场专家数量不符合法定标准的，采购人或采购代理机构要按照有关程序及时补抽专家，继续组织评审。

（　　）

答案： 正确

解析：《财政部关于进一步规范政府采购评审工作有关问题的通知》（财库〔2012〕69 号）第四条第二款规定，出现评审专家临时缺席、回避等情形导致评审现场专家数量不符合法定标准的，采购人或采购代理机构要按照有关程序及时补抽专家，继续组织评审。如无法及时补齐专家，则要立即停止评审工作，封存采购文件和所有投标或响应文件，择期重新组建评审委员会进行评审。

标签： 评审工作

难易程度： 易 ★

单选题

1.《财政部关于进一步规范政府采购评审工作有关问题的通知》规定，评审专家库中相应专业类型专家不足的，采购人或采购代理机构应当按照不低于（　　）的比例向财政部门提供专家名单，经审核入库后随机抽取使用。

A. 1：1　　　　　B. 1：2　　　　　C. 1：3　　　　　D. 1：5

答案： C

解析：《财政部关于进一步规范政府采购评审工作有关问题的通知》（财库〔2012〕69 号）第四条第二款规定，评审专家库中相应专业类型专家不足的，采购人或采购代理机构应当按照不低于 1：3 的比例向财政部门提供专家名单，经审核入库后随机抽取使用。

标签： 评审工作

难易程度： 易 ★

多选题

1.《财政部关于进一步规范政府采购评审工作有关问题的通知》规定，采购人、采购代理机构要依法细化评审工作程序，组建评审委员会，并按规定程序组织评审，具体要求包括（　　）。

A. 要核实评审委员会成员身份，告知回避要求，宣布评审工作纪律和程序，介绍政府采购相关政策法规

B. 要根据评审委员会的要求解释采购文件，组织供应商澄清

C. 要对评审数据进行校对、核对，对畸高、畸低的重大差异评分可以提示采购人、采购代理机构复核或书面说明理由

D. 要对评审专家的专业技术水平、职业道德素质和评审工作等情况进行评价，并向财政部门反馈

E. 省级以上政府集中采购机构和政府采购甲级代理机构，应当对评审工作现场进行全过程录音录像，录音录像资料作为采购项目文件随其他文件一并存档

答案：ABDE

解析：《财政部关于进一步规范政府采购评审工作有关问题的通知》（财库〔2012〕69 号）第二条第一款规定，要核实评审委员会成员身份，告知回避要求，宣布评审工作纪律和程序，介绍政府采购相关政策法规；要根据评审委员会的要求解释采购文件，组织供应商澄清；要对评审数据进行校对、核对，对畸高、畸低的重大差异评分可以提示评审委员会复核或书面说明理由；要对评审专家的专业技术水平、职业道德素质和评审工作等情况进行评价，并向财政部门反馈。省级以上政府集中采购机构和政府采购甲级代理机构，应当对评审工作现场进行全过程录音录像，录音录像资料作为采购项目文件随其他文件一并存档。

标签：评审工作

难易程度：易★

2.《财政部关于进一步规范政府采购评审工作有关问题的通知》规定，评审委员会需要进行重点复核的情形有（　　　）。

A. 排名第一的投标人

B. 报价最低的投标人

C. 排名最后的投标人

D. 响应文件被认定为无效的投标人

E. 投标被认定为无效的投标人

答案： ABDE

解析：《财政部关于进一步规范政府采购评审工作有关问题的通知》（财库〔2012〕69号）第二条第三款规定，评审委员会要对评分汇总情况进行复核，特别是对排名第一的、报价最低的、投标或相应文件被认定为无效的情形进行重点复核，并根据评审结果推荐中标或成交候选供应商，或者根据采购人委托协议规定直接确定中标或成交供应商，起草并签署评审报告。

标签： 评审工作

难易程度： 中★★

3.《财政部关于进一步规范政府采购评审工作有关问题的通知》规定，评审委员会成员和评审工作有关人员不得（　　　）。

A. 明示或者暗示其倾向性、引导性意见

B. 修改或细化采购文件确定的评审程序、评审方法、评审因素和评审标准

C. 接受供应商主动提出的澄清和解释

D. 主动出具身份证明

E. 征询采购人代表的倾向性意见

答案： ABCE

解析：《财政部关于进一步规范政府采购评审工作有关问题的通知》（财库〔2012〕69号）第三条第三款规定，评审委员会成员和评审工作有关人员不得干预或者影响正常评审工作，不得明示或者暗示其倾向性、引导性意见，不得修改或细化采购文件确定的评审程序、评审方法、评审因素和评审标准，

不得接受供应商主动提出的澄清和解释，不得征询采购人代表的倾向性意见，不得协商评分，不得记录、复制或带走任何评审资料。

标签：评审工作

难易程度：易★

4.《财政部关于进一步规范政府采购评审工作有关问题的通知》规定，评审结果汇总完成后，采购人、采购代理机构和评审委员会均不得修改评审结果或者要求重新评审，但（　　）的情形除外。

A. 资格性检查认定错误

B. 分值汇总计算错误

C. 分项评分超出评分标准范围

D. 主观分评分不一致

E. 经评审委员会一致认定评分畸高、畸低

答案：ABCE

解析：《财政部关于进一步规范政府采购评审工作有关问题的通知》（财库〔2012〕69号）第三条第三款规定，评审结果汇总完成后，采购人、采购代理机构和评审委员会均不得修改评审结果或者要求重新评审，但资格性检查认定错误、分值汇总计算错误、分项评分超出评分标准范围、客观分评分不一致、经评审委员会一致认定评分畸高、畸低的情形除外。出现上述除外情形的，评审委员会应当现场修改评审结果，并在评审报告中明确记载。

标签：评审工作

难易程度：中★★

第二十一章 《政府采购评审专家管理办法》相关试题

判 断 题

1. 根据《政府采购评审专家管理办法》规定，评审专家是指经省级以上人民政府财政部门选聘，以独立身份参加政府采购评审，纳入评审专家库管理的人员。 （ ）

答案：正确

解析：《政府采购评审专家管理办法》（财库〔2016〕198号）第二条：本办法所称评审专家，是指经省级以上人民政府财政部门选聘，以独立身份参加政府采购评审，纳入评审专家库管理的人员。

标签：政府采购评审专家

难易程度：易★

2. 根据《政府采购评审专家管理办法》，省级以上人民政府财政部门通过公开征集、单位推荐相结合的方式选聘评审专家，不接受个人自我推荐。

（ ）

答案：错误

解析：《政府采购评审专家管理办法》（财库〔2016〕198号）第五条：省级以上人民政府财政部门通过公开征集、单位推荐和自我推荐相结合的方式选聘评审专家。

标签：政府采购评审专家　选聘与解聘

难易程度：易★

3. 根据《政府采购评审专家管理办法》规定，省级以上人民政府财政部门对申请人提交的申请材料、申报的评审专业和信用信息进行审核，符合条件的选聘为评审专家，纳入评审专家库管理。 （ ）

答案：正确

解析：《政府采购评审专家管理办法》（财库〔2016〕198 号）第九条：省级以上人民政府财政部门对申请人提交的申请材料、申报的评审专业和信用信息进行审核，符合条件的选聘为评审专家，纳入评审专家库管理。

标签：政府采购评审专家 选聘与解聘

难易程度：易★

4. 根据《政府采购评审专家管理办法》规定，评审专家工作单位、联系方式、专业技术职称、需要回避的信息等发生变化的，应当及时向相关县级以上人民政府财政部门申请变更相关信息。 （ ）

答案：错误

解析：《政府采购评审专家管理办法》（财库〔2016〕198 号）第十条：评审专家工作单位、联系方式、专业技术职称、需要回避的信息等发生变化的，应当及时向相关省级以上人民政府财政部门申请变更相关信息。

标签：政府采购评审专家 选聘与解聘

难易程度：易★

5. 根据《政府采购评审专家管理办法》规定，采购人应当从省级以上人民政府财政部门设立的评审专家库中随机抽取评审专家。 （ ）

答案：正确

解析：《政府采购评审专家管理办法》（财库〔2016〕198 号）第十二条：采购人或者采购代理机构应当从省级以上人民政府财政部门设立的评审专家库中随机抽取评审专家。评审专家库中相关专家数量不能保证随机抽取需要的，采购人或者采购代理机构可以推荐符合条件的人员，经审核选聘入库后再随机抽取使用。

标签：政府采购评审专家 抽取与使用

难易程度：易★

6. 根据《政府采购评审专家管理办法》规定，评审专家应当于评审活动结束后 5 日内，在政府采购信用评价系统中记录采购人或者采购代理机构的职责履行情况。 （　　）

答案：错误

解析：《政府采购评审专家管理办法》（财库〔2016〕198 号）第二十二条：评审专家应当于评审活动结束后 5 个工作日内，在政府采购信用评价系统中记录采购人或者采购代理机构的职责履行情况。

标签：政府采购评审专家　抽取与使用

难易程度：难★★★

7. 根据《政府采购评审专家管理办法》规定，省级人民政府财政部门负责建设本地区评审专家库并实行动态管理，与国家评审专家库互联互通、资源共享。 （　　）

答案：正确

解析：《政府采购评审专家管理办法》（财库〔2016〕198 号）第四条第二款：省级人民政府财政部门负责建设本地区评审专家库并实行动态管理，与国家评审专家库互联互通、资源共享。

标签：政府采购评审专家

难易程度：易★

8. 根据《政府采购评审专家管理办法》规定，采购项目评审应采取随机抽取评审专家的方式。 （　　）

答案：正确

解析：《政府采购评审专家管理办法》（财库〔2016〕198 号）第三条：评审专家实行统一标准、管用分离、随机抽取的管理原则。

标签：政府采购评审专家

难易程度：易★

9. 根据《政府采购评审专家管理办法》规定，技术复杂、专业性强的采购项目，通过随机方式难以确定合适评审专家的，经主管预算单位同意，采

购人可以自行选定相应专业领域的评审专家。 （　　）

答案： 正确

解析： 《政府采购评审专家管理办法》（财库〔2016〕198号）第十三条：技术复杂、专业性强的采购项目，通过随机方式难以确定合适评审专家的，经主管预算单位同意，采购人可以自行选定相应专业领域的评审专家。

标签： 政府采购评审专家　抽取与使用

难易程度： 易★

10. 根据《政府采购评审专家管理办法》规定，出现评审专家缺席、回避等情形导致评审现场专家数量不符合规定的，采购人不得补抽评审专家。

（　　）

答案： 错误

解析： 《政府采购评审专家管理办法》（财库〔2016〕198号）第十七条：出现评审专家缺席、回避等情形导致评审现场专家数量不符合规定的，采购人或者采购代理机构应当及时补抽评审专家，或者经采购人主管预算单位同意自行选定补足评审专家。无法及时补足评审专家的，采购人或者采购代理机构应当立即停止评审工作，妥善保存采购文件，依法重新组建评标委员会、谈判小组、询价小组、磋商小组进行评审。

标签： 政府采购评审专家　抽取与使用

难易程度： 易★

11. 根据《政府采购评审专家管理办法》规定，采购人应当于评审活动结束后5日内，在政府采购信用评价系统中记录监督人员的职责履行情况。

（　　）

答案： 错误

解析： 《政府采购评审专家管理办法》（财库〔2016〕198号）第二十一条第一款：采购人或者采购代理机构应当于评审活动结束后5个工作日内，在政府采购信用评价系统中记录评审专家的职责履行情况。

标签： 政府采购评审专家　抽取与使用

难易程度： 难★★★

12. 根据《政府采购评审专家管理办法》规定，申请人应当根据本人专业或专长申报评审专业。 （   ）

答案：正确

解析：《政府采购评审专家管理办法》（财库〔2016〕198号）第八条：申请人应当根据本人专业或专长申报评审专业。

标签：政府采购评审专家　选聘与解聘

难易程度：易★

13. 根据《政府采购评审专家管理办法》规定，评审专家应具有高级专业技术职称或同等专业水平且从事相关领域工作满8年，或者具有高级专业技术职称或同等专业水平。 （   ）

答案：错误

解析：《政府采购评审专家管理办法》（财库〔2016〕198号）第六条第二款：具有中级专业技术职称或同等专业水平且从事相关领域工作满8年，或者具有高级专业技术职称或同等专业水平。

标签：政府采购评审专家　选聘与解聘

难易程度：难★★★

14. 根据《政府采购评审专家管理办法》规定，采购人或者采购代理机构应当在评审活动开始前宣布评审工作纪律，并将记载评审工作纪律的书面文件作为采购文件一并存档。 （   ）

答案：正确

解析：《政府采购评审专家管理办法》（财库〔2016〕198号）第十五条：采购人或者采购代理机构应当在评审活动开始前宣布评审工作纪律，并将记载评审工作纪律的书面文件作为采购文件一并存档。

标签：政府采购评审专家　抽取与使用

难易程度：易★

15. 根据《政府采购评审专家管理办法》规定，各级财政部门政府采购监督管理工作人员，可以作为评审专家参与政府采购项目的评审活动。

（　　）

答案：错误

解析：《政府采购评审专家管理办法》（财库〔2016〕198号）第十六条：各级财政部门政府采购监督管理工作人员，不得作为评审专家参与政府采购项目的评审活动。

标签：政府采购评审专家　抽取与使用

难易程度：易★

16. 根据《政府采购评审专家管理办法》规定，评审专家对本单位的政府采购项目也可以评审专家身份参与评审活动。（　　）

答案：错误

解析：《政府采购评审专家管理办法》（财库〔2016〕198号）第十六条：除本办法第十三条规定的情形外，评审专家对本单位的政府采购项目只能作为采购人代表参与评审活动。

标签：政府采购评审专家　抽取与使用

难易程度：易★

17. 根据《政府采购评审专家管理办法》规定，省级以上人民政府财政部门可根据评审专家履职情况等因素设置阶梯抽取概率。（　　）

答案：正确

解析：《政府采购评审专家管理办法》（财库〔2016〕198号）第二十一条第三款：省级以上人民政府财政部门可根据评审专家履职情况等因素设置阶梯抽取概率。

标签：政府采购评审专家　抽取与使用

难易程度：易★

18. 根据《政府采购评审专家管理办法》规定，评审专家对评审报告有异议的，应当在评审报告上签署不同意见并说明理由，否则视为同意评审报告。（　　）

答案：正确

解析：《政府采购评审专家管理办法》（财库〔2016〕198 号）第十九条：评审专家应当在评审报告上签字，对自己的评审意见承担法律责任。对需要共同认定的事项存在争议的，按照少数服从多数的原则作出结论。对评审报告有异议的，应当在评审报告上签署不同意见并说明理由，否则视为同意评审报告。

标签：政府采购评审专家　抽取与使用

难易程度：易★

单选题

1. 根据《政府采购评审专家管理办法》规定，（　　）负责制定全国统一的评审专家专业分类标准和评审专家库建设标准，建设管理国家评审专家库；（　　）依法履行对评审专家的监督管理职责。

A. 省级人民政府；各级人民政府财政部门

B. 财政部；各级人民政府财政部门

C. 市级人民政府；各级人民政府财政部门

D. 市级人民政府财政部门；财政部

答案：B

解析：《政府采购评审专家管理办法》（财库〔2016〕198 号）第四条：财政部负责制定全国统一的评审专家专业分类标准和评审专家库建设标准，建设管理国家评审专家库。省级人民政府财政部门负责建设本地区评审专家库并实行动态管理，与国家评审专家库互联互通、资源共享。各级人民政府财政部门依法履行对评审专家的监督管理职责。

标签：政府采购评审专家

难易程度：易★

2. 根据《政府采购评审专家管理办法》规定，除采用竞争性谈判、竞争性磋商方式采购，以及异地评审的项目外，采购人或者采购代理机构抽取评审专家的开始时间原则上不得早于评审活动开始前（　　）。

A. 2 个工作日　　B. 5 个工作日　　C. 2 日　　　　　D. 5 日

答案： A

解析：《政府采购评审专家管理办法》（财库〔2016〕198 号）第十四条：除采用竞争性谈判、竞争性磋商方式采购，以及异地评审的项目外，采购人或者采购代理机构抽取评审专家的开始时间原则上不得早于评审活动开始前 2 个工作日。

标签： 政府采购评审专家　抽取与使用

难易程度： 难★★★

3. 根据《政府采购评审专家管理办法》规定，某市采购人发现评审专家有违法违规行为，应当及时向（　　）报告。

A. 采购人上级财政部门　　　　　　B. 财政部

C. 采购人本级财政部门　　　　　　D. 采购人本级人民政府

答案： C

解析：《政府采购评审专家管理办法》（财库〔2016〕198 号）第二十八条：采购人、采购代理机构发现评审专家有违法违规行为的，应当及时向采购人本级财政部门报告。

标签： 政府采购评审专家　监督管理

难易程度： 易★

4. 根据《政府采购评审专家管理办法》规定，集中采购目录内的项目，由（　　）支付评审专家劳务报酬；集中采购目录外的项目，由（　　）支付评审专家劳务报酬。

A. 采购人；采购人　　　　　　　　B. 集中采购机构；集中采购机构

C. 集中采购机构；采购人　　　　　D. 采购人；集中采购机构

答案： C

解析：《政府采购评审专家管理办法》（财库〔2016〕198 号）第二十三条：集中采购目录内的项目，由集中采购机构支付评审专家劳务报酬；集中采购目录外的项目，由采购人支付评审专家劳务报酬。

标签：政府采购评审专家　抽取与使用

难易程度：易★

5. 根据《政府采购评审专家管理办法》规定，（　　）应当根据实际情况，制定本地区评审专家劳务报酬标准。中央预算单位参照本单位所在地或评审活动所在地标准支付评审专家劳务报酬。

A. 省级人民政府财政部门

B. 省级人民政府

C. 县级及以上人民政府财政部门

D. 县级及以上人民政府

答案：A

解析：《政府采购评审专家管理办法》（财库〔2016〕198号）第二十四条：省级人民政府财政部门应当根据实际情况，制定本地区评审专家劳务报酬标准。中央预算单位参照本单位所在地或评审活动所在地标准支付评审专家劳务报酬。

标签：政府采购评审专家　抽取与使用

难易程度：易★

6. 根据《政府采购评审专家管理办法》规定，下列关于评审专家抽取与使用的相关说法错误的是（　　）。

A. 评审专家发现采购文件内容违反国家有关强制性规定或者采购文件存在歧义、重大缺陷导致评审工作无法进行时，应当停止评审并在采购人解决问题后重新展开评审

B. 评审专家应当配合答复供应商的询问、质疑和投诉等事项，不得泄露评审文件、评审情况和在评审过程中获悉的商业秘密

C. 评审专家发现供应商具有行贿、提供虚假材料或者串通等违法行为的，应当及时向财政部门报告

D. 评审专家在评审过程中受到非法干预的，应当及时向财政、监察等部门举报

答案：A

解析：《政府采购评审专家管理办法》（财库〔2016〕198号）第十八条：评审专家发现采购文件内容违反国家有关强制性规定或者采购文件存在歧义、重大缺陷导致评审工作无法进行时，应当停止评审并向采购人或者采购代理机构书面说明情况。评审专家应当配合答复供应商的询问、质疑和投诉等事项，不得泄露评审文件、评审情况和在评审过程中获悉的商业秘密。评审专家发现供应商具有行贿、提供虚假材料或者串通等违法行为的，应当及时向财政部门报告。评审专家在评审过程中受到非法干预的，应当及时向财政、监察等部门举报。

标签：政府采购评审专家　抽取与使用

难易程度：易★

7. 根据《政府采购评审专家管理办法》规定，下列不属于评审专家与参加采购活动的供应商存在利害关系应当回避的情形的是（　　）。

A. 参加采购活动前三年内，与供应商存在劳动关系，或者担任过供应商的董事、监事，或者是供应商的控股股东或实际控制人

B. 与供应商的法定代表人或者负责人有夫妻、直系血亲、三代以内旁系血亲或者近姻亲关系

C. 与供应商有其他可能影响政府采购活动公平、公正进行的关系

D. 采购单位工作人员作为评审专家

答案：D

解析：《政府采购评审专家管理办法》（财库〔2016〕198号）第十六条：评审专家与参加采购活动的供应商存在下列利害关系之一的，应当回避：

（一）参加采购活动前三年内，与供应商存在劳动关系，或者担任过供应商的董事、监事，或者是供应商的控股股东或实际控制人；

（二）与供应商的法定代表人或者负责人有夫妻、直系血亲、三代以内旁系血亲或者近姻亲关系；

（三）与供应商有其他可能影响政府采购活动公平、公正进行的关系。评审专家发现本人与参加采购活动的供应商有利害关系的，应当主动提出回避。采购人或者采购代理机构发现评审专家与参加采购活动的供应商有利害关系

的，应当要求其回避。

标签：政府采购评审专家　抽取与使用

难易程度：易★

8. 根据《政府采购评审专家管理办法》规定，下列关于政府采购评审专家管理的相关说法错误的是（　　）。

A. 评审专家实行统一标准、管用分离、随机抽取的管理原则

B. 财政部负责制定全国统一的评审专家专业分类标准和评审专家库建设标准，建设管理国家评审专家库

C. 省级人民政府财政部门负责建设本地区评审专家库并实行动态管理，与国家评审专家库互联互通、资源共享

D. 主管预算单位负责对评审专家的监督管理职责

答案：D

解析：《政府采购评审专家管理办法》（财库〔2016〕198 号）第三条：评审专家实行统一标准、管用分离、随机抽取的管理原则。第四条：财政部负责制定全国统一的评审专家专业分类标准和评审专家库建设标准，建设管理国家评审专家库。省级人民政府财政部门负责建设本地区评审专家库并实行动态管理，与国家评审专家库互联互通、资源共享。各级人民政府财政部门依法履行对评审专家的监督管理职责。

标签：政府采购评审专家

难易程度：易★

9. 根据《政府采购评审专家管理办法》规定，关于评审专家抽取与使用的相关说法错误的是（　　）。

A. 采购人应当从发改部门设立的评审专家库中随机抽取评审专家

B. 评审专家库中相关专家数量不能保证随机抽取需要的，采购人可以推荐符合条件的人员，经审核选聘入库后再随机抽取使用

C. 技术复杂、专业性强的采购项目，通过随机方式难以确定合适评审专家的，经主管预算单位同意，采购人可以自行选定相应专业领域的评审专家

D. 自行选定评审专家的，应当优先选择本单位以外的评审专家

答案： A

解析：《政府采购评审专家管理办法》（财库〔2016〕198 号）第十二条：采购人或者采购代理机构应当从省级以上人民政府财政部门设立的评审专家库中随机抽取评审专家。评审专家库中相关专家数量不能保证随机抽取需要的，采购人或者采购代理机构可以推荐符合条件的人员，经审核选聘入库后再随机抽取使用。该办法第十三条：技术复杂、专业性强的采购项目，通过随机方式难以确定合适评审专家的，经主管预算单位同意，采购人可以自行选定相应专业领域的评审专家。自行选定评审专家的，应当优先选择本单位以外的评审专家。

标签： 政府采购评审专家　抽取与使用

难易程度： 易★

多 选 题

1. 根据《政府采购评审专家管理办法》规定，关于评审专家应当具备的条件，正确的有（　　）。

A. 具有良好的职业道德，廉洁自律，遵纪守法，无行贿、受贿、欺诈等不良信用记录

B. 具有中级专业技术职称或同等专业水平且从事相关领域工作满 8 年，或者具有高级专业技术职称或同等专业水平

C. 熟悉政府采购相关政策法规

D. 承诺以独立身份参加评审工作，依法履行评审专家工作职责并承担相应法律责任的中国公民

E. 不满 65 周岁，身体健康，能够承担评审工作

答案： ABCD

解析：《政府采购评审专家管理办法》（财库〔2016〕198 号）第六条：评审专家应当具备以下条件：

（一）具有良好的职业道德，廉洁自律，遵纪守法，无行贿、受贿、欺诈等不良信用记录；

（二）具有中级专业技术职称或同等专业水平且从事相关领域工作满 8 年，或者具有高级专业技术职称或同等专业水平；

（三）熟悉政府采购相关政策法规；

（四）承诺以独立身份参加评审工作，依法履行评审专家工作职责并承担相应法律责任的中国公民；

（五）不满 70 周岁，身体健康，能够承担评审工作；

（六）申请成为评审专家前三年内，无本办法第二十九条规定的不良行为记录。对评审专家数量较少的专业，前款第（二）项、第（五）项所列条件可以适当放宽。

标签：政府采购评审专家　选聘与解聘

难易程度：易★

2. 在《政府采购评审专家管理办法》中，关于评审专家监督管理的相关规定，说法正确的有（　　　）。

A. 未按照采购文件规定的评审程序、评审方法和评审标准进行独立评审的评审专家要被列入不良行为记录

B. 评审专家未按照采购文件规定的评审程序、评审方法和评审标准进行独立评审或者泄露评审文件、评审情况的，不论其是否影响了中标、成交结果，都将被禁止其参加政府采购评审活动

C. 评审专家与供应商存在利害关系未回避的，处 2 万元以上 5 万元以下的罚款，禁止其参加政府采购评审活动

D. 评审专家收受采购人、采购代理机构、供应商贿赂或者获取其他不正当利益，构成犯罪的，依法追究刑事责任

E. 申请人或评审专家收受采购人、采购代理机构、供应商贿赂或者获取其他不正当利益的，将被列入不良行为记录

答案：ACDE

解析：《政府采购评审专家管理办法》（财库〔2016〕198 号）第二十七

条：评审专家未按照采购文件规定的评审程序、评审方法和评审标准进行独立评审或者泄露评审文件、评审情况的，由财政部门给予警告，并处2000元以上2万元以下的罚款；影响中标、成交结果的，处2万元以上5万元以下的罚款，禁止其参加政府采购评审活动。评审专家与供应商存在利害关系未回避的，处2万元以上5万元以下的罚款，禁止其参加政府采购评审活动。评审专家收受采购人、采购代理机构、供应商贿赂或者获取其他不正当利益，构成犯罪的，依法追究刑事责任；尚不构成犯罪的，处2万元以上5万元以下的罚款，禁止其参加政府采购评审活动。第二十九条：申请人或评审专家有下列情形的，列入不良行为记录：

（一）未按照采购文件规定的评审程序、评审方法和评审标准进行独立评审；

……

（四）收受采购人、采购代理机构、供应商贿赂或者获取其他不正当利益。

标签：政府采购评审专家 监督管理

难易程度：易★

3. 根据《政府采购评审专家管理办法》规定，评审专家存在以下情形之一的，省级以上人民政府财政部门应当将其解聘（ ）。

A. 泄露评审文件、评审情况

B. 本人申请不再担任评审专家

C. 与供应商存在利害关系未回避

D. 受到行政处罚

E. 以评审专家身份从事有损政府采购公信力的活动

答案：ABCE

解析：《政府采购评审专家管理办法》（财库〔2016〕198号）第十一条：评审专家存在以下情形之一的，省级以上人民政府财政部门应当将其解聘：

（一）不符合本办法第六条规定条件；

（二）本人申请不再担任评审专家；

（三）存在本办法第二十九条规定的不良行为记录；

（四）受到刑事处罚。

第二十九条：申请人或评审专家有下列情形的，列入不良行为记录：

……

（二）泄露评审文件、评审情况；

（三）与供应商存在利害关系未回避；

……

（七）以评审专家身份从事有损政府采购公信力的活动。

标签： 政府采购评审专家　选聘与解聘

难易程度： 易★

4. 根据《政府采购评审专家管理办法》规定，评审专家应当严格遵守评审工作纪律，按照客观、公正、审慎的原则，根据采购文件规定的（　　　）评审程序、评审方法和评审标准进行独立评审。

A. 采购公告　　　　　　B. 评审程序　　　　　　C. 评审方法

D. 合同条款　　　　　　E. 评审标准

答案： BCE

解析：《政府采购评审专家管理办法》（财库〔2016〕198号）第十八条：评审专家应当严格遵守评审工作纪律，按照客观、公正、审慎的原则，根据采购文件规定的评审程序、评审方法和评审标准进行独立评审。

标签： 政府采购评审专家　抽取与使用

难易程度： 易★

5. 根据《政府采购评审专家管理办法》规定，下列关于评审专家选聘与解聘的说法正确的有（　　　）。

A. 省级以上人民政府财政部门通过公开征集、单位推荐和自我推荐相结合的方式选聘评审专家

B. 申请人应当根据本人专业或专长申报评审专业

C. 省级以上人民政府财政部门对申请人提交的申请材料、申报的评审专业和信用信息进行审核，符合条件的选聘为评审专家，纳入评审专家库管理

D. 对于受到刑事处罚的评审专家，省级以上人民政府财政部门应当将其解聘

E. 评审专家工作单位、联系方式、专业技术职称、需要回避的信息等发生变化的，应当及时向财政部申请变更相关信息

答案： ABCD

解析：《政府采购评审专家管理办法》（财库〔2016〕198号）第五条：省级以上人民政府财政部门通过公开征集、单位推荐和自我推荐相结合的方式选聘评审专家。该办法第八条：申请人应当根据本人专业或专长申报评审专业。该办法第九条：省级以上人民政府财政部门对申请人提交的申请材料、申报的评审专业和信用信息进行审核，符合条件的选聘为评审专家，纳入评审专家库管理。该办法第十条：评审专家工作单位、联系方式、专业技术职称、需要回避的信息等发生变化的，应当及时向相关省级以上人民政府财政部门申请变更相关信息。

标签： 政府采购评审专家　选聘与解聘

难易程度： 易★

6. 根据《政府采购评审专家管理办法》规定，对于符合规定条件，自愿申请成为评审专家的人员，应当提供的申请材料包括（　　　）。

A. 个人简历、本人签署的申请书和承诺书

B. 学历学位证书、专业技术职称证书或者具有同等专业水平的证明材料

C. 证明本人身份的有效证件

D. 本人认为需要申请回避的信息

E. 国务院及财政部规定的其他材料

答案： ABCD

解析：《政府采购评审专家管理办法》（财库〔2016〕198号）第七条：符合本办法第六条规定条件，自愿申请成为评审专家的人员（以下简称申请人），应当提供以下申请材料：

（一）个人简历、本人签署的申请书和承诺书；

（二）学历学位证书、专业技术职称证书或者具有同等专业水平的证明

材料；

（三）证明本人身份的有效证件；

（四）本人认为需要申请回避的信息；

（五）省级以上人民政府财政部门规定的其他材料。

标签： 政府采购评审专家　选聘与解聘

难易程度： 易★

7. 根据《政府采购评审专家管理办法》规定，下列关于评审专家抽取与使用的相关说法错误的有（　　　）。

A. 评审专家应当在评审报告上签字，对自己的评审意见承担法律责任

B. 评审专家名单在评审结果公告前应当保密。评审活动完成后，采购人或者采购代理机构应当随中标、成交结果一并公告评审专家名单，并对自行选定的评审专家做出标注

C. 各级财政部门、采购人或采购代理机构需按照相关规定对评审专家的个人情况进行公告

D. 采购人或者采购代理机构应当于评审活动结束后 7 个工作日内，在政府采购信用评价系统中记录评审专家的职责履行情况

E. 评审专家可以在政府采购信用评价系统中查询本人职责履行情况记录，并就有关情况作出说明

答案： CD

解析：《政府采购评审专家管理办法》（财库〔2016〕198 号）第十九条：评审专家应当在评审报告上签字，对自己的评审意见承担法律责任。对需要共同认定的事项存在争议的，按照少数服从多数的原则作出结论。对评审报告有异议的，应当在评审报告上签署不同意见并说明理由，否则视为同意评审报告。该办法第二十条：评审专家名单在评审结果公告前应当保密。评审活动完成后，采购人或者采购代理机构应当随中标、成交结果一并公告评审专家名单，并对自行选定的评审专家做出标注。各级财政部门、采购人和采购代理机构有关工作人员不得泄露评审专家的个人情况。该办法第二十一条：采购人或者采购代理机构应当于评审活动结束后 5 个工作日内，在政府采购

信用评价系统中记录评审专家的职责履行情况。评审专家可以在政府采购信用评价系统中查询本人职责履行情况记录，并就有关情况作出说明。

标签： 政府采购评审专家　抽取与使用

难易程度： 难★★★

8. 根据《政府采购评审专家管理办法》规定，下列关于评审专家抽取与使用的相关说法正确的有（　　）。

A. 省级人民政府财政部门应当根据实际情况，制定本地区评审专家劳务报酬标准

B. 中央预算单位参照本单位所在地或评审活动所在地标准支付评审专家劳务报酬

C. 评审专家参加异地评审的，其往返的城市间交通费、住宿费等实际发生的费用，可参照采购人执行的差旅费管理办法相应标准向采购人或集中采购机构凭据报销

D. 评审专家未完成评审工作擅自离开评审现场，或者在评审活动中有违法违规行为的，不得获取劳务报酬，但可以报销异地评审差旅费

E. 评审专家以外的其他工作人员同样可以获取评审劳务报酬

答案： ABC

解析：《政府采购评审专家管理办法》（财库〔2016〕198 号）第二十四条：省级人民政府财政部门应当根据实际情况，制定本地区评审专家劳务报酬标准。中央预算单位参照本单位所在地或评审活动所在地标准支付评审专家劳务报酬。该办法第二十五条：评审专家参加异地评审的，其往返的城市间交通费、住宿费等实际发生的费用，可参照采购人执行的差旅费管理办法相应标准向采购人或集中采购机构凭据报销。该办法第二十六条：评审专家未完成评审工作擅自离开评审现场，或者在评审活动中有违法违规行为的，不得获取劳务报酬和报销异地评审差旅费。评审专家以外的其他人员不得获取评审劳务报酬。

标签： 政府采购评审专家　抽取与使用

难易程度： 易★

第二十二章 《关于调整优化节能产品、环境标志产品政府采购执行机制的通知》相关试题

判断题

1. 根据《关于调整优化节能产品、环境标志产品政府采购执行机制的通知》规定，不再发布"节能产品政府采购清单"和"环境标志产品政府采购清单"。　　　　　　　　　　　　　　　　　　　　　（　　）

答案： 正确

解析： 《关于调整优化节能产品、环境标志产品政府采购执行机制的通知》（财库〔2019〕9号）提出，不再发布"节能产品政府采购清单"和"环境标志产品政府采购清单"。

标签： 采购节能产品制度

难易程度： 易★

2. 根据《关于调整优化节能产品、环境标志产品政府采购执行机制的通知》规定，采购人拟采购的产品属于品目清单范围的，可以对获得节能产品、环境标志产品认证证书的产品实施政府优先采购或强制采购。　　　　　　　　　　　　　　　　　　　　（　　）

答案： 正确

解析： 《关于调整优化节能产品、环境标志产品政府采购执行机制的通知》（财库〔2019〕9号）提出，采购人拟采购的产品属于品目清单范围的，采购人及其委托的采购代理机构应当依据国家确定的认证机构出具的、处于有效期之内的节能产品、环境标志产品认证证书，对获得证书的产品实施政府优先采购或强制采购。

标签：采购节能产品制度

难易程度：易★

3. 根据《关于调整优化节能产品、环境标志产品政府采购执行机制的通知》规定，发展改革委组织建立节能产品、环境标志产品认证结果信息发布平台，公布相关认证机构和获证产品信息。　　　　　　　　　（　　）

答案：错误

解析：《关于调整优化节能产品、环境标志产品政府采购执行机制的通知》（财库〔2019〕9号）提出，市场监管总局组织建立节能产品、环境标志产品认证结果信息发布平台，公布相关认证机构和获证产品信息。

标签：采购节能产品制度

难易程度：易★

4. 根据《关于调整优化节能产品、环境标志产品政府采购执行机制的通知》规定，2019年4月1日起，财政部、发展改革委、生态环境部等部门不再发布"节能产品政府采购清单"和"环境标志产品政府采购清单"。

（　　）

答案：正确

解析：《关于调整优化节能产品、环境标志产品政府采购执行机制的通知》第一条：不再发布"节能产品政府采购清单"和"环境标志产品政府采购清单"。该通知第六条：本通知自2019年4月1日起执行。

标签：节能产品政府采购　环境标志产品政府采购

难易程度：易★

5. 根据《关于调整优化节能产品、环境标志产品政府采购执行机制的通知》规定，对政府采购节能产品、环境标志产品实施品目清单管理。（　　）

答案：正确

解析：《关于调整优化节能产品、环境标志产品政府采购执行机制的通知》第一条：对政府采购节能产品、环境标志产品实施品目清单管理。

标签：节能产品政府采购　环境标志产品政府采购

难易程度：易★

6. 根据《关于调整优化节能产品、环境标志产品政府采购执行机制的通知》规定，加强对节能产品、环境标志产品相关认证市场监管力度，推行"双随机、一公开"监管。　　　　　　　　　　　　　（　　　）

答案： 正确

解析：《关于调整优化节能产品、环境标志产品政府采购执行机制的通知》第三条：加强对相关认证市场监管力度，推行"双随机、一公开"监管，建立认证机构信用监管机制，严厉打击认证违法行为。

标签： 节能产品政府采购　环境标志产品政府采购

难易程度：易★

7. 根据《关于调整优化节能产品、环境标志产品政府采购执行机制的通知》规定，采购人及其委托的采购代理机构应当依据国家确定的认证机构出具的，处于有效期之内的节能产品、环境标志产品认证证书，对获得证书的产品实施政府强制采购。　　　　　　　　　（　　　）

答案： 错误

解析：《关于调整优化节能产品、环境标志产品政府采购执行机制的通知》第二条：依据品目清单和认证证书实施政府优先采购和强制采购。采购人拟采购的产品属于品目清单范围的，采购人及其委托的采购代理机构应当依据国家确定的认证机构出具的，处于有效期之内的节能产品、环境标志产品认证证书，对获得证书的产品实施政府优先采购或强制采购。

标签： 节能产品政府采购　环境标志产品政府采购

难易程度：易★

单选题

1. 根据《关于调整优化节能产品、环境标志产品政府采购执行机制的通知》规定，（　　）要建立与认证结果信息发布平台的链接，方便采购人和采购代理机构查询、了解认证机构和获证产品相关情况。

A. 中国政府采购网

B. 中国环境资源信息网

C. 中国绿色采购网

D. 中国节能节水认证网

答案：A

解析：《关于调整优化节能产品、环境标志产品政府采购执行机制的通知》提出，中国政府采购网（www. ccgp. gov. cn）建立与认证结果信息发布平台的链接，方便采购人和采购代理机构查询、了解认证机构和获证产品相关情况。

标签：采购节能产品制度

难易程度：易★

2. 根据《关于调整优化节能产品、环境标志产品政府采购执行机制的通知》规定，对于已列入品目清单的产品类别，采购人可在采购需求中提出更高的节约资源和保护环境要求，对符合条件的获证产品给予（　　）。

A. 价格补贴　　　B. 信用支持　　　C. 财政补助　　　D. 优先待遇

答案：D

解析：《关于调整优化节能产品、环境标志产品政府采购执行机制的通知》第五条：对于已列入品目清单的产品类别，采购人可在采购需求中提出更高的节约资源和保护环境要求，对符合条件的获证产品给予优先待遇。

标签：节能产品政府采购　环境标志产品政府采购

难易程度：易★

3.《关于调整优化节能产品、环境标志产品政府采购执行机制的通知》指出，要对政府采购节能产品、环境标志产品实施（　　）管理。

A. 正面清单　　　B. 清单目录　　　C. 计划采购　　　D. 品目清单

答案：D

解析：《关于调整优化节能产品、环境标志产品政府采购执行机制的通知》第一条：对政府采购节能产品、环境标志产品实施品目清单管理。

标签：节能产品政府采购　环境标志产品政府采购

难易程度：易★

多选题

1. 根据《关于调整优化节能产品、环境标志产品政府采购执行机制的通知》规定，（　　）等部门根据产品节能环保性能、技术水平和市场成熟程度等因素，确定实施政府优先采购和强制采购的产品类别及所依据的相关标准规范。

A. 国务院　　　　　　B. 财政部　　　　　　C. 发展改革委

D. 市场监管总局　　　E. 生态环境部

答案： BCE

解析：《关于调整优化节能产品、环境标志产品政府采购执行机制的通知》（财库〔2019〕9号）提出，财政部、发展改革委、生态环境部等部门根据产品节能环保性能、技术水平和市场成熟程度等因素，确定实施政府优先采购和强制采购的产品类别及所依据的相关标准规范，以品目清单的形式发布并适时调整。

标签： 采购节能产品制度

难易程度： 易★

2. 根据《关于调整优化节能产品、环境标志产品政府采购执行机制的通知》规定，以下关于调整优化节能产品、环境标志产品政府采购执行机制的相关说法正确的有（　　）。

A. 对政府采购节能产品、环境标志产品实施品目清单管理，不断更新"节能产品政府采购清单""环境标志产品政府采购清单"

B. 逐步扩大节能产品、环境标志产品认证机构范围，推行"双随机、一公开"监管，严厉打击认证违法行为

C. 发布认证机构和获证产品信息，及时向认证结果信息发布平台提供相

关信息

D. 加大政府绿色采购力度，在采购需求中提出相关绿色采购要求，促进绿色产品推广应用

E. 依据品目清单和认证证书实施政府优先采购和强制采购

答案：BCDE

解析：《关于调整优化节能产品、环境标志产品政府采购执行机制的通知》（财库〔2019〕9号）提出，对政府采购节能产品、环境标志产品实施品目清单管理。财政部、发展改革委、生态环境部等部门根据产品节能环保性能、技术水平和市场成熟程度等因素，确定实施政府优先采购和强制采购的产品类别及所依据的相关标准规范，以品目清单的形式发布并适时调整。不再发布"节能产品政府采购清单"和"环境标志产品政府采购清单"。

标签：采购节能产品制度

难易程度：易★

3. 根据《关于调整优化节能产品、环境标志产品政府采购执行机制的通知》规定，根据认证机构发展状况，市场监管总局商有关部门按照（　　　）原则，逐步增加实施节能产品、环境标志产品认证的机构。

A. 试点先行　　　　　　B. 公平竞争　　　　　　C. 有序竞争

D. 公开公正　　　　　　E. 逐步放开

答案：ACE

解析：《关于调整优化节能产品、环境标志产品政府采购执行机制的通知》第三条：根据认证机构发展状况，市场监管总局商有关部门按照试点先行、逐步放开、有序竞争的原则，逐步增加实施节能产品、环境标志产品认证的机构。

标签：节能产品政府采购　环境标志产品政府采购

难易程度：易★

第二十三章 《关于政府采购支持监狱企业发展有关问题的通知》相关试题

判 断 题

1. 根据《关于政府采购支持监狱企业发展有关问题的通知》规定，各地在免费教科书政府采购工作中，应当根据符合教科书印制资质的监狱企业情况，提出由监狱企业印刷的比例要求。 （　　）

答案： 正确

解析：《关于政府采购支持监狱企业发展有关问题的通知》（财库〔2014〕68号）规定，各地在免费教科书政府采购工作中，应当根据符合教科书印制资质的监狱企业情况，提出由监狱企业印刷的比例要求。

标签： 监狱企业政府采购

难易程度： 易★

2. 根据《关于政府采购支持监狱企业发展有关问题的通知》规定，在政府采购活动中，监狱企业视同小型、微型企业，但是向监狱企业采购的金额不计入面向中小企业采购的统计数据，而应该单独统计。 （　　）

答案： 错误

解析：《关于政府采购支持监狱企业发展有关问题的通知》（财库〔2014〕68号）规定，在政府采购活动中，监狱企业视同小型、微型企业，享受预留份额、评审中价格扣除等政府采购促进中小企业发展的政府采购政策。向监狱企业采购的金额，计入面向中小企业采购的统计数据。

标签：监狱企业政府采购

难易程度：易★

3. 根据《关于政府采购支持监狱企业发展有关问题的通知》规定，各地区可以结合本地区实际，对监狱企业生产的办公用品、家具用具、车辆维修和提供的保养服务、消防设备等，提出预留份额等政府采购支持措施，加大对监狱企业产品的采购力度。　　　　　　　　　（　　　）

答案：正确

解析：《关于政府采购支持监狱企业发展有关问题的通知》（财库〔2014〕68号）规定，各地区可以结合本地区实际，对监狱企业生产的办公用品、家具用具、车辆维修和提供的保养服务、消防设备等，提出预留份额等政府采购支持措施，加大对监狱企业产品的采购力度。

标签：监狱企业政府采购

难易程度：易★

单选题

1. 根据《关于政府采购支持监狱企业发展有关问题的通知》规定，监狱企业参加政府采购活动时，应当提供由（　　　）出具的属于监狱企业的证明文件。

A. 省级以上监狱管理局、戒毒管理局（含新疆生产建设兵团）

B. 市级以上监狱管理局、戒毒管理局（含新疆生产建设兵团）

C. 县级以上监狱管理局、戒毒管理局（含新疆生产建设兵团）

D. 财政部

答案：A

解析：《关于政府采购支持监狱企业发展有关问题的通知》（财库〔2014〕68号）规定，监狱企业参加政府采购活动时，应当提供由省级以上监狱管理局、戒毒管理局（含新疆生产建设兵团）出具的属于监狱企业的证明文件。

标签：监狱企业政府采购

难易程度：易★

2. 根据《关于政府采购支持监狱企业发展有关问题的通知》规定，有制服采购项目的部门，应预留本部门制服采购项目预算总额的（　　）以上，专门面向监狱企业采购。

A. 40%　　　　　B. 30%　　　　　C. 20%　　　　　D. 10%

答案：B

解析：《关于政府采购支持监狱企业发展有关问题的通知》（财库〔2014〕68 号）规定，各地区、各部门要积极通过预留采购份额支持监狱企业。有制服采购项目的部门，应加强对政府采购预算和计划编制工作的统筹，预留本部门制服采购项目预算总额的 30% 以上，专门面向监狱企业采购。

标签：监狱企业政府采购

难易程度：易★

多 选 题

1. 根据《关于政府采购支持监狱企业发展有关问题的通知》的规定，下列关于政府采购支持监狱企业发展的有关说法错误的有（　　）。

A. 监狱企业参加政府采购活动时，应当提供由省级以上监狱管理局、戒毒管理局（含新疆生产建设兵团）出具的属于监狱企业的证明文件

B. 中央政府部门组织的政府购买服务项目应当在符合有关资质的监狱企业范围内采购

C. 各地在免费教科书政府采购工作中，应当根据符合教科书印制资质的监狱企业情况，提出由监狱企业印刷的比例要求

D. 有制服采购项目的部门，应加强对政府采购预算和计划编制工作的统筹，预留本部门制服采购项目预算总额的 20% 以上，专门面向监狱企业采购

E. 各监狱企业要不断提高监狱企业产品的质量和服务水平，为做好监狱

企业产品政府采购工作提供有力保障

答案：BD

解析：《关于政府采购支持监狱企业发展有关问题的通知》（财库〔2014〕68号）规定，省级以上政府部门组织的公务员考试、招生考试、等级考试、资格考试的试卷印刷项目原则上应当在符合有关资质的监狱企业范围内采购。各地区、各部门要积极通过预留采购份额支持监狱企业。有制服采购项目的部门，应加强对政府采购预算和计划编制工作的统筹，预留本部门制服采购项目预算总额的30%以上，专门面向监狱企业采购。

标签：监狱企业政府采购

难易程度：易★

第二十四章 《关于促进残疾人就业政府采购政策的通知》相关试题

判断题

1. 根据《关于促进残疾人就业政府采购政策的通知》规定，符合条件的残疾人福利性单位在参加政府采购活动时，应当提供本通知规定的《残疾人福利性单位声明函》，并对声明的真实性负责。 （　　）

答案： 正确

解析：《关于促进残疾人就业政府采购政策的通知》（财库〔2017〕141号）规定，符合条件的残疾人福利性单位在参加政府采购活动时，应当提供本通知规定的《残疾人福利性单位声明函》，并对声明的真实性负责。

标签： 政府采购促进残疾人就业

难易程度： 易★

2. 根据《关于促进残疾人就业政府采购政策的通知》规定，中标、成交供应商为残疾人福利性单位的，采购人或者其委托的采购代理机构应当随中标、成交结果同时公告其《残疾人福利性单位声明函》，接受社会监督。

（　　）

答案： 正确

解析：《关于促进残疾人就业政府采购政策的通知》（财库〔2017〕141号）规定，中标、成交供应商为残疾人福利性单位的，采购人或者其委托的采购代理机构应当随中标、成交结果同时公告其《残疾人福利性单位声明函》，接受社会监督。

标签：政府采购促进残疾人就业

难易程度： 易 ★

3. 根据《关于促进残疾人就业政府采购政策的通知》规定，采购人采购公开招标数额标准以上的货物或者服务，因落实促进残疾人就业政策的需要，依法履行有关报批程序后，可采用公开招标以外的采购方式。 （ ）

答案： 正确

解析： 《关于促进残疾人就业政府采购政策的通知》（财库〔2017〕141号）规定，采购人采购公开招标数额标准以上的货物或者服务，因落实促进残疾人就业政策的需要，依法履行有关报批程序后，可采用公开招标以外的采购方式。

标签：政府采购促进残疾人就业

难易程度： 易 ★

4. 根据《关于促进残疾人就业政府采购政策的通知》规定，对于满足要求的残疾人福利性单位产品，集中采购机构可直接纳入协议供货或者定点采购范围。 （ ）

答案： 正确

解析： 《关于促进残疾人就业政府采购政策的通知》（财库〔2017〕141号）规定，对于满足要求的残疾人福利性单位产品，集中采购机构可直接纳入协议供货或者定点采购范围。

标签：政府采购促进残疾人就业

难易程度： 易 ★

单选题

1. 根据《关于促进残疾人就业政府采购政策的通知》规定，下列关于残疾人福利性单位参加政府采购活动的说法错误的是（ ）。

A. 在政府采购活动中，残疾人福利性单位视同小型、微型企业，享受预留份额、评审中价格扣除等促进中小企业发展的政府采购政策

B. 向残疾人福利性单位采购的金额，计入面向中小企业采购的统计数据

C. 残疾人福利性单位属于小型、微型企业的，不重复享受政策

D. 向残疾人福利性单位采购的金额，不得计入面向中小企业采购的统计数据，应当单独统计

答案：D

解析：《关于促进残疾人就业政府采购政策的通知》（财库〔2017〕141号）规定，在政府采购活动中，残疾人福利性单位视同小型、微型企业，享受预留份额、评审中价格扣除等促进中小企业发展的政府采购政策。向残疾人福利性单位采购的金额，计入面向中小企业采购的统计数据。残疾人福利性单位属于小型、微型企业的，不重复享受政策。

标签：政府采购促进残疾人就业

难易程度：易★

2. 根据《关于促进残疾人就业政府采购政策的通知》规定，以下说法错误的是（   ）。

A. 残疾人是指法定劳动年龄内，持有《中华人民共和国残疾人证》或者《中华人民共和国残疾军人证（1 至 8 级)》的自然人，包括具有劳动条件和劳动意愿的精神残疾人

B. 供应商提供的《残疾人福利性单位声明函》与事实不符的，依照《中华人民共和国政府采购法》有关规定追究法律责任

C. 省级财政部门可以结合本地区残疾人生产、经营的实际情况，细化政府采购支持措施。对符合国家有关部门规定条件的残疾人辅助性就业机构，可通过上述措施予以支持。各地制定的有关文件应当报民政部备案

D. 各地区建设的政府采购电子卖场、电子商城、网上超市等应当设立残疾人福利性单位产品专栏。鼓励采购人优先选择残疾人福利性单位的产品

答案：C

解析：《关于促进残疾人就业政府采购政策的通知》（财库〔2017〕141

号）规定，省级财政部门可以结合本地区残疾人生产、经营的实际情况，细化政府采购支持措施。对符合国家有关部门规定条件的残疾人辅助性就业机构，可通过上述措施予以支持。各地制定的有关文件应当报财政部备案。

标签：政府采购促进残疾人就业

难易程度：易★

多选题

1. 根据《关于促进残疾人就业政府采购政策的通知》规定，享受政府采购支持政策的残疾人福利性单位应当满足的条件包括（　　　）。

A. 安置的残疾人占本单位在职职工人数的比例不低于25%（含25%），并且安置的残疾人人数不少于15人（含15人）

B. 依法与每位安置的残疾人签订了一年以上（含一年）的劳动合同或服务协议

C. 为每位安置的残疾人按月足额缴纳了基本养老保险、基本医疗保险、失业保险、工伤保险和生育保险等社会保险费

D. 通过银行等金融机构向每位安置的残疾人，按月支付了不低于单位所在区县适用的经省级人民政府批准的月最低工资标准的工资

E. 提供本单位制造的货物、承担的工程或者服务（以下简称产品），或者提供其他残疾人福利性单位制造的货物（不包括使用非残疾人福利性单位注册商标的货物）

答案：BCDE

解析：《关于促进残疾人就业政府采购政策的通知》（财库〔2017〕141号）规定，享受政府采购支持政策的残疾人福利性单位应当同时满足以下条件：

（一）安置的残疾人占本单位在职职工人数的比例不低于25%（含25%），并且安置的残疾人人数不少于10人（含10人）；

（二）依法与安置的每位残疾人签订了一年以上（含一年）的劳动合同或服务协议；

（三）为安置的每位残疾人按月足额缴纳了基本养老保险、基本医疗保险、失业保险、工伤保险和生育保险等社会保险费；

（四）通过银行等金融机构向安置的每位残疾人，按月支付了不低于单位所在区县适用的经省级人民政府批准的月最低工资标准的工资；

（五）提供本单位制造的货物、承担的工程或者服务（以下简称产品），或者提供其他残疾人福利性单位制造的货物（不包括使用非残疾人福利性单位注册商标的货物）。

标签：政府采购促进残疾人就业

难易程度：易★

第二十五章 《关于加强政府采购供应商投诉 受理审查工作的通知》相关试题

判断题

1. 根据《关于加强政府采购供应商投诉受理审查工作的通知》规定，供应商投诉是政府采购法赋予供应商的权利，是发挥供应商监督，促进政府采购活动公开、公正、公平，维护政府采购当事人合法权益的有效措施。　　　　　（　　）

答案： 正确

解析：《关于加强政府采购供应商投诉受理审查工作的通知》（财库〔2007〕1 号）规定，供应商投诉是政府采购法赋予供应商的权利，是发挥供应商监督，促进政府采购活动公开、公正、公平，维护政府采购当事人合法权益的有效措施。各级财政部门要高度重视供应商投诉，不得阻碍供应商投诉，不得无故拒绝供应商投诉，要指导供应商投诉，及时办理受理审查工作，从源头上提高投诉处理工作效率。

标签： 政府采购供应商投诉

难易程度： 易★

2. 根据《关于加强政府采购供应商投诉受理审查工作的通知》规定，财政部门在投诉审查期间，认定投诉事项与采购人行为有关但采购人不是被投诉人的，投诉不予受理。　　　　　　　　　　（　　）

答案： 错误

解析：《关于加强政府采购供应商投诉受理审查工作的通知》（财库

〔2007〕1号）规定，财政部门在投诉审查期间，认定投诉事项与采购人行为有关但采购人不是被投诉人的，应当要求投诉人将采购人追加为被投诉人，并限期修改投诉书重新投诉，逾期不予受理。

标签： 政府采购供应商投诉

难易程度： 易★

3. 根据《关于加强政府采购供应商投诉受理审查工作的通知》规定，财政部门经审查，供应商投诉事项与质疑事项不一致的，超出质疑事项的投诉事项应当认定为无效投诉事项，并告知投诉人撤回投诉书。　　　　　　（　　　）

答案： 正确

解析：《关于加强政府采购供应商投诉受理审查工作的通知》（财库〔2007〕1号）规定，财政部门经审查，供应商投诉事项与质疑事项不一致的，超出质疑事项的投诉事项应当认定为无效投诉事项，并告知投诉人撤回投诉书，对在质疑有效期内的未质疑事项进行质疑，或限期修改投诉书重新投诉，逾期不予受理。

标签： 政府采购供应商投诉

难易程度： 易★

4. 根据《关于加强政府采购供应商投诉受理审查工作的通知》规定，投诉事项属于有关法律、法规和规章规定处于保密阶段的事项，财政部门应当要求投诉人提供信息来源或有效证据，否则，应当认定为无效投诉事项。　　（　　　）

答案： 正确

解析：《关于加强政府采购供应商投诉受理审查工作的通知》（财库〔2007〕1号）规定，投诉事项属于有关法律、法规和规章规定处于保密阶段的事项，财政部门应当要求投诉人提供信息来源或有效证据，否则，应当认定为无效投诉事项。

标签： 政府采购供应商投诉

难易程度： 易★

单选题

1. 根据《关于加强政府采购供应商投诉受理审查工作的通知》规定，财政部门收到供应商投诉后，应当在（   ）内完成审查工作。

A. 2 个工作日

B. 5 个工作日

C. 7 个工作日

D. 7 日

答案：B

解析：《关于加强政府采购供应商投诉受理审查工作的通知》（财库〔2007〕1 号）规定，财政部门收到供应商投诉后，应当在 5 个工作日内完成审查工作。

标签：政府采购供应商投诉

难易程度：难★★★

2. 根据《关于加强政府采购供应商投诉受理审查工作的通知》规定，在供应商投诉受理审查期间，相关信息或材料、文件的传递，财政部门、投诉人以及相关当事人应当采用（   ）。

A. 书面形式，并办理签收手续

B. 电话形式

C. 谈话形式

D. 口头形式

答案：A

解析：《关于加强政府采购供应商投诉受理审查工作的通知》（财库〔2007〕1 号）规定，在供应商投诉受理审查期间，相关信息或材料、文件的传递，财政部门、投诉人以及相关当事人应当采用书面形式，并办理签收手续。

标签：政府采购供应商投诉

难易程度：易★

多 选 题

1. 根据《关于加强政府采购供应商投诉受理审查工作的通知》规定，财政部门经审查，出现下列情形之一的，应当认定为无效投诉，不予受理，并及时书面告知投诉人不予受理的理由（　　）。

A. 投诉事项属于有关法律、法规和规章规定处于保密阶段的事项，投诉人能够提供有效证据和信息来源

B. 被投诉人为采购人或采购代理机构之外的当事人

C. 所有投诉事项未经过质疑

D. 所有投诉事项超过投诉有效期

E. 以具有法律效力的文书送达之外方式提出的投诉

答案：BCDE

解析：《关于加强政府采购供应商投诉受理审查工作的通知》（财库〔2007〕1号）规定，财政部门经审查，有投诉人不是参加投诉项目政府采购活动的当事人、被投诉人为采购人或采购代理机构之外的当事人、所有投诉事项未经过质疑、所有投诉事项超过投诉有效期、以具有法律效力的文书送达之外方式提出的投诉等情形之一的，应当认定为无效投诉，不予受理，并及时书面告知投诉人不予受理的理由。

标签：政府采购供应商投诉

难易程度：易★

2. 根据《关于加强政府采购供应商投诉受理审查工作的通知》规定，财政部门经审查，出现情形之一的，应当及时告知投诉人限期补充或修改后重新投诉，逾期不予受理（　　）。

A. 投诉书副本数量不足

B. 所有投诉事项超过投诉有效期

C. 投诉事项或投诉请求不清晰

D. 相关依据或证明材料不全

E. 投诉书署名不符合规定

答案： ACDE

解析：《关于加强政府采购供应商投诉受理审查工作的通知》（财库〔2007〕1号）规定，财政部门经审查，有投诉书副本数量不足、投诉事项或投诉请求不清晰、相关依据或证明材料不全、投诉书署名不符合规定等情形之一的，应当及时告知投诉人限期补充或修改后重新投诉，逾期不予受理。

标签： 政府采购供应商投诉

难易程度： 易★

第二十六章 《政府采购框架协议采购方式管理暂行办法》相关试题

判 断 题

1. 根据《政府采购框架协议采购方式管理暂行办法》规定，框架协议采购在程序上分为两个阶段，第一阶段确定入围供应商并订立框架协议，第二阶段从入围供应商范围内确定成交供应商并订立采购合同。　　　（　　）

答案： 正确

解析：《政府采购框架协议采购方式管理暂行办法》（财政部令第110号）第二条：本办法所称框架协议采购，是指集中采购机构或者主管预算单位对技术、服务等标准明确、统一，需要多次重复采购的货物和服务，通过公开征集程序，确定第一阶段入围供应商并订立框架协议，采购人或者服务对象按照框架协议约定规则，在入围供应商范围内确定第二阶段成交供应商并订立采购合同的采购方式。

标签： 框架协议采购

难易程度： 易★

2. 根据《政府采购框架协议采购方式管理暂行办法》规定，需要多次重复采购的工程可以采用框架协议采购方式进行采购。　　　（　　）

答案： 错误

解析：《政府采购框架协议采购方式管理暂行办法》（财政部令第110号）第二条：本办法所称框架协议采购，是指集中采购机构或者主管预算单位对技术、服务等标准明确、统一，需要多次重复采购的货物和服务，通过公开征集程序，确定第一阶段入围供应商并订立框架协议，采购人或者服务对象按照框架协议约定规则，在入围供应商范围内确定第二阶段成交供应商并订立采购合同的采购方式。

标签：框架协议采购

难易程度：易★

3. 根据《政府采购框架协议采购方式管理暂行办法》规定，对于集中采购目录以外，采购限额标准以上，本部门、本系统行政管理所需的法律、评估、会计、审计等鉴证咨询服务，属于小额零星采购的，必须采用框架协议采购方式。 （　　）

答案：错误

解析：《政府采购框架协议采购方式管理暂行办法》（财政部令第110号）第三条：符合下列情形之一的，可以采用框架协议采购方式采购：

（一）集中采购目录以内品目，以及与之配套的必要耗材、配件等，属于小额零星采购的；

（二）集中采购目录以外，采购限额标准以上，本部门、本系统行政管理所需的法律、评估、会计、审计等鉴证咨询服务，属于小额零星采购的；

（三）集中采购目录以外，采购限额标准以上，为本部门、本系统以外的服务对象提供服务的政府购买服务项目，需要确定2家以上供应商由服务对象自主选择的；

（四）国务院财政部门规定的其他情形。属于本条第一款第二项情形，主管预算单位能够归集需求形成单一项目进行采购，通过签订时间、地点、数量不确定的采购合同满足需求的，不得采用框架协议采购方式。

标签：框架协议采购

难易程度：易★

4. 根据《政府采购框架协议采购方式管理暂行办法》规定，框架协议采购包括封闭式框架协议采购和开放式框架协议采购，开放式框架协议采购是框架协议采购的主要形式。 （　　）

答案：错误

解析：《政府采购框架协议采购方式管理暂行办法》（财政部令第110号）第四条：框架协议采购包括封闭式框架协议采购和开放式框架协议采购。封闭式框架协议采购是框架协议采购的主要形式。

标签：框架协议采购

难易程度：易★

5. 根据《政府采购框架协议采购方式管理暂行办法》规定，除法律、行政法规或者本办法另有规定外，框架协议采购应当采用封闭式框架协议采购。

（　　）

答案：正确

解析：《政府采购框架协议采购方式管理暂行办法》（财政部令第110号）第四条：框架协议采购包括封闭式框架协议采购和开放式框架协议采购。封闭式框架协议采购是框架协议采购的主要形式。除法律、行政法规或者本办法另有规定外，框架协议采购应当采用封闭式框架协议采购。

标签：框架协议采购

难易程度：易★

6. 根据《政府采购框架协议采购方式管理暂行办法》规定，集中采购目录以内品目采用框架协议采购的，由集中采购机构负责征集程序和订立框架协议。

（　　）

答案：正确

解析：《政府采购框架协议采购方式管理暂行办法》第五条：集中采购目录以内品目以及与之配套的必要耗材、配件等，采用框架协议采购的，由集中采购机构负责征集程序和订立框架协议。集中采购目录以外品目采用框架协议采购的，由主管预算单位负责征集程序和订立框架协议。其他预算单位确有需要的，经其主管预算单位批准，可以采用框架协议采购方式采购。其他预算单位采用框架协议采购方式采购的，应当遵守本办法关于主管预算单位的规定。主管预算单位可以委托采购代理机构代理框架协议采购，采购代理机构应当在委托的范围内依法开展采购活动。集中采购机构、主管预算单位及其委托的采购代理机构，本办法统称征集人。

标签：框架协议采购

难易程度：易★

7. 根据《政府采购框架协议采购方式管理暂行办法》规定，集中采购目录以内品目采用框架协议采购的，由集中采购机构负责授予合同。 （ ）

答案：错误

解析：《政府采购框架协议采购方式管理暂行办法》第五条：集中采购目录以内品目以及与之配套的必要耗材、配件等，采用框架协议采购的，由集中采购机构负责征集程序和订立框架协议。集中采购目录以外品目采用框架协议采购的，由主管预算单位负责征集程序和订立框架协议。其他预算单位确有需要的，经其主管预算单位批准，可以采用框架协议采购方式采购。其他预算单位采用框架协议采购方式采购的，应当遵守本办法关于主管预算单位的规定。主管预算单位可以委托采购代理机构代理框架协议采购，采购代理机构应当在委托的范围内依法开展采购活动。集中采购机构、主管预算单位及其委托的采购代理机构，本办法统称征集人。

标签：框架协议采购

难易程度：易★

8. 根据《政府采购框架协议采购方式管理暂行办法》规定，集中采购目录以外品目采用框架协议采购的，应当由采购人负责征集程序、订立框架协议和授予合同。 （ ）

答案：错误

解析：《政府采购框架协议采购方式管理暂行办法》第五条：集中采购目录以内品目以及与之配套的必要耗材、配件等，采用框架协议采购的，由集中采购机构负责征集程序和订立框架协议。集中采购目录以外品目采用框架协议采购的，由主管预算单位负责征集程序和订立框架协议。其他预算单位确有需要的，经其主管预算单位批准，可以采用框架协议采购方式采购。其他预算单位采用框架协议采购方式采购的，应当遵守本办法关于主管预算单位的规定。主管预算单位可以委托采购代理机构代理框架协议采购，采购代理机构应当在委托的范围内依法开展采购活动。集中采购机构、主管预算单位及其委托的采购代理机构，本办法统称征集人。

标签： 框架协议采购

难易程度： 易★

9. 根据《政府采购框架协议采购方式管理暂行办法》规定，开放式框架协议采用符合资格条件即入围的供应商遴选方法。　　　　（　　）

答案： 错误

解析：《政府采购框架协议采购方式管理暂行办法》第六条：框架协议采购遵循竞争择优、讲求绩效的原则，应当有明确的采购标的和定价机制，不得采用供应商符合资格条件即入围的方法。

标签： 框架协议采购

难易程度： 易★

10. 根据《政府采购框架协议采购方式管理暂行办法》规定，框架协议采购应当实行电子化采购。　　　　　　　　　　　　　（　　）

答案： 正确

解析：《政府采购框架协议采购方式管理暂行办法》（财政部令第110号）第七条：框架协议采购应当实行电子化采购。

标签： 框架协议采购

难易程度： 易★

11. 根据《政府采购框架协议采购方式管理暂行办法》规定，主管预算单位采用框架协议采购的，应当拟定采购方案，报本级财政部门审核后实施。

（　　）

答案： 错误

解析：《政府采购框架协议采购方式管理暂行办法》第八条：集中采购机构采用框架协议采购的，应当拟定采购方案，报本级财政部门审核后实施。主管预算单位采用框架协议采购的，应当在采购活动开始前将采购方案报本级财政部门备案。

标签： 框架协议采购

难易程度：易★

12. 根据《政府采购框架协议采购方式管理暂行办法》规定，开放式框架协议的公开征集程序，按照政府采购公开招标的规定执行，本办法另有规定的，从其规定。　　　　　　　　　　　　　　　　　　（　　　）

答案：错误

解析：《政府采购框架协议采购方式管理暂行办法》（财政部令第110号）第九条：封闭式框架协议的公开征集程序，按照政府采购公开招标的规定执行，本办法另有规定的，从其规定。第十条：开放式框架协议的公开征集程序，按照本办法规定执行。

标签：框架协议采购

难易程度：易★

13. 根据《政府采购框架协议采购方式管理暂行办法》规定，愿意接受框架协议条件的供应商可以随时申请加入开放式框架协议。（　　　）

答案：正确

解析：《政府采购框架协议采购方式管理暂行办法》第十条：开放式框架协议采购是指符合本条第二款规定情形，明确采购需求和付费标准等框架协议条件，愿意接受协议条件的供应商可以随时申请加入的框架协议采购。开放式框架协议的公开征集程序，按照本办法规定执行。符合下列情形之一的，可以采用开放式框架协议采购：

（一）本办法第三条第一款第一项规定的情形，因执行政府采购政策不宜淘汰供应商的，或者受基础设施、行政许可、知识产权等限制，供应商数量在3家以下且不宜淘汰供应商的；

（二）本办法第三条第一款第三项规定的情形，能够确定统一付费标准，因地域等服务便利性要求，需要接纳所有愿意接受协议条件的供应商加入框架协议，以供服务对象自主选择的。

标签：框架协议采购

难易程度：易★

14. 根据《政府采购框架协议采购方式管理暂行办法》规定，开放式框架协议的公开征集程序，应按照公开招标程序进行。　　　　（　　）

答案： 错误

解析：《政府采购框架协议采购方式管理暂行办法》第十条：开放式框架协议采购是指符合本条第二款规定情形，明确采购需求和付费标准等框架协议条件，愿意接受协议条件的供应商可以随时申请加入的框架协议采购。开放式框架协议的公开征集程序，按照本办法规定执行。

符合下列情形之一的，可以采用开放式框架协议采购：

（一）本办法第三条第一款第一项规定的情形，因执行政府采购政策不宜淘汰供应商的，或者受基础设施、行政许可、知识产权等限制，供应商数量在 3 家以下且不宜淘汰供应商的；

（二）本办法第三条第一款第三项规定的情形，能够确定统一付费标准，因地域等服务便利性要求，需要接纳所有愿意接受协议条件的供应商加入框架协议，以供服务对象自主选择的。

标签： 框架协议采购

难易程度： 易★

15. 根据《政府采购框架协议采购方式管理暂行办法》规定，采购人在第二阶段授予合同时，可以根据采购项目的要求，改变采购需求，入围供应商应满足采购人的采购需求。　　　　（　　）

答案： 错误

解析：《政府采购框架协议采购方式管理暂行办法》第十一条：集中采购机构或者主管预算单位应当确定框架协议采购需求。框架协议采购需求在框架协议有效期内不得变动。

确定框架协议采购需求应当开展需求调查，听取采购人、供应商和专家等意见。面向采购人和供应商开展需求调查时，应当选择具有代表性的调查对象，调查对象一般各不少于 3 个。

标签： 框架协议采购

难易程度： 易★

16. 根据《政府采购框架协议采购方式管理暂行办法》规定，确定框架协议采购需求应当开展需求调查，听取采购人、供应商和专家等意见。面向采购人和供应商开展需求调查时，应当选择具有代表性的调查对象，调查对象一般各不少于2个。 （　　）

答案：错误

解析：《政府采购框架协议采购方式管理暂行办法》第十一条：集中采购机构或者主管预算单位应当确定框架协议采购需求。框架协议采购需求在框架协议有效期内不得变动。

确定框架协议采购需求应当开展需求调查，听取采购人、供应商和专家等意见。面向采购人和供应商开展需求调查时，应当选择具有代表性的调查对象，调查对象一般各不少于3个。

标签：框架协议采购

难易程度：易★

17. 根据《政府采购框架协议采购方式管理暂行办法》规定，框架协议采购需求可以在《政府采购品目分类目录》底级品目基础上，进一步细分不同等次、规格或者标准的采购需求，合理设置采购包。 （　　）

答案：正确

解析：《政府采购框架协议采购方式管理暂行办法》第十二条：框架协议采购需求应当符合以下规定：

（一）满足采购人和服务对象实际需要，符合市场供应状况和市场公允标准，在确保功能、性能和必要采购要求的情况下促进竞争；

（二）符合预算标准、资产配置标准等有关规定，厉行节约，不得超标准采购；

（三）按照《政府采购品目分类目录》，将采购标的细化到底级品目，并细分不同等次、规格或者标准的采购需求，合理设置采购包；

（四）货物项目应当明确货物的技术和商务要求，包括功能、性能、材料、结构、外观、安全、包装、交货期限、交货的地域范围、售后服务等；

（五）服务项目应当明确服务内容、服务标准、技术保障、服务人员组成、服务交付或者实施的地域范围，以及所涉及的货物的质量标准、服务工作量的计量方式等。

标签：框架协议采购

难易程度：易★

18. 根据《政府采购框架协议采购方式管理暂行办法》规定，在框架协议采购中，确定最高限制单价时，货物项目单价按照台（套）等计量单位确定，其中不包含售后服务等相关服务费用。　　　　　　　　　　（　　）

答案：错误

解析：《政府采购框架协议采购方式管理暂行办法》（财政部令第 110 号）第十三条第四款：货物项目单价按照台（套）等计量单位确定，其中包含售后服务等相关服务费用。服务项目单价按照单位采购标的价格或者人工单价等确定。服务项目所涉及的货物的费用，能够折算入服务项目单价的应当折入，需要按实结算的应当明确结算规则。

标签：框架协议采购

难易程度：易★

19. 根据《政府采购框架协议采购方式管理暂行办法》规定，在框架协议采购中，确定最高限制单价时，服务项目单价按照单位采购标的价格或者人工单价等确定。　　　　　　　　　　（　　）

答案：正确

解析：《政府采购框架协议采购方式管理暂行办法》（财政部令第 110 号）第十三条第四款：货物项目单价按照台（套）等计量单位确定，其中包含售后服务等相关服务费用。服务项目单价按照单位采购标的价格或者人工单价等确定。服务项目所涉及的货物的费用，能够折算入服务项目单价的应当折入，需要按实结算的应当明确结算规则。

标签：框架协议采购

难易程度：易★

20. 根据《政府采购框架协议采购方式管理暂行办法》规定，货物项目

框架协议有效期一般不超过 3 年。 （　　）

答案：错误

解析：《政府采购框架协议采购方式管理暂行办法》第十五条：集中采购机构或者主管预算单位应当根据工作需要和采购标的市场供应及价格变化情况，科学合理确定框架协议期限。货物项目框架协议有效期一般不超过 1 年，服务项目框架协议有效期一般不超过 2 年。

标签：框架协议采购

难易程度：易★

21. 根据《政府采购框架协议采购方式管理暂行办法》规定，服务项目框架协议有效期最长可以为 3 年。 （　　）

答案：错误

解析：《政府采购框架协议采购方式管理暂行办法》第十五条：集中采购机构或者主管预算单位应当根据工作需要和采购标的市场供应及价格变化情况，科学合理确定框架协议期限。货物项目框架协议有效期一般不超过 1 年，服务项目框架协议有效期一般不超过 2 年。

标签：框架协议采购

难易程度：易★

22. 根据《政府采购框架协议采购方式管理暂行办法》规定，框架协议采购的，采购人、服务对象在授予合同时可以根据情况改变框架协议约定的合同实质性条款。 （　　）

答案：错误

解析：《政府采购框架协议采购方式管理暂行办法》第十七条：采购人或者服务对象采购框架协议约定的货物、服务，应当将第二阶段的采购合同授予入围供应商，但是本办法第三十七条另有规定的除外。

同一框架协议采购应当使用统一的采购合同文本，采购人、服务对象和供应商不得擅自改变框架协议约定的合同实质性条款。

标签：框架协议采购

难易程度：易★

23. 根据《政府采购框架协议采购方式管理暂行办法》规定，参加框架协议入围的供应商应该是产品生产厂家或者生产厂家唯一授权的供应商。

（　　）

答案： 正确

解析：《政府采购框架协议采购方式管理暂行办法》第十八条：货物项目框架协议的入围供应商应当为入围产品生产厂家或者生产厂家唯一授权供应商。入围供应商可以委托一家或者多家代理商，按照框架协议约定接受采购人合同授予，并履行采购合同。入围供应商应当在框架协议中提供委托协议和委托的代理商名单。

标签： 框架协议采购

难易程度： 易★

24. 根据《政府采购框架协议采购方式管理暂行办法》规定，采用框架协议方式采购的，入围供应商可以委托一家或者多家代理商，按照框架协议约定接受采购人合同授予，并履行采购合同。　（　　）

答案： 正确

解析：《政府采购框架协议采购方式管理暂行办法》第十八条：货物项目框架协议的入围供应商应当为入围产品生产厂家或者生产厂家唯一授权供应商。入围供应商可以委托一家或者多家代理商，按照框架协议约定接受采购人合同授予，并履行采购合同。入围供应商应当在框架协议中提供委托协议和委托的代理商名单。

标签： 框架协议采购

难易程度： 易★

25. 根据《政府采购框架协议采购方式管理暂行办法》规定，被取消入围资格或者被解除框架协议的供应商不得参加同一封闭式框架协议补充征集，或者重新申请加入同一开放式框架协议。　（　　）

答案： 正确

解析：《政府采购框架协议采购方式管理暂行办法》（财政部令第 110 号）第十九条第二款：被取消入围资格或者被解除框架协议的供应商不得参加同

一封闭式框架协议补充征集，或者重新申请加入同一开放式框架协议。

标签：框架协议采购

难易程度：易★

26. 根据《政府采购框架协议采购方式管理暂行办法》规定，开放式框架协议入围供应商可以随时申请退出框架协议。　　　　（　　）

答案：正确

解析：《政府采购框架协议采购方式管理暂行办法》第二十条：封闭式框架协议入围供应商无正当理由，不得主动放弃入围资格或者退出框架协议。

开放式框架协议入围供应商可以随时申请退出框架协议。集中采购机构或者主管预算单位应当在收到退出申请2个工作日内，发布入围供应商退出公告。

标签：框架协议采购

难易程度：易★

27. 根据《政府采购框架协议采购方式管理暂行办法》规定，封闭式框架协议入围供应商可以随时申请退出框架协议。　　　　（　　）

答案：错误

解析：《政府采购框架协议采购方式管理暂行办法》第二十条：封闭式框架协议入围供应商无正当理由，不得主动放弃入围资格或者退出框架协议。

开放式框架协议入围供应商可以随时申请退出框架协议。集中采购机构或者主管预算单位应当在收到退出申请2个工作日内，发布入围供应商退出公告。

标签：框架协议采购

难易程度：易★

28. 根据《政府采购框架协议采购方式管理暂行办法》规定，征集人应当建立真实完整的框架协议采购档案，妥善保存每项采购活动的采购文件资料。除征集人和采购人另有约定外，合同授予的采购文件资料由征集人负责保存。　　　　（　　）

答案：错误

解析：《政府采购框架协议采购方式管理暂行办法》（财政部令第110号）第二十一条规定，征集人应当建立真实完整的框架协议采购档案，妥善保存每项采购活动的采购文件资料。除征集人和采购人另有约定外，合同授予的采购文件资料由采购人负责保存。采购档案可以采用电子形式保存，电子档案和纸质档案具有同等效力。

标签：框架协议采购

难易程度：易★

29. 根据《政府采购框架协议采购方式管理暂行办法》规定，框架协议入围货物应该是专供政府采购的产品。 （　　）

答案：错误

解析：《政府采购框架协议采购方式管理暂行办法》第二十四条：供应商应当按照征集文件要求编制响应文件，对响应文件的真实性和合法性承担法律责任。

供应商响应的货物和服务的技术、商务等条件不得低于采购需求，货物原则上应当是市场上已有销售的规格型号，不得是专供政府采购的产品。对货物项目每个采购包只能用一个产品进行响应，征集文件有要求的，应当同时对产品的选配件、耗材进行报价。服务项目包含货物的，响应文件中应当列明货物清单及质量标准。

标签：框架协议采购

难易程度：易★

30. 根据《政府采购框架协议采购方式管理暂行办法》规定，框架协议采购的，供应商对货物项目每个采购包只能用一个产品进行响应。 （　　）

答案：正确

解析：《政府采购框架协议采购方式管理暂行办法》第二十四条：供应商应当按照征集文件要求编制响应文件，对响应文件的真实性和合法性承担法律责任。

供应商响应的货物和服务的技术、商务等条件不得低于采购需求，货物原则上应当是市场上已有销售的规格型号，不得是专供政府采购的产品。对货物项目每个采购包只能用一个产品进行响应，征集文件有要求的，应当同时对产品的选配件、耗材进行报价。服务项目包含货物的，响应文件中应当列明货物清单及质量标准。

标签： 框架协议采购

难易程度： 易★

31. 根据《政府采购框架协议采购方式管理暂行办法》规定，框架协议采购的，确定第一阶段入围供应商的评审方法包括最低评标价法和综合评分法。 （　　）

答案： 错误

解析：《政府采购框架协议采购方式管理暂行办法》第二十五条：确定第一阶段入围供应商的评审方法包括价格优先法和质量优先法。

标签： 框架协议采购

难易程度： 易★

32. 根据《政府采购框架协议采购方式管理暂行办法》规定，对耗材使用量大的复印、打印、实验、医疗等仪器设备进行框架协议采购的，应当要求供应商同时对 3 年以上约定期限内的专用耗材进行报价。 （　　）

答案： 正确

解析：《政府采购框架协议采购方式管理暂行办法》（财政部令第 110 号）第二十六条：对耗材使用量大的复印、打印、实验、医疗等仪器设备进行框架协议采购的，应当要求供应商同时对 3 年以上约定期限内的专用耗材进行报价。

标签： 框架协议采购

难易程度： 易★

33. 根据《政府采购框架协议采购方式管理暂行办法》（财政部令第 110 号）规定，框架协议采购的，确定第一阶段入围供应商时，提交响应文件的供应商不得少于 3 家。 （　　）

答案： 错误

解析：《政府采购框架协议采购方式管理暂行办法》第二十七条：确定第一阶段入围供应商时，提交响应文件和符合资格条件、实质性要求的供应商应当均不少于 2 家，淘汰比例一般不得低于 20%，且至少淘汰一家供应商。

采用质量优先法的检测、实验等仪器设备采购，淘汰比例不得低于 40%，且至少淘汰一家供应商。

标签： 框架协议采购

难易程度： 易★

34. 根据《政府采购框架协议采购方式管理暂行办法》规定，适用框架协议采购的，采用质量优先法的检测、实验等仪器设备采购，淘汰比例不得低于 40%，且至少淘汰一家供应商。　　　　　　　　　　（　　）

答案： 正确

解析：《政府采购框架协议采购方式管理暂行办法》第二十七条：确定第一阶段入围供应商时，提交响应文件和符合资格条件、实质性要求的供应商应当均不少于 2 家，淘汰比例一般不得低于 20%，且至少淘汰一家供应商。

采用质量优先法的检测、实验等仪器设备采购，淘汰比例不得低于 40%，且至少淘汰一家供应商。

标签： 框架协议采购

难易程度： 易★

35. 根据《政府采购框架协议采购方式管理暂行办法》规定，框架协议采购的，集中采购机构应在框架协议签订后 7 个工作日内，将框架协议副本报本级财政部门备案。　　　　　　　　　　　　（　　）

答案： 正确

解析：《政府采购框架协议采购方式管理暂行办法》第二十九条：集中采购机构或者主管预算单位应当在入围通知书发出之日起 30 日内和入围供应商签订框架协议，并在框架协议签订后 7 个工作日内，将框架协议副本报本级财政部门备案。

框架协议不得对征集文件确定的事项以及入围供应商的响应文件作实质性修改。

标签：框架协议采购

难易程度：易★

36. 根据《政府采购框架协议采购方式管理暂行办法》规定，在框架协议采购中，征集人补充征集供应商的，补充征集规则应当在框架协议中约定，补充征集的条件、程序、评审方法和淘汰比例可以相对初次征集进行适当调整。 （　　）

答案：错误

解析：《政府采购框架协议采购方式管理暂行办法》（财政部令第110号）第三十一条规定，征集人补充征集供应商的，补充征集规则应当在框架协议中约定，补充征集的条件、程序、评审方法和淘汰比例应当与初次征集相同。补充征集应当遵守原框架协议的有效期。补充征集期间，原框架协议继续履行。

标签：框架协议采购

难易程度：易★

37. 根据《政府采购框架协议采购方式管理暂行办法》（财政部令第110号）规定，二次竞价方式是框架协议采购中采购人确定第二阶段成交供应商的主要方式。 （　　）

答案：错误

解析：《政府采购框架协议采购方式管理暂行办法》第三十二条：确定第二阶段成交供应商的方式包括直接选定、二次竞价和顺序轮候。

直接选定方式是确定第二阶段成交供应商的主要方式。除征集人根据采购项目特点和提高绩效等要求，在征集文件中载明采用二次竞价或者顺序轮候方式外，确定第二阶段成交供应商应当由采购人或者服务对象依据入围产品价格、质量以及服务便利性、用户评价等因素，从第一阶段入围供应商中直接选定。

标签：框架协议采购

难易程度：易★

38. 根据《政府采购框架协议采购方式管理暂行办法》规定，二次竞价一般适用于采用价格优先法的框架协议采购项目。　　　　（　　）

答案： 正确

解析：《政府采购框架协议采购方式管理暂行办法》第三十三条：二次竞价方式是指以框架协议约定的入围产品、采购合同文本等为依据，以协议价格为最高限价，采购人明确第二阶段竞价需求，从入围供应商中选择所有符合竞价需求的供应商参与二次竞价，确定报价最低的为成交供应商的方式。

进行二次竞价应当给予供应商必要的响应时间。

二次竞价一般适用于采用价格优先法的采购项目。

标签： 框架协议采购

难易程度：易★

39. 根据《政府采购框架协议采购方式管理暂行办法》规定，框架协议采购采用二次竞价法确定成交供应商的，采购人应确定报价最低的为成交供应商。　　　　　　　　　　　　　　　　　　　（　　）

答案： 正确

解析：《政府采购框架协议采购方式管理暂行办法》第三十三条：二次竞价方式是指以框架协议约定的入围产品、采购合同文本等为依据，以协议价格为最高限价，采购人明确第二阶段竞价需求，从入围供应商中选择所有符合竞价需求的供应商参与二次竞价，确定报价最低的为成交供应商的方式。

进行二次竞价应当给予供应商必要的响应时间。

二次竞价一般适用于采用价格优先法的采购项目。

标签： 框架协议采购

难易程度：易★

40. 根据《政府采购框架协议采购方式管理暂行办法》规定，框架协议采购方式确定成交供应商的顺序轮候法既适用于服务项目，也适用于货物项目。　　　　　　　　　　　　　　　　　　（　　）

答案：错误

解析：《政府采购框架协议采购方式管理暂行办法》第三十四条：顺序轮候方式是指根据征集文件中确定的轮候顺序规则，对所有入围供应商依次授予采购合同的方式。

每个入围供应商在一个顺序轮候期内，只有一次获得合同授予的机会。合同授予顺序确定后，应当书面告知所有入围供应商。除清退入围供应商和补充征集外，框架协议有效期内不得调整合同授予顺序。

顺序轮候一般适用于服务项目。

标签：框架协议采购

难易程度：易★

41. 根据《政府采购框架协议采购方式管理暂行办法》规定，在框架协议采购中，以二次竞价或者顺序轮候方式确定成交供应商的，征集人应当在确定成交供应商后 2 个工作日内逐笔发布成交结果公告。　　　　（　　　）

答案：正确

解析：《政府采购框架协议采购方式管理暂行办法》（财政部令第 110 号）第三十五条第一款：以二次竞价或者顺序轮候方式确定成交供应商的，征集人应当在确定成交供应商后 2 个工作日内逐笔发布成交结果公告。

标签：框架协议采购

难易程度：易★

42. 根据《政府采购框架协议采购方式管理暂行办法》规定，框架协议采购的成交结果单笔公告可以在省级以上财政部门指定的媒体上发布，也可以在开展框架协议采购的电子化采购系统发布，发布成交结果公告的渠道应当在征集文件或者框架协议中告知供应商。　　（　　　）

答案：正确

解析：《政府采购框架协议采购方式管理暂行办法》（财政部令第 110 号）第三十五条第二款：成交结果单笔公告可以在省级以上财政部门指定的媒体上发布，也可以在开展框架协议采购的电子化采购系统发布，发布成交结果公告的渠道应当在征集文件或者框架协议中告知供应商。

标签： 框架协议采购

难易程度： 易★

43. 根据《政府采购框架协议采购方式管理暂行办法》规定，框架协议采购可以订立固定价格合同和可调价格合同。　　　　　（　　　）

答案： 错误

解析：《政府采购框架协议采购方式管理暂行办法》第三十六条：框架协议采购应当订立固定价格合同。

根据实际采购数量和协议价格确定合同总价的，合同中应当列明实际采购数量或者计量方式，包括服务项目用于计算合同价的工日数、服务工作量等详细工作量清单。采购人应当要求供应商提供能证明其按照合同约定数量或者工作量清单履约的相关记录或者凭证，作为验收资料一并存档。

标签： 框架协议采购

难易程度： 易★

44. 根据《政府采购框架协议采购方式管理暂行办法》规定，框架协议采购项目，在满足一定条件的情况下，采购人可以将合同授予非入围供应商。

（　　　）

答案： 正确

解析：《政府采购框架协议采购方式管理暂行办法》第三十七条：采购人证明能够以更低价格向非入围供应商采购相同货物，且入围供应商不同意将价格降至非入围供应商以下的，可以将合同授予非入围供应商。

采购项目适用前款规定的，征集人应当在征集文件中载明并在框架协议中约定。

采购人将合同授予非入围供应商的，应当在确定成交供应商后 1 个工作日内，将成交结果抄送征集人，由征集人按照单笔公告要求发布成交结果公告。采购人应当将相关证明材料和采购合同一并存档备查。

标签： 框架协议采购

难易程度： 易★

45. 根据《政府采购框架协议采购方式管理暂行办法》规定，在开放式框架协议采购中，征集公告发布后至框架协议期满前，供应商可以按照征集公告要求，随时提交加入框架协议的申请。征集人应当在收到供应商申请后 5 个工作日内完成审核，并将审核结果书面通知申请供应商。　　　（　　　）

答案：错误

解析：《政府采购框架协议采购方式管理暂行办法》（财政部令第 110 号）第三十九条：征集公告发布后至框架协议期满前，供应商可以按照征集公告要求，随时提交加入框架协议的申请。征集人应当在收到供应商申请后 7 个工作日内完成审核，并将审核结果书面通知申请供应商。

标签：框架协议采购

难易程度：难★★★

46. 根据《政府采购框架协议采购方式管理暂行办法》规定，在开放式框架协议采购中，征集人应当在审核通过后 2 个工作日内，发布入围结果公告，公告入围供应商名称、地址、联系方式及付费标准，并动态更新入围供应商信息。　　　（　　　）

答案：正确

解析：《政府采购框架协议采购方式管理暂行办法》（财政部令第 110 号）第四十条：征集人应当在审核通过后 2 个工作日内，发布入围结果公告，公告入围供应商名称、地址、联系方式及付费标准，并动态更新入围供应商信息。

标签：框架协议采购

难易程度：难★★★

47. 根据《政府采购框架协议采购方式管理暂行办法》规定，开放式框架协议征集人可以把发布入围结果公告，视为签订框架协议。　　　（　　　）

答案：正确

解析：《政府采购框架协议采购方式管理暂行办法》第四十一条：征集人可以根据采购项目特点，在征集公告中申明是否与供应商另行签订书面框架协议。申明不再签订书面框架协议的，发布入围结果公告，视为签订框架协议。

标签：框架协议采购

难易程度：易★

48. 根据《政府采购框架协议采购方式管理暂行办法》规定，开放式框架协议的成交供应商由征集单位确定。   （   ）

答案：错误

解析：《政府采购框架协议采购方式管理暂行办法》第四十二条：第二阶段成交供应商由采购人或者服务对象从第一阶段入围供应商中直接选定。

供应商履行合同后，依据框架协议约定的凭单、订单以及结算方式，与采购人进行费用结算。

标签：框架协议采购

难易程度：易★

单选题

1. 根据《政府采购框架协议采购方式管理暂行办法》规定，可以采用框架协议采购方式采购的情形不包括（   ）。

A. 集中采购目录以外品目，以及与之配套的必要耗材、配件等，属于小额零星采购的

B. 集中采购目录以外，采购限额标准以上，本部门、本系统行政管理所需的法律、评估、会计、审计等鉴证咨询服务，属于小额零星采购的

C. 集中采购目录以外，采购限额标准以上，为本部门、本系统以外的服务对象提供服务的政府购买服务项目，需要确定 2 家以上供应商由服务对象自主选择的

D. 国务院财政部门规定的其他情形

答案：A

解析：《政府采购框架协议采购方式管理暂行办法》（财政部令第 110 号）第三条：符合下列情形之一的，可以采用框架协议采购方式采购：

（一）集中采购目录以内品目，以及与之配套的必要耗材、配件等，属于小额零星采购的；

（二）集中采购目录以外，采购限额标准以上，本部门、本系统行政管理所需的法律、评估、会计、审计等鉴证咨询服务，属于小额零星采购的；

（三）集中采购目录以外，采购限额标准以上，为本部门、本系统以外的服务对象提供服务的政府购买服务项目，需要确定 2 家以上供应商由服务对象自主选择的；

（四）国务院财政部门规定的其他情形。

标签：框架协议采购

难易程度：易★

2. 根据《政府采购框架协议采购方式管理暂行办法》规定，框架协议的主要形式是（　　）。

A. 开放式框架协议　　　　　　B. 封闭式框架协议

C. 最高限价框架协议　　　　　D. 可调价框架协议

答案：B

解析：《政府采购框架协议采购方式管理暂行办法》第四条：框架协议采购包括封闭式框架协议采购和开放式框架协议采购。

封闭式框架协议采购是框架协议采购的主要形式。除法律、行政法规或者本办法另有规定外，框架协议采购应当采用封闭式框架协议采购。

标签：框架协议采购

难易程度：难★★★

3. 根据《政府采购框架协议采购方式管理暂行办法》规定，集中采购目录以内品目采用框架协议采购的，由（　　）负责征集程序和订立框架协议。

A. 集中采购机构　　　　　　　B. 主管预算单位

C. 采购人　　　　　　　　　　D. 采购代理机构

答案：A

解析：《政府采购框架协议采购方式管理暂行办法》第五条：集中采购目录以内品目以及与之配套的必要耗材、配件等，采用框架协议采购的，由集中采购机构负责征集程序和订立框架协议。

集中采购目录以外品目采用框架协议采购的，由主管预算单位负责征集程序和订立框架协议。其他预算单位确有需要的，经其主管预算单位批准，可以采用框架协议采购方式采购。其他预算单位采用框架协议采购方式采购的，应当遵守本办法关于主管预算单位的规定。

主管预算单位可以委托采购代理机构代理框架协议采购，采购代理机构应当在委托的范围内依法开展采购活动。

集中采购机构、主管预算单位及其委托的采购代理机构，本办法统称征集人。

标签： 框架协议采购

难易程度： 难★★★

4. 根据《政府采购框架协议采购方式管理暂行办法》规定，下列关于框架协议采购方式采购的说法，错误的是（　　）。

A. 集中采购目录以内品目以及与之配套的必要耗材、配件等，采用框架协议采购的，由集中采购机构负责征集程序和订立框架协议

B. 框架协议采购遵循讲求绩效的原则，供应商只要符合资格条件即可入围

C. 主管预算单位可以委托采购代理机构代理框架协议采购，采购代理机构应当在委托的范围内依法开展采购活动

D. 集中采购目录以外品目采用框架协议采购的，由主管预算单位负责征集程序和订立框架协议

答案： B

解析：《政府采购框架协议采购方式管理暂行办法》（财政部令第110号）第六条：框架协议采购遵循竞争择优、讲求绩效的原则，应当有明确的采购标的和定价机制，不得采用供应商符合资格条件即入围的方法。

标签： 框架协议采购

难易程度： 难★★★

5. 根据《政府采购框架协议采购方式管理暂行办法》规定，框架协议采

购应当通过（　　）形式实施。

A. 电子化采购　　B. 分散　　　　　C. 由下至上　　　D. 由分散到集中

答案：A

解析：《政府采购框架协议采购方式管理暂行办法》第七条：框架协议采购应当实行电子化采购。

标签：框架协议采购

难易程度：难★★★

6. 根据《政府采购框架协议采购方式管理暂行办法》规定，下列关于框架协议采购方式采购的说法，错误的是（　　）。

A. 集中采购机构采用框架协议采购的，应当拟定采购方案，报财政部审核后实施

B. 主管预算单位采用框架协议采购的，应当在采购活动开始前将采购方案报本级财政部门备案

C. 集中采购目录以外品目采用框架协议采购的，由主管预算单位负责征集程序和订立框架协议

D. 其他预算单位确有需要的，经其主管预算单位批准，可以采用框架协议采购方式采购

答案：A

解析：《政府采购框架协议采购方式管理暂行办法》（财政部令第110号）第八条：集中采购机构采用框架协议采购的，应当拟定采购方案，报本级财政部门审核后实施。主管预算单位采用框架协议采购的，应当在采购活动开始前将采购方案报本级财政部门备案。

标签：框架协议采购

难易程度：难★★★

7. 根据《政府采购框架协议采购方式管理暂行办法》规定，框架协议订立后不得随意增加协议入围供应商的是（　　）框架协议。

A. 封闭式　　　　B. 开放式　　　　C. 货物类　　　　D. 工程类

答案：A

解析：《政府采购框架协议采购方式管理暂行办法》第九条：封闭式框架协议采购是指符合本办法第三条规定情形，通过公开竞争订立框架协议后，除经过框架协议约定的补充征集程序外，不得增加协议供应商的框架协议采购。

标签： 框架协议采购

难易程度： 难★★★

8. 根据《政府采购框架协议采购方式管理暂行办法》规定，下列关于封闭式框架协议采购方式采购的说法，错误的是（   ）。

A. 封闭式框架协议采购除经过框架协议约定的补充征集程序外，不得增加协议供应商

B. 封闭式框架协议的公开征集程序，必须优先按照政府采购公开招标的规定执行

C. 封闭式框架协议采购是框架协议采购的主要形式

D. 除法律、行政法规或者本办法另有规定外，框架协议采购应当采用封闭式框架协议采购

答案： B

解析：《政府采购框架协议采购方式管理暂行办法》（财政部令第 110 号）第九条第二款规定：封闭式框架协议的公开征集程序，按照政府采购公开招标的规定执行，本办法另有规定的，从其规定。

标签： 框架协议采购

难易程度： 难★★★

9. 根据《政府采购框架协议采购方式管理暂行办法》规定，下列关于框架协议采购需求的相关说法，错误的是（   ）。

A. 集中采购机构或者主管预算单位应当确定框架协议采购需求

B. 框架协议采购需求在框架协议有效期内不得变动

C. 确定框架协议采购需求应当开展需求调查，听取采购人、供应商和专家等意见

D. 面向采购人和供应商开展需求调查时，应当选择具有代表性的调查对

象，调查对象一般各不少于 2 个

答案：D

解析：《政府采购框架协议采购方式管理暂行办法》（财政部令第 110 号）第十一条规定：集中采购机构或者主管预算单位应当确定框架协议采购需求。框架协议采购需求在框架协议有效期内不得变动。确定框架协议采购需求应当开展需求调查，听取采购人、供应商和专家等意见。面向采购人和供应商开展需求调查时，应当选择具有代表性的调查对象，调查对象一般各不少于 3 个。

标签：框架协议采购

难易程度：难★★★

10. 根据《政府采购框架协议采购方式管理暂行办法》规定，框架协议确立的价格是采购人或者服务对象确定第二阶段成交供应商时的（　　）。

A. 成交价　　　　　　　　　　B. 成交的最高限价

C. 成交的最低限价　　　　　　D. 成交的平均价

答案：B

解析：《政府采购框架协议采购方式管理暂行办法》第十三条：集中采购机构或者主管预算单位应当在征集公告和征集文件中确定框架协议采购的最高限制单价。征集文件中可以明确量价关系折扣，即达到一定采购数量，价格应当按照征集文件中明确的折扣降低。在开放式框架协议中，付费标准即为最高限制单价。

最高限制单价是供应商第一阶段响应报价的最高限价。入围供应商第一阶段响应报价（有量价关系折扣的，包括量价关系折扣，以下统称协议价格）是采购人或者服务对象确定第二阶段成交供应商的最高限价。

标签：框架协议采购

难易程度：难★★★

11. 根据《政府采购框架协议采购方式管理暂行办法》规定，下列关于框架协议采购方式采购最高限制单价的说法，错误的是（　　）。

A. 集中采购机构或者主管预算单位应当在征集公告和征集文件中确定框

架协议采购的最高限制单价

B. 征集文件中可以明确量价关系折扣，即达到一定采购数量，价格应当按照征集文件中明确的折扣降低。在开放式框架协议中，付费标准即为最高限制单价

C. 最高限制单价是供应商第一阶段响应报价的最高限价。入围供应商第一阶段响应报价（有量价关系折扣的，包括量价关系折扣，统称协议价格）是采购人或者服务对象确定第二阶段成交供应商的最高限价

D. 确定最高限制单价时，有政府定价的，执行政府定价；没有政府定价的，应当与供应商协商确定

答案： D

解析： 《政府采购框架协议采购方式管理暂行办法》（财政部令第110号）第十三条第三款规定：确定最高限制单价时，有政府定价的，执行政府定价；没有政府定价的，应当通过需求调查，并根据需求标准科学确定，属于本办法第十条第二款第一项规定情形的采购项目，需要订立开放式框架协议的，与供应商协商确定。

标签： 框架协议采购

难易程度： 难★★★

12. 根据《政府采购框架协议采购方式管理暂行办法》规定，集中采购机构或者主管预算单位应当根据工作需要和采购标的市场供应及价格变化情况，科学合理确定框架协议期限。货物项目框架协议有效期一般不超过（　　）年，服务项目框架协议有效期一般不超过（　　）年。

A. 1；1　　　　　　　　　　B. 2；2

C. 1；2　　　　　　　　　　D. 2；1

答案： C

解析： 《政府采购框架协议采购方式管理暂行办法》（财政部令第110号）第十五条：集中采购机构或者主管预算单位应当根据工作需要和采购标的市场供应及价格变化情况，科学合理确定框架协议期限。货物项目框架协议有效期一般不超过1年，服务项目框架协议有效期一般不超过2年。

标签： 框架协议采购

难易程度： 难★★★

13. 根据《政府采购框架协议采购方式管理暂行办法》规定，框架协议的采购人或者服务对象，采购框架协议约定的货物、服务，应当将第二阶段的采购合同授予（　　）。

A. 能够提供货物、服务的供应商

B. 入围供应商

C. 符合资格条件的供应商

D. 公开招标确定中标的供应商

答案： B

解析：《政府采购框架协议采购方式管理暂行办法》第十七条：采购人或者服务对象采购框架协议约定的货物、服务，应当将第二阶段的采购合同授予入围供应商，但是本办法第三十七条另有规定的除外。

同一框架协议采购应当使用统一的采购合同文本，采购人、服务对象和供应商不得擅自改变框架协议约定的合同实质性条款。

标签： 框架协议采购

难易程度： 难★★★

14. 根据《政府采购框架协议采购方式管理暂行办法》规定，下列关于框架协议采购方式采购的相关说法，错误的是（　　）。

A. 采购人或者服务对象采购框架协议约定的货物、服务，应当将第二阶段的采购合同授予入围供应商

B. 货物项目框架协议的入围供应商应当为入围产品生产厂家或者生产厂家认可的代理商

C. 入围供应商可以委托一家或者多家代理商，按照框架协议约定接受采购人合同授予，并履行采购合同

D. 入围供应商应当在框架协议中提供委托协议和委托的代理商名单

答案： B

解析：《政府采购框架协议采购方式管理暂行办法》（财政部令第110号）

第十八条：货物项目框架协议的入围供应商应当为入围产品生产厂家或者生产厂家唯一授权供应商。入围供应商可以委托一家或者多家代理商，按照框架协议约定接受采购人合同授予，并履行采购合同。入围供应商应当在框架协议中提供委托协议和委托的代理商名单。

标签：框架协议采购

难易程度：难★★★

15. 根据《政府采购框架协议采购方式管理暂行办法》规定，下列关于框架协议采购方式采购的相关说法，错误的是（　　　）。

A. 封闭式框架协议入围供应商无正当理由，不得主动放弃入围资格或者退出框架协议

B. 开放式框架协议入围供应商无正当理由，不得主动放弃入围资格或者退出框架协议

C. 集中采购机构或者主管预算单位应当在收到退出申请2个工作日内，发布入围供应商退出公告

D. 入围供应商提供虚假材料谋取入围或者合同成交的，尚未签订框架协议的，取消其入围资格；已经签订框架协议的，解除与其签订的框架协议

答案：B

解析：《政府采购框架协议采购方式管理暂行办法》（财政部令第110号）第二十条：封闭式框架协议入围供应商无正当理由，不得主动放弃入围资格或者退出框架协议。开放式框架协议入围供应商可以随时申请退出框架协议。集中采购机构或者主管预算单位应当在收到退出申请2个工作日内，发布入围供应商退出公告。

标签：框架协议采购

难易程度：难★★★

16. 根据《政府采购框架协议采购方式管理暂行办法》规定，框架协议采购除征集人和采购人另有约定外，合同授予的采购文件资料由（　　　）负责保存。

A. 集中采购机构　　　　　　　　　　B. 主管预算单位

C. 采购人　　　　　　　　　　D. 采购代理机构

答案： C

解析：《政府采购框架协议采购方式管理暂行办法》第二十一条：征集人应当建立真实完整的框架协议采购档案，妥善保存每项采购活动的采购文件资料。除征集人和采购人另有约定外，合同授予的采购文件资料由采购人负责保存。

采购档案可以采用电子形式保存，电子档案和纸质档案具有同等效力。

标签： 框架协议采购

难易程度： 难★★★

17. 根据《政府采购框架协议采购方式管理暂行办法》规定，框架协议采购第一阶段征集入围供应商时，征集单位应发布（　　　）。

A. 招标公告　　　　　　　　　B. 资格预审公告

C. 谈判公告　　　　　　　　　D. 征集公告

答案： D

解析：《政府采购框架协议采购方式管理暂行办法》第二十二条：征集人应当发布征集公告。

标签： 框架协议采购

难易程度： 难★★★

18. 根据《政府采购框架协议采购方式管理暂行办法》规定，框架协议征集文件由（　　　）编制。

A. 征集人　　　　B. 谈判小组　　　C. 评标委员会　　D. 供应商

答案： A

解析：《政府采购框架协议采购方式管理暂行办法》第二十三条：征集人应当编制征集文件。

标签： 框架协议采购

难易程度： 难★★★

19. 根据《政府采购框架协议采购方式管理暂行办法》规定，下列关于封闭式框架协议采购方式采购的相关说法，错误的是（　　）。

A. 供应商应当按照征集文件要求编制响应文件，对响应文件的真实性和合法性承担法律责任

B. 供应商响应的货物和服务的技术、商务等条件不得低于采购需求，货物可以是市场上已有销售的规格型号，也可以是专供政府采购的产品

C. 对货物项目每个采购包只能用一个产品进行响应，征集文件有要求的，应当同时对产品的选配件、耗材进行报价

D. 服务项目包含货物的，响应文件中应当列明货物清单及质量标准

答案： B

解析：《政府采购框架协议采购方式管理暂行办法》（财政部令第110号）第二十四条：供应商应当按照征集文件要求编制响应文件，对响应文件的真实性和合法性承担法律责任。供应商响应的货物和服务的技术、商务等条件不得低于采购需求，货物原则上应当是市场上已有销售的规格型号，不得是专供政府采购的产品。对货物项目每个采购包只能用一个产品进行响应，征集文件有要求的，应当同时对产品的选配件、耗材进行报价。服务项目包含货物的，响应文件中应当列明货物清单及质量标准。

标签： 框架协议采购

难易程度： 难★★★

20. 根据《政府采购框架协议采购方式管理暂行办法》规定，框架协议采购项目除了有政府定价、政府指导价的项目，以及对质量有特别要求的检测、实验等仪器设备项目外，其他项目应当采用（　　）。

A. 价格优先法　　　　　　　　B. 质量优先法

C. 最低评标价法　　　　　　　D. 综合评分法

答案： A

解析：《政府采购框架协议采购方式管理暂行办法》第二十五条：确定第一阶段入围供应商的评审方法包括价格优先法和质量优先法。

价格优先法是指对满足采购需求且响应报价不超过最高限制单价的货物、服务，按照响应报价从低到高排序，根据征集文件规定的淘汰率或者入围供

应商数量上限，确定入围供应商的评审方法。

质量优先法是指对满足采购需求且响应报价不超过最高限制单价的货物、服务进行质量综合评分，按照质量评分从高到低排序，根据征集文件规定的淘汰率或者入围供应商数量上限，确定入围供应商的评审方法。货物项目质量因素包括采购标的的技术水平、产品配置、售后服务等，服务项目质量因素包括服务内容、服务水平、供应商的履约能力、服务经验等。质量因素中的可量化指标应当划分等次，作为评分项；质量因素中的其他指标可以作为实质性要求，不得作为评分项。

有政府定价、政府指导价的项目，以及对质量有特别要求的检测、实验等仪器设备，可以采用质量优先法，其他项目应当采用价格优先法。

标签：框架协议采购

难易程度：难★★★

21. 根据《政府采购框架协议采购方式管理暂行办法》规定，对耗材使用量大的复印、打印、实验、医疗等仪器设备进行框架协议采购的，应当要求供应商同时对（　　）年以上约定期限内的专用耗材进行报价。

A. 1　　　　　　　B. 2　　　　　　　C. 3　　　　　　　D. 4

答案：C

解析：《政府采购框架协议采购方式管理暂行办法》第二十六条：对耗材使用量大的复印、打印、实验、医疗等仪器设备进行框架协议采购的，应当要求供应商同时对3年以上约定期限内的专用耗材进行报价。评审时应当考虑约定期限的专用耗材使用成本，修正仪器设备的响应报价或者质量评分。

征集人应当在征集文件、框架协议和采购合同中规定，入围供应商在约定期限内，应当以不高于其报价的价格向适用框架协议的采购人供应专用耗材。

标签：框架协议采购

难易程度：难★★★

22. 根据《政府采购框架协议采购方式管理暂行办法》规定，框架协议采用质量优先法的检测、实验等仪器设备采购，淘汰比例不得低于（　　），且至少淘汰一家供应商。

A. 20%　　　　B. 30%　　　　C. 40%　　　　D. 50%

答案：C

解析：《政府采购框架协议采购方式管理暂行办法》第二十七条：确定第一阶段入围供应商时，提交响应文件和符合资格条件、实质性要求的供应商应当均不少于 2 家，淘汰比例一般不得低于 20%，且至少淘汰一家供应商。

采用质量优先法的检测、实验等仪器设备采购，淘汰比例不得低于 40%，且至少淘汰一家供应商。

标签：框架协议采购

难易程度：难★★★

23. 根据《政府采购框架协议采购方式管理暂行办法》规定，框架协议方式采购货物的，征集人应发布框架协议入围结果公告，公布入围产品的入围（　　）。

A. 单价　　　　B. 总价　　　　C. 数量　　　　D. 单价和总价

答案：A

解析：《政府采购框架协议采购方式管理暂行办法》第二十八条：入围结果公告应当包括以下主要内容：

（一）采购项目名称、编号；

（二）征集人的名称、地址、联系人和联系方式；

（三）入围供应商名称、地址及排序；

（四）最高入围价格或者最低入围分值；

（五）入围产品名称、规格型号或者主要服务内容及服务标准，入围单价；

（六）评审小组成员名单；

（七）采购代理服务收费标准及金额；

（八）公告期限；

（九）省级以上财政部门规定的其他事项。

标签：框架协议采购

难易程度：难★★★

24. 根据《政府采购框架协议采购方式管理暂行办法》规定，集中采购机构或者主管预算单位应当在入围通知书发出之日起（　　）日内和入围供应商签订框架协议。

A. 10　　　　　　B. 20　　　　　　C. 30　　　　　　D. 40

答案：C

解析：《政府采购框架协议采购方式管理暂行办法》第二十九条：集中采购机构或者主管预算单位应当在入围通知书发出之日起 30 日内和入围供应商签订框架协议，并在框架协议签订后 7 个工作日内，将框架协议副本报本级财政部门备案。

框架协议不得对征集文件确定的事项以及入围供应商的响应文件作实质性修改。

标签：框架协议采购

难易程度：难★★★

25. 根据《政府采购框架协议采购方式管理暂行办法》规定，征集人应当在框架协议签订后（　　）个工作日内通过电子化采购系统将入围信息告知适用框架协议的所有采购人或者服务对象。

A. 3　　　　　　B. 5　　　　　　C. 7　　　　　　D. 10

答案：A

解析：《政府采购框架协议采购方式管理暂行办法》第三十条：征集人应当在框架协议签订后 3 个工作日内通过电子化采购系统将入围信息告知适用框架协议的所有采购人或者服务对象。

入围信息应当包括所有入围供应商的名称、地址、联系方式、入围产品信息和协议价格等内容。入围产品信息应当详细列明技术规格或者服务内容、服务标准等能反映产品质量特点的内容。

征集人应当确保征集文件和入围信息在整个框架协议有效期内随时可供公众查阅。

标签：框架协议采购

难易程度：难★★★

26. 根据《政府采购框架协议采购方式管理暂行办法》规定，因各种原因造成剩余入围供应商数量不足入围供应商总数（　　）且影响框架协议执行的，征集人可以补充征集供应商。

A. 50%　　　　　B. 60%　　　　　C. 70%　　　　　D. 80%

答案： C

解析：《政府采购框架协议采购方式管理暂行办法》第三十一条：除剩余入围供应商不足入围供应商总数 70% 且影响框架协议执行的情形外，框架协议有效期内，征集人不得补充征集供应商。

征集人补充征集供应商的，补充征集规则应当在框架协议中约定，补充征集的条件、程序、评审方法和淘汰比例应当与初次征集相同。补充征集应当遵守原框架协议的有效期。补充征集期间，原框架协议继续履行。

标签： 框架协议采购

难易程度： 难★★★

27. 根据《政府采购框架协议采购方式管理暂行办法》规定，确定第二阶段成交供应商的方式不包括（　　）。

A. 随机抽取　　　B. 直接选定　　　C. 二次竞价　　　D. 顺序轮候

答案： A

解析：《政府采购框架协议采购方式管理暂行办法》（财政部令第 110 号）第三十二条：确定第二阶段成交供应商的方式包括直接选定、二次竞价和顺序轮候。

标签： 框架协议采购

难易程度： 难★★★

28. 根据《政府采购框架协议采购方式管理暂行办法》规定，框架协议采购采用二次竞价方式确定成交供应商的，采购人应从入围供应商中选择所有符合竞价需求的供应商参与二次竞价，确定（　　）的为成交供应商。

A. 质量最优　　　　　　　　　B. 报价最低

C. 综合得分最高　　　　　　　D. 入围价格最低

答案： B

解析：《政府采购框架协议采购方式管理暂行办法》第三十三条：二次竞价方式是指以框架协议约定的入围产品、采购合同文本等为依据，以协议价格为最高限价，采购人明确第二阶段竞价需求，从入围供应商中选择所有符合竞价需求的供应商参与二次竞价，确定报价最低的为成交供应商的方式。

进行二次竞价应当给予供应商必要的响应时间。

二次竞价一般适用于采用价格优先法的采购项目。

标签：框架协议采购

难易程度：难★★★

29. 根据《政府采购框架协议采购方式管理暂行办法》规定，下列关于确定第二阶段成交供应商的方式的相关说法，错误的是（　　　）。

A. 二次竞价一般适用于采用价格优先法的采购项目

B. 进行二次竞价应当给予供应商必要的响应时间

C. 顺序轮候一般适用于服务项目

D. 每个入围供应商在一个顺序轮候期内，只有一次获得合同授予的机会。合同授予顺序确定后，应当书面告知所有入围供应商。框架协议有效期内，要根据供应商经营实际情况实时调整合同授予顺序

答案：D

解析：《政府采购框架协议采购方式管理暂行办法》（财政部令第110号）第三十四条第二款：每个入围供应商在一个顺序轮候期内，只有一次获得合同授予的机会。合同授予顺序确定后，应当书面告知所有入围供应商。除清退入围供应商和补充征集外，框架协议有效期内不得调整合同授予顺序。

标签：框架协议采购

难易程度：难★★★

30. 根据《政府采购框架协议采购方式管理暂行办法》规定，征集人应当在框架协议有效期满后（　　　）个工作日内发布成交结果汇总公告。

A. 10　　　　　　　　　　　　　　B. 7

C. 5   D. 2

答案：A

解析：《政府采购框架协议采购方式管理暂行办法》（财政部令第 110 号）第三十五条第三款：征集人应当在框架协议有效期满后 10 个工作日内发布成交结果汇总公告。

标签：框架协议采购

难易程度：难★★★

31. 根据《政府采购框架协议采购方式管理暂行办法》规定，框架协议采购的，采购人应与成交供应商应订立（   ）合同。

A. 单价   B. 固定价格

C. 可调价   D. 绩效激励

答案：B

解析：《政府采购框架协议采购方式管理暂行办法》第三十六条：框架协议采购应当订立固定价格合同。

根据实际采购数量和协议价格确定合同总价的，合同中应当列明实际采购数量或者计量方式，包括服务项目用于计算合同价的工日数、服务工作量等详细工作量清单。采购人应当要求供应商提供能证明其按照合同约定数量或者工作量清单履约的相关记录或者凭证，作为验收资料一并存档。

标签：框架协议采购

难易程度：难★★★

32. 根据《政府采购框架协议采购方式管理暂行办法》规定，下列关于框架协议采购的合同授予，相关说法错误的是（   ）。

A. 采购人证明能够以更低价格向非入围供应商采购相同货物，且入围供应商不同意将价格降至非入围供应商以下的，可以将合同授予非入围供应商

B. 采购人将合同授予非入围供应商的，应当在确定成交供应商后 2 个工作日内，将成交结果抄送征集人，由征集人按照单笔公告要求发布成交结果公告

C. 采购人应当将相关证明材料和采购合同一并存档备查

D. 框架协议采购应当订立固定价格合同

答案： B

解析：《政府采购框架协议采购方式管理暂行办法》（财政部令第110号）第三十七条第三款：采购人将合同授予非入围供应商的，应当在确定成交供应商后1个工作日内，将成交结果抄送征集人，由征集人按照单笔公告要求发布成交结果公告。采购人应当将相关证明材料和采购合同一并存档备查。

标签： 框架协议采购

难易程度： 难★★★

33. 根据《政府采购框架协议采购方式管理暂行办法》规定，开放式框架协议采购的付费标准，应在（　　）中明确。

A. 征集公告　　　B. 征集文件　　　C. 入围公告　　　D. 框架协议

答案： A

解析：《政府采购框架协议采购方式管理暂行办法》第三十八条：订立开放式框架协议的，征集人应当发布征集公告，邀请供应商加入框架协议。征集公告应当包括以下主要内容：

（一）本办法第二十二条第一项至四项和第二十三条第二项至三项、第十三项至十六项内容；

（二）订立开放式框架协议的邀请；

（三）供应商提交加入框架协议申请的方式、地点，以及对申请文件的要求；

（四）履行合同的地域范围、协议方的权利和义务、入围供应商的清退机制等框架协议内容；

（五）采购合同文本；

（六）付费标准，费用结算及支付方式；

（七）省级以上财政部门规定的其他事项。

标签： 框架协议采购

难易程度：难 ★★★

34. 根据《政府采购框架协议采购方式管理暂行办法》规定，开放式框架协议采购的征集人应当在收到供应商申请后（　　）完成审核，并将审核结果书面通知申请供应商。

A. 立即　　　　　　　　　　　B. 当天

C. 3 个工作日内　　　　　　　D. 7 个工作日内

答案：D

解析：《政府采购框架协议采购方式管理暂行办法》第三十九条：征集公告发布后至框架协议期满前，供应商可以按照征集公告要求，随时提交加入框架协议的申请。征集人应当在收到供应商申请后 7 个工作日内完成审核，并将审核结果书面通知申请供应商。

标签：框架协议采购

难易程度：难 ★★★

35. 根据《政府采购框架协议采购方式管理暂行办法》规定，开放式框架协议征集人应当在审核通过后（　　），发布入围结果公告。

A. 立即　　　　　　　　　　　B. 当天

C. 2 个工作日内　　　　　　　D. 5 个工作日内

答案：C

解析：《政府采购框架协议采购方式管理暂行办法》第四十条：征集人应当在审核通过后 2 个工作日内，发布入围结果公告，公告入围供应商名称、地址、联系方式及付费标准，并动态更新入围供应商信息。

征集人应当确保征集公告和入围结果公告在整个框架协议有效期内随时可供公众查阅。

标签：框架协议采购

难易程度：难 ★★★

36. 根据《政府采购框架协议采购方式管理暂行办法》规定，开放式框架协议征集人可以根据采购项目特点，在征集公告中申明是否与供应商另行签订书面框架协议。申明不再签订书面框架协议的，（　　）视为签订框架协议。

A. 发布入围结果公告　　　　　B. 发布入围通知书

C. 口头通知入围供应商　　　　D. 供应商递交响应文件

答案： A

解析： 《政府采购框架协议采购方式管理暂行办法》第四十一条：征集人可以根据采购项目特点，在征集公告中申明是否与供应商另行签订书面框架协议。申明不再签订书面框架协议的，发布入围结果公告，视为签订框架协议。

标签： 框架协议采购

难易程度： 难★★★

37. 根据《政府采购框架协议采购方式管理暂行办法》规定，开放式框架协议第二阶段确定成交的方式是（　　）。

A. 直接选定　　B. 顺序轮候　　C. 随机抽取　　D. 二次竞价

答案： A

解析： 《政府采购框架协议采购方式管理暂行办法》第四十二条：第二阶段成交供应商由采购人或者服务对象从第一阶段入围供应商中直接选定。

供应商履行合同后，依据框架协议约定的凭单、订单以及结算方式，与采购人进行费用结算。

标签： 框架协议采购

难易程度： 难★★★

38. 根据《政府采购框架协议采购方式管理暂行办法》规定，框架协议采购采用二次竞价或者顺序轮候方式确定成交供应商的，征集人应当在（　　）逐笔发布成交结果公告。

A. 任意信息发布媒体

B. 任意电子化采购平台

C. 采购人外网

D. 财政部门指定的媒体或开展框架协议采购的电子化采购系统

答案：D

解析：《政府采购框架协议采购方式管理暂行办法》第三十五条：以二次竞价或者顺序轮候方式确定成交供应商的，征集人应当在确定成交供应商后2个工作日内逐笔发布成交结果公告。

成交结果单笔公告可以在省级以上财政部门指定的媒体上发布，也可以在开展框架协议采购的电子化采购系统发布，发布成交结果公告的渠道应当在征集文件或者框架协议中告知供应商。单笔公告应当包括以下主要内容：

（一）采购人的名称、地址和联系方式；

（二）框架协议采购项目名称、编号；

（三）成交供应商名称、地址和成交金额；

（四）成交标的名称、规格型号或者主要服务内容及服务标准、数量、单价；

（五）公告期限。

征集人应当在框架协议有效期满后10个工作日内发布成交结果汇总公告。汇总公告应当包括前款第一项、第二项内容和所有成交供应商的名称、地址及其成交合同总数和总金额。

标签：框架协议采购

难易程度：难★★★

39. 根据《政府采购框架协议采购方式管理暂行办法》规定，框架协议采购的征集公告和入围公告信息，应当在（　　）发布。

A. 财政部门指定的媒体

B. 开展框架协议采购的电子化采购系统

C. 采购人外网

D. 财政部门指定的媒体或开展框架协议采购的电子化采购系统

答案：A

解析：《政府采购框架协议采购方式管理暂行办法》第三十五条：以二次竞价或者顺序轮候方式确定成交供应商的，征集人应当在确定成交供应商后2

个工作日内逐笔发布成交结果公告。

成交结果单笔公告可以在省级以上财政部门指定的媒体上发布，也可以在开展框架协议采购的电子化采购系统发布，发布成交结果公告的渠道应当在征集文件或者框架协议中告知供应商。单笔公告应当包括以下主要内容：

（一）采购人的名称、地址和联系方式；

（二）框架协议采购项目名称、编号；

（三）成交供应商名称、地址和成交金额；

（四）成交标的名称、规格型号或者主要服务内容及服务标准、数量、单价；

（五）公告期限。

征集人应当在框架协议有效期满后 10 个工作日内发布成交结果汇总公告。汇总公告应当包括前款第一项、第二项内容和所有成交供应商的名称、地址及其成交合同总数和总金额。

第四十八条：除本办法第三十五条规定外，本办法规定的公告信息，应当在省级以上财政部门指定的媒体上发布。

标签：框架协议采购

难易程度：难★★★

多 选 题

1. 根据《政府采购框架协议采购方式管理暂行办法》规定，框架协议采购需求应当符合的规定有（　　）。

A. 满足采购人和服务对象实际需要，以确保功能、性能和必要采购要求为唯一目标，无须考虑竞争因素

B. 符合预算标准、资产配置标准等有关规定，厉行节约，不得超标准采购

C. 按照《政府采购品目分类目录》，将采购标的细化到底级品目，并细分不同等次、规格或者标准的采购需求，合理设置采购包

D. 货物项目应当明确货物的技术和商务要求，包括功能、性能、材料、结构、外观、安全、包装、交货期限、交货的地域范围、售后服务等

E. 服务项目应当明确服务内容、服务标准、技术保障、服务人员组成、服务交付或者实施的地域范围，以及所涉及的货物的质量标准、服务工作量的计量方式等

答案：BCDE

解析：《政府采购框架协议采购方式管理暂行办法》（财政部令第110号）第十二条：框架协议采购需求应当符合以下规定：

（一）满足采购人和服务对象实际需要，符合市场供应状况和市场公允标准，在确保功能、性能和必要采购要求的情况下促进竞争；

（二）符合预算标准、资产配置标准等有关规定，厉行节约，不得超标准采购；

（三）按照《政府采购品目分类目录》，将采购标的细化到底级品目，并细分不同等次、规格或者标准的采购需求，合理设置采购包；

（四）货物项目应当明确货物的技术和商务要求，包括功能、性能、材料、结构、外观、安全、包装、交货期限、交货的地域范围、售后服务等；

（五）服务项目应当明确服务内容、服务标准、技术保障、服务人员组成、服务交付或者实施的地域范围，以及所涉及的货物的质量标准、服务工作量的计量方式等。

标签：框架协议采购

难易程度：难★★★

2. 根据《政府采购框架协议采购方式管理暂行办法》规定，框架协议的征集单位有（　　）。

A. 财政部门

B. 集中采购机构

C. 主管预算单位

D. 主管预算单位授权的采购人

E. 评标委员会

答案：BCD

解析：《政府采购框架协议采购方式管理暂行办法》（财政部令第110号）第二条：本办法所称框架协议采购，是指集中采购机构或者主管预算单位对技术、服务等标准明确、统一，需要多次重复采购的货物和服务，通过公开征集程序，确定第一阶段入围供应商并订立框架协议，采购人或者服务对象按照框架协议约定规则，在入围供应商范围内确定第二阶段成交供应商并订立采购合同的采购方式。

前款所称主管预算单位是指负有编制部门预算职责，向本级财政部门申报预算的国家机关、事业单位和团体组织。

标签：框架协议采购

难易程度：难★★★

3. 根据《政府采购框架协议采购方式管理暂行办法》规定，可以采用开放式框架协议采购的情形有（　　　）。

A. 集中采购目录以内品目，竞争充分的

B. 集中采购目录以内品目，供应商数量在3家以下且不宜淘汰供应商的

C. 集中采购目录以外，采购限额标准以上，本部门、本系统行政管理所需的法律、评估、会计、审计等鉴证咨询服务，属于小额零星采购的

D. 集中采购目录以外，采购限额标准以上，为本部门、本系统以外的服务对象提供服务的政府购买服务项目，需要确定3家以上供应商由服务对象自主选择的

E. 集中采购目录以外，采购限额标准以上，为本部门、本系统以外的服务对象提供服务的政府购买服务项目，需要确定2家以上供应商由服务对象自主选择的

答案：BE

解析：《政府采购框架协议采购方式管理暂行办法》（财政部令第110号）第十条：开放式框架协议采购是指符合本条第二款规定情形，明确采购需求

和付费标准等框架协议条件，愿意接受协议条件的供应商可以随时申请加入的框架协议采购。开放式框架协议的公开征集程序，按照本办法规定执行。

符合下列情形之一的，可以采用开放式框架协议采购：

（一）本办法第三条第一款第一项规定的情形，因执行政府采购政策不宜淘汰供应商的，或者受基础设施、行政许可、知识产权等限制，供应商数量在3家以下且不宜淘汰供应商的；

（二）本办法第三条第一款第三项规定的情形，能够确定统一付费标准，因地域等服务便利性要求，需要接纳所有愿意接受协议条件的供应商加入框架协议，以供服务对象自主选择的。

标签： 框架协议采购

难易程度： 难★★★

4. 根据《政府采购框架协议采购方式管理暂行办法》规定，框架协议应当包括的内容有（　　）。

A. 集中采购机构或者主管预算单位以及入围供应商的名称、地址和联系方式

B. 入围产品第二阶段详细技术规格或者服务内容、服务标准，协议价格

C. 采购需求以及最高限制单价

D. 封闭式框架协议第一阶段的入围产品详细技术规格或者服务内容、服务标准，协议价格

E. 确定第二阶段成交供应商的方式

答案： ACDE

解析：《政府采购框架协议采购方式管理暂行办法》（财政部令第110号）第十四条：框架协议应当包括以下内容：

（一）集中采购机构或者主管预算单位以及入围供应商的名称、地址和联系方式；

（二）采购项目名称、编号；

（三）采购需求以及最高限制单价；

（四）封闭式框架协议第一阶段的入围产品详细技术规格或者服务内容、

服务标准，协议价格；

（五）入围产品升级换代规则；

（六）确定第二阶段成交供应商的方式；

（七）适用框架协议的采购人或者服务对象范围，以及履行合同的地域范围；

（八）资金支付方式、时间和条件；

（九）采购合同文本，包括根据需要约定适用的简式合同或者具有合同性质的凭单、订单；

（十）框架协议期限；

（十一）入围供应商清退和补充规则；

（十二）协议方的权利和义务；

（十三）需要约定的其他事项。

标签：框架协议采购

难易程度：易★

5. 根据《政府采购框架协议采购方式管理暂行办法》规定，集中采购机构或者主管预算单位应当根据框架协议约定，组织落实框架协议的履行，履行的职责包括（　　）。

A. 为第二阶段合同授予提供工作便利

B. 对第二阶段最高限价和需求标准执行情况进行管理

C. 对第一阶段确定成交供应商情况进行管理

D. 根据框架协议约定，在质量不降低、价格不提高的前提下，对入围供应商因产品升级换代、用新产品替代原入围产品的情形进行审核

E. 公开开放式框架协议的第二阶段成交结果

答案：ABD

解析：《政府采购框架协议采购方式管理暂行办法》（财政部令第110号）第十六条：集中采购机构或者主管预算单位应当根据框架协议约定，组织落实框架协议的履行，并履行下列职责：

（一）为第二阶段合同授予提供工作便利；

（二）对第二阶段最高限价和需求标准执行情况进行管理；

（三）对第二阶段确定成交供应商情况进行管理；

（四）根据框架协议约定，在质量不降低、价格不提高的前提下，对入围供应商因产品升级换代、用新产品替代原入围产品的情形进行审核；

（五）建立用户反馈和评价机制，接受采购人和服务对象对入围供应商履行框架协议和采购合同情况的反馈与评价，并将用户反馈和评价情况向采购人和服务对象公开，作为第二阶段直接选定成交供应商的参考；

（六）公开封闭式框架协议的第二阶段成交结果；

（七）办理入围供应商清退和补充相关事宜。

标签：框架协议采购

难易程度：易★

6. 根据《政府采购框架协议采购方式管理暂行办法》规定，供应商不得参加同一封闭式框架协议补充征集，或者重新申请加入同一开放式框架协议的情形有（   ）。

A. 第一次征集活动未入围的供应商

B. 第一次征集活动被淘汰的供应商

C. 第一次征集活动迟到的供应商

D. 被取消入围资格的供应商

E. 被解除框架协议的供应商

答案：DE

解析：《政府采购框架协议采购方式管理暂行办法》（财政部令第110号）第十九条：入围供应商有下列情形之一，尚未签订框架协议的，取消其入围资格；已经签订框架协议的，解除与其签订的框架协议：

（一）恶意串通谋取入围或者合同成交的；

（二）提供虚假材料谋取入围或者合同成交的；

（三）无正当理由拒不接受合同授予的；

（四）不履行合同义务或者履行合同义务不符合约定，经采购人请求履行后仍不履行或者仍未按约定履行的；

（五）框架协议有效期内，因违法行为被禁止或限制参加政府采购活动的；

（六）框架协议约定的其他情形。

被取消入围资格或者被解除框架协议的供应商不得参加同一封闭式框架协议补充征集，或者重新申请加入同一开放式框架协议。

标签：框架协议采购

难易程度：难★★★

7. 根据《政府采购框架协议采购方式管理暂行办法》规定，下列关于框架协议采购的相关说法，正确的有（　　　）。

A. 确定第一阶段入围供应商的评审方法包括价格优先法和质量优先法

B. 有政府定价、政府指导价的项目，以及对质量有特别要求的检测、实验等仪器设备，可以采用质量优先法，其他项目应当采用价格优先法

C. 对耗材使用量大的复印、打印、实验、医疗等仪器设备进行框架协议采购的，应当要求供应商同时对5年以上约定期限内的专用耗材进行报价

D. 确定第一阶段入围供应商时，提交响应文件和符合资格条件、实质性要求的供应商应当均不少于2家，淘汰比例一般不得低于20%，且至少淘汰一家供应商

E. 采用质量优先法的检测、实验等仪器设备采购，淘汰比例不得低于40%，且至少淘汰一家供应商

答案：ABDE

解析：《政府采购框架协议采购方式管理暂行办法》（财政部令第110号）第二十五条：确定第一阶段入围供应商的评审方法包括价格优先法和质量优先法。有政府定价、政府指导价的项目，以及对质量有特别要求的检测、实验等仪器设备，可以采用质量优先法，其他项目应当采用价格优先法。第二十七条：确定第一阶段入围供应商时，提交响应文件和符合资格条件、实质性要求的供应商应当均不少于2家，淘汰比例一般不得低于20%，且至少淘汰一家供应商。采用质量优先法的检测、实验等仪器设备采购，淘汰比例不得低于40%，且至少淘汰一家供应商。

标签：框架协议采购

难易程度：易 ★

8. 根据《政府采购框架协议采购方式管理暂行办法》规定，关于框架协议采购方式采购法律责任的相关说法，错误的有（　　）。

A. 主管预算单位、采购人、采购代理机构违反本办法规定的，由本级人民政府责令限期改正；情节严重的，给予警告，对直接负责的主管人员和其他责任人员，由其行政主管部门或者有关机关依法给予处分，并予以通报

B. 对于违反规定，经责令改正后仍然影响或者可能影响入围结果或者成交结果的，依照政府采购法等有关法律、行政法规处理

C. 供应商无正当理由放弃开放式框架协议入围资格或者退出开放式框架协议的，依照政府采购法等有关法律、行政法规追究法律责任

D. 政府采购当事人违反规定，给他人造成损失的，依法承担民事责任

E. 财政部门及其工作人员在履行监督管理职责中存在滥用职权、玩忽职守、徇私舞弊等违法违纪行为的，依法追究相应责任

答案：AC

解析：《政府采购框架协议采购方式管理暂行办法》（财政部令第 110 号）第四十三条：主管预算单位、采购人、采购代理机构违反本办法规定的，由财政部门责令限期改正；情节严重的，给予警告，对直接负责的主管人员和其他责任人员，由其行政主管部门或者有关机关依法给予处分，并予以通报。第四十五条：供应商有本办法第十九条第一款第一项至三项情形之一，以及无正当理由放弃封闭式框架协议入围资格或者退出封闭式框架协议的，依照政府采购法等有关法律、行政法规追究法律责任。

标签：框架协议采购

难易程度：易 ★

9. 根据《政府采购框架协议采购方式管理暂行办法》规定，征集人应当在框架协议有效期满后规定时间内发布成交结果汇总公告，其包含的内容有（　　）。

A. 采购人的名称、地址和联系方式

B. 采购需求的技术要求和商务要求

C. 所有成交供应商的名称、地址

D. 框架协议采购项目名称、编号

E. 所有成交供应商成交合同总数和总金额

答案： ACDE

解析：《政府采购框架协议采购方式管理暂行办法》（财政部令第110号）第三十五条：单笔公告应当包括以下主要内容：

（一）采购人的名称、地址和联系方式；

（二）框架协议采购项目名称、编号；

（三）成交供应商名称、地址和成交金额；

（四）成交标的名称、规格型号或者主要服务内容及服务标准、数量、单价；

（五）公告期限。征集人应当在框架协议有效期满后10个工作日内发布成交结果汇总公告。汇总公告应当包括前款第一项、第二项内容和所有成交供应商的名称、地址及其成交合同总数和总金额。

标签： 框架协议采购

难易程度： 易★

10. 根据《政府采购框架协议采购方式管理暂行办法》规定，下列关于封闭式框架协议订立的相关说法，正确的有（ ）。

A. 除剩余入围供应商不足入围供应商总数50%且影响框架协议执行的情形外，框架协议有效期内，征集人不得补充征集供应商

B. 征集人应当在框架协议签订后5个工作日内通过电子化采购系统将入围信息告知适用框架协议的所有采购人或者服务对象

C. 集中采购机构或者主管预算单位应当在入围通知书发出之日起30日内和入围供应商签订框架协议，并在框架协议签订后7个工作日内，将框架协议副本报本级财政部门备案

D. 框架协议不得对征集文件确定的事项以及入围供应商的响应文件作实质性修改

E. 征集人应当确保征集文件和入围信息在整个框架协议有效期内随时可供公众查阅

答案：CDE

解析：《政府采购框架协议采购方式管理暂行办法》（财政部令第110号）第三十条第一款：征集人应当在框架协议签订后3个工作日内通过电子化采购系统将入围信息告知适用框架协议的所有采购人或者服务对象。第三十一条第一款：除剩余入围供应商不足入围供应商总数70%且影响框架协议执行的情形外，框架协议有效期内，征集人不得补充征集供应商。

标签：框架协议采购

难易程度：易★

11. 根据《政府采购框架协议采购方式管理暂行办法》规定，框架协议采购采用（　　）方式确定成交供应商的，征集人应当逐笔发布成交结果公告。

A. 直接选定　　　　　B. 顺序轮候　　　　　C. 二次竞价

D. 低价优先　　　　　E. 质量优先

答案：BC

解析：《政府采购框架协议采购方式管理暂行办法》（财政部令第110号）第三十五条：以二次竞价或者顺序轮候方式确定成交供应商的，征集人应当在确定成交供应商后2个工作日内逐笔发布成交结果公告。

成交结果单笔公告可以在省级以上财政部门指定的媒体上发布，也可以在开展框架协议采购的电子化采购系统发布，发布成交结果公告的渠道应当在征集文件或者框架协议中告知供应商。单笔公告应当包括以下主要内容：

（一）采购人的名称、地址和联系方式；

（二）框架协议采购项目名称、编号；

（三）成交供应商名称、地址和成交金额；

（四）成交标的名称、规格型号或者主要服务内容及服务标准、数量、单价；

（五）公告期限。

征集人应当在框架协议有效期满后 10 个工作日内发布成交结果汇总公告。汇总公告应当包括前款第一项、第二项内容和所有成交供应商的名称、地址及其成交合同总数和总金额。

标签：框架协议采购

难易程度：难★★★

第二十七章 《政府采购非招标采购方式管理办法》相关试题

判断题

1.《政府采购非招标采购方式管理办法》是招标投标法的下位法。（　　）

答案：错误

解析：《政府采购非招标采购方式管理办法》第一条：为了规范政府采购行为，加强对采用非招标采购方式采购活动的监督管理，维护国家利益、社会公共利益和政府采购当事人的合法权益，依据《中华人民共和国政府采购法》（以下简称政府采购法）和其他法律、行政法规的有关规定，制定本办法。

标签：政府采购法　招标投标法　非招标方式

难易程度：难★★★

2.《政府采购非招标采购方式管理办法》是国务院文件。　　　　（　　）

答案：错误

解析：《政府采购非招标采购方式管理办法》第一条：为了规范政府采购行为，加强对采用非招标采购方式采购活动的监督管理，维护国家利益、社会公共利益和政府采购当事人的合法权益，依据《中华人民共和国政府采购法》（以下简称政府采购法）和其他法律、行政法规的有关规定，制定本办法。

标签：政府采购法　招标投标法　非招标方式

难易程度：难★★★

3.《政府采购非招标采购方式管理办法》不仅适用于政府采购货物和服务采购，也适用于政府采购工程采购。 （　　）

答案：正确

解析：《政府采购非招标采购方式管理办法》第二条：采购人、采购代理机构采用非招标采购方式采购货物、工程和服务的，适用本办法。

标签：政府采购工程　非招标方式　工程

难易程度：易★

4. 询价采购方式不适用于政府采购工程施工采购。 （　　）

答案：正确

解析：《政府采购非招标采购方式管理办法》第二条：询价是指询价小组向符合资格条件的供应商发出采购货物询价通知书，要求供应商一次报出不可更改的价格，采购人从询价小组提出的成交候选人中确定成交供应商的采购方式。

标签：政府采购工程　非招标方式　询价　工程　施工

难易程度：易★

5. 政府采购工程招标采购也应执行《政府采购货物和服务招标投标管理办法》。 （　　）

答案：错误

解析：《政府采购非招标采购方式管理办法》第二条：采购人、采购代理机构采用非招标采购方式采购货物、工程和服务的，适用本办法。

标签：政府采购工程　非招标方式　工程　公开招标

难易程度：易★

6. 政府采购工程招标应执行招标投标法。 （　　）

答案：正确

解析：《政府采购非招标采购方式管理办法》第二条：采购人、采购代理机构采用非招标采购方式采购货物、工程和服务的，适用本办法。

标签：招标投标法　政府采购法　工程　公开招标　非招标方式

难易程度：易★

7. 单一来源采购是指采购人向一个特定供应商采购货物、工程和服务的采购方式。 （   ）

答案：正确

解析：单一来源采购是指采购人从某一特定供应商处采购货物、工程和服务的采购方式。

标签：非招标方式　单一来源　采购方式　采购程序

难易程度：易★

8. 单一来源采购是指采购人从若干供应商中选择一个特定供应商，向其采购货物、工程和服务的采购方式。 （   ）

答案：错误

解析：单一来源采购是指采购人从某一特定供应商处采购货物、工程和服务的采购方式。

标签：非招标方式　单一来源　采购方式　采购程序

难易程度：易★

9. 单一来源采购是三个以上供应商均提供同一个制造商的产品，采购人通过竞争方式从中选择一个特定供应商，向其采购货物、工程和服务的采购方式。 （   ）

答案：错误

解析：单一来源采购是指采购人从某一特定供应商处采购货物、工程和服务的采购方式。

标签：非招标方式　单一来源　采购方式　采购程序

难易程度：易★

10. 单一来源采购是一个供应商向采购人提供多个制造商的产品，供采购人选择的采购方式。 （   ）

答案：错误

解析： 单一来源采购是指采购人从某一特定供应商处采购货物、工程和服务的采购方式。

标签： 非招标方式　单一来源　采购方式　采购程序

难易程度： 易★

11. 达到公开招标数额标准但适于非招标方式采购的货物、服务采购项目，采购人应报财政部门批准后才可采用非招标方式采购。　　　　（　　　）

答案： 正确

解析：《政府采购非招标采购方式管理办法》第四条：达到公开招标数额标准的货物、服务采购项目，拟采用非招标采购方式的，采购人应当在采购活动开始前，报经主管预算单位同意后，向设区的市、自治州以上人民政府财政部门申请批准。

标签： 非招标方式　采购方式　采购程序

难易程度： 中★★

12. 达到公开招标数额标准的项目，经主管预算单位同意，可以采用非招标方式采购。　　　　　　　　　　　　　　　　　　　　（　　　）

答案： 错误

解析：《政府采购非招标采购方式管理办法》第四条：达到公开招标数额标准的货物、服务采购项目，拟采用非招标采购方式的，采购人应当在采购活动开始前，报经主管预算单位同意后，向设区的市、自治州以上人民政府财政部门申请批准。

标签： 非招标方式　采购方式　采购程序

难易程度： 中★★

13. 根据政府采购公开原则，非招标采购项目的评审应邀请供应商代表进行现场监督。　　　　　　　　　　　　　　　　　　　　　（　　　）

答案： 错误

解析：《政府采购非招标采购方式管理办法》第六条：采购人、采购代理机构应当按照政府采购法和本办法的规定组织开展非招标采购活动，并采取必要措施，保证评审在严格保密的情况下进行。

标签： 非招标方式　采购程序　评审方法　评审纪律

难易程度： 易★

14. 采购人应及时向供应商通报非招标采购项目评审的具体情况。（　　）

答案： 错误

解析：《政府采购非招标采购方式管理办法》第六条：采购人、采购代理机构应当按照政府采购法和本办法的规定组织开展非招标采购活动，并采取必要措施，保证评审在严格保密的情况下进行。

标签： 非招标方式　采购程序　评审方法　评审纪律

难易程度： 易★

15. 采购人在组织竞争性谈判、竞争性磋商项目时，应对供应商的首轮报价进行公开唱标。（　　）

答案： 错误

解析：《政府采购非招标采购方式管理办法》第六条：采购人、采购代理机构应当按照政府采购法和本办法的规定组织开展非招标采购活动，并采取必要措施，保证评审在严格保密的情况下进行。

标签： 非招标方式　采购程序　竞争性谈判　竞争性磋商　评审纪律

难易程度： 易★

16. 根据政府采购公开原则，竞争性谈判前采购人应公布谈判小组组成及名单，接受供应商监督。（　　）

答案： 错误

解析：《政府采购非招标采购方式管理办法》第六条：采购人、采购代理机构应当按照政府采购法和本办法的规定组织开展非招标采购活动，并采取必要措施，保证评审在严格保密的情况下进行。

标签： 非招标采购方式　采购程序　竞争性谈判　评审纪律

难易程度： 易★

17. 采购人可以以评审专家的身份参加本部门或本单位竞争性谈判和询价采购项目评审。 （　　）

答案： 错误

解析：《政府采购非招标采购方式管理办法》第七条：竞争性谈判小组或者询价小组由采购人代表和评审专家共 3 人以上单数组成，其中评审专家人数不得少于竞争性谈判小组或者询价小组成员总数的 2/3。采购人不得以评审专家身份参加本部门或本单位采购项目的评审。采购代理机构人员不得参加本机构代理的采购项目的评审。

标签： 非招标方式　采购程序　谈判小组　询价小组　评审小组　竞争性谈判　询价　组建评标委员会

难易程度： 易★

18. 采购代理机构可以以评审专家的身份参加所代理的竞争性谈判和询价采购项目评审。 （　　）

答案： 错误

解析：《政府采购非招标采购方式管理办法》第七条：竞争性谈判小组或者询价小组由采购人代表和评审专家共 3 人以上单数组成，其中评审专家人数不得少于竞争性谈判小组或者询价小组成员总数的 2/3。采购人不得以评审专家身份参加本部门或本单位采购项目的评审。采购代理机构人员不得参加本机构代理的采购项目的评审。

标签： 非招标方式　采购程序　谈判小组　询价小组　评审小组　竞争性谈判　询价　组建评标委员会

难易程度： 易★

19. 采购代理机构人员可以以评审专家的身份参加非本单位所代理的竞争性谈判和询价采购项目评审。 （　　）

答案： 正确

解析：《政府采购非招标采购方式管理办法》第七条：竞争性谈判小组或者询价小组由采购人代表和评审专家共 3 人以上单数组成，其中评审专家人数不得少于竞争性谈判小组或者询价小组成员总数的 2/3。采购人不得以评审专家身份参加本部门或本单位采购项目的评审。采购代理机构人员不得参加本机构代理的采购项目的评审。

标签： 非招标方式　采购程序　谈判小组　询价小组　评审小组　竞争性谈判　询价　组建评标委员会

难易程度： 易★

20. 采购代理机构人员可以受采购人委托，以采购人代表的身份参加本机构代理的采购项目的评审。　　　　　　　　　　　　（　　　）

答案： 错误

解析：《政府采购非招标采购方式管理办法》第七条：竞争性谈判小组或者询价小组由采购人代表和评审专家共3人以上单数组成，其中评审专家人数不得少于竞争性谈判小组或者询价小组成员总数的2/3。采购人不得以评审专家身份参加本部门或本单位采购项目的评审。采购代理机构人员不得参加本机构代理的采购项目的评审。

标签： 非招标方式　采购程序　评审小组　组建评标委员会

难易程度： 易★

21. 竞争性谈判小组或者询价小组可以全部由采购人专家组成。（　　　）

答案： 错误

解析：《政府采购非招标采购方式管理办法》第七条：竞争性谈判小组或者询价小组由采购人代表和评审专家共3人以上单数组成，其中评审专家人数不得少于竞争性谈判小组或者询价小组成员总数的2/3。采购人不得以评审专家身份参加本部门或本单位采购项目的评审。采购代理机构人员不得参加本机构代理的采购项目的评审。

标签： 非招标方式　采购程序　谈判小组　询价小组　评审小组　竞争性谈判　询价　组建评标委员会

难易程度： 难★★★

22. 竞争性谈判小组或者询价小组可以全部由评审专家组成。（　　　）

答案： 正确

解析：《政府采购非招标采购方式管理办法》第七条：竞争性谈判小组或者询价小组由采购人代表和评审专家共 3 人以上单数组成，其中评审专家人数不得少于竞争性谈判小组或者询价小组成员总数的 2/3。采购人不得以评审专家身份参加本部门或本单位采购项目的评审。采购代理机构人员不得参加本机构代理的采购项目的评审。

标签：非招标方式　采购程序　谈判小组　询价小组　评审小组　竞争性谈判　询价　组建评标委员会

难易程度：难★★★

23. 竞争性谈判小组或者询价小组可以由采购人和采购代理机构评审专家组成。　　　　　　　　　　　　　　　　　　　　　　　　（　　　）

答案：错误

解析：《政府采购非招标采购方式管理办法》第七条：竞争性谈判小组或者询价小组由采购人代表和评审专家共 3 人以上单数组成，其中评审专家人数不得少于竞争性谈判小组或者询价小组成员总数的 2/3。采购人不得以评审专家身份参加本部门或本单位采购项目的评审。采购代理机构人员不得参加本机构代理的采购项目的评审。

标签：非招标方式　采购程序　谈判小组　询价小组　评审小组　竞争性谈判　询价　组建评标委员会

难易程度：难★★★

24. 技术复杂、专业性强的竞争性谈判采购项目，通过随机方式难以确定合适的评审专家的，采购人可以决定自行选定评审专家。（　　　）

答案：错误

解析：采用竞争性谈判、询价方式采购的政府采购项目，评审专家应当从政府采购评审专家库内相关专业的专家名单中随机抽取。技术复杂、专业性强的竞争性谈判采购项目，通过随机方式难以确定合适的评审专家的，经主管预算单位同意，可以自行选定评审专家。技术复杂、专业性强的竞争性谈判采购项目，评审专家中应当包含 1 名法律专家。

标签：非招标方式　采购程序　竞争性谈判　谈判小组　评审小组　组

建评标委员会

难易程度：易★

25. 技术复杂、专业性强的竞争性谈判采购项目，通过随机方式难以确定合适的评审专家的，经财政部门同意，可以自行选定评审专家。 （ ）

答案：错误

解析：采用竞争性谈判、询价方式采购的政府采购项目，评审专家应当从政府采购评审专家库内相关专业的专家名单中随机抽取。技术复杂、专业性强的竞争性谈判采购项目，通过随机方式难以确定合适的评审专家的，经主管预算单位同意，可以自行选定评审专家。技术复杂、专业性强的竞争性谈判采购项目，评审专家中应当包含1名法律专家。

标签：非招标方式　采购程序　竞争性谈判　谈判小组　评审小组　组建评标委员会

难易程度：易★

26. 经有关主管单位同意可以自行选定评审专家的竞争性谈判、询价采购项目，采购人应从政府采购专家库中直接选取评审专家。 （ ）

答案：错误

解析：采用竞争性谈判、询价方式采购的政府采购项目，评审专家应当从政府采购评审专家库内相关专业的专家名单中随机抽取。技术复杂、专业性强的竞争性谈判采购项目，通过随机方式难以确定合适的评审专家的，经主管预算单位同意，可以自行选定评审专家。技术复杂、专业性强的竞争性谈判采购项目，评审专家中应当包含1名法律专家。

标签：非招标方式　采购程序　竞争性谈判　询价　谈判小组　询价小组　评审小组　组建评标委员会

难易程度：易★

27. 采用竞争性谈判、询价方式采购的政府采购项目，评审小组中的采购人代表可由采购人自行确定。 （ ）

答案：正确

解析：采用竞争性谈判、询价方式采购的政府采购项目，评审专家应当从政府采购评审专家库内相关专业的专家名单中随机抽取。技术复杂、专业性强的竞争性谈判采购项目，通过随机方式难以确定合适的评审专家的，经主管预算单位同意，可以自行选定评审专家。技术复杂、专业性强的竞争性谈判采购项目，评审专家中应当包含1名法律专家。

标签：非招标方式　采购程序　竞争性谈判　询价　谈判小组　询价小组　评审小组　组建评标委员会

难易程度：易★

28. 技术复杂、专业性强的竞争性谈判采购项目，评审专家中应当包含1名法律专家。　　　　　　　　　　　　　　　（　　）

答案：正确

解析：采用竞争性谈判、询价方式采购的政府采购项目，评审专家应当从政府采购评审专家库内相关专业的专家名单中随机抽取。技术复杂、专业性强的竞争性谈判采购项目，通过随机方式难以确定合适的评审专家的，经主管预算单位同意，可以自行选定评审专家。技术复杂、专业性强的竞争性谈判采购项目，评审专家中应当包含1名法律专家。

标签：非招标方式　采购程序　竞争性谈判　谈判小组　评审小组　组建评标委员会

难易程度：易★

29. 技术复杂、专业性强的竞争性谈判采购项目，评审专家中应当包含1名政府采购代理机构的专家。　　　　　　　　　　　（　　）

答案：错误

解析：采用竞争性谈判、询价方式采购的政府采购项目，评审专家应当从政府采购评审专家库内相关专业的专家名单中随机抽取。技术复杂、专业性强的竞争性谈判采购项目，通过随机方式难以确定合适的评审专家的，经主管预算单位同意，可以自行选定评审专家。技术复杂、专业性强的竞争性谈判采购项目，评审专家中应当包含1名法律专家。

标签：非招标方式　采购程序　竞争性谈判　谈判小组　评审小组　组

建评标委员会

难易程度：易★

30. 技术复杂、专业性强的竞争性谈判采购项目，通过随机方式难以确定合适的评审专家的，经主管预算单位同意，可以自行选定评审专家。（　　）

答案：正确

解析： 采用竞争性谈判、询价方式采购的政府采购项目，评审专家应当从政府采购评审专家库内相关专业的专家名单中随机抽取。技术复杂、专业性强的竞争性谈判采购项目，通过随机方式难以确定合适的评审专家的，经主管预算单位同意，可以自行选定评审专家。技术复杂、专业性强的竞争性谈判采购项目，评审专家中应当包含1名法律专家。

标签： 非招标方式　采购程序　竞争性谈判　谈判小组　评审小组　组建评标委员会

难易程度：易★

31. 谈判小组和询价小组编制的谈判文件、询价通知书，需要采购人书面同意。　　　　　　　　　　　　　　　　　　　　　　　（　　）

答案：正确

解析：《政府采购非招标采购方式管理办法》第十条：谈判文件、询价通知书应当根据采购项目的特点和采购人的实际需求制定，并经采购人书面同意。采购人应当以满足实际需求为原则，不得擅自提高经费预算和资产配置等采购标准。

标签： 非招标方式　采购程序　谈判小组　询价小组　竞争性谈判　询价　评审小组　采购文件

难易程度：易★

32. 采购人编制的谈判文件、询价通知书，需要经谈判小组和询价小组确认。　　　　　　　　　　　　　　　　　　　　　　　　　（　　）

答案：正确

解析：《政府采购非招标采购方式管理办法》第十条：谈判文件、询价通知书应当根据采购项目的特点和采购人的实际需求制定，并经采购人书面同意。采购人应当以满足实际需求为原则，不得擅自提高经费预算和资产配置等采购标准。

标签： 非招标方式 采购程序 谈判小组 询价小组 竞争性谈判 询价 评审小组 采购文件

难易程度： 易★

33. 采购人应当以满足实际需求为原则，在不提高经费预算的情况下，可以提高资产配置等采购标准。 （ ）

答案： 错误

解析：《政府采购非招标采购方式管理办法》第十条：谈判文件、询价通知书应当根据采购项目的特点和采购人的实际需求制定，并经采购人书面同意。采购人应当以满足实际需求为原则，不得擅自提高经费预算和资产配置等采购标准。

标签： 非招标方式 采购程序 竞争性谈判 询价 谈判小组 询价小组 评审小组 采购文件

难易程度： 易★

34. 采购人在编制谈判文件、询价通知书时，可以视情况提高经费预算和资产配置等采购标准。 （ ）

答案： 错误

解析：《政府采购非招标采购方式管理办法》第十条：谈判文件、询价通知书应当根据采购项目的特点和采购人的实际需求制定，并经采购人书面同意。采购人应当以满足实际需求为原则，不得擅自提高经费预算和资产配置等采购标准。

标签： 非招标方式 采购程序 竞争性谈判 询价 谈判小组 评审小组 采购文件

难易程度： 易★

35. 竞争性谈判和询价采购采取采购人和评审专家书面推荐方式选择供应

商的，采购人和评审专家应当各自出具书面推荐意见。 （ ）

答案：正确

解析：采取采购人和评审专家书面推荐方式选择供应商的，采购人和评审专家应当各自出具书面推荐意见。采购人推荐供应商的比例不得高于推荐供应商总数的50%。

标签：非招标方式 竞争性谈判 询价 采购程序 邀请供应商

难易程度：易★

36. 竞争性谈判和询价采购采取采购人和评审专家书面推荐方式选择供应商的，采购人和评审专家应当出具共同书面推荐意见。 （ ）

答案：错误

解析：采取采购人和评审专家书面推荐方式选择供应商的，采购人和评审专家应当各自出具书面推荐意见。采购人推荐供应商的比例不得高于推荐供应商总数的50%。

标签：非招标方式 竞争性谈判 询价 采购程序 邀请供应商

难易程度：易★

37. 竞争性谈判和询价采购采取采购人和评审专家书面推荐方式选择供应商的，评审专家应当出具书面推荐意见，采购人无须出具。 （ ）

答案：错误

解析：采取采购人和评审专家书面推荐方式选择供应商的，采购人和评审专家应当各自出具书面推荐意见。采购人推荐供应商的比例不得高于推荐供应商总数的50%。

标签：非招标方式 竞争性谈判 询价 采购程序 邀请供应商

难易程度：易★

38. 竞争性谈判和询价采购采取采购人和评审专家书面推荐方式选择供应商的，被推荐的供应商应提供申请书。 （ ）

答案：错误

解析：采取采购人和评审专家书面推荐方式选择供应商的，采购人和评审专家应当各自出具书面推荐意见。采购人推荐供应商的比例不得高于推荐供应商总数的50%。

标签：非招标方式 竞争性谈判 询价 采购程序 邀请供应商

难易程度：易★

39. 竞争性谈判和询价采购采取采购人和评审专家书面推荐方式选择供应商的，被推荐的供应商应到场接受质询。 （ ）

答案：错误

解析：采取采购人和评审专家书面推荐方式选择供应商的，采购人和评审专家应当各自出具书面推荐意见。采购人推荐供应商的比例不得高于推荐供应商总数的50%。

标签：非招标方式 竞争性谈判 询价 采购程序 邀请供应商

难易程度：易★

40. 竞争性谈判和询价采购采取采购人和评审专家书面推荐方式选择供应商的，应由采购人对被推荐的供应商进行资格预审。 （ ）

答案：错误

解析：采取采购人和评审专家书面推荐方式选择供应商的，采购人和评审专家应当各自出具书面推荐意见。采购人推荐供应商的比例不得高于推荐供应商总数的50%。

标签：非招标方式 竞争性谈判 询价 采购程序 邀请供应商 资格预审

难易程度：易★

41. 非招标方式采购的，采购人不得要求供应商提交响应保证金。 （ ）

答案：错误

解析：《政府采购非招标采购方式管理办法》第十四条：采购人、采购代理机构可以要求供应商在提交响应文件截止时间之前交纳保证金。保证金应当采用支票、汇票、本票、网上银行支付或者金融机构、担保机构出具的保函等非现金形式交纳。保证金数额应当不超过采购项目预算的2%。

标签：非招标方式　采购程序　保证金

难易程度：易★

42. 采用竞争性谈判方式采购的，谈判小组可以在谈判中要求供应商提交响应保证金。　　　　　　　　　　　　　　　　　　（　　）

答案：错误

解析：《政府采购非招标采购方式管理办法》第十四条：采购人、采购代理机构可以要求供应商在提交响应文件截止时间之前交纳保证金。保证金应当采用支票、汇票、本票、网上银行支付或者金融机构、担保机构出具的保函等非现金形式交纳。保证金数额应当不超过采购项目预算的2%。

标签：非招标方式　竞争性谈判　采购程序　保证金

难易程度：易★

43. 非招标方式采购的，采购人要求供应商提交保证金数额应当不超过采购项目预算的2%。　　　　　　　　　　　　　　　　　（　　）

答案：正确

解析：《政府采购非招标采购方式管理办法》第十四条：采购人、采购代理机构可以要求供应商在提交响应文件截止时间之前交纳保证金。保证金应当采用支票、汇票、本票、网上银行支付或者金融机构、担保机构出具的保函等非现金形式交纳。保证金数额应当不超过采购项目预算的2%。

标签：非招标方式　采购程序　保证金

难易程度：易★

44. 非招标方式采购的，采购人要求供应商提交保证金数额应当不超过供应商报价的2%。　　　　　　　　　　　　　　　　　　（　　）

答案：错误

解析：《政府采购非招标采购方式管理办法》第十四条：采购人、采购代理机构可以要求供应商在提交响应文件截止时间之前交纳保证金。保证金应当采用支票、汇票、本票、网上银行支付或者金融机构、担保机构出具的保函等非现金形式交纳。保证金数额应当不超过采购项目预算的2%。

标签：非招标方式 采购程序 保证金

难易程度：易★

45. 在截止时间后送达的响应文件为无效文件，采购人、采购代理机构或者谈判小组、询价小组应当拒收。（ ）

答案：正确

解析：《政府采购非招标采购方式管理办法》第十五条：供应商应当在谈判文件、询价通知书要求的截止时间前，将响应文件密封送达指定地点。在截止时间后送达的响应文件为无效文件，采购人、采购代理机构或者谈判小组、询价小组应当拒收。

标签：非招标方式 竞争性谈判 询价 采购程序

难易程度：易★

46. 供应商在提交询价响应文件截止时间前，不得对所提交的响应文件进行补充、修改或者撤回。（ ）

答案：错误

解析：《政府采购非招标采购方式管理办法》第十五条：供应商在提交询价响应文件截止时间前，可以对所提交的响应文件进行补充、修改或者撤回，并书面通知采购人、采购代理机构。补充、修改的内容作为响应文件的组成部分。补充、修改的内容与响应文件不一致的，以补充、修改的内容为准。

标签：非招标方式 询价 采购程序

难易程度：易★

47. 谈判小组、询价小组在对响应文件的有效性、完整性和响应程度进行审查时，可以要求供应商对响应文件中的实质性内容等作出必要的澄清、说明或者更正。（ ）

答案：错误

解析：《政府采购非招标采购方式管理办法》第十六条：谈判小组、询价小组在对响应文件的有效性、完整性和响应程度进行审查时，可以要求供应商对响应文件中含义不明确、同类问题表述不一致或者有明显文字和计算错误的内容等作出必要的澄清、说明或者更正。供应商的澄清、说明或者更正不得超出响应文件的范围或者改变响应文件的实质性内容。

标签： 非招标方式　竞争性谈判　询价　采购程序　澄清

难易程度： 易★

48. 竞争性谈判和询价采购时，供应商根据谈判小组和询价小组要求对响应文件澄清时，澄清内容不得超出响应文件的范围或者改变响应文件的实质性内容。　　　　　　　　　　　　　　　　　　（　　）

答案： 正确

解析：《政府采购非招标采购方式管理办法》第十六条：谈判小组、询价小组在对响应文件的有效性、完整性和响应程度进行审查时，可以要求供应商对响应文件中含义不明确、同类问题表述不一致或者有明显文字和计算错误的内容等作出必要的澄清、说明或者更正。供应商的澄清、说明或者更正不得超出响应文件的范围或者改变响应文件的实质性内容。

标签： 非招标方式　竞争性谈判　询价　采购程序　澄清

难易程度： 易★

49. 谈判小组、询价小组要求供应商澄清、说明或者更正响应文件应当以书面形式作出。　　　　　　　　　　　　　　　　　　　（　　）

答案： 正确

解析：《政府采购非招标采购方式管理办法》第十六条：谈判小组、询价小组要求供应商澄清、说明或者更正响应文件应当以书面形式作出。供应商的澄清、说明或者更正应当由法定代表人或其授权代表签字或者加盖公章。由授权代表签字的，应当附法定代表人授权书。供应商为自然人的，应当由本人签字并附身份证明。

标签： 非招标方式　竞争性谈判　询价　采购程序　澄清

难易程度： 易★

50. 竞争性谈判和询价采购的评审报告应当由采购人签字认可。（　　）

答案： 错误

解析：《政府采购非招标采购方式管理办法》第十七条：谈判小组、询价小组应当根据评审记录和评审结果编写评审报告，其主要内容包括：

（一）邀请供应商参加采购活动的具体方式和相关情况，以及参加采购活动的供应商名单；

（二）评审日期和地点，谈判小组、询价小组成员名单；

（三）评审情况记录和说明，包括对供应商的资格审查情况、供应商响应文件评审情况、谈判情况、报价情况等；

（四）提出的成交候选人的名单及理由。

评审报告应当由谈判小组、询价小组全体人员签字认可。谈判小组、询价小组成员对评审报告有异议的，谈判小组、询价小组按照少数服从多数的原则推荐成交候选人，采购程序继续进行。对评审报告有异议的谈判小组、询价小组成员，应当在报告上签署不同意见并说明理由，由谈判小组、询价小组书面记录相关情况。谈判小组、询价小组成员拒绝在报告上签字又不书面说明其不同意见和理由的，视为同意评审报告。

标签： 非招标方式　竞争性谈判　询价　采购程序

难易程度： 易★

51. 谈判小组、询价小组按照采购人的意见推荐成交候选人。　　（　　　）

答案： 错误

解析：《政府采购非招标采购方式管理办法》第十七条：谈判小组、询价小组应当根据评审记录和评审结果编写评审报告，其主要内容包括：

（一）邀请供应商参加采购活动的具体方式和相关情况，以及参加采购活动的供应商名单；

（二）评审日期和地点，谈判小组、询价小组成员名单；

（三）评审情况记录和说明，包括对供应商的资格审查情况、供应商响应文件评审情况、谈判情况、报价情况等；

（四）提出的成交候选人的名单及理由。

评审报告应当由谈判小组、询价小组全体人员签字认可。谈判小组、询价小组成员对评审报告有异议的，谈判小组、询价小组按照少数服从多数的原则推荐成交候选人，采购程序继续进行。对评审报告有异议的谈判小组、询价小组成员，应当在报告上签署不同意见并说明理由，由谈判小组、询价小组书面记录相关情况。谈判小组、询价小组成员拒绝在报告上签字又不书面说明其不同意见和理由的，视为同意评审报告。

标签： 非招标方式　竞争性谈判　询价　采购程序　评审小组

难易程度： 易★

52. 竞争性谈判和询价采购的，采购人应当在公告成交结果的同时向成交供应商发出成交通知书。　　　　　　　　　　　　　　　（　　）

答案： 正确

解析：《政府采购非招标采购方式管理办法》第十八条：采购人或者采购代理机构应当在成交供应商确定后 2 个工作日内，在省级以上财政部门指定的媒体上公告成交结果，同时向成交供应商发出成交通知书，并将竞争性谈判文件、询价通知书随成交结果同时公告。成交结果公告应当包括以下内容：

（一）采购人和采购代理机构的名称、地址和联系方式；

（二）项目名称和项目编号；

（三）成交供应商名称、地址和成交金额；

（四）主要成交标的的名称、规格型号、数量、单价、服务要求；

（五）谈判小组、询价小组成员名单及单一来源采购人员名单。

采用书面推荐供应商参加采购活动的，还应当公告采购人和评审专家的推荐意见。

标签： 非招标方式　竞争性谈判　询价　采购程序

难易程度： 易★

53. 竞争性谈判和询价采购的，采购人与成交供应商应当在成交通知书发出之日起 30 日内签订政府采购合同。　　　　　　　　　　　（　　）

答案： 正确

解析：《政府采购非招标采购方式管理办法》第十九条：采购人与成交供应商应当在成交通知书发出之日起 30 日内，按照采购文件确定的合同文本以及采购标的、规格型号、采购金额、采购数量、技术和服务要求等事项签订政府采购合同。

采购人不得向成交供应商提出超出采购文件以外的任何要求作为签订合同的条件，不得与成交供应商订立背离采购文件确定的合同文本以及采购标的、规格型号、采购金额、采购数量、技术和服务要求等实质性内容的协议。

标签： 非招标方式　竞争性谈判　询价　采购程序　合同

难易程度： 易★

54. 竞争性谈判和询价采购的，成交供应商的保证金应当在采购合同签订后5个工作日内退还。　　　　　　　　　　　　　　　（　　）

答案： 正确

解析：《政府采购非招标采购方式管理办法》第二十条：采购人或者采购代理机构应当在采购活动结束后及时退还供应商的保证金，但因供应商自身原因导致无法及时退还的除外。未成交供应商的保证金应当在成交通知书发出后5个工作日内退还，成交供应商的保证金应当在采购合同签订后5个工作日内退还。

有下列情形之一的，保证金不予退还：

（一）供应商在提交响应文件截止时间后撤回响应文件的；

（二）供应商在响应文件中提供虚假材料的；

（三）除因不可抗力或谈判文件、询价通知书认可的情形以外，成交供应商不与采购人签订合同的；

（四）供应商与采购人、其他供应商或者采购代理机构恶意串通的；

（五）采购文件规定的其他情形。

标签： 非招标方式　竞争性谈判　询价　采购程序　评审方法　合同保证金

难易程度： 易★

55. 谈判小组、询价小组未按照采购文件规定的评定成交的标准进行评审的，应当重新开展采购活动。　　　　　　　　　　　　　（　　）

答案： 正确

解析：《政府采购非招标采购方式管理办法》第二十一条：除资格性审查

认定错误和价格计算错误外，采购人或者采购代理机构不得以任何理由组织重新评审。采购人、采购代理机构发现谈判小组、询价小组未按照采购文件规定的评定成交的标准进行评审的，应当重新开展采购活动，并同时书面报告本级财政部门。

标签： 非招标方式　竞争性谈判　询价　采购程序　评审方法　评审小组

难易程度： 易★

56. 竞争性谈判和询价采购的，成交通知书发出后发生不可抗力情形时，采购人和成交供应商不再签订政府采购合同的，不承担法律责任。　（　　）

答案： 正确

解析：《政府采购非招标采购方式管理办法》第二十二条：除不可抗力等因素外，成交通知书发出后，采购人改变成交结果，或者成交供应商拒绝签订政府采购合同的，应当承担相应的法律责任。

标签： 非招标方式　采购程序　合同　竞争性谈判　询价　采购程序

难易程度： 中★★

57. 竞争性谈判和询价采购的，成交通知书发出后采购人决定不再签订政府采购合同的，采购人不承担法律责任。　（　　）

答案： 错误

解析：《政府采购非招标采购方式管理办法》第二十二条：除不可抗力等因素外，成交通知书发出后，采购人改变成交结果，或者成交供应商拒绝签订政府采购合同的，应当承担相应的法律责任。

标签： 非招标方式　竞争性谈判　询价　采购程序　合同

难易程度： 中★★

58. 竞争性谈判和询价采购的，成交通知书发出后采购人决定不再签订政府采购合同的，供应商不承担法律责任。　（　　）

答案： 正确

解析：《政府采购非招标采购方式管理办法》第二十二条：除不可抗力等

因素外，成交通知书发出后，采购人改变成交结果，或者成交供应商拒绝签订政府采购合同的，应当承担相应的法律责任。

标签：非招标方式　竞争性谈判　询价　采购程序　合同

难易程度：中★★

59. 竞争性谈判和询价采购的，成交通知书发出后，采购人改变成交结果的，成交供应商应当承担相应的法律责任。　　　　　　　　（　　　）

答案：错误

解析：《政府采购非招标采购方式管理办法》第二十二条：除不可抗力等因素外，成交通知书发出后，采购人改变成交结果，或者成交供应商拒绝签订政府采购合同的，应当承担相应的法律责任。

标签：非招标方式　竞争性谈判　询价　采购程序　合同

难易程度：中★★

60. 竞争性谈判和询价采购的，成交通知书发出后，采购人可以根据需要与供应商协商修改成交结果。　　　　　　　　　　　　　（　　　）

答案：错误

解析：《政府采购非招标采购方式管理办法》第二十二条：除不可抗力等因素外，成交通知书发出后，采购人改变成交结果，或者成交供应商拒绝签订政府采购合同的，应当承担相应的法律责任。

标签：非招标方式　竞争性谈判　询价　采购程序　合同

难易程度：中★★

61. 竞争性谈判和询价采购的，成交通知书发出后，采购人可以根据需要与供应商协商完善合同的细节内容。　　　　　　　　　　　（　　　）

答案：正确

解析：《政府采购非招标采购方式管理办法》第二十二条：除不可抗力等因素外，成交通知书发出后，采购人改变成交结果，或者成交供应商拒绝签订政府采购合同的，应当承担相应的法律责任。

标签：非招标方式　竞争性谈判　询价　采购程序　合同

难易程度：中★★

62. 竞争性谈判和询价采购的，成交通知书发出后，采购人可以与供应商协商补充合同的实质性内容。 （ ）

答案：错误

解析：《政府采购非招标采购方式管理办法》第二十二条：除不可抗力等因素外，成交通知书发出后，采购人改变成交结果，或者成交供应商拒绝签订政府采购合同的，应当承担相应的法律责任。

标签：非招标方式　竞争性谈判　询价　采购程序　合同

难易程度：中★★

63. 采购人应根据采购文件、响应文件和澄清文件与成交供应商签订采购合同。 （ ）

答案：正确

解析：《政府采购非招标采购方式管理办法》第二十二条：除不可抗力等因素外，成交通知书发出后，采购人改变成交结果，或者成交供应商拒绝签订政府采购合同的，应当承担相应的法律责任。

标签：采购程序　合同

难易程度：中★★

64. 供应商应根据采购文件的内容与采购人签订采购合同。 （ ）

答案：错误

解析：《政府采购非招标采购方式管理办法》第二十二条：除不可抗力等因素外，成交通知书发出后，采购人改变成交结果，或者成交供应商拒绝签订政府采购合同的，应当承担相应的法律责任。

标签：采购程序　合同

难易程度：中★★

65. 采购人与成交供应商签订采购合同时，可要求供应商进一步降低价格。 （ ）

答案: 错误

解析:《政府采购非招标采购方式管理办法》第二十二条:除不可抗力等因素外,成交通知书发出后,采购人改变成交结果,或者成交供应商拒绝签订政府采购合同的,应当承担相应的法律责任。

标签: 采购程序 合同

难易程度: 中★★

66. 采购人与成交供应商签订采购合同时,可通过降低质量的办法要求供应商进一步降低价格。 ( )

答案: 错误

解析:《政府采购非招标采购方式管理办法》第二十二条:除不可抗力等因素外,成交通知书发出后,采购人改变成交结果,或者成交供应商拒绝签订政府采购合同的,应当承担相应的法律责任。

标签: 采购程序 合同

难易程度: 中★★

67. 采购人与成交供应商签订采购合同时,如果供应商拒绝采购人的降价要求,采购人可以确定排名第二的供应商为成交供应商。 ( )

答案: 错误

解析:《政府采购非招标采购方式管理办法》第二十二条:除不可抗力等因素外,成交通知书发出后,采购人改变成交结果,或者成交供应商拒绝签订政府采购合同的,应当承担相应的法律责任。

标签: 采购程序 合同

难易程度: 中★★

68. 拒绝签订政府采购合同的成交供应商不得参加对该项目重新开展的采购活动。 ( )

答案: 正确

解析: 拒绝签订政府采购合同的成交供应商不得参加对该项目重新开展的采购活动。

标签：采购程序　合同　供应商资格

难易程度：易★

69. 拒绝签订政府采购合同的成交供应商在被没收响应保证金后，仍可以参加对该项目重新开展的采购活动。　　　　　　　　　　（　　）

答案：错误

解析：拒绝签订政府采购合同的成交供应商不得参加对该项目重新开展的采购活动。

标签：采购程序　合同　供应商资格　保证金

难易程度：易★

70. 拒绝签订政府采购合同的成交供应商三年内不得参加政府采购活动。

（　　）

答案：错误

解析：拒绝签订政府采购合同的成交供应商不得参加对该项目重新开展的采购活动。

标签：采购程序　合同　供应商资格

难易程度：易★

71. 采购人可将拒绝签订政府采购合同的成交供应商列入黑名单，拒绝其再参加本单位组织的政府采购活动。　　　　　　　　　　　（　　）

答案：错误

解析：拒绝签订政府采购合同的成交供应商不得参加对该项目重新开展的采购活动。

标签：合同　供应商资格　采购程序

难易程度：易★

72. 竞争性谈判过程中，谈判小组应要求未实质性响应谈判文件的供应商修改响应文件后参加谈判。　　　　　　　　　　　　　（　　）

答案：错误

解析：《政府采购非招标采购方式管理办法》第三十条：谈判小组应当对响应文件进行评审，并根据谈判文件规定的程序、评定成交的标准等事项与实质性响应谈判文件要求的供应商进行谈判。未实质性响应谈判文件的响应文件按无效处理，谈判小组应当告知有关供应商。

标签：非招标方式　竞争性谈判　采购程序　谈判小组　评审方法

难易程度：中★★

73. 竞争性谈判过程中，未实质性响应谈判文件的供应商不得参加后续谈判。　　　　　　　　　　　　　　　　　　　　　（　　）

答案：正确

解析：《政府采购非招标采购方式管理办法》第三十条：谈判小组应当对响应文件进行评审，并根据谈判文件规定的程序、评定成交的标准等事项与实质性响应谈判文件要求的供应商进行谈判。未实质性响应谈判文件的响应文件按无效处理，谈判小组应当告知有关供应商。

标签：非招标方式　竞争性谈判　采购程序

难易程度：中★★

74. 竞争性谈判过程中，响应文件按无效处理的，谈判小组不应告知该供应商，而应对评审情况保密。　　　　　　　　　　　　　　（　　）

答案：错误

解析：《政府采购非招标采购方式管理办法》第三十条：谈判小组应当对响应文件进行评审，并根据谈判文件规定的程序、评定成交的标准等事项与实质性响应谈判文件要求的供应商进行谈判。未实质性响应谈判文件的响应文件按无效处理，谈判小组应当告知有关供应商。

标签：非招标方式　竞争性谈判　采购程序　评审纪律

难易程度：中★★

75. 竞争性谈判过程中，响应文件按无效处理的，谈判小组应告知该供应商。　　　　　　　　　　　　　　　　　　　　　　　（　　）

答案：正确

解析：《政府采购非招标采购方式管理办法》第三十条：谈判小组应当对响应文件进行评审，并根据谈判文件规定的程序、评定成交的标准等事项与实质性响应谈判文件要求的供应商进行谈判。未实质性响应谈判文件的响应文件按无效处理，谈判小组应当告知有关供应商。

标签： 非招标方式　竞争性谈判　采购程序

难易程度： 中★★

76. 竞争性谈判过程中，谈判小组应告知所有供应商谈判中响应文件按无效处理的情况。　　　　　　　　　　　　　　（　　）

答案： 错误

解析：《政府采购非招标采购方式管理办法》第三十条：谈判小组应当对响应文件进行评审，并根据谈判文件规定的程序、评定成交的标准等事项与实质性响应谈判文件要求的供应商进行谈判。未实质性响应谈判文件的响应文件按无效处理，谈判小组应当告知有关供应商。

标签： 非招标方式　竞争性谈判　采购程序

难易程度： 中★★

77. 竞争性谈判过程中，已提交响应文件的供应商，在提交最后报价之前退出谈判的，采购人可以不退还保证金。　　　　　　　（　　）

答案： 错误

解析：《政府采购非招标采购方式管理办法》第三十四条：已提交响应文件的供应商，在提交最后报价之前，可以根据谈判情况退出谈判。采购人、采购代理机构应当退还退出谈判的供应商的保证金。

标签： 非招标方式　竞争性谈判　采购程序　保证金

难易程度： 易★

78. 竞争性谈判过程中，已提交响应文件和最后报价的供应商要求撤回响应文件的，采购人可以不退还保证金。　　　　　　　（　　）

答案： 正确

解析：《政府采购非招标采购方式管理办法》第三十四条：已提交响应文

件的供应商，在提交最后报价之前，可以根据谈判情况退出谈判。采购人、采购代理机构应当退还退出谈判的供应商的保证金。

标签： 非招标方式 竞争性谈判 采购程序 保证金

难易程度： 易★

79. 竞争性谈判过程中，已提交响应文件的供应商，未经谈判小组同意不得擅自退出谈判。 （ ）

答案： 错误

解析：《政府采购非招标采购方式管理办法》第三十四条：已提交响应文件的供应商，在提交最后报价之前，可以根据谈判情况退出谈判。采购人、采购代理机构应当退还退出谈判的供应商的保证金。

标签： 非招标方式 竞争性谈判 采购程序

难易程度： 易★

80. 竞争性谈判过程中，供应商可以在提交最后报价之前退出谈判，采购人应当退还退出谈判的供应商的保证金。 （ ）

答案： 正确

解析：《政府采购非招标采购方式管理办法》第三十四条：已提交响应文件的供应商，在提交最后报价之前，可以根据谈判情况退出谈判。采购人、采购代理机构应当退还退出谈判的供应商的保证金。

标签： 非招标方式 竞争性谈判 采购程序 保证金

难易程度： 易★

81. 询价采购评审时，供应商响应文件中的价格不可以改变。 （ ）

答案： 正确

解析：《政府采购非招标采购方式管理办法》第四十七条：参加询价采购活动的供应商，应当按照询价通知书的规定一次报出不得更改的价格。

标签： 非招标方式 询价 采购程序 评审方法

难易程度： 易★

82. 询价采购时，供应商可根据询价小组的澄清要求，相应修改响应文件中的价格。   （   ）

答案： 错误

解析： 《政府采购非招标采购方式管理办法》第四十七条：参加询价采购活动的供应商，应当按照询价通知书的规定一次报出不得更改的价格。

标签： 非招标方式   询价   询价小组   评审小组   澄清   采购程序

难易程度： 易★

83. 询价采购时，供应商可以有两次报价的机会。   （   ）

答案： 错误

解析： 《政府采购非招标采购方式管理办法》第四十七条：参加询价采购活动的供应商，应当按照询价通知书的规定一次报出不得更改的价格。

标签： 非招标方式   询价   采购程序

难易程度： 易★

84. 询价采购时，询价小组应根据供应商的最后一轮报价进行评审。

（   ）

答案： 错误

解析： 《政府采购非招标采购方式管理办法》第四十七条：参加询价采购活动的供应商，应当按照询价通知书的规定一次报出不得更改的价格。

标签： 非招标方式   询价   询价小组   评审小组   采购程序

难易程度： 易★

85. 询价采购时，询价小组可以改变询价通知书的技术和商务要求。

（   ）

答案： 错误

解析： 《政府采购非招标采购方式管理办法》第四十七条：参加询价采购活动的供应商，应当按照询价通知书的规定一次报出不得更改的价格。

标签： 非招标方式   询价   询价小组   评审小组   采购程序

难易程度： 易★

单选题

1. 《政府采购非招标采购方式管理办法》不适用（   ）方式采购的政府采购项目。

A. 竞争性谈判　　B. 竞争性磋商　　C. 询价　　　　　D. 单一来源采购

答案：B

解析：《政府采购非招标采购方式管理办法》所称非招标采购方式，是指竞争性谈判、单一来源采购和询价采购方式。

标签：非招标方式　竞争性磋商　采购方式

难易程度：中★★

2. 《政府采购非招标采购方式管理办法》不规范（   ）项目。

A. 政府采购

B. 企业采购

C. 政府购买服务

D. 非招标方式进行的政府采购工程

答案：B

解析：《政府采购非招标采购方式管理办法》所称政府采购，是指各级国家机关、事业单位和团体组织，使用财政性资金采购依法制定的集中采购目录以内的或者采购限额标准以上的货物、工程和服务的行为。

标签：政府采购范畴　非招标方式　国有企业　采购方式

难易程度：中★★

3. 询价采购只可以适用（   ）采购项目。

A. 工程

B. 货物

C. 服务

D. 政府与社会资本合作（PPP）

答案：B

解析：询价是指询价小组向符合资格条件的供应商发出采购货物询价通知书，要求供应商一次报出不得更改的价格，采购人从询价小组提出的成交候选人中确定成交供应商的采购方式。

标签：非招标方式　询价　工程　服务　PPP　采购方式

难易程度：易★

4. 服务采购不可以采用（　　）采购方式。

A. 公开招标　　　B. 邀请招标　　　C. 询价　　　D. 单一来源

答案：C

解析：询价是指询价小组向符合资格条件的供应商发出采购货物询价通知书，要求供应商一次报出不得更改的价格，采购人从询价小组提出的成交候选人中确定成交供应商的采购方式。

标签：非招标方式　询价　服务　采购方式

难易程度：易★

5. 以下政府采购项目可以采用询价方式的是（　　）采购项目。

A. 装修工程　　　B. 电梯　　　C. 设计　　　D. 复印纸

答案：D

解析：询价是指询价小组向符合资格条件的供应商发出采购货物询价通知书，要求供应商一次报出不得更改的价格，采购人从询价小组提出的成交候选人中确定成交供应商的采购方式。

标签：非招标方式　询价　工程　装修工程　采购方式

难易程度：易★

6. 询价采购方式询价通知书由（　　）发出。

A. 询价小组　　　B. 采购人　　　C. 谈判小组　　　D. 磋商小组

答案：A

解析：询价是指询价小组向符合资格条件的供应商发出采购货物询价通知书，要求供应商一次报出不得更改的价格，采购人从询价小组提出的成交候选人中确定成交供应商的采购方式。

标签： 非招标方式　询价　采购程序

难易程度： 易★

7. 参加询价采购的供应商有（　　）次报价机会。

A. 1　　　　　　　B. 2　　　　　　　C. 3　　　　　　　D. 4

答案： A

解析： 询价是指询价小组向符合资格条件的供应商发出采购货物询价通知书，要求供应商一次报出不得更改的价格，采购人从询价小组提出的成交候选人中确定成交供应商的采购方式。

标签： 非招标方式　询价　采购程序

难易程度： 易★

8. 询价采购供应商的报价在评审中（　　）。

A. 可以改变　　　　　　　　　　B. 不得改变

C. 询价小组同意时可以改变　　　D. 成交后可以改变

答案： B

解析： 询价是指询价小组向符合资格条件的供应商发出采购货物询价通知书，要求供应商一次报出不得更改的价格，采购人从询价小组提出的成交候选人中确定成交供应商的采购方式。

标签： 非招标方式　询价　采购程序　评审方法

难易程度： 易★

9. 竞争性谈判小组和询价小组由（　　）组成。

A. 2 人　　　　　　　　　　　B. 3 人以上单数

C. 4 人　　　　　　　　　　　D. 5 人以上单数

答案： B

解析：《政府采购非招标采购方式管理办法》第七条：竞争性谈判小组或者询价小组由采购人代表和评审专家共 3 人以上单数组成，其中评审专家人数不得少于竞争性谈判小组或者询价小组成员总数的 2/3。采购人不得以评审专家身份参加本部门或本单位采购项目的评审。采购代理机构人员不得参加本机构代理的采购项目的评审。

标签：非招标方式　采购程序　竞争性谈判　询价　谈判小组　询价小组　组建评标委员会

难易程度：易★

10. 由 7 人组成的竞争性谈判小组和询价小组中的专家人数不得少于（　　）。

A. 1/3　　　　　　B. 2/3　　　　　　C. 3 人　　　　　　D. 4 人

答案：B

解析：《政府采购非招标采购方式管理办法》第七条：竞争性谈判小组或者询价小组由采购人代表和评审专家共 3 人以上单数组成，其中评审专家人数不得少于竞争性谈判小组或者询价小组成员总数的 2/3。采购人不得以评审专家身份参加本部门或本单位采购项目的评审。采购代理机构人员不得参加本机构代理的采购项目的评审。

标签：非招标方式　采购程序　竞争性谈判　询价　谈判小组　询价小组　组建评标委员会

难易程度：易★

11. 询价小组为 5 人时，其中专家人数应为（　　）。

A. 1 人　　　　B. 2 人　　　　C. 3 人　　　　D. 4 人或 5 人

答案：D

解析：《政府采购非招标采购方式管理办法》第七条：竞争性谈判小组或者询价小组由采购人代表和评审专家共 3 人以上单数组成，其中评审专家人数不得少于竞争性谈判小组或者询价小组成员总数的 2/3。采购人不得以评审专家身份参加本部门或本单位采购项目的评审。采购代理机构人员不得参加本机构代理的采购项目的评审。

标签：非招标方式　采购程序　询价　询价小组　组建评标委员会

难易程度：易★

12. 由 5 人组成的竞争性谈判小组，其中采购人代表可以是（　　）人。

A. 1　　　　　　　B. 2　　　　　　　C. 3　　　　　　　D. 4

答案：A

解析：《政府采购非招标采购方式管理办法》第七条：竞争性谈判小组或者询价小组由采购人代表和评审专家共 3 人以上单数组成，其中评审专家人数不得少于竞争性谈判小组或者询价小组成员总数的 2/3。采购人不得以评审专家身份参加本部门或本单位采购项目的评审。采购代理机构人员不得参加本机构代理的采购项目的评审。

标签：非招标方式　采购程序　竞争性谈判　询价　谈判小组　询价小组　组建评标委员会

难易程度：易★

13. 达到公开招标数额标准的货物或者服务采购项目，或者达到招标规模标准的政府采购工程，竞争性谈判小组或者询价小组应当由（　　）人以上单数组成。

A. 3　　　　　　　B. 5　　　　　　　C. 7　　　　　　　D. 9

答案：B

解析：达到公开招标数额标准的货物或者服务采购项目，或者达到招标规模标准的政府采购工程，竞争性谈判小组或者询价小组应当由 5 人以上单数组成。

标签：非招标方式　采购程序　竞争性谈判　询价　谈判小组　询价小组　组建评标委员会

难易程度：中★★

14. 达到（　　）的货物或者服务采购项目，或者达到招标规模标准的政府采购工程，竞争性谈判小组或者询价小组应当由（　　）人以上单数组成。

A. 政府采购限额标准；3　　　　　B. 公开招标数额标准；5

C. 100 万元；3　　　　　　　　　D. 200 万元；5

答案：B

解析：达到公开招标数额标准的货物或者服务采购项目，或者达到招标规模标准的政府采购工程，竞争性谈判小组或者询价小组应当由5人以上单数组成。

标签：非招标方式　采购程序　竞争性谈判　询价　谈判小组　询价小组　组建评标委员会

难易程度：中★★

15. 如果谈判小组中采购人代表为2人，谈判小组总人数应为（　　）人。

A. 3　　　　　　B. 5　　　　　　C. 6　　　　　　D. 7

答案：D

解析：《政府采购非招标采购方式管理办法》第七条：竞争性谈判小组或者询价小组由采购人代表和评审专家共3人以上单数组成，其中评审专家人数不得少于竞争性谈判小组或者询价小组成员总数的2/3。采购人不得以评审专家身份参加本部门或本单位采购项目的评审。采购代理机构人员不得参加本机构代理的采购项目的评审。

标签：非招标方式　采购程序　竞争性谈判　谈判小组　组建评标委员会

难易程度：中★★

16. 达到公开招标数额标准的货物或者服务采购项目，竞争性谈判小组或者询价小组全部由专家组成，专家人数应为（　　）人。

A. 3　　　　　　B. 4　　　　　　C. 5　　　　　　D. 6

答案：C

解析：达到公开招标数额标准的货物或者服务采购项目，或者达到招标规模标准的政府采购工程，竞争性谈判小组或者询价小组应当由5人以上单数组成。

标签：非招标方式　采购程序　竞争性谈判　询价　谈判小组　询价小组　组建评标委员会

难易程度：中★★

17. 采用竞争性谈判、询价方式采购的政府采购项目，评审专家应当从（　　）相关专业的专家名单中随机抽取。

A. 国家综合评审专家库　　　　B. 建设部门评审专家库

C. 政府采购评审专家库　　　　D. 采购人专家库

答案：C

解析：采用竞争性谈判、询价方式采购的政府采购项目，评审专家应当从政府采购评审专家库内相关专业的专家名单中随机抽取。技术复杂、专业性强的竞争性谈判采购项目，通过随机方式难以确定合适的评审专家的，经主管预算单位同意，可以自行选定评审专家。技术复杂、专业性强的竞争性谈判采购项目，评审专家中应当包含 1 名法律专家。

标签：非招标方式　采购程序　竞争性谈判　询价　谈判小组　询价小组　组建评标委员会

难易程度：中★★

18. 参加竞争性谈判、询价方式货物采购的评审专家，应当从（　　）专家名单中随机抽取。

A. 综合专业　　　B. 相关专业　　　C. 无关　　　D. 工程

答案：B

解析：采用竞争性谈判、询价方式采购的政府采购项目，评审专家应当从政府采购评审专家库内相关专业的专家名单中随机抽取。技术复杂、专业性强的竞争性谈判采购项目，通过随机方式难以确定合适的评审专家的，经主管预算单位同意，可以自行选定评审专家。技术复杂、专业性强的竞争性谈判采购项目，评审专家中应当包含 1 名法律专家。

标签：非招标方式　采购程序　竞争性谈判　询价　谈判小组　询价小组　组建评标委员会

难易程度：中★★

19. 技术复杂、专业性强的竞争性谈判采购项目，通过随机方式难以确定合适的评审专家的，经（　　）同意，可以自行选定评审专家。

A. 采购人会商　　　　　　　　B. 主管预算单位

C. 同级财政部门　　　　　　　D. 上级财政部门

答案： B

解析： 采用竞争性谈判、询价方式采购的政府采购项目，评审专家应当从政府采购评审专家库内相关专业的专家名单中随机抽取。技术复杂、专业性强的竞争性谈判采购项目，通过随机方式难以确定合适的评审专家的，经主管预算单位同意，可以自行选定评审专家。技术复杂、专业性强的竞争性谈判采购项目，评审专家中应当包含1名法律专家。

标签： 非招标方式　采购程序　竞争性谈判　谈判小组　组建评标委员会

难易程度： 中★★

20. （　　）的竞争性谈判采购项目，通过随机方式难以确定合适的评审专家的，经有关部门同意，采购人可以自行选定评审专家。

A. 采购数量少　　　　　　　　B. 技术简单

C. 采购金额小　　　　　　　　D. 技术复杂、专业性强

答案： D

解析： 采用竞争性谈判、询价方式采购的政府采购项目，评审专家应当从政府采购评审专家库内相关专业的专家名单中随机抽取。技术复杂、专业性强的竞争性谈判采购项目，通过随机方式难以确定合适的评审专家的，经主管预算单位同意，可以自行选定评审专家。技术复杂、专业性强的竞争性谈判采购项目，评审专家中应当包含1名法律专家。

标签： 非招标方式　采购程序　竞争性谈判　谈判小组　组建评标委员会

难易程度： 中★★

21. 技术复杂、专业性强的竞争性谈判采购项目，评审专家中应当包含1名（　　）专家。

A. 审计　　　　B. 经济　　　　C. 法律　　　　D. 财务

答案： C

解析： 采用竞争性谈判、询价方式采购的政府采购项目，评审专家应当

从政府采购评审专家库内相关专业的专家名单中随机抽取。技术复杂、专业性强的竞争性谈判采购项目，通过随机方式难以确定合适的评审专家的，经主管预算单位同意，可以自行选定评审专家。技术复杂、专业性强的竞争性谈判采购项目，评审专家中应当包含1名法律专家。

标签：非招标方式　采购程序　竞争性谈判　谈判小组　组建评标委员会

难易程度：中★★

22. 技术复杂、专业性强的竞争性谈判采购项目，谈判小组中的法律专家应该是（　　）身份。

A. 采购人代表　　B. 评审专家　　　　C. 工作人员　　　　D. 公证人员

答案：B

解析：采用竞争性谈判、询价方式采购的政府采购项目，评审专家应当从政府采购评审专家库内相关专业的专家名单中随机抽取。技术复杂、专业性强的竞争性谈判采购项目，通过随机方式难以确定合适的评审专家的，经主管预算单位同意，可以自行选定评审专家。技术复杂、专业性强的竞争性谈判采购项目，评审专家中应当包含1名法律专家。

标签：非招标方式　采购程序　竞争性谈判　谈判小组　评审专家　组建评标委员会

难易程度：中★★

23. 竞争性谈判小组或者询价小组应从符合相应资格条件的供应商名单中确定不少于（　　）家的供应商参加谈判或者询价。

A. 1　　　　　　　B. 2　　　　　　　　C. 3　　　　　　　　D. 4

答案：C

解析：《政府采购非招标采购方式管理办法》第八条：竞争性谈判小组或者询价小组在采购活动过程中应当履行下列职责：

（一）确认或者制定谈判文件、询价通知书；

（二）从符合相应资格条件的供应商名单中确定不少于3家的供应商参加谈判或者询价；

（三）审查供应商的响应文件并作出评价；

（四）要求供应商解释或者澄清其响应文件；

（五）编写评审报告；

（六）告知采购人、采购代理机构在评审过程中发现的供应商的违法违规行为。

标签：非招标方式　采购程序　竞争性谈判　询价　谈判小组　询价小组　专家责任

难易程度：易★

24. 竞争性谈判或者询价采购由（　　　）确定参加谈判或者询价的供应商。

A. 采购人　　　　　　　　　　B. 采购代理机构

C. 谈判小组或询价小组　　　　D. 主管预算单位

答案：C

解析：《政府采购非招标采购方式管理办法》第八条：竞争性谈判小组或者询价小组在采购活动过程中应当履行下列职责：

（一）确认或者制定谈判文件、询价通知书；

（二）从符合相应资格条件的供应商名单中确定不少于3家的供应商参加谈判或者询价；

（三）审查供应商的响应文件并作出评价；

（四）要求供应商解释或者澄清其响应文件；

（五）编写评审报告；

（六）告知采购人、采购代理机构在评审过程中发现的供应商的违法违规行为。

标签：非招标方式　采购程序　竞争性谈判　询价　谈判小组　询价小组　专家责任

难易程度：易★

25. 竞争性谈判小组或者询价小组成员对（　　　）的评审意见承担法律责任。

A. 个人

B. 竞争性谈判小组或者询价小组多数人

C. 竞争性谈判小组或者询价小组

D. 评标委员会

答案：A

解析：《政府采购非招标采购方式管理办法》第九条：竞争性谈判小组或者询价小组成员应当履行下列义务：

（一）遵纪守法，客观、公正、廉洁地履行职责；

（二）根据采购文件的规定独立进行评审，对个人的评审意见承担法律责任；

（三）参与评审报告的起草；

（四）配合采购人、采购代理机构答复供应商提出的质疑；

（五）配合财政部门的投诉处理和监督检查工作。

标签：非招标方式 采购程序 竞争性谈判 询价 谈判小组 询价小组 专家责任

难易程度：中★★

26. 竞争性谈判小组或者询价小组成员在处理供应商质疑时，职责是（　　）。

A. 全权负责　　　　B. 配合　　　　C. 监督　　　　D. 裁决

答案：B

解析：《政府采购非招标采购方式管理办法》第九条：竞争性谈判小组或者询价小组成员应当履行下列义务：

（一）遵纪守法，客观、公正、廉洁地履行职责；

（二）根据采购文件的规定独立进行评审，对个人的评审意见承担法律责任；

（三）参与评审报告的起草；

（四）配合采购人、采购代理机构答复供应商提出的质疑；

（五）配合财政部门的投诉处理和监督检查工作。

标签：非招标方式　采购程序　竞争性谈判　询价　谈判小组　询价小组　专家责任　质疑

难易程度：中★★

27. 竞争性谈判或者询价采购由（　　）处理供应商质疑。

A. 采购人、采购代理机构　　　　　B. 谈判小组、询价小组

C. 财政部门　　　　　　　　　　　D. 主管预算单位

答案：A

解析：《政府采购非招标采购方式管理办法》第九条：竞争性谈判小组或者询价小组成员应当履行下列义务：

（一）遵纪守法，客观、公正、廉洁地履行职责；

（二）根据采购文件的规定独立进行评审，对个人的评审意见承担法律责任；

（三）参与评审报告的起草；

（四）配合采购人、采购代理机构答复供应商提出的质疑；

（五）配合财政部门的投诉处理和监督检查工作。

标签：非招标方式　采购程序　竞争性谈判　询价　谈判小组　询价小组　专家责任　质疑

难易程度：中★★

28. 竞争性谈判和询价采购由采购人推荐供应商参加采购时，采购人推荐供应商的比例不得高于推荐供应商总数的（　　　）。

A. 1/3　　　　　B. 1/2　　　　　C. 2/3　　　　　D. 3/4

答案：B

解析：采取采购人和评审专家书面推荐方式选择供应商的，采购人和评审专家应当各自出具书面推荐意见。采购人推荐供应商的比例不得高于推荐供应商总数的50%。

标签：非招标方式　采购程序　竞争性谈判　询价　谈判小组　询价小组　专家责任　邀请供应商

难易程度：中★★

29. 竞争性谈判和询价采购由采购人推荐供应商参加采购时，如果评审专家推荐了3家供应商，采购人可以推荐（　　）家供应商。

A. 3 　　　　　B. 4 　　　　　C. 5 　　　　　D. 6

答案： A

解析： 采取采购人和评审专家书面推荐方式选择供应商的，采购人和评审专家应当各自出具书面推荐意见。采购人推荐供应商的比例不得高于推荐供应商总数的50%。

标签： 非招标方式　采购程序　竞争性谈判　询价　谈判小组　询价小组　专家责任　邀请供应商

难易程度： 中★★

30. 竞争性谈判和询价采购由评审专家推荐供应商参加采购时，采用（　　）形式。

A. 口头　　　　B. 书面　　　　C. 口头或书面　　D. 口头和书面

答案： B

解析： 采取采购人和评审专家书面推荐方式选择供应商的，采购人和评审专家应当各自出具书面推荐意见。采购人推荐供应商的比例不得高于推荐供应商总数的50%。

标签： 非招标方式　采购程序　竞争性谈判　询价　谈判小组　询价小组　专家责任　邀请供应商

难易程度： 中★★

31. 竞争性谈判和询价采购由评审专家推荐供应商参加采购时，评审专家应（　　）推荐供应商。

A. 自主　　　　　　　　　B. 经采购人同意

C. 经采购代理机构同意　　D. 按采购人提供的备选名单

答案： A

解析： 采取采购人和评审专家书面推荐方式选择供应商的，采购人和评审专家应当各自出具书面推荐意见。采购人推荐供应商的比例不得高于推荐供应商总数的50%。

标签：非招标方式　采购程序　竞争性谈判　询价　谈判小组　询价小组　专家责任　邀请供应商

难易程度：中★★

32. 采用竞争性谈判和询价采购方式采购的，采购人（　　）。

A. 不得要求供应商提交响应保证金

B. 要求供应商提交响应保证金的金额不得超过项目预算的1%

C. 要求供应商提交响应保证金的金额不得超过项目预算的2%

D. 要求供应商提交响应保证金的金额不得超过项目预算的5%

答案：C

解析：《政府采购非招标采购方式管理办法》第十四条：采购人、采购代理机构可以要求供应商在提交响应文件截止时间之前交纳保证金。保证金应当采用支票、汇票、本票、网上银行支付或者金融机构、担保机构出具的保函等非现金形式交纳。保证金数额应当不超过采购项目预算的2%。

标签：非招标方式　竞争性谈判　询价　采购程序　保证金

难易程度：易★

33. 非招标采购在确定成交前可以向供应商收取（　　）。

A. 响应文件评审费 　　　　　　B. 响应保证金

C. 履约保证金 　　　　　　　　D. 质量保证金

答案：B

解析：《政府采购非招标采购方式管理办法》第十四条：采购人、采购代理机构可以要求供应商在提交响应文件截止时间之前交纳保证金。保证金应当采用支票、汇票、本票、网上银行支付或者金融机构、担保机构出具的保函等非现金形式交纳。保证金数额应当不超过采购项目预算的2%。

标签：非招标方式　竞争性谈判　询价　采购程序　保证金

难易程度：易★

34. 采用竞争性谈判和询价采购方式采购的，采购人要求供应商提交响应保证金的金额不得超过（　　）的2%。

A. 供应商首轮报价　　　　　　　B. 供应商最终报价

C. 项目预算　　　　　　　　　　D. 项目最高现价

答案：C

解析：《政府采购非招标采购方式管理办法》第十四条：采购人、采购代理机构可以要求供应商在提交响应文件截止时间之前交纳保证金。保证金应当采用支票、汇票、本票、网上银行支付或者金融机构、担保机构出具的保函等非现金形式交纳。保证金数额应当不超过采购项目预算的2%。

标签：非招标方式　竞争性谈判　询价　采购程序　保证金

难易程度：易★

35. 采用竞争性谈判和询价采购方式采购，采购预算为100万元，采购人要求供应商提交响应保证金的金额不得超过（　　　）万元。

A. 2　　　　　　B. 3　　　　　　C. 4　　　　　　D. 5

答案：A

解析：《政府采购非招标采购方式管理办法》第十四条：采购人、采购代理机构可以要求供应商在提交响应文件截止时间之前交纳保证金。保证金应当采用支票、汇票、本票、网上银行支付或者金融机构、担保机构出具的保函等非现金形式交纳。保证金数额应当不超过采购项目预算的2%。

标签：非招标方式　竞争性谈判　询价　采购程序　保证金

难易程度：易★

36. 采用竞争性谈判和询价采购方式采购的，供应商提交响应保证金的形式不得为（　　　）。

A. 支票　　　　　B. 汇票　　　　　C. 保函　　　　　D. 现金

答案：D

解析：《政府采购非招标采购方式管理办法》第十四条：采购人、采购代理机构可以要求供应商在提交响应文件截止时间之前交纳保证金。保证金应当采用支票、汇票、本票、网上银行支付或者金融机构、担保机构出具的保函等非现金形式交纳。保证金数额应当不超过采购项目预算的2%。

标签：非招标方式　竞争性谈判　询价　采购程序　保证金

难易程度：易★

37. 采用竞争性谈判和询价采购方式采购，采购预算为150万元，采购文件规定响应保证金应不少于1%。采购人可以接受供应商提交的（　　）作为响应保证金。

A. 2万元支票

B. 1万元支票+5000元现金

C. 1.5万元现金

D. 1万元支票

答案：A

解析：《政府采购非招标采购方式管理办法》第十四条：采购人、采购代理机构可以要求供应商在提交响应文件截止时间之前交纳保证金。保证金应当采用支票、汇票、本票、网上银行支付或者金融机构、担保机构出具的保函等非现金形式交纳。保证金数额应当不超过采购项目预算的2%。

标签： 非招标方式　竞争性谈判　询价　采购程序　保证金

难易程度：难★★★

38. 采用竞争性谈判和询价采购方式采购的，供应商采用银行转账递交响应保证金的，保证金应在采购人（　　）前到达采购人指定的银行账户。

A. 停止发售采购文件

B. 组织现场踏勘

C. 停止接收响应文件

D. 评标

答案：C

解析：《政府采购非招标采购方式管理办法》第十四条：采购人、采购代理机构可以要求供应商在提交响应文件截止时间之前交纳保证金。保证金应当采用支票、汇票、本票、网上银行支付或者金融机构、担保机构出具的保函等非现金形式交纳。保证金数额应当不超过采购项目预算的2%。

标签： 非招标方式　竞争性谈判　询价　采购程序　保证金

难易程度：易★

39. 谈判小组、询价小组未按照采购文件规定的评定成交的标准进行评审的，采购人应当（　　）。

A. 组织原评审小组重新评审

B. 组建新的评审小组重新评审

C. 重新采购

D. 废标

答案：C

解析： 《政府采购非招标采购方式管理办法》第二十一条：采购人、采购代理机构发现谈判小组、询价小组未按照采购文件规定的评定成交的标准进行评审的，应当重新开展采购活动，并同时书面报告本级财政部门。

标签： 非招标方式　竞争性谈判　询价　采购程序　谈判小组　询价小组　评审方法

难易程度： 难★★★

40. 谈判小组、询价小组应按（　　　）规定的评定成交的标准进行评审。

A. 采购人 　　　　　　　　　B. 采购文件

C. 政府采购法 　　　　　　　D. 采购代理机构

答案：B

解析： 《政府采购非招标采购方式管理办法》第二十一条：采购人、采购代理机构发现谈判小组、询价小组未按照采购文件规定的评定成交的标准进行评审的，应当重新开展采购活动，并同时书面报告本级财政部门。

标签： 非招标方式　竞争性谈判　询价　采购程序　采购文件　谈判小组　询价小组　评审方法

难易程度： 难★★★

41. 谈判小组、询价小组未按照采购文件规定的评定成交的标准进行评审的，采购人应当报告（　　　）。

A. 采购人 　　　　　　　　　B. 评审专家所在单位

C. 主管预算单位 　　　　　　D. 本级财政部门

答案：D

解析： 《政府采购非招标采购方式管理办法》第二十一条：采购人、采购代理机构发现谈判小组、询价小组未按照采购文件规定的评定成交的标准进行评审的，应当重新开展采购活动，并同时书面报告本级财政部门。

标签：非招标方式　竞争性谈判　询价　采购程序　采购文件　谈判小组　询价小组　评审方法

难易程度：难★★★

42. 在谈判过程中，谈判小组对谈判文件做出的实质性变动的内容，须经（　　）确认。

A. 采购人代表　　　　　　　　B. 参加谈判的供应商

C. 财政部门　　　　　　　　　D. 现场监督人员

答案：A

解析：在谈判过程中，谈判小组可以根据谈判文件和谈判情况实质性变动采购需求中的技术、服务要求以及合同草案条款，但不得变动谈判文件中的其他内容。实质性变动的内容，须经采购人代表确认。

标签：非招标方式　竞争性谈判　采购程序　采购文件　谈判小组

难易程度：中★★

43. 在谈判过程中，谈判小组不得对采购文件中的（　　）做实质性改变。

A. 技术要求　　　　　　　　　B. 商务要求

C. 合同条款　　　　　　　　　D. 供应商资格条件

答案：D

解析：在谈判过程中，谈判小组可以根据谈判文件和谈判情况实质性变动采购需求中的技术、服务要求以及合同草案条款，但不得变动谈判文件中的其他内容。实质性变动的内容，须经采购人代表确认。

标签：非招标方式　竞争性谈判　采购程序　采购文件　谈判小组

难易程度：中★★

44. 在谈判过程中，谈判小组可以对采购文件中的（　　）做实质性改变。

A. 技术要求　　　　　　　　　B. 评审方法

C. 评审标准　　　　　　　　　D. 供应商资格条件

答案：A

解析：在谈判过程中，谈判小组可以根据谈判文件和谈判情况实质性变动采购需求中的技术、服务要求以及合同草案条款，但不得变动谈判文件中的其他内容。实质性变动的内容，须经采购人代表确认。

标签： 非招标方式　竞争性谈判　采购程序　采购文件　谈判小组

难易程度： 中★★

45. 谈判小组需要对采购文件中的评审标准进行改变的，应该在（　　）进行澄清修改并预留相应法定时间。

　　A. 谈判开始前　　　　　　　　　B. 谈判过程中

　　C. 评审过程中　　　　　　　　　D. 确定成交时

答案： A

解析： 在谈判过程中，谈判小组可以根据谈判文件和谈判情况实质性变动采购需求中的技术、服务要求以及合同草案条款，但不得变动谈判文件中的其他内容。实质性变动的内容，须经采购人代表确认。

标签： 非招标方式　竞争性谈判　采购程序　采购文件　谈判小组

难易程度： 中★★

46. 谈判小组在（　　）不得对采购文件中的技术、服务要求以及合同草案条款做实质性改变。

　　A. 谈判过程中　　　　　　　　　B. 谈判结束后

　　C. 采购文件发出后　　　　　　　D. 制定采购文件后

答案： B

解析： 在谈判过程中，谈判小组可以根据谈判文件和谈判情况实质性变动采购需求中的技术、服务要求以及合同草案条款，但不得变动谈判文件中的其他内容。实质性变动的内容，须经采购人代表确认。

标签： 非招标方式　竞争性谈判　采购程序　采购文件　谈判小组

难易程度： 中★★

47. 竞争性谈判采购在谈判过程中，谈判小组（　　）应与供应商进行谈判。

　　A. 所有成员　　　　　　　　　　B. 中的技术专家

C. 中的经济专家　　　　　　　　D. 重大采购人代表

答案： A

解析：《政府采购非招标采购方式管理办法》第三十一条：谈判小组所有成员应当集中与单一供应商分别进行谈判，并给予所有参加谈判的供应商平等的谈判机会。

标签： 非招标方式　竞争性谈判　采购程序　采购文件　谈判小组

难易程度： 易★

48. 竞争性谈判采购在谈判过程中，谈判小组应（　　　）。

A. 根据具体情况决定每个供应商的谈判轮次和谈判内容

B. 由供应商决定自己的谈判轮次和谈判内容

C. 给予所有参加谈判的供应商平等的谈判机会

D. 根据采购人意见决定每个供应商的谈判轮次和谈判内容

答案： C

解析：《政府采购非招标采购方式管理办法》第三十一条：谈判小组所有成员应当集中与单一供应商分别进行谈判，并给予所有参加谈判的供应商平等的谈判机会。

标签： 非招标方式　竞争性谈判　采购程序　采购文件　谈判小组

难易程度： 易★

49. 竞争性谈判，谈判小组应向采购人推荐（　　　）名以上成交候选人。

A. 1~3　　　　　B. 3　　　　　C. 3　　　　　D. 5

答案： C

解析：《政府采购非招标采购方式管理办法》第三十五条：谈判小组应当从质量和服务均能满足采购文件实质性响应要求的供应商中，按照最后报价由低到高的顺序提出3名以上成交候选人，并编写评审报告。

标签： 非招标方式　竞争性谈判　采购程序　谈判小组

难易程度： 易★

50. 竞争性谈判和询价采购，谈判小组和询价小组应当按照（　　）的顺序向采购人推荐成交候选人。

A. 综合得分（由高到低）　　　　B. 报价得分（由高到低）

C. 报价（由低到高）　　　　　　D. 技术得分（由高到低）

答案： C

解析：《政府采购非招标采购方式管理办法》第三十五条：谈判小组应当从质量和服务均能满足采购文件实质性响应要求的供应商中，按照最后报价由低到高的顺序提出 3 名以上成交候选人，并编写评审报告。

标签： 非招标方式　竞争性谈判　询价　采购程序　谈判小组　询价小组

难易程度： 易★

51. 竞争性谈判和询价采购的，谈判小组和询价小组应从（　　）的供应商中向采购人推荐成交候选人。

A. 资格审查合格

B. 购买响应文件

C. 递交响应文件

D. 质量和服务均能满足采购文件实质性响应要求

答案： D

解析：《政府采购非招标采购方式管理办法》第三十五条：谈判小组应当从质量和服务均能满足采购文件实质性响应要求的供应商中，按照最后报价由低到高的顺序提出 3 名以上成交候选人，并编写评审报告。

标签： 非招标方式　竞争性谈判　询价　采购程序　谈判小组　询价小组

难易程度： 易★

52. 询价采购时，从询价通知书发出之日起至供应商提交响应文件截止之日止不得少于（　　）个工作日。

A. 1　　　　　　B. 2　　　　　　C. 3　　　　　　D. 4

答案： C

解析：《政府采购非招标采购方式管理办法》第四十五条：从询价通知书发出之日起至供应商提交响应文件截止之日止不得少于3个工作日。

标签：非招标方式　询价　采购程序　等标期

难易程度：易★

53. 询价采购时，评审中询价小组（　　）。

A. 可以改变询价通知书的技术要求

B. 可以改变询价通知书的商务要求

C. 可以改变询价通知书的合同条款

D. 不得改变询价通知书的实质性内容

答案：D

解析：《政府采购非招标采购方式管理办法》第四十六条：询价小组在询价过程中，不得改变询价通知书所确定的技术和服务等要求、评审程序、评定成交的标准和合同文本等事项。

标签：非招标方式　询价　采购程序　询价小组　评审方法

难易程度：易★

54. 询价采购时，评审中询价小组不得改变询价通知书的技术要求是（　　）。

A. 采购人确认询价通知书内容后

B. 询价通知书发出后

C. 供应商递交响应文件之后

D. 递交响应文件截止时间后

答案：D

解析：《政府采购非招标采购方式管理办法》第四十六条：询价小组在询价过程中，不得改变询价通知书所确定的技术和服务等要求、评审程序、评定成交的标准和合同文本等事项。

标签：非招标方式　询价　采购程序　询价小组　评审方法

难易程度：难★★★

多 选 题

1.《政府采购非招标采购方式管理办法》适用于采用（   ）方式采购的政府采购项目。

A. 邀请招标　　　　　　B. 竞争性谈判　　　　　　C. 竞争性磋商

D. 询价　　　　　　　　E. 单一来源采购

答案：BDE

解析：《政府采购非招标采购方式管理办法》所称非招标采购方式，是指竞争性谈判、单一来源采购和询价采购方式。

标签：非招标方式　竞争性磋商　采购方式

难易程度：难★★★

2.《政府采购非招标采购方式管理办法》不适用（   ）项目。

A. 工程招标　　　　　　B. 国有企业采购　　　　　C. PPP

D. 货物采购　　　　　　E. 服务采购

答案：ABC

解析：《政府采购非招标采购方式管理办法》所称非招标采购方式，是指竞争性谈判、单一来源采购和询价采购方式。

标签：非招标方式　竞争性磋商　PPP　工程　采购方式

难易程度：难★★★

3.《政府采购非招标采购方式管理办法》所规范非招标采购方式是指（   ）采购方式。

A. 框架协议　　　　　　B. 竞争性磋商　　　　　　C. 竞争性谈判

D. 询价　　　　　　　　E. 单一来源采购

答案：CDE

解析：《政府采购非招标采购方式管理办法》所称非招标采购方式，是指竞争性谈判、单一来源采购和询价采购方式。

标签：非招标方式　竞争性磋商　框架协议　采购方式

难易程度：难★★★

4. 竞争性谈判和询价采购的谈判小组、询价小组由（　　）组成。

A. 采购人代表　　　　　B. 采购代理机构代表　　C. 供应商代表

D. 评审专家　　　　　　E. 监督部门代表

答案：AD

解析：《政府采购非招标采购方式管理办法》第七条：竞争性谈判小组或者询价小组由采购人代表和评审专家共3人以上单数组成，其中评审专家人数不得少于竞争性谈判小组或者询价小组成员总数的2/3。采购人不得以评审专家身份参加本部门或本单位采购项目的评审。采购代理机构人员不得参加本机构代理的采购项目的评审。

标签：非招标方式　评审小组　谈判小组　询价小组　组建评标委员会

难易程度：难★★★

5. 以下竞争性谈判小组和询价小组组成符合规定的有（　　）。

A. 采购人代表0，评审专家3

B. 采购人代表1，评审专家2

C. 采购人代表2，评审专家1

D. 采购人代表1，评审专家4

E. 采购人代表2，评审专家3

答案：ABD

解析：《政府采购非招标采购方式管理办法》第七条：竞争性谈判小组或者询价小组由采购人代表和评审专家共3人以上单数组成，其中评审专家人数不得少于竞争性谈判小组或者询价小组成员总数的2/3。采购人不得以评审专家身份参加本部门或本单位采购项目的评审。采购代理机构人员不得参加本机构代理的采购项目的评审。

标签：非招标方式　竞争性谈判　询价　评审小组　谈判小组　询价小组　组建评标委员会

难易程度：难★★★

6. 技术复杂、专业性强的竞争性谈判采购项目，评审专家中必须包含（ ）。

A. 采购人代表　　　　　B. 技术专家　　　　　C. 法律专家

D. 采购代理机构代表　　E. 监督部门代表

答案：BC

解析： 采用竞争性谈判、询价方式采购的政府采购项目，评审专家应当从政府采购评审专家库内相关专业的专家名单中随机抽取。技术复杂、专业性强的竞争性谈判采购项目，通过随机方式难以确定合适的评审专家的，经主管预算单位同意，可以自行选定评审专家。技术复杂、专业性强的竞争性谈判采购项目，评审专家中应当包含1名法律专家。

标签： 非招标方式　竞争性谈判　评审小组　谈判小组　组建评标委员会

难易程度： 难★★★

7. 竞争性谈判采购项目属于（ ）情形的，经有关部门同意可以自行选择评审专家。

A. 技术复杂的项目　　B. 专业性强的项目　　C. 技术简单的项目

D. 通用专业项目　　　E. 小额采购项目

答案：AB

解析： 采用竞争性谈判、询价方式采购的政府采购项目，评审专家应当从政府采购评审专家库内相关专业的专家名单中随机抽取。技术复杂、专业性强的竞争性谈判采购项目，通过随机方式难以确定合适的评审专家的，经主管预算单位同意，可以自行选定评审专家。技术复杂、专业性强的竞争性谈判采购项目，评审专家中应当包含1名法律专家。

标签： 非招标方式　竞争性谈判　询价　采购程序　评审小组　谈判小组　组建评标委员会

难易程度： 难★★★

8. 竞争性谈判采购项目采购人自行选择的评审专家可以有（ ）。

A. 采购人工作人员

B. 政府采购专家库中的专家

C. 采购代理机构专家库中的专家

D. 财政部门监管人员

E. 其他单位具有专业水平的专家

答案：BCE

解析：采用竞争性谈判、询价方式采购的政府采购项目，评审专家应当从政府采购评审专家库内相关专业的专家名单中随机抽取。技术复杂、专业性强的竞争性谈判采购项目，通过随机方式难以确定合适的评审专家的，经主管预算单位同意，可以自行选定评审专家。技术复杂、专业性强的竞争性谈判采购项目，评审专家中应当包含 1 名法律专家。

标签：非招标方式　竞争性谈判　采购程序　评审小组　谈判小组组建评标委员会

难易程度：难★★★

9. 谈判文件和询价通知书可以由（　　）制定。

A. 采购人

B. 采购代理机构

C. 竞争性谈判小组或者询价小组

D. 供应商

E. 公证机关

答案：ABC

解析：《政府采购非招标采购方式管理办法》第八条：竞争性谈判小组或者询价小组在采购活动过程中应当履行下列职责：

（一）确认或者制定谈判文件、询价通知书；

（二）从符合相应资格条件的供应商名单中确定不少于 3 家的供应商参加谈判或者询价；

（三）审查供应商的响应文件并作出评价；

（四）要求供应商解释或者澄清其响应文件；

（五）编写评审报告；

（六）告知采购人、采购代理机构在评审过程中发现的供应商的违法违规行为。

标签：非招标方式　采购文件　采购程序　竞争性谈判　询价　谈判小组　评审小组　询价小组　评审专家职责

难易程度：难★★★

10. 谈判小组和询价小组对于谈判文件和询价通知书的职责包括（　　）。

A. 制定采购预算　　　　B. 进行需求调研　　　　C. 制定采购文件

D. 确认采购文件　　　　E. 协助处理对采购文件的质疑

答案：CDE

解析：《政府采购非招标采购方式管理办法》第八条：竞争性谈判小组或者询价小组在采购活动过程中应当履行下列职责：

（一）确认或者制定谈判文件、询价通知书；

（二）从符合相应资格条件的供应商名单中确定不少于 3 家的供应商参加谈判或者询价；

（三）审查供应商的响应文件并作出评价；

（四）要求供应商解释或者澄清其响应文件；

（五）编写评审报告；

（六）告知采购人、采购代理机构在评审过程中发现的供应商的违法违规行为。

标签：非招标方式　采购文件　采购程序　竞争性谈判　询价　谈判小组　评审小组　询价小组　评审专家职责

难易程度：难★★★

11. 竞争性谈判小组或者询价小组在评审过程中发现供应商的违法违规行为，可以（　　）。

A. 不予理睬

B. 向采购人报告

C. 告知采购代理机构

D. 向财政部门举报

E. 向供应商举报

答案：BCD

解析：《政府采购非招标采购方式管理办法》第八条：竞争性谈判小组或者询价小组在采购活动过程中应当履行下列职责：

（一）确认或者制定谈判文件、询价通知书；

（二）从符合相应资格条件的供应商名单中确定不少于3家的供应商参加谈判或者询价；

（三）审查供应商的响应文件并作出评价；

（四）要求供应商解释或者澄清其响应文件；

（五）编写评审报告；

（六）告知采购人、采购代理机构在评审过程中发现的供应商的违法违规行为。

标签：非招标方式　采购程序　竞争性谈判　询价　谈判小组　评审小组　询价小组　评审专家职责

难易程度：难★★★

12. 以下属于竞争性谈判小组或者询价小组专家职责的有（　　　）。

A. 编制采购需求

B. 制定谈判文件、询价通知书

C. 协助采购人处理质疑

D. 协助财政部门处理投诉

E. 协助供应商提出质疑和投诉

答案：BCD

解析：《政府采购非招标采购方式管理办法》第九条：竞争性谈判小组或者询价小组成员应当履行下列义务：

（一）遵纪守法，客观、公正、廉洁地履行职责；

（二）根据采购文件的规定独立进行评审，对个人的评审意见承担法律责任；

（三）参与评审报告的起草；

（四）配合采购人、采购代理机构答复供应商提出的质疑；

（五）配合财政部门的投诉处理和监督检查工作。

标签：非招标方式 采购程序 竞争性谈判 询价 谈判小组 评审小组 询价小组 评审专家职责

难易程度：难★★★

13. 竞争性谈判小组或者询价小组编制的谈判文件、询价通知书中，以下情形符合规定的内容有（ ）。

A. 采购文件明确货物的品牌

B. 采购文件明确货物的规格

C. 采购文件明确货物的型号

D. 采购文件明确货物的技术专利

E. 采购文件明确货物的名称

答案：BE

解析：谈判文件、询价通知书不得要求或者标明供应商名称或者特定货物的品牌，不得含有指向特定供应商的技术、服务等条件。

标签：非招标方式 采购程序 竞争性谈判 询价 采购文件 谈判文件 询价通知书

难易程度：难★★★

14. 竞争性谈判小组或者询价小组编制的谈判文件、询价通知书中，以下情形符合规定的内容有（ ）。

A. 采购文件明确三个货物的品牌，由供应商选择

B. 采购文件明确供应商可提供两个货物品牌由采购人选择

C. 采购文件明确货物的制造商必须是国内企业

D. 采购文件明确货物的制造商必须是中小企业

E. 采购文件明确货物必须是节能产品

答案：CDE

解析：谈判文件、询价通知书不得要求或者标明供应商名称或者特定货物的品牌，不得含有指向特定供应商的技术、服务等条件。

标签：非招标方式 采购程序 竞争性谈判 询价 采购文件 谈判文

件　询价通知书

难易程度：难★★★

15. 谈判文件、询价通知书中应包括以下内容（　　）。

A. 参加谈判或报价的供应商名单

B. 供应商资格条件

C. 采购预算

D. 评定成交的标准

E. 谈判小组或询价小组名单

答案： BCD

解析：《政府采购非招标采购方式管理办法》第十一条：谈判文件、询价通知书应当包括供应商资格条件、采购邀请、采购方式、采购预算、采购需求、采购程序、价格构成或者报价要求、响应文件编制要求、提交响应文件截止时间及地点、保证金交纳数额和形式、评定成交的标准等。

标签：非招标方式　采购程序　竞争性谈判　询价　采购文件　谈判文件　询价通知书

难易程度：难★★★

16. 竞争性谈判中可能改变的内容，应该（　　）。

A. 在采购文件中明确

B. 在采购文件澄清中明确

C. 在谈判开始前告知供应商

D. 在谈判中告知供应商

E. 最后报价前告知供应商

答案： AB

解析： 谈判文件除《政府采购非招标采购方式管理办法》第十条第一款规定的内容外，还应当明确谈判小组根据与供应商谈判情况可能实质性变动的内容，包括采购需求中的技术、服务要求以及合同草案条款。

标签：非招标方式　采购程序　竞争性谈判　采购文件　谈判文件　采购程序

难易程度：难★★★

17. 竞争性谈判中，根据谈判文件规定谈判小组可以改变谈判文件的以下内容（ ）。

A. 供应商资格条件

B. 采购需求中的技术要求

C. 采购需求中的服务要求

D. 评定成交的标准

E. 合同草案条款

答案： BCE

解析： 谈判文件除《政府采购非招标采购方式管理办法》第十一条第一款规定的内容外，还应当明确谈判小组根据与供应商谈判情况可能实质性变动的内容，包括采购需求中的技术、服务要求以及合同草案条款。

标签： 非招标方式　采购程序　竞争性谈判　询价　采购文件　谈判文件

难易程度：难★★★

18. 竞争性谈判和询价采购的，采购人可以通过以下（ ）方式邀请供应商参加。

A. 发布公告

B. 从省级以上财政部门建立的供应商库中选取

C. 采购人和评审专家分别书面推荐

D. 供应商互相推荐

E. 从采购人的供应商库中选取

答案： ABC

解析：《政府采购非招标采购方式管理办法》第十二条：采购人、采购代理机构应当通过发布公告、从省级以上财政部门建立的供应商库中随机抽取或者采购人和评审专家分别书面推荐的方式邀请不少于3家符合相应资格条件的供应商参与竞争性谈判或者询价采购活动。

标签： 非招标方式　竞争性谈判　询价　采购程序　邀请供应商

难易程度：难★★★

19. 竞争性谈判和询价采购的，谈判小组或询价小组可以邀请（　　）家供应商参加。

A. 1　　　　　　　　B. 2　　　　　　　　C. 3

D. 4　　　　　　　　E. 5

答案：CDE

解析：《政府采购非招标采购方式管理办法》第十二条：采购人、采购代理机构应当通过发布公告、从省级以上财政部门建立的供应商库中随机抽取或者采购人和评审专家分别书面推荐的方式邀请不少于 3 家符合相应资格条件的供应商参与竞争性谈判或者询价采购活动。

标签：非招标方式　竞争性谈判　询价　采购程序　邀请供应商

难易程度：难★★★

20. 竞争性谈判或者询价采购由（　　）处理供应商质疑。

A. 采购人　　　　　　B. 谈判小组、询价小组　C. 监察部门

D. 纪检部门　　　　　E. 采购代理机构

答案：AE

解析：《政府采购非招标采购方式管理办法》第九条：竞争性谈判小组或者询价小组成员应当履行下列义务：

（一）遵纪守法，客观、公正、廉洁地履行职责；

（二）根据采购文件的规定独立进行评审，对个人的评审意见承担法律责任；

（三）参与评审报告的起草；

（四）配合采购人、采购代理机构答复供应商提出的质疑；

（五）配合财政部门的投诉处理和监督检查工作。

标签：非招标方式　采购程序　竞争性谈判　询价　谈判小组　询价小组　质疑　专家责任

难易程度：难★★★

21. 竞争性谈判和询价采购由采购人推荐供应商参加采购时，采购人推荐供应商的比例可以是供应商总数的（　　）。

A. 0 　　　　　　　　B. 1/3 　　　　　　　　C. 1/2

D. 2/3 　　　　　　　E. 3/4

答案： ABC

解析： 采取采购人和评审专家书面推荐方式选择供应商的，采购人和评审专家应当各自出具书面推荐意见。采购人推荐供应商的比例不得高于推荐供应商总数的50%。

标签： 非招标方式　竞争性谈判　询价　采购程序　专家责任　邀请供应商

难易程度： 难★★★

22. 竞争性谈判和询价采购由采购人推荐供应商参加采购时，如果评审专家推荐了3家供应商，采购人可以推荐的供应商数量为（　　）家。

A. 1 　　　　　　　　B. 2 　　　　　　　　C. 3

D. 4 　　　　　　　 E. 5

答案： ABC

解析： 采取采购人和评审专家书面推荐方式选择供应商的，采购人和评审专家应当各自出具书面推荐意见。采购人推荐供应商的比例不得高于推荐供应商总数的50%。

标签： 非招标方式　竞争性谈判　询价　采购程序　专家责任　邀请供应商

难易程度： 难★★★

23. 竞争性谈判和询价采购由评审专家推荐供应商参加采购时，可以采用（　　）形式。

A. 口头 　　　　　　B. 会议纪要 　　　　　C. 备忘录

D. 推荐书 　　　　　E. 推荐信

答案： BCDE

解析： 采取采购人和评审专家书面推荐方式选择供应商的，采购人和评审专家应当各自出具书面推荐意见。采购人推荐供应商的比例不得高于推荐供应商总数的 50%。

标签： 非招标方式　竞争性谈判　询价　采购程序　专家责任　邀请供应商

难易程度： 难★★★

24. 竞争性谈判和询价采购由评审专家推荐供应商参加采购时，评审专家可以（　　）推荐供应商。

A. 协商

B. 经采购人同意

C. 经采购代理机构同意

D. 按采购人提供的备选名单

E. 按照多数专家意见

答案： AE

解析： 采取采购人和评审专家书面推荐方式选择供应商的，采购人和评审专家应当各自出具书面推荐意见。采购人推荐供应商的比例不得高于推荐供应商总数的 50%。

标签： 非招标方式　竞争性谈判　询价　采购程序　专家责任　邀请供应商

难易程度： 难★★★

25. 采用竞争性谈判和询价采购方式采购要求提交保证金的，保证金数额可以有（　　）。

A. 0

B. 采购项目预算的 1%

C. 采购项目预算的 2%

D. 采购项目预算的 5%

E. 采购项目预算的 10%

答案： ABC

解析：《政府采购非招标采购方式管理办法》第十四条：采购人、采购代理机构可以要求供应商在提交响应文件截止时间之前交纳保证金。保证金应当采用支票、汇票、本票、网上银行支付或者金融机构、担保机构出具的保函等非现金形式交纳。保证金数额应当不超过采购项目预算的2%。

标签：非招标方式　竞争性谈判　询价　采购程序　保证金

难易程度：难★★★

26. 采用竞争性谈判和询价采购方式采购要求提交保证金的，保证金形式可以有（　　　）。

A. 支票　　　　　　　　B. 汇票　　　　　　　　C. 本票

D. 网上银行支付　　　E. 现金

答案：ABCD

解析：《政府采购非招标采购方式管理办法》第十四条：采购人、采购代理机构可以要求供应商在提交响应文件截止时间之前交纳保证金。保证金应当采用支票、汇票、本票、网上银行支付或者金融机构、担保机构出具的保函等非现金形式交纳。保证金数额应当不超过采购项目预算的2%。

标签：非招标方式　竞争性谈判　询价　采购程序　保证金

难易程度：难★★★

27. 非招标采购在采购过程中和合同签订时，可以向供应商收取（　　　）。

A. 响应文件评审费　　B. 响应保证金　　　　　C. 履约保证金

D. 质量保证金　　　　E. 专家劳务费

答案：BC

解析：《政府采购非招标采购方式管理办法》第十四条：采购人、采购代理机构可以要求供应商在提交响应文件截止时间之前交纳保证金。保证金应当采用支票、汇票、本票、网上银行支付或者金融机构、担保机构出具的保函等非现金形式交纳。保证金数额应当不超过采购项目预算的2%。

标签：非招标方式　竞争性谈判　询价　采购程序　保证金

难易程度：难★★★

28. 采用竞争性谈判和询价采购方式采购，采购预算为120万元，采购人要求供应商提交响应保证金的金额可以为（　　）万元。

A. 1　　　　　　　　B. 2　　　　　　　　C. 3

D. 4　　　　　　　　E. 5

答案：AB

解析：《政府采购非招标采购方式管理办法》第十四条：采购人、采购代理机构可以要求供应商在提交响应文件截止时间之前交纳保证金。保证金应当采用支票、汇票、本票、网上银行支付或者金融机构、担保机构出具的保函等非现金形式交纳。保证金数额应当不超过采购项目预算的2%。

标签：非招标方式　竞争性谈判　询价　采购程序　保证金

难易程度：难★★★

29. 采用竞争性谈判和询价采购方式采购的，供应商提交响应保证金不得为（　　）。

A. 支票　　　　　　B. 汇票　　　　　　C. 保函

D. 现金　　　　　　E. 现钞

答案：DE

解析：《政府采购非招标采购方式管理办法》第十四条：采购人、采购代理机构可以要求供应商在提交响应文件截止时间之前交纳保证金。保证金应当采用支票、汇票、本票、网上银行支付或者金融机构、担保机构出具的保函等非现金形式交纳。保证金数额应当不超过采购项目预算的2%。

标签：非招标方式　竞争性谈判　询价　采购程序　保证金

难易程度：难★★★

30. 采用竞争性谈判和询价采购方式采购，采购预算为200万元，响应保证金应不少于2%。供应商提交的（　　）作为响应保证金符合规定。

A. 2万元支票

B. 4万元支票

C. 5万元支票

D. 2万元支票+2万元现金

E. 4万元现金

答案： BC

解析：《政府采购非招标采购方式管理办法》第十四条：采购人、采购代理机构可以要求供应商在提交响应文件截止时间之前交纳保证金。保证金应当采用支票、汇票、本票、网上银行支付或者金融机构、担保机构出具的保函等非现金形式交纳。保证金数额应当不超过采购项目预算的2%。

标签： 非招标方式　竞争性谈判　询价　采购程序　保证金

难易程度： 难★★★

31. 采用竞争性谈判和询价采购方式采购的，采购人可以接受（　　）出具的保函。

A. 供应商自己　　　　B. 供应商的上级单位　　C. 金融机构

D. 担保机构　　　　　E. 财政部门

答案： CD

解析：《政府采购非招标采购方式管理办法》第十四条：采购人、采购代理机构可以要求供应商在提交响应文件截止时间之前交纳保证金。保证金应当采用支票、汇票、本票、网上银行支付或者金融机构、担保机构出具的保函等非现金形式交纳。保证金数额应当不超过采购项目预算的2%。

标签： 非招标方式　竞争性谈判　询价　采购程序　保证金

难易程度： 难★★★

32. 采用竞争性谈判和询价采购方式采购的，供应商提交的保证金可以交给（　　）。

A. 采购人

B. 采购人委托的采购代理机构

C. 采购人指定的其他单位

D. 财政部门

E. 主管预算单位

答案： ABC

解析：《政府采购非招标采购方式管理办法》第十四条：采购人、采购代理机构可以要求供应商在提交响应文件截止时间之前交纳保证金。保证金应当采用支票、汇票、本票、网上银行支付或者金融机构、担保机构出具的保函等非现金形式交纳。保证金数额应当不超过采购项目预算的2%。

标签： 非招标方式　竞争性谈判　询价　采购程序　保证金

难易程度： 难★★★

33. 谈判小组、询价小组在对响应文件的有效性、完整性和响应程度进行审查时，可以要求供应商对响应文件中（　　）的内容作出必要的澄清、说明或者更正。

A. 含义不明确

B. 同类问题表述不一致

C. 有明显文字错误

D. 有明显计算错误

E. 因疏忽提供过期的资质证书

答案： ABCD

解析：《政府采购非招标采购方式管理办法》第十六条：谈判小组、询价小组在对响应文件的有效性、完整性和响应程度进行审查时，可以要求供应商对响应文件中含义不明确、同类问题表述不一致或者有明显文字和计算错误的内容等作出必要的澄清、说明或者更正。供应商的澄清、说明或者更正不得超出响应文件的范围或者改变响应文件的实质性内容。

谈判小组、询价小组要求供应商澄清、说明或者更正响应文件应当以书面形式作出。供应商的澄清、说明或者更正应当由法定代表人或其授权代表签字或者加盖公章。由授权代表签字的，应当附法定代表人授权书。供应商为自然人的，应当由本人签字并附身份证明。

标签： 非招标方式　竞争性谈判　询价　采购程序　评审方法　澄清

难易程度： 难★★★

34. 谈判小组、询价小组编写的评审报告内容包括（　　）。

A. 被邀请参加采购的供应商名单

B. 谈判小组、询价小组成员名单

C. 成交候选人的名单

D. 响应文件原件

E. 资格证明文件原件

答案： ABC

解析：《政府采购非招标采购方式管理办法》第十七条：谈判小组、询价小组应当根据评审记录和评审结果编写评审报告，其主要内容包括：

（一）邀请供应商参加采购活动的具体方式和相关情况，以及参加采购活动的供应商名单；

（二）评审日期和地点，谈判小组、询价小组成员名单；

（三）评审情况记录和说明，包括对供应商的资格审查情况、供应商响应文件评审情况、谈判情况、报价情况等；

（四）提出的成交候选人的名单及理由。

评审报告应当由谈判小组、询价小组全体人员签字认可。谈判小组、询价小组成员对评审报告有异议的，谈判小组、询价小组按照少数服从多数的原则推荐成交候选人，采购程序继续进行。对评审报告有异议的谈判小组、询价小组成员，应当在报告上签署不同意见并说明理由，由谈判小组、询价小组书面记录相关情况。谈判小组、询价小组成员拒绝在报告上签字又不书面说明其不同意见和理由的，视为同意评审报告。

标签： 非招标方式 竞争性谈判 询价 采购程序 评审方法 邀请供应商

难易程度： 难★★★

35. 竞争性谈判和询价采购的成交结果公告应当包括（ ）。

A. 候选成交供应商名单及排序

B. 成交供应商名称

C. 成交候选人的名单

D. 谈判小组、询价小组成员名单

E. 采购人和评审专家的推荐供应商参加采购活动的意见

答案： BDE

解析：《政府采购非招标采购方式管理办法》第十八条：采购人或者采购

代理机构应当在成交供应商确定后 2 个工作日内，在省级以上财政部门指定的媒体上公告成交结果，同时向成交供应商发出成交通知书，并将竞争性谈判文件、询价通知书随成交结果同时公告。成交结果公告应当包括以下内容：

（一）采购人和采购代理机构的名称、地址和联系方式；

（二）项目名称和项目编号；

（三）成交供应商名称、地址和成交金额；

（四）主要成交标的的名称、规格型号、数量、单价、服务要求；

（五）谈判小组、询价小组成员名单及单一来源采购人员名单。

采用书面推荐供应商参加采购活动的，还应当公告采购人和评审专家的推荐意见。

标签： 非招标方式　竞争性谈判　询价　采购程序　评审方法　采购公告

难易程度： 难★★★

36. 竞争性谈判和询价采购的采购人与成交供应商可以在成交通知书发出后的第（　　）日签订采购合同。

A. 10　　　　　　　　B. 20　　　　　　　　C. 30

D. 40　　　　　　　　E. 60

答案： ABC

解析：《政府采购非招标采购方式管理办法》第十九条：采购人与成交供应商应当在成交通知书发出之日起 30 日内，按照采购文件确定的合同文本以及采购标的、规格型号、采购金额、采购数量、技术和服务要求等事项签订政府采购合同。

采购人不得向成交供应商提出超出采购文件以外的任何要求作为签订合同的条件，不得与成交供应商订立背离采购文件确定的合同文本以及采购标的、规格型号、采购金额、采购数量、技术和服务要求等实质性内容的协议。

标签： 非招标方式　竞争性谈判　询价　采购程序　合同

难易程度： 难★★★

37. 竞争性谈判和询价采购的以下情形采购人可以不退还保证金（　　）。

A. 供应商在提交响应文件截止时间后撤回响应文件

B. 供应商在响应文件中提供虚假材料

C. 成交供应商不与采购人签订合同

D. 供应商与采购人、其他供应商或者采购代理机构恶意串通

E. 供应商未提交响应文件

答案：ABCD

解析：《政府采购非招标采购方式管理办法》第二十条：采购人或者采购代理机构应当在采购活动结束后及时退还供应商的保证金，但因供应商自身原因导致无法及时退还的除外。未成交供应商的保证金应当在成交通知书发出后5个工作日内退还，成交供应商的保证金应当在采购合同签订后5个工作日内退还。

有下列情形之一的，保证金不予退还：

（一）供应商在提交响应文件截止时间后撤回响应文件的；

（二）供应商在响应文件中提供虚假材料的；

（三）除因不可抗力或谈判文件、询价通知书认可的情形以外，成交供应商不与采购人签订合同的；

（四）供应商与采购人、其他供应商或者采购代理机构恶意串通的；

（五）采购文件规定的其他情形。

标签：非招标方式　竞争性谈判　询价　采购程序　保证金

难易程度：难★★★

38. 竞争性谈判和询价采购评审结束后，采购代理机构可以组织重新评审的情形包括（　　）。

A. 资格审查认定错误　　B. 符合性审查错误　　　C. 评分错误

D. 业绩认定错误　　　　E. 价格计算错误

答案：AE

解析：《政府采购非招标采购方式管理办法》第二十一条：除资格性审查认定错误和价格计算错误外，采购人或者采购代理机构不得以任何理由组织

重新评审。

标签：非招标方式　竞争性谈判　询价采购　采购程序　评审方法

难易程度：难★★★

39. 成交供应商拒绝签订政府采购合同的，采购人可以（　　）。

A. 坚持与成交供应商签订合同

B. 满足成交供应商的加价要求后与其签订合同

C. 确定其他候选成交供应商作为成交供应商

D. 废标后重新采购

E. 废标后不再采购

答案：ACD

解析：成交供应商拒绝签订政府采购合同的，采购人可以按照《政府采购非招标采购方式管理办法》第三十六条第二款、第四十九条第二款规定的原则确定其他供应商作为成交供应商并签订政府采购合同，也可以重新开展采购活动。

标签：非招标方式　采购程序　合同

难易程度：难★★★

40. 在谈判过程中，谈判小组对谈判文件做出的实质性变动的内容，须经（　　）确认。

A. 采购人代表　　　　B. 参加谈判的供应商　　　C. 财政部门

D. 现场监督人员　　　E. 采购人

答案：AE

解析：在谈判过程中，谈判小组可以根据谈判文件和谈判情况实质性变动采购需求中的技术、服务要求以及合同草案条款，但不得变动谈判文件中的其他内容。实质性变动的内容，须经采购人代表确认。

标签：非招标方式　竞争性谈判　采购程序　采购文件

难易程度：难★★★

41. 在谈判过程中，谈判小组可以对采购文件中的（　　）作出实质性改变。

A. 技术要求 　　　　　B. 商务要求 　　　　　C. 合同条款

D. 供应商资格条件 　　E. 评审方法和评审标准

答案： ABC

解析： 在谈判过程中，谈判小组可以根据谈判文件和谈判情况实质性变动采购需求中的技术、服务要求以及合同草案条款，但不得变动谈判文件中的其他内容。实质性变动的内容，须经采购人代表确认。

标签： 非招标方式 　竞争性谈判 　采购程序 　采购文件 　评审方法

难易程度： 难★★★

42. 在竞争性谈判过程中，谈判小组不可以对采购文件中的（　　）作出实质性改变。

A. 技术要求 　　　　　B. 商务要求 　　　　　C. 付款条件

D. 供应商资格条件 　　E. 采购标的

答案： DE

解析： 在谈判过程中，谈判小组可以根据谈判文件和谈判情况实质性变动采购需求中的技术、服务要求以及合同草案条款，但不得变动谈判文件中的其他内容。实质性变动的内容，须经采购人代表确认。

标签： 非招标方式 　竞争性谈判 　采购程序 　采购文件 　评审方法

难易程度： 难★★★

43. 竞争性谈判，谈判小组可以向采购人推荐（　　）名以上成交候选人。

A. 1 　　　　　　　　B. 2 　　　　　　　　C. 3

D. 4 　　　　　　　　E. 5

答案： CDE

解析：《政府采购非招标采购方式管理办法》第三十五条：谈判小组应当从质量和服务均能满足采购文件实质性响应要求的供应商中，按照最后报价由低到高的顺序提出3名以上成交候选人，并编写评审报告。

标签： 非招标方式 　竞争性谈判 　采购程序 　评审方法

难易程度： 难★★★

44. 询价采购时，从询价通知书发出之日起至供应商提交响应文件截止之日止可以是（　　）个工作日。

A. 1   B. 2   C. 3

D. 4   E. 5

答案：CDE

解析：《政府采购非招标采购方式管理办法》第四十五条：从询价通知书发出之日起至供应商提交响应文件截止之日止不得少于3个工作日。

标签： 非招标方式　询价　采购程序　等标期

难易程度： 难★★★

45. 谈判小组、询价小组成员的下列行为属于违法行为的有（　　）。

A. 收受不正当利益的

B. 泄露评审情况以及评审过程中获悉的国家秘密、商业秘密的

C. 不依法回避的

D. 收取采购人的专家劳务费的

E. 向采购人提供咨询的

答案：ABC

解析：《政府采购非招标采购方式管理办法》第五十五条：谈判小组、询价小组成员有下列行为之一的，责令改正，给予警告；有关法律、行政法规规定处以罚款的，并处罚款；涉嫌犯罪的，依法移送司法机关处理：

（一）收受采购人、采购代理机构、供应商、其他利害关系人的财物或者其他不正当利益的；

（二）泄露评审情况以及评审过程中获悉的国家秘密、商业秘密的；

（三）明知与供应商有利害关系而不依法回避的；

（四）在评审过程中擅离职守，影响评审程序正常进行的；

（五）在评审过程中有明显不合理或者不正当倾向性的；

（六）未按照采购文件规定的评定成交的标准进行评审的。

评审专家有前款情形之一，情节严重的，取消其政府采购评审专家资格，不得再参加任何政府采购项目的评审，并在财政部门指定的政府采购信息发

布媒体上予以公告。

标签： 非招标方式 竞争性谈判 询价 采购程序 评审小组 专家责任

难易程度： 难★★★

46. 谈判小组、询价小组成员的下列行为不属于违法行为的有（　　）。

A. 未按照采购文件规定的评定成交的标准进行评审的

B. 在评审过程中有明显不合理或者不正当倾向性的

C. 在评审过程中擅离职守，影响评审程序正常进行的

D. 参加评审迟到的

E. 不独立评审的

答案： DE

解析：《政府采购非招标采购方式管理办法》第五十五条：谈判小组、询价小组成员有下列行为之一的，责令改正，给予警告；有关法律、行政法规规定处以罚款的，并处罚款；涉嫌犯罪的，依法移送司法机关处理：

（一）收受采购人、采购代理机构、供应商、其他利害关系人的财物或者其他不正当利益的；

（二）泄露评审情况以及评审过程中获悉的国家秘密、商业秘密的；

（三）明知与供应商有利害关系而不依法回避的；

（四）在评审过程中擅离职守，影响评审程序正常进行的；

（五）在评审过程中有明显不合理或者不正当倾向性的；

（六）未按照采购文件规定的评定成交的标准进行评审的。

评审专家有前款情形之一，情节严重的，取消其政府采购评审专家资格，不得再参加任何政府采购项目的评审，并在财政部门指定的政府采购信息发布媒体上予以公告。

标签： 非招标方式 竞争性谈判 询价 采购程序 评审小组 专家责任

难易程度： 难★★★

47. 谈判小组、询价小组成员违规违法行为可能受到的处罚有（　　）。

A. 警告

B. 罚款

C. 取消政府采购评审专家资格

D. 在政府采购信息发布媒体上予以公告

E. 诫勉谈话

答案：ABCD

解析：《政府采购非招标采购方式管理办法》第五十五条：谈判小组、询价小组成员有下列行为之一的，责令改正，给予警告；有关法律、行政法规规定处以罚款的，并处罚款；涉嫌犯罪的，依法移送司法机关处理：

（一）收受采购人、采购代理机构、供应商、其他利害关系人的财物或者其他不正当利益的；

（二）泄露评审情况以及评审过程中获悉的国家秘密、商业秘密的；

（三）明知与供应商有利害关系而不依法回避的；

（四）在评审过程中擅离职守，影响评审程序正常进行的；

（五）在评审过程中有明显不合理或者不正当倾向性的；

（六）未按照采购文件规定的评定成交的标准进行评审的。

评审专家有前款情形之一，情节严重的，取消其政府采购评审专家资格，不得再参加任何政府采购项目的评审，并在财政部门指定的政府采购信息发布媒体上予以公告。

标签： 非招标方式　竞争性谈判　询价　采购程序　评审小组　专家责任

难易程度： 难★★★

第二十八章 《政府采购竞争性磋商采购方式管理暂行办法》相关试题

判断题

1. 达到公开招标数额标准的政府购买服务项目，采用竞争性磋商方式采购的，不需要报财政部门批准。　　　　　　　　　　　　（　　）

答案：错误

解析：《政府采购竞争性磋商采购方式管理暂行办法》第四条：达到公开招标数额标准的货物、服务采购项目，拟采用竞争性磋商采购方式的，采购人应当在采购活动开始前，报经主管预算单位同意后，依法向设区的市、自治州以上人民政府财政部门申请批准。

标签：非招标方式　竞争性磋商　政府购买服务　采购程序

难易程度：易★

2. 达到公开招标数额标准但不属于必须招标的工程项目，采购采用竞争性磋商方式采购的，不需要报财政部门批准。　　　　　　　（　　）

答案：正确

解析：《政府采购竞争性磋商采购方式管理暂行办法》第四条：达到公开招标数额标准的货物、服务采购项目，拟采用竞争性磋商采购方式的，采购人应当在采购活动开始前，报经主管预算单位同意后，依法向设区的市、自治州以上人民政府财政部门申请批准。

标签：非招标方式　竞争性磋商　工程　采购程序

难易程度：易★

3. 竞争性磋商项目的磋商和评审过程应该公开进行，接受供应商监督。

（　　）

答案： 错误

解析：《政府采购竞争性磋商采购方式管理暂行办法》第五条：采购人、采购代理机构应当按照政府采购法和本办法的规定组织开展竞争性磋商，并采取必要措施，保证磋商在严格保密的情况下进行。

标签： 非招标方式　竞争性磋商　评审方法　采购程序　评审纪律

难易程度： 易★

4. 任何单位和个人不得非法干预、影响竞争性磋商过程和采购结果。

（　　）

答案： 正确

解析：《政府采购竞争性磋商采购方式管理暂行办法》第五条：采购人、采购代理机构应当按照政府采购法和本办法的规定组织开展竞争性磋商，并采取必要措施，保证磋商在严格保密的情况下进行。

任何单位和个人不得非法干预、影响磋商过程和结果。

标签： 非招标方式　竞争性磋商　采购程序　评审纪律

难易程度： 易★

5. 采购人应当邀请不少于 3 家供应商参与竞争性磋商采购活动。（　　）

答案： 正确

解析：《政府采购竞争性磋商采购方式管理暂行办法》第六条：采购人、采购代理机构应当通过发布公告、从省级以上财政部门建立的供应商库中随机抽取或者采购人和评审专家分别书面推荐的方式邀请不少于 3 家符合相应资格条件的供应商参与竞争性磋商采购活动。

符合《中华人民共和国政府采购法》第二十二条第一款规定条件的供应商可以在采购活动开始前加入供应商库。财政部门不得对供应商申请入库收取任何费用，不得利用供应商库进行地区和行业封锁。

采取采购人和评审专家书面推荐方式选择供应商的，采购人和评审专家应当各自出具书面推荐意见。采购人推荐供应商的比例不得高于推荐供应商总数的 50% 。

标签：非招标方式　竞争性磋商　采购程序　邀请供应商

难易程度：易★

6. 竞争性磋商采购活动采购人推荐供应商的比例不得高于推荐供应商总数的三分之一。　　　　　　　　　　　　　　　　　　　　（　　）

答案：错误

解析：《政府采购竞争性磋商采购方式管理暂行办法》第六条：采购人、采购代理机构应当通过发布公告、从省级以上财政部门建立的供应商库中随机抽取或者采购人和评审专家分别书面推荐的方式邀请不少于 3 家符合相应资格条件的供应商参与竞争性磋商采购活动。

符合《中华人民共和国政府采购法》第二十二条第一款规定条件的供应商可以在采购活动开始前加入供应商库。财政部门不得对供应商申请入库收取任何费用，不得利用供应商库进行地区和行业封锁。

采取采购人和评审专家书面推荐方式选择供应商的，采购人和评审专家应当各自出具书面推荐意见。采购人推荐供应商的比例不得高于推荐供应商总数的 50% 。

标签：非招标方式　竞争性磋商　采购程序　邀请供应商

难易程度：易★

7. 竞争性磋商采购活动采用公告方式邀请供应商的，采购人应当在中国招标投标服务平台上发布媒体发布竞争性磋商公告。　　　　　　　　（　　）

答案：错误

解析：《政府采购竞争性磋商采购方式管理暂行办法》第七条：采用公告方式邀请供应商的，采购人、采购代理机构应当在省级以上人民政府财政部门指定的政府采购信息发布媒体发布竞争性磋商公告。竞争性磋商公告应当包括以下主要内容：

（一）采购人、采购代理机构的名称、地点和联系方法；

（二）采购项目的名称、数量、简要规格描述或项目基本概况介绍；

（三）采购项目的预算；

（四）供应商资格条件；

（五）获取磋商文件的时间、地点、方式及磋商文件售价；

（六）响应文件提交的截止时间、开启时间及地点；

（七）购项目联系人姓名和电话。

标签： 非招标方式　竞争性磋商　采购公告　采购程序　邀请供应商

难易程度： 易★

8. 为了提高竞争性磋商采购效率，磋商文件可以标明供应商名称或者特定货物的品牌。　　　　　　　　　　　　　　　　（　　）

答案： 错误

解析：《政府采购竞争性磋商采购方式管理暂行办法》第八条：磋商文件不得要求或者标明供应商名称或者特定货物的品牌，不得含有指向特定供应商的技术、服务等条件。

标签： 非招标方式　竞争性磋商　采购程序　采购文件　商务要求　技术要求

难易程度： 易★

9. 磋商文件可以标明3个货物的品牌由供应商选择。　　　（　　）

答案： 错误

解析：《政府采购竞争性磋商采购方式管理暂行办法》第八条：磋商文件不得要求或者标明供应商名称或者特定货物的品牌，不得含有指向特定供应商的技术、服务等条件。

标签： 非招标方式　竞争性磋商　采购程序　采购文件　商务要求　技术要求

难易程度： 易★

10. 磋商文件售价可以超过采购项目预算的2%。　　　　（　　）

答案： 错误

解析： 磋商文件售价应当按照弥补磋商文件制作成本费用的原则确定，不得以营利为目的，不得以项目预算金额作为确定磋商文件售价依据。

标签：非招标方式　竞争性磋商　采购文件　采购程序　采购预算

难易程度：易★

11. 磋商文件售价可以适当盈利为原则确定。　　　　　　（　　）

答案：错误

解析：磋商文件售价应当按照弥补磋商文件制作成本费用的原则确定，不得以营利为目的，不得以项目预算金额作为确定磋商文件售价依据。

标签：非招标方式　竞争性磋商　采购文件　采购程序

难易程度：易★

12. 磋商文件售价可以项目预算金额作为依据。　　　　　（　　）

答案：错误

解析：磋商文件售价应当按照弥补磋商文件制作成本费用的原则确定，不得以营利为目的，不得以项目预算金额作为确定磋商文件售价依据。

标签：非招标方式　竞争性磋商　采购程序　采购文件

难易程度：易★

13. 竞争性磋商方式采购时，供应商为联合体的，必须由联合体中的牵头方交纳磋商保证金。　　　　　　　　　　　　　（　　）

答案：错误

解析：供应商为联合体的，可以由联合体中的一方或者多方共同交纳磋商保证金，其交纳的保证金对联合体各方均具有约束力。

标签：非招标方式　竞争性磋商　采购程序　采购文件　保证金

难易程度：易★

14. 竞争性磋商方式采购时采购人应组建竞争性磋商小组，由磋商小组负责磋商。　　　　　　　　　　　　　　　　　（　　）

答案：正确

解析：《政府采购竞争性磋商采购方式管理暂行办法》第二条：本办法所称竞争性磋商采购方式，是指采购人、政府采购代理机构通过组建竞争性磋商小组（以下简称磋商小组）与符合条件的供应商就采购货物、工程和服务事宜进行磋商，供应商按照磋商文件的要求提交响应文件和报价，采购人从磋商小组评审后提出的候选供应商名单中确定成交供应商的采购方式。

标签： 非招标方式　竞争性磋商　采购程序　评审小组　磋商小组　组建评标委员会

难易程度： 易★

15. 磋商文件应当包括采购预算。　　　　　　　　　　　　（　　）

答案： 正确

解析：《政府采购竞争性磋商采购方式管理暂行办法》第九条：磋商文件应当包括供应商资格条件、采购邀请、采购方式、采购预算、采购需求、政府采购政策要求、评审程序、评审方法、评审标准、价格构成或者报价要求、响应文件编制要求、保证金交纳数额和形式以及不予退还保证金的情形、磋商过程中可能实质性变动的内容、响应文件提交的截止时间、开启时间及地点以及合同草案条款等。

标签： 非招标方式　竞争性磋商　采购程序　采购文件　采购预算

难易程度： 易★

16. 磋商文件售价应当按照弥补磋商文件制作成本费用的原则确定，不得营利。　　　　　　　　　　　　　　　　　　　　（　　）

答案： 正确

解析：《政府采购竞争性磋商采购方式管理暂行办法》第十条：从磋商文件发出之日起至供应商提交首次响应文件截止之日止不得少于10日。

磋商文件售价应当按照弥补磋商文件制作成本费用的原则确定，不得以营利为目的，不得以项目预算金额作为确定磋商文件售价依据。磋商文件的发售期限自开始之日起不得少于5个工作日。

提交首次响应文件截止之日前，采购人、采购代理机构或者磋商小组可以对已发出的磋商文件进行必要的澄清或者修改，澄清或者修改的内容作为磋商文件的组成部分。澄清或者修改的内容可能影响响应文件编制的，采购人、采购代理机构应当在提交首次响应文件截止时间至少5日前，以书面形式通知所有获取磋商文件的供应商；不足 5 日的，采购人、采购代理机构应当顺延提交首次响应文件截止时间。

标签：非招标方式　竞争性磋商　采购程序　采购文件　采购文件发售

难易程度：易★

17. 从磋商文件发出之日起至供应商提交首次响应文件截止之日止不得少于 20 日。　　　　　　　　　　　　　　　　　　　　　　（　　　）

答案：错误

解析：《政府采购竞争性磋商采购方式管理暂行办法》第十条：从磋商文件发出之日起至供应商提交首次响应文件截止之日止不得少于 10 日。

磋商文件售价应当按照弥补磋商文件制作成本费用的原则确定，不得以营利为目的，不得以项目预算金额作为确定磋商文件售价依据。磋商文件的发售期限自开始之日起不得少于 5 个工作日。

提交首次响应文件截止之日前，采购人、采购代理机构或者磋商小组可以对已发出的磋商文件进行必要的澄清或者修改，澄清或者修改的内容作为磋商文件的组成部分。澄清或者修改的内容可能影响响应文件编制的，采购人、采购代理机构应当在提交首次响应文件截止时间至少 5 日前，以书面形式通知所有获取磋商文件的供应商；不足 5 日的，采购人、采购代理机构应当顺延提交首次响应文件截止时间。

标签：非招标方式　竞争性磋商　采购程序　采购文件　等标期　采购文件发售

难易程度：易★

18. 评审小组应当对响应文件的真实性、合法性承担法律责任。（　　　）

答案：错误

解析：《政府采购竞争性磋商采购方式管理暂行办法》第十一条：供应商应当按照磋商文件的要求编制响应文件，并对其提交的响应文件的真实性、合法性承担法律责任。

标签：非招标方式　竞争性磋商　采购程序　采购文件　评审方法　磋商小组　专家职责

难易程度：易★

19. 供应商未按照磋商文件要求提交磋商保证金的，响应无效。（　　　）

答案：正确

解析：《政府采购竞争性磋商采购方式管理暂行办法》第十二条：采购人、采购代理机构可以要求供应商在提交响应文件截止时间之前交纳磋商保证金。磋商保证金应当采用支票、汇票、本票或者金融机构、担保机构出具的保函等非现金形式交纳。磋商保证金数额应当不超过采购项目预算的2%。供应商未按照磋商文件要求提交磋商保证金的，响应无效。

供应商为联合体的，可以由联合体中的一方或者多方共同交纳磋商保证金，其交纳的保证金对联合体各方均具有约束力。

标签：非招标方式　竞争性磋商　采购程序　评审方法　采购文件　保证金

难易程度：易★

20. 磋商保证金数额应当不超过采购项目预算的2%。（　　　）

答案：正确

解析：《政府采购竞争性磋商采购方式管理暂行办法》第十二条：采购人、采购代理机构可以要求供应商在提交响应文件截止时间之前交纳磋商保证金。磋商保证金应当采用支票、汇票、本票或者金融机构、担保机构出具的保函等非现金形式交纳。磋商保证金数额应当不超过采购项目预算的2%。供应商未按照磋商文件要求提交磋商保证金的，响应无效。

供应商为联合体的，可以由联合体中的一方或者多方共同交纳磋商保证金，其交纳的保证金对联合体各方均具有约束力。

标签：非招标方式　竞争性磋商　采购程序　保证金　采购预算

难易程度：易★

21. 在截止时间后送达的响应文件为无效文件，磋商小组应当拒收。（　　　）

答案：正确

解析：《政府采购竞争性磋商采购方式管理暂行办法》第十三条：供应商应当在磋商文件要求的截止时间前，将响应文件密封送达指定地点。在截止时间后送达的响应文件为无效文件，采购人、采购代理机构或者磋商小组应当拒收。

供应商在提交响应文件截止时间前，可以对所提交的响应文件进行补充、修改或者撤回，并书面通知采购人、采购代理机构。补充、修改的内容作为响应文件的组成部分。补充、修改的内容与响应文件不一致的，以补充、修改的内容为准。

标签：非招标方式　竞争性磋商　采购程序　磋商小组

难易程度：易★

22. 采购人可以派代表参加本单位的竞争性磋商采购项目的评审。
（　　）

答案：正确

解析：《政府采购竞争性磋商采购方式管理暂行办法》第十四条：磋商小组由采购人代表和评审专家共 3 人以上单数组成，其中评审专家人数不得少于磋商小组成员总数的 2/3。采购人代表不得以评审专家身份参加本部门或本单位采购项目的评审。采购代理机构人员不得参加本机构代理的采购项目的评审。

标签：非招标方式　竞争性磋商　评审小组　磋商小组　采购程序组建评标委员会

难易程度：易★

23. 采购人不得以评审专家身份参加本单位的竞争性磋商采购项目的评审。
（　　）

答案：正确

解析：《政府采购竞争性磋商采购方式管理暂行办法》第十四条：磋商小组由采购人代表和评审专家共 3 人以上单数组成，其中评审专家人数不得少于磋商小组成员总数的 2/3。采购人代表不得以评审专家身份参加本部门或本单位采购项目的评审。采购代理机构人员不得参加本机构代理的采购项目的评审。

标签：非招标方式　竞争性磋商　评审小组　磋商小组　采购程序

组建评标委员会

难易程度：易★

24. 采购代理机构人员可以专家身份参加非本机构代理的竞争性磋商采购项目的评审。 （ ）

答案：正确

解析：《政府采购竞争性磋商采购方式管理暂行办法》第十四条：磋商小组由采购人代表和评审专家共 3 人以上单数组成，其中评审专家人数不得少于磋商小组成员总数的 2/3。采购人代表不得以评审专家身份参加本部门或本单位采购项目的评审。采购代理机构人员不得参加本机构代理的采购项目的评审。

标签：非招标方式　竞争性磋商　评审小组　磋商小组　采购程序组建评标委员会

难易程度：易★

25. 采购代理机构人员不得参加本机构代理的竞争性磋商采购项目的评审。 （ ）

答案：正确

解析：《政府采购竞争性磋商采购方式管理暂行办法》第十四条：磋商小组由采购人代表和评审专家共 3 人以上单数组成，其中评审专家人数不得少于磋商小组成员总数的 2/3。采购人代表不得以评审专家身份参加本部门或本单位采购项目的评审。采购代理机构人员不得参加本机构代理的采购项目的评审。

标签：非招标方式　竞争性磋商　评审小组　磋商小组　采购程序组建评标委员会

难易程度：易★

26. 采用竞争性磋商方式采购的，综合评分法评审标准中的分值设置应当与评审因素的量化指标相对应。 （ ）

答案：正确

解析：《政府采购竞争性磋商采购方式管理暂行办法》第二十四条：综合评分法评审标准中的分值设置应当与评审因素的量化指标相对应。磋商文件中没有规定的评审标准不得作为评审依据。

标签： 非招标方式　竞争性磋商　评审方法　评审因素　采购程序

难易程度： 易★

27. 采用竞争性磋商方式采购的，可以采用最低评标价法评审。（　　　）

答案： 错误

解析：《政府采购竞争性磋商采购方式管理暂行办法》第二十三条：综合评分法是指响应文件满足磋商文件全部实质性要求且按评审因素的量化指标评审得分最高的供应商为成交候选供应商的评审方法。

标签： 非招标方式　竞争性磋商　评审方法　采购程序

难易程度： 易★

28. 采用竞争性磋商方式采购的，磋商小组可以根据供应商响应的情况在评审中补充或调整评审因素。　　　　　　　　　　　　　（　　　）

答案： 错误

解析：《政府采购竞争性磋商采购方式管理暂行办法》第二十四条：综合评分法评审标准中的分值设置应当与评审因素的量化指标相对应。磋商文件中没有规定的评审标准不得作为评审依据。

标签： 非招标方式　竞争性磋商　评审方法　评审因素　采购程序

难易程度： 易★

29. 采用竞争性磋商方式采购的，磋商小组可以根据磋商文件规定和供应商响应的情况在评审中改变技术要求。　　　　　　　　　　　（　　　）

答案： 正确

解析：《政府采购竞争性磋商采购方式管理暂行办法》第二十条：在磋商过程中，磋商小组可以根据磋商文件和磋商情况实质性变动采购需求中的技术、服务要求以及合同草案条款，但不得变动磋商文件中的其他内容。实质性变动的内容，须经采购人代表确认。

标签：非招标方式　竞争性磋商　采购文件　评审方法　采购程序　商务要求　技术要求

难易程度：易★

30. 采用竞争性磋商方式采购的，磋商小组可以根据磋商的实际情况制定评审标准。　　　　　　　　　　　　　　　　　　　　　（　　）

答案：错误

解析：《政府采购竞争性磋商采购方式管理暂行办法》第二十四条：综合评分法评审标准中的分值设置应当与评审因素的量化指标相对应。磋商文件中没有规定的评审标准不得作为评审依据。

标签：非招标方式　竞争性磋商　采购文件　评审方法　采购程序

难易程度：易★

31. 采用竞争性磋商方式采购的，磋商小组汇总得分时应去掉最后报价中的最高报价和最低报价。　　　　　　　　　　　　　　　（　　）

答案：错误

解析：项目评审过程中，不得去掉最后报价中的最高报价和最低报价。

标签：非招标方式　竞争性磋商　评审方法　采购程序

难易程度：易★

32. 采用竞争性磋商方式采购的，磋商小组汇总得分时应去掉最后报价中的最高报价，但不得去掉最低报价。　　　　　　　　　　（　　）

答案：错误

解析：项目评审过程中，不得去掉最后报价中的最高报价和最低报价。

标签：非招标方式　竞争性磋商　评审方法　采购程序

难易程度：易★

33. 采用竞争性磋商方式采购的，磋商小组向采购人推荐候选成交供应商条件相同的，可以并列。　　　　　　　　　　　　　　　　（　　）

答案：错误

解析： 评审得分相同的，按照最后报价由低到高的顺序推荐。评审得分且最后报价相同的，按照技术指标优劣顺序推荐。

标签： 非招标方式　竞争性磋商　评审方法　采购程序

难易程度： 易★

34. 采用竞争性磋商方式采购的，评审得分相同的，按照技术指标优劣顺序推荐。 （　　　）

答案： 错误

解析： 评审得分相同的，按照最后报价由低到高的顺序推荐。评审得分且最后报价相同的，按照技术指标优劣顺序推荐。

标签： 非招标方式　竞争性磋商　评审方法　采购程序

难易程度： 易★

35. 采用竞争性磋商方式采购的，磋商小组应按照价格得分的顺序向采购人推荐候选成交供应商。 （　　　）

答案： 错误

解析： 评审得分相同的，按照最后报价由低到高的顺序推荐。评审得分且最后报价相同的，按照技术指标优劣顺序推荐。

标签： 非招标方式　竞争性磋商　评审方法　采购程序

难易程度： 易★

单选题

1. 竞争性磋商方式不适用（　　　）采购项目。

A. 政府购买服务项目　　　　　　B. 紧急采购项目

C. 科技采购项目　　　　　　　　D. 无法计算价格总额的项目

答案： B

解析： 《政府采购竞争性磋商采购方式管理暂行办法》第三条：符合下列

情形的项目，可以采用竞争性磋商方式开展采购：

（一）政府购买服务项目；

（二）技术复杂或者性质特殊，不能确定详细规格或者具体要求的；

（三）因艺术品采购、专利、专有技术或者服务的时间、数量事先不能确定等原因不能事先计算出价格总额的；

（四）市场竞争不充分的科研项目，以及需要扶持的科技成果转化项目；

（五）按照招标投标法及其实施条例必须进行招标的工程建设项目以外的工程建设项目。

标签： 非招标方式　竞争性磋商　政府购买服务　采购方式

难易程度： 难★★★

2. 没有达到公开招标数额标准且技术复杂或者性质特殊，不能确定详细规格或者具体要求的货物采购项目，可以采用（　　　）采购方式。

A. 公开招标　　　　B. 邀请招标　　　　C. 询价　　　　　　D. 竞争性磋商

答案： D

解析：《政府采购竞争性磋商采购方式管理暂行办法》第三条：符合下列情形的项目，可以采用竞争性磋商方式开展采购：

（一）政府购买服务项目；

（二）技术复杂或者性质特殊，不能确定详细规格或者具体要求的；

（三）因艺术品采购、专利、专有技术或者服务的时间、数量事先不能确定等原因不能事先计算出价格总额的；

（四）市场竞争不充分的科研项目，以及需要扶持的科技成果转化项目；

（五）按照招标投标法及其实施条例必须进行招标的工程建设项目以外的工程建设项目。

标签： 非招标方式　竞争性磋商　采购方式

难易程度： 难★★★

3. 达到公开招标数额标准的货物、服务采购项目，拟采用竞争性磋商采购方式的，采购人应当在采购活动开始前，报经（　　　）同意后，依法向设区的市、自治州以上人民政府财政部门申请批准。

A. 采购人　　　　　　　　　　B. 采购代理机构

C. 供应商　　　　　　　　　　D. 主管预算单位

答案： D

解析：《政府采购竞争性磋商采购方式管理暂行办法》第四条：达到公开招标数额标准的货物、服务采购项目，拟采用竞争性磋商采购方式的，采购人应当在采购活动开始前，报经主管预算单位同意后，依法向设区的市、自治州以上人民政府财政部门申请批准。

标签： 非招标方式　竞争性磋商　采购程序　主管预算单位　采购方式

难易程度： 难★★★

4. 有权批准达到公开招标数额标准的货物、服务采购项目采用竞争性磋商采购方式的部门是（　　　）。

A. 地级市以上发展改革部门　　B. 县以上发展改革部门

C. 地级市以上财政部门　　　　D. 县以上财政部门

答案： C

解析：《政府采购竞争性磋商采购方式管理暂行办法》第四条：达到公开招标数额标准的货物、服务采购项目，拟采用竞争性磋商采购方式的，采购人应当在采购活动开始前，报经主管预算单位同意后，依法向设区的市、自治州以上人民政府财政部门申请批准。

标签： 非招标方式　竞争性磋商　采购程序　采购方式

难易程度： 难★★★

5. 竞争性磋商方式采购的，采购人不得采用（　　　）方式邀请供应商。

A. 发布公告

B. 从省级以上财政部门建立的供应商库中随机抽取

C. 采购代理机构推荐

D. 评审专家推荐

答案： C

解析：《政府采购竞争性磋商采购方式管理暂行办法》第六条：采购人、采购代理机构应当通过发布公告、从省级以上财政部门建立的供应商库中随机抽取或者采购人和评审专家分别书面推荐的方式邀请不少于3家符合相应资格条件的供应商参与竞争性磋商采购活动。

标签： 非招标方式　竞争性磋商　采购程序　邀请供应商

难易程度： 难★★★

6. 竞争性磋商方式采购人应邀请不少于（　　）家供应商参加采购。

A. 1　　　　　　B. 2　　　　　　C. 3　　　　　　D. 4

答案： C

解析：《政府采购竞争性磋商采购方式管理暂行办法》第六条：采购人、采购代理机构应当通过发布公告、从省级以上财政部门建立的供应商库中随机抽取或者采购人和评审专家分别书面推荐的方式邀请不少于3家符合相应资格条件的供应商参与竞争性磋商采购活动。

标签： 非招标方式　竞争性磋商　采购公告　采购程序　邀请供应商

难易程度： 难★★★

7. 竞争性磋商项目采购公告内容应包括（　　）。

A. 采购预算

B. 磋商小组成员名单

C. 评审专家推荐参加的供应商名单

D. 采购人推荐参加的供应商名单

答案： A

解析：《政府采购竞争性磋商采购方式管理暂行办法》第七条：采用公告方式邀请供应商的，采购人、采购代理机构应当在省级以上人民政府财政部门指定的政府采购信息发布媒体发布竞争性磋商公告。竞争性磋商公告应当包括以下主要内容：

（一）采购人、采购代理机构的名称、地点和联系方法；

（二）采购项目的名称、数量、简要规格描述或项目基本概况介绍；

（三）采购项目的预算；

（四）供应商资格条件；

（五）获取磋商文件的时间、地点、方式及磋商文件售价；

（六）响应文件提交的截止时间、开启时间及地点；

（七）购项目联系人姓名和电话。

标签：非招标方式　竞争性磋商　采购公告　采购程序　采购预算

难易程度：难★★★

8. 竞争性磋商公告中采购代理机构信息不包括（　　）。

A. 采购代理机构名称　　　　　　　B. 采购代理机构地址

C. 采购代理机构联系人姓名　　　　D. 采购代理机构委托协议

答案：D

解析：《政府采购竞争性磋商采购方式管理暂行办法》第七条：采用公告方式邀请供应商的，采购人、采购代理机构应当在省级以上人民政府财政部门指定的政府采购信息发布媒体发布竞争性磋商公告。竞争性磋商公告应当包括以下主要内容：

（一）采购人、采购代理机构的名称、地点和联系方法；

（二）采购项目的名称、数量、简要规格描述或项目基本概况介绍；

（三）采购项目的预算；

（四）供应商资格条件；

（五）获取磋商文件的时间、地点、方式及磋商文件售价；

（六）响应文件提交的截止时间、开启时间及地点；

（七）采购项目联系人姓名和电话。

标签：非招标方式　竞争性磋商　采购公告　采购程序　采购代理机构

难易程度：难★★★

9. 采购人和评审专家书面推荐方式选择供应商的，采购人推荐供应商的比例不得高于推荐供应商总数的（　　）。

A. 30%　　　　　B. 40%　　　　　C. 50%　　　　　D. 60%

答案：C

解析：《政府采购竞争性磋商采购方式管理暂行办法》第七条：采取采购人和评审专家书面推荐方式选择供应商的，采购人和评审专家应当各自出具书面推荐意见。采购人推荐供应商的比例不得高于推荐供应商总数的 50%。

标签：非招标方式　竞争性磋商　采购程序　邀请供应商

难易程度：难★★★

10. 竞争性磋商文件不得标明（　　）。

A. 供应商资格　　　　　　　　　B. 采购货物的规格、数量

C. 采购货物的品牌　　　　　　　D. 采购货物的服务标准

答案：C

解析：《政府采购竞争性磋商采购方式管理暂行办法》第八条：竞争性磋商文件（以下简称磋商文件）应当根据采购项目的特点和采购人的实际需求制定，并经采购人书面同意。采购人应当以满足实际需求为原则，不得擅自提高经费预算和资产配置等采购标准。

磋商文件不得要求或者标明供应商名称或者特定货物的品牌，不得含有指向特定供应商的技术、服务等条件。

标签：非招标方式　竞争性磋商　采购程序　采购文件

难易程度：难★★★

11. 竞争性磋商方式磋商文件不包括（　　）。

A. 采购邀请　　　　　　　　　　B. 供应商须知

C. 谈判程序　　　　　　　　　　D. 参加磋商的供应商名单

答案：D

解析：《政府采购竞争性磋商采购方式管理暂行办法》第九条：磋商文件应当包括供应商资格条件、采购邀请、采购方式、采购预算、采购需求、政府采购政策要求、评审程序、评审方法、评审标准、价格构成或者报价要求、响应文件编制要求、保证金交纳数额和形式以及不予退还保证金的情形、磋商过程中可能实质性变动的内容、响应文件提交的截止时间、开启时间及地点以及合同草案条款等。

标签：非招标方式　竞争性磋商　采购文件

难易程度：难★★★

12. 采用竞争性磋商方式采购，从磋商文件发出之日起至供应商提交首次响应文件截止之日止不得少于（   ）日。

A. 3　　　　　　B. 10　　　　　　C. 15　　　　　　D. 20

答案：B

解析：《政府采购竞争性磋商采购方式管理暂行办法》第十条：从磋商文件发出之日起至供应商提交首次响应文件截止之日止不得少于10日。

标签：非招标方式　竞争性磋商　采购文件　采购程序　等标期

难易程度：易★

13. 采用竞争性磋商方式采购，磋商文件的发售期限自开始之日起不得少于（   ）。

A. 3日　　　　　B. 3个工作日　　C. 5日　　　　　D. 5个工作日

答案：D

解析：磋商文件的发售期限自开始之日起不得少于5个工作日。

标签：非招标方式　竞争性磋商　采购文件　采购程序　等标期

难易程度：易★

14. 采用竞争性磋商方式采购，澄清或者修改的内容可能影响响应文件编制的，采购人、采购代理机构应当在提交首次响应文件截止时间至少（   ）前，以书面形式通知所有获取磋商文件的供应商。

A. 3日　　　　　B. 3个工作日　　C. 5日　　　　　　D. 5个工作日

答案：C

解析：澄清或者修改的内容可能影响响应文件编制的，采购人、采购代理机构应当在提交首次响应文件截止时间至少5日前，以书面形式通知所有获取磋商文件的供应商；

标签：非招标方式　竞争性磋商　采购文件　采购程序　等标期

难易程度：中★★

15. 竞争性磋商小组由（   ）组成。

A. 2人　　　　　B. 3人以上单数　C. 4人　　　　　D. 5人以上单数

答案：B

解析：《政府采购竞争性磋商采购方式管理暂行办法》第十四条：磋商小组由采购人代表和评审专家共3人以上单数组成，其中评审专家人数不得少于磋商小组成员总数的2/3。采购人代表不得以评审专家身份参加本部门或本单位采购项目的评审。采购代理机构人员不得参加本机构代理的采购项目的评审。

标签：非招标方式　竞争性磋商　评审小组　磋商小组　组建评标委员会

难易程度：易★

16. 竞争性磋商小组为5人时，采购人代表最多可以是（　　）人。

A. 1　　　　　　　B. 2　　　　　　　C. 3　　　　　　　D. 4

答案：A

解析：《政府采购竞争性磋商采购方式管理暂行办法》第十四条：磋商小组由采购人代表和评审专家共3人以上单数组成，其中评审专家人数不得少于磋商小组成员总数的2/3。采购人代表不得以评审专家身份参加本部门或本单位采购项目的评审。采购代理机构人员不得参加本机构代理的采购项目的评审。

标签：非招标方式　竞争性磋商　评审小组　磋商小组　组建评标委员会

难易程度：易★

17. 竞争性磋商中，磋商小组不得要求供应商（　　）。

A. 修改不符合要求的技术参数

B. 说明同类问题表述不一致的内容

C. 修改明显的计算错误

D. 修改明显的文字错误

答案：A

解析：《政府采购竞争性磋商采购方式管理暂行办法》第十八条：磋商小组在对响应文件的有效性、完整性和响应程度进行审查时，可以要求供应商对响应文件中含义不明确、同类问题表述不一致或者有明显文字和计算错误的内容等作出必要的澄清、说明或者更正。供应商的澄清、说明或者更正不得超出响应文件的范围或者改变响应文件的实质性内容。

磋商小组要求供应商澄清、说明或者更正响应文件应当以书面形式作出。供应商的澄清、说明或者更正应当由法定代表人或其授权代表签字或者加盖公章。由授权代表签字的，应当附法定代表人授权书。供应商为自然人的，应当由本人签字并附身份证明。

标签：非招标方式　竞争性磋商　评审小组　磋商小组　采购程序澄清

难易程度：难★★★

18. 竞争性磋商中，磋商小组不得对磋商文件（　　）做实质性变动。

A. 采购需求中的技术要求

B. 采购需求中的服务要求

C. 合同草案条款

D. 供应商资格

答案：D

解析：《政府采购竞争性磋商采购方式管理暂行办法》第二十条：在磋商过程中，磋商小组可以根据磋商文件和磋商情况实质性变动采购需求中的技术、服务要求以及合同草案条款，但不得变动磋商文件中的其他内容。实质性变动的内容，须经采购人代表确认。

标签：非招标方式　竞争性磋商　评审小组　磋商小组　采购程序评审方法

难易程度：难★★★

19. 竞争性磋商中，采购项目为（　　）时最终报价的供应商可以为两家。

A. 技术复杂或者性质特殊，不能确定详细规格或者具体要求的项目

B. 事先不能确定等原因不能事先计算出价格总额的项目

C. 市场竞争不充分的科研项目

D. 按照招标投标法及其实施条例必须进行招标的工程建设项目以外的工程建设项目

答案：C

解析：《政府采购竞争性磋商采购方式管理暂行办法》第二十一条：最后报价是供应商响应文件的有效组成部分。符合本办法第三条第四项，市场竞争不充分的科研项目，以及需要扶持的科技成果转化项目情形的，提交最后报价的供应商可以为2家。

标签：非招标方式　竞争性磋商　评审小组　磋商小组　采购程序评审方法

难易程度：难★★★

20. 竞争性磋商方式采购时，（　　）项目的价格不列为评分因素。

A. 政府购买服务项目　　　　　　　B. 按预算金额签订合同的采购项目

C. 执行统一价格标准的　　　　　　D. 不能确定采购需求的项目

答案：C

解析：因艺术品采购、专利、专有技术或者服务的时间、数量事先不能确定等原因不能事先计算出价格总额的。符合本办法第三条第三项的规定和执行统一价格标准的项目，其价格不列为评分因素。

标签：非招标方式　竞争性磋商　评审小组　磋商小组　采购程序评审方法

难易程度：难★★★

21. 竞争性磋商方式采购，出现（　　）的情形不得重新评审。

A. 资格性检查认定错误　　　　　　B. 分值汇总计算错误

C. 分项评分超出评分标准范围　　　D. 符合性审查错误

答案：D

解析：《政府采购竞争性磋商采购方式管理暂行办法》第三十二条：除资格性检查认定错误、分值汇总计算错误、分项评分超出评分标准范围、客观分评分不一致、经磋商小组一致认定评分畸高、畸低的情形外，采购人或者采购代理机　构不得以任何理由组织重新评审。

标签：非招标方式　　竞争性磋商　　评审小组　　磋商小组　　采购程序　评审方法

难易程度：难★★★

22. 竞争性磋商中，磋商小组可以改变磋商文件的（　　）。

　　A. 供应商资格　　B. 合同条款　　　　C. 评审方法　　　　D. 评审标准

答案：B

解析：《政府采购竞争性磋商采购方式管理暂行办法》第二十条：在磋商过程中，磋商小组可以根据磋商文件和磋商情况实质性变动采购需求中的技术、服务要求以及合同草案条款，但不得变动磋商文件中的其他内容。实质性变动的内容，须经采购人代表确认。

标签：非招标方式　　竞争性磋商　　评审小组　　磋商小组　　采购程序　评审方法　　合同

难易程度：难★★★

23. 竞争性磋商项目，采购人公告成交结果时，公告内容不包括（　　）。

　　A. 磋商文件　　　　　　　　　　　B. 候选成交供应商及排名

　　C. 成交供应商及成交金额　　　　　D. 磋商小组成员名单

答案：B

解析：《政府采购竞争性磋商采购方式管理暂行办法》第二十九条：采购人或者采购代理机构应当在成交供应商确定后2个工作日内，在省级以上财政部门指定的政府采购信息发布媒体上公告成交结果，同时向成交供应商发出成交通知书，并将磋商文件随成交结果同时公告。成交结果公告应当包括以下内容：

（一）采购人和采购代理机构的名称、地址和联系方式；

（二）项目名称和项目编号；

（三）成交供应商名称、地址和成交金额；

（四）主要成交标的的名称、规格型号、数量、单价、服务要求；

（五）磋商小组成员名单。

采用书面推荐供应商参加采购活动的，还应当公告采购人和评审专家的推荐意见。

标签：非招标方式　竞争性磋商　采购文件　采购公告　采购程序
磋商小组

难易程度：难★★★

24. 竞争性磋商方式采购的，磋商小组采用（　　）对提交最后报价的
供应商的响应文件和最后报价进行综合评分。

　A. 最低评标价法　　　　　　　　B. 性价比法

　C. 综合评分法　　　　　　　　　D. 低价优先法

答案： C

解析：《政府采购竞争性磋商采购方式管理暂行办法》第二十三条：经磋
商确定最终采购需求和提交最后报价的供应商后，由磋商小组采用综合评分
法对提交最后报价的供应商的响应文件和最后报价进行综合评分。

标签：非招标方式　竞争性磋商　评审小组　磋商小组　采购程序
评审方法

难易程度：易★

25. 竞争性磋商方式采购的，磋商小组向采购人推荐成交候选人应按供应
商的（　　）进行排序。

　A. 最终报价　　　B. 报价得分　　　C. 综合得分　　　D. 性价比

答案： C

解析：《政府采购竞争性磋商采购方式管理暂行办法》第二十三条：经磋
商确定最终采购需求和提交最后报价的供应商后，由磋商小组采用综合评分
法对提交最后报价的供应商的响应文件和最后报价进行综合评分。

标签：非招标方式　竞争性磋商　评审小组　磋商小组　采购程序
评审方法

难易程度：易★

26. 竞争性磋商方式采购的，磋商小组应对（　　）进行评价、打分，
然后汇总每个供应商每项评分因素的得分。

　A. 所有响应文件　　　　　　　　B. 资格审查合格的响应文件

C. 有效响应文件　　　　　　　　D. 无效响应文件

答案：C

解析：评审时，磋商小组各成员应当独立对每个有效响应的文件进行评价、打分，然后汇总每个供应商每项评分因素的得分。

标签：非招标方式　竞争性磋商　评审小组　磋商小组　采购程序评审方法

难易程度：易★

27. 竞争性磋商方式采购评审时，货物项目的价格分值占总分值的比重（即权值）为（　　）。

　　A. 10%以上　　B. 10%至30%　　C. 30%以上　　D. 30%至60%

答案：D

解析：综合评分法货物项目的价格分值占总分值的比重（即权值）为30%至60%，服务项目的价格分值占总分值的比重（即权值）为10%至30%。

标签：非招标方式　竞争性磋商　评审小组　磋商小组　采购程序评审方法

难易程度：易★

28. 竞争性磋商方式采购评审时，服务项目的价格分值占总分值的比重（即权值）为（　　）。

　　A. 10%以上　　B. 10%至30%　　C. 30%以上　　D. 30%至60%

答案：B

解析：综合评分法货物项目的价格分值占总分值的比重（即权值）为30%至60%，服务项目的价格分值占总分值的比重（即权值）为10%至30%。

标签：非招标方式　竞争性磋商　评审小组　磋商小组　采购程序评审方法

难易程度：易★

29. 竞争性磋商方式采购评审时，采购项目中含不同采购对象的，以（　　）确定其项目属性。

A. 工程、货物、服务的顺序　　　　B. 标的重要性

C. 数量最多的采购对象　　　　　　D. 占项目资金比例最高的采购对象

答案： D

解析： 采购项目中含不同采购对象的，以占项目资金比例最高的采购对象确定其项目属性。

标签： 非招标方式　　竞争性磋商　　评审小组　　磋商小组　　采购程序评审方法

难易程度： 易★

30. 竞争性磋商方式采购评审时，价格分统一采用（　　）计算确定。

A. 低价优先法　　B. 平均价法　　C. 浮动基准价法　　D. 高价优先法

答案： A

解析： 综合评分法中的价格分统一采用低价优先法计算，即满足磋商文件要求且最后报价最低的供应商的价格为磋商基准价，其价格分为满分。

标签： 非招标方式　　竞争性磋商　　评审小组　　磋商小组　　采购程序评审方法

难易程度： 易★

31. 竞争性磋商方式采购评审时，满足磋商文件要求且最后报价最低的供应商的价格为磋商基准价，其价格分为（　　）。

A. 次高分　　　B. 最低分　　　C. 平均分　　　　D. 满分

答案： D

解析： 综合评分法中的价格分统一采用低价优先法计算，即满足磋商文件要求且最后报价最低的供应商的价格为磋商基准价，其价格分为满分。

标签： 非招标方式　　竞争性磋商　　评审小组　　磋商小组　　采购程序评审方法

难易程度： 易★

32. 竞争性磋商方式采购评审时，价格得分的计算公式（　　）。

A. 由采购人根据情况制定　　　　　B. 由采购代理机构根据情况制定

C. 由磋商小组在评审中制定　　　D. 统一按照规定的公式计算

答案： D

解析： 综合评分法中的价格分统一采用低价优先法计算，即满足磋商文件要求且最后报价最低的供应商的价格为磋商基准价，其价格分为满分。

标签： 非招标方式　竞争性磋商　评审小组　磋商小组　采购程序评审方法

难易程度： 易★

33. 竞争性磋商方式采购评审时，磋商小组应当按照（　　）由高到低顺序推荐。

A. 价格　　　　　B. 价格得分　　　C. 技术得分　　　D. 综合得分

答案： D

解析： 《政府采购竞争性磋商采购方式管理暂行办法》第二十五条：磋商小组应当根据综合评分情况，按照评审得分由高到低顺序推荐 3 名以上成交候选供应商，并编写评审报告。

标签： 非招标方式　竞争性磋商　评审小组　磋商小组　采购程序评审方法

难易程度： 易★

34. 竞争性磋商方式采购评审时，磋商小组推荐成交候选供应商的数量一般为（　　）。

A. 1 名　　　　　B. 1 名至 3 名　　C. 3 名　　　　D. 3 名以上

答案： D

解析： 《政府采购竞争性磋商采购方式管理暂行办法》第二十五条：磋商小组应当根据综合评分情况，按照评审得分由高到低顺序推荐 3 名以上成交候选供应商，并编写评审报告。

标签： 非招标方式　竞争性磋商　评审小组　磋商小组　采购程序评审方法

难易程度： 易★

35. 竞争性磋商方式采购时，磋商文件售价应以（   ）为依据确定。

A. 弥补磋商文件制作成本   B. 适当盈利

C. 项目预算   D. 磋商文件编制难度

答案：A

解析：磋商文件售价应当按照弥补磋商文件制作成本费用的原则确定，不得以营利为目的，不得以项目预算金额作为确定磋商文件售价依据。

标签：非招标方式   竞争性磋商   采购程序   采购文件

难易程度：易★

36. 竞争性磋商采购时，对响应文件的真实性、合法性承担法律责任的是（   ）。

A. 采购人   B. 采购代理机构

C. 供应商   D. 磋商小组

答案：C

解析：《政府采购竞争性磋商采购方式管理暂行办法》第十一条：供应商应当按照磋商文件的要求编制响应文件，并对其提交的响应文件的真实性、合法性承担法律责任。

标签：非招标方式   竞争性磋商   采购程序

难易程度：易★

37. 竞争性磋商采购时，供应商未按照磋商文件要求提交磋商保证金的是（   ）。

A. 响应有效

B. 响应有效，但评审时可以酌情扣分

C. 响应有效，但不得列为排名第一的成交候选供应商

D. 响应无效

答案：D

解析：《政府采购竞争性磋商采购方式管理暂行办法》第十二条：采购人、采购代理机构可以要求供应商在提交响应文件截止时间之前交纳磋商保证金。磋商保证金应当采用支票、汇票、本票或者金融机构、担保机构出具

的保函等非现金形式交纳。磋商保证金数额应当不超过采购项目预算的2%。供应商未按照磋商文件要求提交磋商保证金的，响应无效。

标签：非招标方式　竞争性磋商　采购程序　保证金

难易程度：易★

38. 竞争性磋商采购时，供应商为联合体的，其交纳的保证金对（　　）具有约束力。

A. 联合体牵头人　　　　　　　　B. 提交保证金的联合体成员

C. 联合体各方　　　　　　　　　D. 未提交保证金的联合体成员

答案：C

解析：供应商为联合体的，可以由联合体中的一方或者多方共同交纳磋商保证金，其交纳的保证金对联合体各方均具有约束力。

标签：非招标方式　竞争性磋商　采购程序　保证金

难易程度：易★

多选题

1. 竞争性磋商方式适用于以下情形的采购项目为（　　）。

A. 政府购买服务项目

B. 紧急采购项目

C. 科技采购项目

D. 无法计算价格总额的项目

E. 不能确定采购技术要求的项目

答案：ACDE

解析：《政府采购竞争性磋商采购方式管理暂行办法》第三条：符合下列情形的项目，可以采用竞争性磋商方式开展采购：

（一）政府购买服务项目；

（二）技术复杂或者性质特殊，不能确定详细规格或者具体要求的；

（三）因艺术品采购、专利、专有技术或者服务的时间、数量事先不能确定等原因不能事先计算出价格总额的；

（四）市场竞争不充分的科研项目，以及需要扶持的科技成果转化项目；

（五）按照招标投标法及其实施条例必须进行招标的工程建设项目以外的工程建设项目。

标签： 非招标方式　竞争性磋商　采购方式

难易程度： 难★★★

2. 政府采购中达到公开招标数额标准的（　　），拟采用竞争性磋商采购方式的，应当经过财政部门批准。

A. 货物采购项目

B. 服务采购项目

C. 依法不招标的工程采购项目

D. PPP 项目

E. 货物和服务集成采购项目

答案： ABDE

解析：《政府采购竞争性磋商采购方式管理暂行办法》第四条：达到公开招标数额标准的货物、服务采购项目，拟采用竞争性磋商采购方式的，采购人应当在采购活动开始前，报经主管预算单位同意后，依法向设区的市、自治州以上人民政府财政部门申请批准。

标签： 非招标方式　竞争性磋商　采购程序　工程　采购方式

难易程度： 难★★★

3. 有权批准达到公开招标数额标准的货物、服务采购项目采用竞争性磋商采购方式的部门是（　　）。

A. 财政部　　　　　　B. 省财政厅　　　　　　C. 直辖市财政局

D. 地级市财政局　　　E. 县财政局

答案： ABCD

解析：《政府采购竞争性磋商采购方式管理暂行办法》第四条：达到公开招标数额标准的货物、服务采购项目，拟采用竞争性磋商采购方式的，采购人应当在采购活动开始前，报经主管预算单位同意后，依法向设区的市、自治州以上人民政府财政部门申请批准。

标签： 非招标方式　竞争性磋商　采购程序　采购方式

难易程度： 难★★★

4. 竞争性磋商方式邀请供应商的方式包括（　　　）。

A. 发布公告邀请

B. 从省级以上财政部门建立的供应商库中随机抽取

C. 采购人推荐邀请

D. 评审专家推荐邀请

E. 采购代理机构推荐邀请

答案： ABCD

解析：《政府采购竞争性磋商采购方式管理暂行办法》第六条：采购人、采购代理机构应当通过发布公告、从省级以上财政部门建立的供应商库中随机抽取或者采购人和评审专家分别书面推荐的方式邀请不少于 3 家符合相应资格条件的供应商参与竞争性磋商采购活动。

标签： 非招标方式　竞争性磋商　采购程序　邀请供应商

难易程度： 难★★★

5. 竞争性磋商方式可以邀请（　　　）家供应商参加采购。

A. 1　　　　　　　　　B. 2　　　　　　　　　C. 3

D. 4　　　　　　　　　E. 5

答案： CDE

解析：《政府采购竞争性磋商采购方式管理暂行办法》第六条：采购人、采购代理机构应当通过发布公告、从省级以上财政部门建立的供应商库中随机抽取或者采购人和评审专家分别书面推荐的方式邀请不少于 3 家符合相应资格条件的供应商参与竞争性磋商采购活动。

标签： 非招标方式　竞争性磋商　采购程序　邀请供应商

难易程度： 难★★★

6. 竞争性磋商公告内容应包括（　　）。

A. 供应商资格条件

B. 采购预算

C. 磋商小组成员名单

D. 评审专家推荐参加的供应商名单

E. 采购人推荐参加的供应商名单

答案：AB

解析：《政府采购竞争性磋商采购方式管理暂行办法》第七条：采用公告方式邀请供应商的，采购人、采购代理机构应当在省级以上人民政府财政部门指定的政府采购信息发布媒体发布竞争性磋商公告。竞争性磋商公告应当包括以下主要内容：

（一）采购人、采购代理机构的名称、地点和联系方法；

（二）采购项目的名称、数量、简要规格描述或项目基本概况介绍；

（三）采购项目的预算；

（四）供应商资格条件；

（五）获取磋商文件的时间、地点、方式及磋商文件售价；

（六）响应文件提交的截止时间、开启时间及地点；

（七）购项目联系人姓名和电话。

标签：非招标方式　竞争性磋商　采购程序　采购公告

难易程度：难★★★

7. 竞争性磋商公告中采购代理机构信息应包括（　　）。

A. 采购代理机构名称

B. 采购代理机构地址

C. 采购代理机构联系人姓名

D. 采购代理机构联系方式

E. 采购代理机构委托协议

答案：ABCD

解析：《政府采购竞争性磋商采购方式管理暂行办法》第七条：采用公告

方式邀请供应商的，采购人、采购代理机构应当在省级以上人民政府财政部门指定的政府采购信息发布媒体发布竞争性磋商公告。竞争性磋商公告应当包括以下主要内容：

（一）采购人、采购代理机构的名称、地点和联系方法；

（二）采购项目的名称、数量、简要规格描述或项目基本概况介绍；

（三）采购项目的预算；

（四）供应商资格条件；

（五）获取磋商文件的时间、地点、方式及磋商文件售价；

（六）响应文件提交的截止时间、开启时间及地点；

（七）采购项目联系人姓名和电话。

标签： 非招标方式　竞争性磋商　采购程序　采购公告

难易程度： 难★★★

8. 采购人和评审专家书面推荐方式选择供应商的，采购人可以推荐供应商总数的（　　）。

A. 30%　　　　　　　　B. 40%　　　　　　　　C. 50%

D. 60%　　　　　　　　E. 70%

答案： ABC

解析：《政府采购竞争性磋商采购方式管理暂行办法》第七条：采取采购人和评审专家书面推荐方式选择供应商的，采购人和评审专家应当各自出具书面推荐意见。采购人推荐供应商的比例不得高于推荐供应商总数的50%。

标签： 非招标方式　竞争性磋商　采购程序　邀请供应商

难易程度： 难★★★

9. 竞争性磋商文件可以明确的内容为（　　）。

A. 供应商资格

B. 采购货物的规格、数量

C. 采购货物的品牌

D. 采购货物的制造商

E. 采购货物的服务标准

答案： ABE

解析：《政府采购竞争性磋商采购方式管理暂行办法》第八条：竞争性磋商文件（以下简称磋商文件）应当根据采购项目的特点和采购人的实际需求制定，并经采购人书面同意。采购人应当以满足实际需求为原则，不得擅自提高经费预算和资产配置等采购标准。

磋商文件不得要求或者标明供应商名称或者特定货物的品牌，不得含有指向特定供应商的技术、服务等条件。

标签： 非招标方式 竞争性磋商 采购程序 采购文件

难易程度： 难★★★

10. 竞争性磋商方式磋商文件应包括（   ）。

A. 采购邀请   B. 供应商须知   C. 谈判程序

D. 评审标准   E. 参加磋商的供应商名单

答案： ABCD

解析：《政府采购竞争性磋商采购方式管理暂行办法》第九条：磋商文件应当包括供应商资格条件、采购邀请、采购方式、采购预算、采购需求、政府采购政策要求、评审程序、评审方法、评审标准、价格构成或者报价要求、响应文件编制要求、保证金交纳数额和形式以及不予退还保证金的情形、磋商过程中可能实质性变动的内容、响应文件提交的截止时间、开启时间及地点以及合同草案条款等。

标签： 非招标方式 竞争性磋商 采购文件

难易程度： 难★★★

11. 采用竞争性磋商方式，采购人可以规定磋商文件发售期限为（   ）个工作日。

A. 3   B. 4   C. 5

D. 6   E. 7

答案： CDE

解析：《政府采购竞争性磋商采购方式管理暂行办法》第十条：从磋商文

件发出之日起至供应商提交首次响应文件截止之日止不得少于10日。

磋商文件售价应当按照弥补磋商文件制作成本费用的原则确定，不得以营利为目的，不得以项目预算金额作为确定磋商文件售价依据。磋商文件的发售期限自开始之日起不得少于5个工作日。

标签： 非招标方式　竞争性磋商　采购文件　采购程序

难易程度： 难★★★

12. 按照竞争性磋商方式磋商文件规定，从磋商文件发出之日起至供应商提交首次响应文件截止之日止为（　　）日是符合规定的。

A. 5　　　　　　　　　B. 10　　　　　　　　　C. 15

D. 20　　　　　　　　E. 25

答案： BCDE

解析： 《政府采购竞争性磋商采购方式管理暂行办法》第十条：从磋商文件发出之日起至供应商提交首次响应文件截止之日止不得少于10日。

磋商文件售价应当按照弥补磋商文件制作成本费用的原则确定，不得以营利为目的，不得以项目预算金额作为确定磋商文件售价依据。磋商文件的发售期限自开始之日起不得少于5个工作日。

标签： 非招标方式　竞争性磋商　采购文件　采购程序　等标期

难易程度： 难★★★

13. 竞争性磋商方式响应保证金可以采用（　　）方式。

A. 汇票

B. 本票

C. 现金

D. 金融机构出具的保函

E. 担保机构出具的保函

答案： ABDE

解析： 《政府采购竞争性磋商采购方式管理暂行办法》第十二条：采购人、采购代理机构可以要求供应商在提交响应文件截止时间之前交纳磋商保证金。磋商保证金应当采用支票、汇票、本票或者金融机构、担保机构出具的保函等非现金形式交纳。磋商保证金数额应当不超过采购项目预算的2%。供应商未按照磋商文件要求提交磋商保证金的，响应无效。

供应商为联合体的，可以由联合体中的一方或者多方共同交纳磋商保证金，其交纳的保证金对联合体各方均具有约束力。

标签： 非招标方式　竞争性磋商　采购文件　采购程序　保证金

难易程度： 难★★★

14. 联合体参加的竞争性磋商项目，联合体递交响应保证金可以采用（　　）方式。

A. 联合体一方递交　　　B. 联合体多方递交　　　C. 联合体共同递交

D. 联合体牵头方递交　　E. 联合体成员代理产品的制造商递交

答案： ABCD

解析：《政府采购竞争性磋商采购方式管理暂行办法》第十二条：供应商为联合体的，可以由联合体中的一方或者多方共同交纳磋商保证金，其交纳的保证金对联合体各方均具有约束力。

标签： 非招标方式　竞争性磋商　采购文件　采购程序　保证金

难易程度： 难★★★

15. 竞争性磋商小组由（　　）组成。

A. 采购人代表　　　　　B. 采购代理机构代表　　　C. 供应商代表

D. 评审专家　　　　　　E. 监督部门代表

答案： AD

解析：《政府采购竞争性磋商采购方式管理暂行办法》第十四条：磋商小组由采购人代表和评审专家共3人以上单数组成，其中评审专家人数不得少于磋商小组成员总数的2/3。采购人代表不得以评审专家身份参加本部门或本单位采购项目的评审。采购代理机构人员不得参加本机构代理的采购项目的评审。

标签： 非招标方式　竞争性磋商　评审小组　磋商小组　组建评标委员会

难易程度： 难★★★

16. 以下竞争性磋商小组组成不符合规定的是（　　）。

A. 采购人代表 0，评审专家 3

B. 采购人代表 1，评审专家 2

C. 采购人代表 2，评审专家 1

D. 采购人代表 1，评审专家 4

E. 采购人代表 2，评审专家 3

答案：CE

解析：《政府采购竞争性磋商采购方式管理暂行办法》第十四条：磋商小组由采购人代表和评审专家共 3 人以上单数组成，其中评审专家人数不得少于磋商小组成员总数的 2/3。采购人代表不得以评审专家身份参加本部门或本单位采购项目的评审。采购代理机构人员不得参加本机构代理的采购项目的评审。

标签：非招标方式　竞争性磋商　评审小组　磋商小组　组建评标委员会

难易程度：难★★★

17. 技术复杂、专业性强的竞争性磋商采购项目，评审专家中必须包含（　　）。

A. 采购人代表　　　　B. 技术专家　　　　　C. 法律专家

D. 采购代理机构代表　　E. 监督部门代表

答案：BC

解析：《政府采购竞争性磋商采购方式管理暂行办法》第十四条：采用竞争性磋商方式的政府采购项目，评审专家应当从政府采购评审专家库内相关专业的专家名单中随机抽取。符合本办法第三条第四项规定情形的项目，以及情况特殊、通过随机方式难以确定合适的评审专家的项目，经主管预算单位同意，可以自行选定评审专家。技术复杂、专业性强的采购项目，评审专家中应当包含 1 名法律专家。

标签：非招标方式　竞争性磋商　评审小组　磋商小组　组建评标委员会

难易程度：难★★★

18. 竞争性磋商采购项目属于（　　　）情形的，经有关部门同意可以自行选择评审专家。

A. 技术复杂的项目

B. 专业性强的项目

C. 市场竞争不充分的科研项目

D. 需要扶持的科技成果转化项目

E. 小额采购项目

答案：ABCD

解析：《政府采购竞争性磋商采购方式管理暂行办法》第十四条：采用竞争性磋商方式的政府采购项目，评审专家应当从政府采购评审专家库内相关专业的专家名单中随机抽取。符合本办法第三条第四项规定市场竞争不充分的科研项目，以及需要扶持的科技成果转化项目的项目，以及情况特殊、通过随机方式难以确定合适的评审专家的项目，经主管预算单位同意，可以自行选定评审专家。技术复杂、专业性强的采购项目，评审专家中应当包含1名法律专家。

标签：非招标方式　竞争性磋商　评审小组　磋商小组　采购程序组建评标委员会

难易程度：难★★★

19. 竞争性磋商项目采购人自行选择的评审专家不可以是（　　　）。

A. 采购人工作人员

B. 政府采购专家库中的专家

C. 采购代理机构专家库中的专家

D. 财政部门监管人员

E. 其他单位具有专业水平的专家

答案：AD

解析：《政府采购竞争性磋商采购方式管理暂行办法》第十四条：磋商小组由采购人代表和评审专家共3人以上单数组成，其中评审专家人数不得少于磋商小组成员总数的2/3。采购人代表不得以评审专家身份参加本部门或本单位采购项目的评审。采购代理机构人员不得参加本机构代理的采购项目的评审。

标签： 非招标方式　竞争性磋商　评审小组　磋商小组　采购程序组建评标委员会

难易程度： 难★★★

20. 竞争性磋商中，磋商小组可以要求供应商对（　　）进行澄清。

A. 补充递交遗漏的资格证明文件

B. 修改不符合要求的技术参数

C. 说明同类问题表述不一致的内容

D. 修改明显的计算错误

E. 修改明显的文字错误

答案： CDE

解析： 《政府采购竞争性磋商采购方式管理暂行办法》第十八条：磋商小组在对响应文件的有效性、完整性和响应程度进行审查时，可以要求供应商对响应文件中含义不明确、同类问题表述不一致或者有明显文字和计算错误的内容等作出必要的澄清、说明或者更正。供应商的澄清、说明或者更正不得超出响应文件的范围或者改变响应文件的实质性内容。

磋商小组要求供应商澄清、说明或者更正响应文件应当以书面形式作出。供应商的澄清、说明或者更正应当由法定代表人或其授权代表签字或者加盖公章。由授权代表签字的，应当附法定代表人授权书。供应商为自然人的，应当由本人签字并附身份证明。

标签： 非招标方式　竞争性磋商　评审小组　磋商小组　采购程序　澄清

难易程度： 难★★★

21. 竞争性磋商中，磋商小组可以根据磋商文件和磋商情况实质性变动（　　）。

A. 采购需求中的技术要求

B. 采购需求中的服务要求

C. 合同草案条款

D. 供应商资格

E. 评审方法

答案：ABC

解析：《政府采购竞争性磋商采购方式管理暂行办法》第二十条：在磋商过程中，磋商小组可以根据磋商文件和磋商情况实质性变动采购需求中的技术、服务要求以及合同草案条款，但不得变动磋商文件中的其他内容。实质性变动的内容，须经采购人代表确认。

标签：非招标方式　竞争性磋商　评审小组　磋商小组　采购程序

难易程度：难★★★

22. 竞争性磋商中，最终报价的供应商可以为两家的情形包括（　　）。

A. 技术复杂或者性质特殊，不能确定详细规格或者具体要求的项目

B. 事先不能确定等原因不能事先计算出价格总额的项目

C. 市场竞争不充分的科研项目

D. 需要扶持的科技成果转化项目

E. 按照招标投标法及其实施条例必须进行招标的工程建设项目以外的工程建设项目

答案：CD

解析：《政府采购竞争性磋商采购方式管理暂行办法》第二十一条：最后报价是供应商响应文件的有效组成部分。符合本办法第三条第四项市场竞争不充分的科研项目，以及需要扶持的科技成果转化项目的，提交最后报价的供应商可以为2家。

标签：非招标方式　竞争性磋商　评审小组　磋商小组　采购程序

难易程度：难★★★

23. 竞争性磋商方式采购时，属于以下（　　）情形的价格不列为评分因素。

A. 政府购买服务项目

B. 按预算金额签订合同的采购项目

C. 不能事先计算出价格总额的

D. 执行统一价格标准的

E. 不能确定采购需求的项目

答案：CD

解析：因艺术品采购、专利、专有技术或者服务的时间、数量事先不能确定等原因不能事先计算出价格总额的。符合本办法第三条第三项的规定和执行统一价格标准的项目，其价格不列为评分因素。

标签：非招标方式　竞争性磋商　采购程序　评审方法

难易程度：难★★★

24. 竞争性磋商方式采购，出现以下（　　）情形时可以重新评审。

A. 资格性检查认定错误

B. 分值汇总计算错误

C. 分项评分超出评分标准范围

D. 客观分评分不一致

E. 符合性审查错误

答案：ABCD

解析：《政府采购竞争性磋商采购方式管理暂行办法》第三十二条：除资格性检查认定错误、分值汇总计算错误、分项评分超出评分标准范围、客观分评分不一致、经磋商小组一致认定评分畸高、畸低的情形外，采购人或者采购代理机构不得以任何理由组织重新评审。

标签：非招标方式　采购程序　竞争性磋商　评审方法

难易程度：难★★★

25. 竞争性磋商中，磋商小组不可以改变磋商文件的（　　）。

A. 供应商资格　　　　B. 技术要求　　　　C. 商务要求

D. 评审方法　　　　E. 评审标准

答案：ADE

解析：《政府采购竞争性磋商采购方式管理暂行办法》第二十条：在磋商过程中，磋商小组可以根据磋商文件和磋商情况实质性变动采购需求中的技术、服务要求以及合同草案条款，但不得变动磋商文件中的其他内容。实质性变动的内容，须经采购人代表确认。

标签： 非招标方式　竞争性磋商　采购文件　采购程序　供应商资格

难易程度： 难★★★

26. 竞争性磋商项目，采购人公告成交结果时，公告内容包括（　　）。

A. 磋商文件

B. 候选成交供应商及排名

C. 成交供应商及成交金额

D. 磋商小组成员名单

E. 采购人和评审专家推荐参加采购供应商的推荐意见

答案： ACDE

解析：《政府采购竞争性磋商采购方式管理暂行办法》第二十九条：采购人或者采购代理机构应当在成交供应商确定后2个工作日内，在省级以上财政部门指定的政府采购信息发布媒体上公告成交结果，同时向成交供应商发出成交通知书，并将磋商文件随成交结果同时公告。成交结果公告应当包括以下内容：

（一）采购人和采购代理机构的名称、地址和联系方式；

（二）项目名称和项目编号；

（三）成交供应商名称、地址和成交金额；

（四）主要成交标的的名称、规格型号、数量、单价、服务要求；

（五）磋商小组成员名单。

采用书面推荐供应商参加采购活动的，还应当公告采购人和评审专家的推荐意见。

标签： 非招标方式　竞争性磋商　采购文件　采购程序　磋商小组采购公告

难易程度： 难★★★

第二十九章 《关于政府采购竞争性磋商采购方式管理暂行办法有关问题的补充通知》相关试题

判 断 题

1. 采用竞争性磋商采购方式采购的政府和社会资本合作项目，在采购过程中符合要求的社会资本只有 2 家的，竞争性磋商采购活动可以继续进行。

（　　）

答案： 正确

解析： 采用竞争性磋商采购方式采购的政府购买服务项目（含政府和社会资本合作项目），在采购过程中符合要求的供应商（社会资本）只有 2 家的，竞争性磋商采购活动可以继续进行。采购过程中符合要求的供应商（社会资本）只有 1 家的，采购人（项目实施机构）或者采购代理机构应当终止竞争性磋商采购活动，发布项目终止公告并说明原因，重新开展采购活动。

标签： 非招标方式　PPP　竞争性磋商　评审方法　采购程序

难易程度： 难★★★

2. 采用竞争性磋商采购方式采购的政府购买服务项目，在采购过程中符合要求的供应商只有 1 家的，采购人应当终止竞争性磋商采购活动。（　　）

答案： 正确

解析： 采用竞争性磋商采购方式采购的政府购买服务项目（含政府和社会资本合作项目），在采购过程中符合要求的供应商（社会资本）只有 2 家的，竞争性磋商采购活动可以继续进行。采购过程中符合要求的供应商（社会资本）只有1家的，采购人（项目实施机构）或者采购代理机构应当终止竞争性磋商采购活动，发布项目终止公告并说明原因，重新开展采购活动。

标签： 非招标方式　竞争性磋商　评审方法　采购程序

难易程度： 难★★★

单 选 题

1. 采用竞争性磋商采购方式采购的政府购买服务项目，采购过程中符合要求的供应商（社会资本）只有1家的，采购人（项目实施机构）或者采购代理机构应当（　　）。

A. 继续采购　　　B. 终止采购　　　C. 中止采购　　　D. 改变采购方式

答案： B

解析： 采用竞争性磋商采购方式采购的政府购买服务项目（含政府和社会资本合作项目），在采购过程中符合要求的供应商（社会资本）只有2家的，竞争性磋商采购活动可以继续进行。采购过程中符合要求的供应商（社会资本）只有1家的，采购人（项目实施机构）或者采购代理机构应当终止竞争性磋商采购活动，发布项目终止公告并说明原因，重新开展采购活动。

标签： 非招标方式　竞争性磋商　评审方法　采购程序　PPP　政府购买服务项目

难易程度： 难★★★

2. 采用竞争性磋商采购方式采购的政府购买服务项目，采购过程中符合要求的供应商（社会资本）只有2家的，采购人（项目实施机构）或者采购代理机构（　　）。

A. 可以继续采购　　　　　　　B. 应当终止采购

C. 应当中止采购　　　　　　　D. 可以改变采购方式

答案： A

解析： 采用竞争性磋商采购方式采购的政府购买服务项目（含政府和社

会资本合作项目），在采购过程中符合要求的供应商（社会资本）只有2家的，竞争性磋商采购活动可以继续进行。采购过程中符合要求的供应商（社会资本）只有1家的，采购人（项目实施机构）或者采购代理机构应当终止竞争性磋商采购活动，发布项目终止公告并说明原因，重新开展采购活动。

标签： 非招标方式　竞争性磋商　评审方法　采购程序　PPP　政府购买服务项目

难易程度： 难★★★

多选题

1. 采用竞争性磋商采购方式采购的，提交最后报价的供应商应该3家以上。但是以下情形时（　　　），提交最后报价的供应商可以为2家。

A. 政府购买服务项目

B. 政府和社会资本合作项目

C. 工程项目

D. 货物项目

E. 市场竞争不充分的科研项目，以及需要扶持的科技成果转化项目

答案： ABE

解析： 采用竞争性磋商采购方式采购的政府购买服务项目（含政府和社会资本合作项目），在采购过程中符合要求的供应商（社会资本）只有2家的，竞争性磋商采购活动可以继续进行。采购过程中符合要求的供应商（社会资本）只有1家的，采购人（项目实施机构）或者采购代理机构应当终止竞争性磋商采购活动，发布项目终止公告并说明原因，重新开展采购活动。根据《关于政府采购竞争性磋商采购方式管理暂行办法有关问题的补充通知》第三条第四项情形。

标签： 非招标方式　竞争性磋商　评审方法　采购程序

难易程度： 难★★★

第三十章 《政府和社会资本合作项目政府采购管理办法》相关试题

判断题

1. 根据《政府和社会资本合作项目政府采购管理办法》，PPP 项目是指公私合营项目。（　　）

答案： 错误

解析：《政府和社会资本合作项目政府采购管理办法》第一条：为了规范政府和社会资本合作项目政府采购（以下简称 PPP 项目采购）行为，维护国家利益、社会公共利益和政府采购当事人的合法权益，依据《中华人民共和国政府采购法》（以下简称政府采购法）和有关法律、行政法规、部门规章，制定本办法。

标签： PPP

难易程度： 易★

2. PPP 项目采购是指政府依法选择社会资本合作者的过程。（　　）

答案： 正确

解析：《政府和社会资本合作项目政府采购管理办法》第二条：本办法所称 PPP 项目采购，是指政府为达成权利义务平衡、物有所值的 PPP 项目合同，遵循公开、公平、公正和诚实信用原则，按照相关法规要求完成 PPP 项目识别和准备等前期工作后，依法选择社会资本合作者的过程。

标签： PPP

难易程度： 易★

3. PPP 项目实施机构必须自行办理 PPP 项目采购事宜。　　（　　　）

答案： 错误

解析：《政府和社会资本合作项目政府采购管理办法》第三条：PPP 项目实施机构可以委托政府采购代理机构办理 PPP 项目采购事宜。

标签： PPP　采购程序

难易程度： 易★

4. PPP 项目实施机构可以委托主管预算单位办理 PPP 项目采购事宜。

　　（　　　）

答案： 错误

解析：《政府和社会资本合作项目政府采购管理办法》第三条：PPP 项目实施机构可以委托政府采购代理机构办理 PPP 项目采购事宜。

标签： PPP　采购程序

难易程度： 易★

5. PPP 项目实施机构委托政府采购代理机构办理 PPP 项目采购事宜，必须得到财政部门批准。　　（　　　）

答案： 错误

解析：《政府和社会资本合作项目政府采购管理办法》第三条：PPP 项目实施机构可以委托政府采购代理机构办理 PPP 项目采购事宜。

标签： PPP　采购程序

难易程度： 易★

6. PPP 项目的采购方式不包括询价。　　（　　　）

答案： 正确

解析：《政府和社会资本合作项目政府采购管理办法》第四条：PPP 项目采购方式包括公开招标、邀请招标、竞争性谈判、竞争性磋商和单一来源采购。项目实施机构应当根据 PPP 项目的采购需求特点，依法选择适当的采购方式。公开招标主要适用于采购需求中核心边界条件和技术经济参数明确、完整、符合国家法律法规及政府采购政策，且采购过程中不作更改的项目。

标签：PPP　采购程序　采购方式　询价

难易程度：易★

7. PPP 项目进行资格预审，应以邀请书的方式邀请社会资本和与其合作的金融机构参与资格预审。　　　　　　　　　　　　　　　　　（　　）

答案：错误

解析：《政府和社会资本合作项目政府采购管理办法》第五条：PPP 项目采购应当实行资格预审。项目实施机构应当根据项目需要准备资格预审文件，发布资格预审公告，邀请社会资本和与其合作的金融机构参与资格预审，验证项目能否获得社会资本响应和实现充分竞争。

标签：PPP　采购程序　邀请供应商　资格预审

难易程度：易★

8. PPP 项目采购人应当对供应商进行资格预审。　　　　　　　（　　）

答案：正确

解析：《政府和社会资本合作项目政府采购管理办法》第五条：PPP 项目采购应当实行资格预审。

标签：PPP　采购程序　邀请供应商　资格预审

难易程度：易★

9. PPP 项目实施机构应当成立评审小组，负责 PPP 项目采购的资格预审和评审工作。　　　　　　　　　　　　　　　　　　　　　　　　（　　）

答案：正确

解析：《政府和社会资本合作项目政府采购管理办法》第七条：项目实施机构、采购代理机构应当成立评审小组，负责 PPP 项目采购的资格预审和评审工作。评审小组由项目实施机构代表和评审专家共 5 人以上单数组成，其中评审专家人数不得少于评审小组成员总数的 2/3。评审专家可以由项目实施机构自行选定，但评审专家中至少应当包含 1 名财务专家和 1 名法律专家。项目实施机构代表不得以评审专家身份参加项目的评审。

标签：PPP　采购程序　PPP项目评审小组　资格预审　评审

难易程度： 易★

10. PPP 项目实施机构可以委托咨询机构负责 PPP 项目采购的资格预审和评审工作。 （　　）

答案： 错误

解析： 《政府和社会资本合作项目政府采购管理办法》第七条：项目实施机构、采购代理机构应当成立评审小组，负责 PPP 项目采购的资格预审和评审工作。评审小组由项目实施机构代表和评审专家共 5 人以上单数组成，其中评审专家人数不得少于评审小组成员总数的 2/3。评审专家可以由项目实施机构自行选定，但评审专家中至少应当包含 1 名财务专家和 1 名法律专家。项目实施机构代表不得以评审专家身份参加项目的评审。

标签： PPP　采购程序　PPP 项目评审小组　资格预审　评审

难易程度： 易★

11. PPP 项目评审专家应从政府采购评审专家库中随机选取产生。 （　　）

答案： 错误

解析： 《政府和社会资本合作项目政府采购管理办法》第七条：项目实施机构、采购代理机构应当成立评审小组，负责 PPP 项目采购的资格预审和评审工作。评审小组由项目实施机构代表和评审专家共 5 人以上单数组成，其中评审专家人数不得少于评审小组成员总数的 2/3。评审专家可以由项目实施机构自行选定，但评审专家中至少应当包含 1 名财务专家和 1 名法律专家。项目实施机构代表不得以评审专家身份参加项目的评审。

标签： PPP　采购程序　PPP 项目评审小组　组建评标委员会

难易程度： 易★

12. 经过主管预算单位同意，PPP 项目评审专家可以由项目实施机构自行选定。 （　　）

答案： 错误

解析： 《政府和社会资本合作项目政府采购管理办法》第七条：项目实施机构、采购代理机构应当成立评审小组，负责 PPP 项目采购的资格预审和评审工作。评审小组由项目实施机构代表和评审专家共 5 人以上单数组成，其中评审专家人数不得少于评审小组成员总数的 2/3。评审专家可以由项目实施机构自行选定，但评审专家中至少应当包含 1 名财务专家和 1 名法律专家。项目实施机构代表不得以评审专家身份参加项目的评审。

标签： PPP　采购程序　PPP 项目评审小组　组建评标委员会

难易程度： 易★

13. PPP 项目评审专家至少应当包含 1 名财务专家和 1 名法律专家。

（　　）

答案： 正确

解析：《政府和社会资本合作项目政府采购管理办法》第七条：项目实施机构、采购代理机构应当成立评审小组，负责 PPP 项目采购的资格预审和评审工作。评审小组由项目实施机构代表和评审专家共 5 人以上单数组成，其中评审专家人数不得少于评审小组成员总数的 2/3。评审专家可以由项目实施机构自行选定，但评审专家中至少应当包含 1 名财务专家和 1 名法律专家。项目实施机构代表不得以评审专家身份参加项目的评审。

标签： PPP　采购程序　PPP 项目评审小组　组建评标委员会

难易程度： 易★

14. PPP 项目通过资格预审的社会资本不足 3 家的，项目实施机构应当在调整资格预审公告内容后重新组织资格预审。　　　　　　（　　）

答案： 正确

解析：《政府和社会资本合作项目政府采购管理办法》第八条：项目有 3 家以上社会资本通过资格预审的，项目实施机构可以继续开展采购文件准备工作；项目通过资格预审的社会资本不足 3 家的，项目实施机构应当在调整资格预审公告内容后重新组织资格预审；项目经重新资格预审后合格社会资本仍不够 3 家的，可以依法变更采购方式。

标签： PPP　采购程序　PPP 项目评审小组　资格预审

难易程度： 易★

15. 资格预审结果应当告知所有参与资格预审的社会资本。 （ ）

答案： 正确

解析： 《政府和社会资本合作项目政府采购管理办法》第八条：资格预审结果应当告知所有参与资格预审的社会资本，并将资格预审的评审报告提交财政部门（政府和社会资本合作中心）备案。

标签： PPP 采购程序 PPP 项目评审小组 资格预审

难易程度： 易★

16. PPP 项目合同必须报请本级人民政府审核同意，在获得同意前项目合同不得生效。 （ ）

答案： 正确

解析： 《政府和社会资本合作项目政府采购管理办法》第九条：项目采购文件中还应当明确项目合同必须报请本级人民政府审核同意，在获得同意前项目合同不得生效。

标签： PPP 采购程序 PPP 项目评审小组 合同

难易程度： 易★

17. PPP 项目合同必须报请本级财政部门审核同意，在获得同意前项目合同不得生效。 （ ）

答案： 错误

解析： 《政府和社会资本合作项目政府采购管理办法》第九条：项目采购文件中还应当明确项目合同必须报请本级人民政府审核同意，在获得同意前项目合同不得生效。

标签： PPP 采购程序 PPP 项目评审小组 合同

难易程度： 易★

18. PPP 项目采用竞争性谈判或者竞争性磋商采购方式的，项目采购文件可明确谈判中可能实质性变动的内容。 （ ）

答案： 正确

解析： 《政府和社会资本合作项目政府采购管理办法》第九条：采用竞争

性谈判或者竞争性磋商采购方式的，项目采购文件除上款规定的内容外，还应当明确评审小组根据与社会资本谈判情况可能实质性变动的内容，包括采购需求中的技术、服务要求以及项目合同草案条款。

标签：PPP 采购程序 PPP项目评审小组 采购文件

难易程度：易★

19. PPP项目采购文件不需要落实政府采购政策。   （ ）

答案：错误

解析：《政府和社会资本合作项目政府采购管理办法》第十条：项目实施机构应当在资格预审公告、采购公告、采购文件、项目合同中列明采购本国货物和服务、技术引进和转让等政策要求，以及对社会资本参与采购活动和履约保证的担保要求

标签：PPP 采购程序 采购文件 PPP项目评审小组 政府采购政策

难易程度：易★

20. PPP项目实施机构可以视项目的具体情况，组织或不组织社会资本进行现场考察或者召开采购前答疑会。   （ ）

答案：错误

解析：《政府和社会资本合作项目政府采购管理办法》第十一条：项目实施机构应当组织社会资本进行现场考察或者召开采购前答疑会，但不得单独或者分别组织只有一个社会资本参加的现场考察和答疑会。项目实施机构可以视项目的具体情况，组织对符合条件的社会资本的资格条件进行考察核实。

标签：PPP 采购程序 采购文件 PPP项目评审小组 现场踏勘

难易程度：易★

21. PPP项目一般不组织社会资本进行现场考察或者召开采购前答疑会。
                                                      （ ）

答案：错误

解析：《政府和社会资本合作项目政府采购管理办法》第十一条：项目实施机构应当组织社会资本进行现场考察或者召开采购前答疑会，但不得单独

或者分别组织只有一个社会资本参加的现场考察和答疑会。项目实施机构可以视项目的具体情况，组织对符合条件的社会资本的资格条件进行考察核实。

标签： PPP 采购程序 采购文件 PPP 项目评审小组 现场踏勘

难易程度： 易★

22. PPP 项目实施机构可以视项目的具体情况，组织对符合条件的社会资本的资格条件进行考察核实。 （ ）

答案： 正确

解析：《政府和社会资本合作项目政府采购管理办法》第十一条：项目实施机构应当组织社会资本进行现场考察或者召开采购前答疑会，但不得单独或者分别组织只有一个社会资本参加的现场考察和答疑会。项目实施机构可以视项目的具体情况，组织对符合条件的社会资本的资格条件进行考察核实。

标签： PPP 采购程序 采购文件 PPP 项目评审小组 现场踏勘

难易程度： 易★

23. PPP 项目实施机构不得单独组织对符合条件的社会资本的资格条件进行考察核实。 （ ）

答案： 错误

解析：《政府和社会资本合作项目政府采购管理办法》第十一条：项目实施机构应当组织社会资本进行现场考察或者召开采购前答疑会，但不得单独或者分别组织只有一个社会资本参加的现场考察和答疑会。项目实施机构可以视项目的具体情况，组织对符合条件的社会资本的资格条件进行考察核实。

标签： PPP 采购程序 采购文件 PPP 项目评审小组 现场踏勘

难易程度： 易★

24. PPP 项目评审小组成员应当根据资格预审公告和采购文件规定的程序、方法和标准进行资格预审和独立评审。 （ ）

答案： 正确

解析：《政府和社会资本合作项目政府采购管理办法》第十二条：评审小组成员应当按照客观、公正、审慎的原则，根据资格预审公告和采购文件规定的程序、方法和标准进行资格预审和独立评审。已进行资格预审的,评审小组在评审阶段可以不再对社会资本进行资格审查。允许进行资格后审的,由评审小组在响应文件评审环节对社会资本进行资格审查。

标签: PPP 采购程序 采购文件 PPP项目评审小组 评审方法

难易程度: 易★

25. PPP项目评审小组发现采购文件内容违反国家有关强制性规定的,应当停止评审并向项目实施机构说明情况。 （ ）

答案: 正确

解析:《政府和社会资本合作项目政府采购管理办法》第十二条:评审小组发现采购文件内容违反国家有关强制性规定的,应当停止评审并向项目实施机构说明情况。

标签: PPP 采购程序 采购文件 PPP项目评审小组 评审方法

难易程度: 易★

26. PPP项目评审小组成员不得作为采购结果确认谈判工作组成员参与采购结果确认谈判。 （ ）

答案: 错误

解析:《政府和社会资本合作项目政府采购管理办法》第十四条:PPP项目采购评审结束后,项目实施机构应当成立专门的采购结果确认谈判工作组,负责采购结果确认前的谈判和最终的采购结果确认工作。

采购结果确认谈判工作组成员及数量由项目实施机构确定,但应当至少包括财政预算管理部门、行业主管部门代表,以及财务、法律等方面的专家。涉及价格管理、环境保护的PPP项目,谈判工作组还应当包括价格管理、环境保护行政执法机关代表。评审小组成员可以作为采购结果确认谈判工作组成员参与采购结果确认谈判。

标签: PPP 采购程序 PPP项目评审小组 PPP项目采购结果确认谈判组 组建评标委员会

难易程度: 易★

27. PPP 项目采购结果确认谈判工作组成员及数量由财政部门确定。（   ）

答案：错误

解析：采购结果确认谈判工作组成员及数量由项目实施机构确定，但应当至少包括财政预算管理部门、行业主管部门代表，以及财务、法律等方面的专家。涉及价格管理、环境保护的 PPP 项目，谈判工作组还应当包括价格管理、环境保护行政执法机关代表。评审小组成员可以作为采购结果确认谈判工作组成员参与采购结果确认谈判。

标签：PPP　采购程序　PPP 项目采购结果确认谈判组　组建评标委员会

难易程度：易★

28. PPP 项目采购结果确认谈判工作组成员不得包括政府机关工作人员。

（   ）

答案：错误

解析：采购结果确认谈判工作组成员及数量由项目实施机构确定，但应当至少包括财政预算管理部门、行业主管部门代表，以及财务、法律等方面的专家。涉及价格管理、环境保护的 PPP 项目，谈判工作组还应当包括价格管理、环境保护行政执法机关代表。评审小组成员可以作为采购结果确认谈判工作组成员参与采购结果确认谈判。

标签：PPP　采购程序　PPP 项目采购结果确认谈判组　组建评标委员会

难易程度：易★

29. 采购结果确认谈判工作组依次与候选社会资本及与其合作的金融机构的确认谈判，最后达成一致的候选社会资本即为预中标、成交社会资本。

（   ）

答案：错误

解析：《政府和社会资本合作项目政府采购管理办法》第十五条：采购结果确认谈判工作组应当按照评审报告推荐的候选社会资本排名，依次与候选社会资本及与其合作的金融机构就项目合同中可变的细节问题进行项目合同签署前的确认谈判，率先达成一致的候选社会资本即为预中标、成交社会资本。

标签：PPP　采购程序　PPP 项目采购结果确认谈判组

难易程度：难★★★

30. 采购结果确认谈判工作组统一与所有候选社会资本及与其合作的金融机构的集体确认谈判，达成一致的候选社会资本即为预中标、成交社会资本。
（　　）

答案：错误

解析：《政府和社会资本合作项目政府采购管理办法》第十五条：采购结果确认谈判工作组应当按照评审报告推荐的候选社会资本排名，依次与候选社会资本及与其合作的金融机构就项目合同中可变的细节问题进行项目合同签署前的确认谈判，率先达成一致的候选社会资本即为预中标、成交社会资本。

标签：PPP　采购程序　PPP 项目采购结果确认谈判组

难易程度：难★★★

31. PPP 项目的采购结果确认谈判不得涉及项目合同中不可谈判的核心条款。
（　　）

答案：正确

解析：《政府和社会资本合作项目政府采购管理办法》第十六条：确认谈判不得涉及项目合同中不可谈判的核心条款，不得与排序在前但已终止谈判的社会资本进行重复谈判。

标签：PPP　采购程序　PPP 项目采购结果确认谈判组

难易程度：易★

32. PPP 项目的采购结果确认谈判应就 PPP 项目合同的核心条款进行谈判确认。
（　　）

答案：错误

解析：《政府和社会资本合作项目政府采购管理办法》第十六条：确认谈判不得涉及项目合同中不可谈判的核心条款，不得与排序在前但已终止谈判的社会资本进行重复谈判。

标签：PPP 采购程序 PPP项目采购结果确认谈判组

难易程度：易★

33. PPP项目的采购结果确认谈判，不得与排序在前但已终止谈判的社会资本进行重复谈判。   （   ）

答案：正确

解析：《政府和社会资本合作项目政府采购管理办法》第十六条：确认谈判不得涉及项目合同中不可谈判的核心条款，不得与排序在前但已终止谈判的社会资本进行重复谈判。

标签：PPP 采购程序 PPP项目采购结果确认谈判组

难易程度：易★

34. 为了获得更好的条件，PPP项目采购结果确认谈判工作组可以与已终止谈判的社会资本进行重复谈判。   （   ）

答案：错误

解析：《政府和社会资本合作项目政府采购管理办法》第十六条：确认谈判不得涉及项目合同中不可谈判的核心条款，不得与排序在前但已终止谈判的社会资本进行重复谈判。

标签：PPP 采购程序 PPP项目采购结果确认谈判组

难易程度：易★

单选题

1. 根据《政府和社会资本合作项目政府采购管理办法》规定，PPP项目是指（   ）项目。

A. 公私合营   B. 政府和私人合作

C. 政府和社会资本合作   D. 私营企业和私营企业合作

答案：C

解析：《政府和社会资本合作项目政府采购管理办法》第一条：为了规范政府和社会资本合作项目政府采购（以下简称 PPP 项目采购）行为，维护国家利益、社会公共利益和政府采购当事人的合法权益，依据《中华人民共和国政府采购法》（以下简称政府采购法）和有关法律、行政法规、部门规章，制定本办法。

标签：PPP

难易程度：易★

2. PPP 项目采购是指政府为达成权利义务平衡、物有所值的 PPP 项目合同，（　　）的过程。

A. 进行 PPP 项目立项　　　　　　B. 进行 PPP 项目识别

C. 进行 PPP 项目准备　　　　　　D. 依法选择社会资本合作者

答案：D

解析：《政府和社会资本合作项目政府采购管理办法》第二条：本办法所称 PPP 项目采购，是指政府为达成权利义务平衡、物有所值的 PPP 项目合同，遵循公开、公平、公正和诚实信用原则，按照相关法规要求完成 PPP 项目识别和准备等前期工作后，依法选择社会资本合作者的过程。

标签：PPP

难易程度：易★

3.《政府和社会资本合作项目政府采购管理办法》适用于 PPP 项目（　　）的过程。

A. 可行性研究　　　　　　　　　　B. 选择合作社会资本

C. 发包工程　　　　　　　　　　　D. 选择监理

答案：B

解析：《政府和社会资本合作项目政府采购管理办法》第二条：PPP 项目实施机构（采购人）在项目实施过程中选择合作社会资本（供应商），适用本办法。

标签：PPP

难易程度：易★

4. PPP 项目咨询服务机构从事 PPP 项目采购业务的,应当按照(　　)管理的有关要求及时进行网上登记。

A. 政府采购代理机构　　　　　B. 审计服务机构

C. 商业银行　　　　　　　　　D. 集中采购机构

答案: A

解析:《政府和社会资本合作项目政府采购管理办法》第三条:PPP 项目咨询服务机构从事 PPP 项目采购业务的,应当按照政府采购代理机构管理的有关要求及时进行网上登记。

标签: PPP　采购程序

难易程度: 难★★★

5. PPP 项目采购方式不包括(　　)。

A. 公开招标　　B. 邀请招标　　C. 竞争性磋商　　D. 询价

答案: D

解析:《政府和社会资本合作项目政府采购管理办法》第四条:PPP 项目采购方式包括公开招标、邀请招标、竞争性谈判、竞争性磋商和单一来源采购。项目实施机构应当根据 PPP 项目的采购需求特点,依法选择适当的采购方式。公开招标主要适用于采购需求中核心边界条件和技术经济参数明确、完整、符合国家法律法规及政府采购政策,且采购过程中不作更改的项目。

标签: PPP　采购程序　采购方式　询价

难易程度: 难★★★

6. 采购需求中核心边界条件和技术经济参数明确、完整、符合国家法律法规及政府采购政策,且采购过程中不作更改的 PPP 项目,采购方式为(　　)。

A. 公开招标　　B. 邀请招标　　C. 竞争性磋商　　D. 询价

答案: A

解析:《政府和社会资本合作项目政府采购管理办法》第四条:PPP 项目采购方式包括公开招标、邀请招标、竞争性谈判、竞争性磋商和单一来源采购。项目实施机构应当根据 PPP 项目的采购需求特点,依法选择适当的采购方式。公开招标主要适用于采购需求中核心边界条件和技术经济参数明确、完整、符合国家法律法规及政府采购政策，且采购过程中不作更改的项目。

标签：PPP　采购程序　采购方式

难易程度：难★★★

7. PPP 项目实行资格预审，邀请供应商的方式为（　　）。

A. 发布资格预审公告

B. 直接发出邀请书

C. 实施单位和评审专家共同推荐

D. 从供应商库中随机抽取

答案：A

解析：《政府和社会资本合作项目政府采购管理办法》第五条：PPP 项目采购应当实行资格预审。项目实施机构应当根据项目需要准备资格预审文件，发布资格预审公告，邀请社会资本和与其合作的金融机构参与资格预审，验证项目能否获得社会资本响应和实现充分竞争。

标签：PPP　采购程序　邀请供应商　资格预审

难易程度：难★★★

8. PPP 项目资格预审公告应当在（　　）上发布。

A. 国家制定的依法必须招标项目的发布媒体

B. 省级以上人民政府财政部门指定的政府采购信息发布媒体

C. PPP 项目实施单位网络

D. 中国采购与招标网

答案：B

解析：《政府和社会资本合作项目政府采购管理办法》第六条：资格预审公告应当在省级以上人民政府财政部门指定的政府采购信息发布媒体上发布。资格预审合格的社会资本在签订 PPP 项目合同前资格发生变化的，应当通知项目实施机构。

标签：PPP　采购程序　资格预审　采购公告

难易程度：易★

9. 资格预审合格的社会资本在签订 PPP 项目合同前资格发生变化的，（　　）。

A. 应当通知项目实施机构

B. 失去签订 PPP 合同的资格

C. 可能被列入黑名单

D. 应该发布公告声明变更的事项

答案： A

解析：《政府和社会资本合作项目政府采购管理办法》第六条：资格预审公告应当在省级以上人民政府财政部门指定的政府采购信息发布媒体上发布。资格预审合格的社会资本在签订 PPP 项目合同前资格发生变化的，应当通知项目实施机构。

标签： PPP　采购程序　资格预审

难易程度： 易★

10. PPP 项目进行资格预审时，提交资格预审申请文件的时间自公告发布之日起不得少于（　　）。

A. 3 个工作日　　　　　　　　　B. 15 日

C. 15 个工作日　　　　　　　　D. 20 日

答案： C

解析：《政府和社会资本合作项目政府采购管理办法》第六条：提交资格预审申请文件的时间自公告发布之日起不得少于 15 个工作日。

标签： PPP　采购程序　资格预审　等标期

难易程度： 易★

11. PPP 项目进行资格预审时，要求供应商提交资格预审申请文件的时间应符合规定，起算时间从（　　）之日开始计算。

A. 资格预审公告

B. 开始发出资格预审文件

C. 组织现场踏勘

D. 资格预审文件发售期截止

答案： A

解析：《政府和社会资本合作项目政府采购管理办法》第六条：提交资格预审申请文件的时间自公告发布之日起不得少于 15 个工作日。

标签： PPP　采购程序　资格预审　等标期　采购公告

难易程度： 易★

12. PPP 项目评审小组由项目实施机构代表和评审专家共（　　）人以上单数组成。

A. 3　　　　　　　B. 5　　　　　　　C. 7　　　　　　　D. 9

答案： B

解析：《政府和社会资本合作项目政府采购管理办法》第七条：项目实施机构、采购代理机构应当成立评审小组，负责 PPP 项目采购的资格预审和评审工作。评审小组由项目实施机构代表和评审专家共 5 人以上单数组成，其中评审专家人数不得少于评审小组成员总数的 2/3。评审专家可以由项目实施机构自行选定，但评审专家中至少应当包含 1 名财务专家和 1 名法律专家。项目实施机构代表不得以评审专家身份参加项目的评审。

标签： PPP　采购程序　PPP 项目评审小组　组建评标委员会

难易程度： 易★

13. PPP 项目资格预审由（　　）负责评审。

A. 项目实施单位

B. 采购代理机构

C. 依法组建的评审小组

D. 项目实施单位和采购代理机构共同

答案： C

解析：《政府和社会资本合作项目政府采购管理办法》第七条：项目实施机构、采购代理机构应当成立评审小组，负责 PPP 项目采购的资格预审和评审工作。评审小组由项目实施机构代表和评审专家共 5 人以上单数组成，其中评审专家人数不得少于评审小组成员总数的 2/3。评审专家可以由项目实施机构自行选定，但评审专家中至少应当包含 1 名财务专家和 1 名法律专家。

项目实施机构代表不得以评审专家身份参加项目的评审。

标签： PPP　采购程序　PPP项目评审小组　资格预审

难易程度： 易★

14. PPP项目评审小组中评审专家人数不得少于评审小组成员总数的（　　）。

A. 1/3　　　　　B. 1/2　　　　　C. 2/3　　　　　D. 3/5

答案： C

解析：《政府和社会资本合作项目政府采购管理办法》第七条：项目实施机构、采购代理机构应当成立评审小组，负责PPP项目采购的资格预审和评审工作。评审小组由项目实施机构代表和评审专家共5人以上单数组成，其中评审专家人数不得少于评审小组成员总数的2/3。评审专家可以由项目实施机构自行选定，但评审专家中至少应当包含1名财务专家和1名法律专家。项目实施机构代表不得以评审专家身份参加项目的评审。

标签： PPP　采购程序　PPP项目评审小组　组建评标委员会

难易程度： 易★

15. PPP项目评审小组中评审专家（　　）。

A. 应随机选择

B. 可以由项目实施机构自行选定

C. 由财政部门确定

D. 由上级人民政府确定

答案： B

解析：《政府和社会资本合作项目政府采购管理办法》第七条：项目实施机构、采购代理机构应当成立评审小组，负责PPP项目采购的资格预审和评审工作。评审小组由项目实施机构代表和评审专家共5人以上单数组成，其中评审专家人数不得少于评审小组成员总数的2/3。评审专家可以由项目实施机构自行选定，但评审专家中至少应当包含1名财务专家和1名法律专家。项目实施机构代表不得以评审专家身份参加项目的评审。

标签： PPP　采购程序　PPP项目评审小组　组建评标委员会

难易程度： 易★

16. PPP 项目评审小组中评审专家（   ）。

A. 应从政府采购专家库中选择

B. 应从政府综合专家库中选择

C. 应从采购代理机构专家库中选择

D. 可由项目实施机构自行选定

答案： D

解析：《政府和社会资本合作项目政府采购管理办法》第七条：项目实施机构、采购代理机构应当成立评审小组，负责 PPP 项目采购的资格预审和评审工作。评审小组由项目实施机构代表和评审专家共 5 人以上单数组成，其中评审专家人数不得少于评审小组成员总数的 2/3。评审专家可以由项目实施机构自行选定，但评审专家中至少应当包含 1 名财务专家和 1 名法律专家。项目实施机构代表不得以评审专家身份参加项目的评审。

标签： PPP   采购程序   PPP 项目评审小组   组建评标委员会

难易程度： 易★

17. PPP 项目通过资格预审的社会资本不足 3 家的，项目实施机构应当（   ）。

A. 重新组织资格预审

B. 不再进行资格预审，改为资格后审继续采购

C. 向财政部门申请改变采购方式

D. 自行决定改变采购方式

答案： A

解析：《政府和社会资本合作项目政府采购管理办法》第八条：项目有 3 家以上社会资本通过资格预审的，项目实施机构可以继续开展采购文件准备工作；项目通过资格预审的社会资本不足 3 家的，项目实施机构应当在调整资格预审公告内容后重新组织资格预审；项目经重新资格预审后合格社会资本仍不够 3 家的，可以依法变更采购方式。

标签： PPP   采购程序   资格预审

难易程度： 难★★★

18. PPP 项目重新资格预审后合格社会资本仍不够 3 家的，项目实施机构（　　　）。

A. 应当重新组织资格预审

B. 不再进行资格预审，改为资格后审继续采购

C. 向财政部门申请改变采购方式

D. 改变采购方式

答案：D

解析：《政府和社会资本合作项目政府采购管理办法》第八条：项目有 3 家以上社会资本通过资格预审的，项目实施机构可以继续开展采购文件准备工作；项目通过资格预审的社会资本不足 3 家的，项目实施机构应当在调整资格预审公告内容后重新组织资格预审；项目经重新资格预审后合格社会资本仍不够 3 家的，可以依法变更采购方式。

标签：PPP　采购程序　资格预审

难易程度：难★★★

19. PPP 项目资格预审后，项目实施机构应当（　　　）。

A. 公告资格预审结果

B. 公告资格预审合格的社会资本名单

C. 将资格审查的结果单独通知参与资格预审的社会资本

D. 单独通知参与资格预审的社会资本其是否合格

答案：D

解析：《政府和社会资本合作项目政府采购管理办法》第八条：资格预审结果应当告知所有参与资格预审的社会资本，并将资格预审的评审报告提交财政部门（政府和社会资本合作中心）备案。

标签：PPP　采购程序　资格预审

难易程度：难★★★

20. PPP 项目资格预审后，项目实施机构应当将资格预审的评审报告提交财政部门（政府和社会资本合作中心）（　　　）。

A. 审批　　　　　　B. 审查　　　　　　C. 备案　　　　　　D. 登记

答案：C

解析：《政府和社会资本合作项目政府采购管理办法》第八条：资格预审结果应当告知所有参与资格预审的社会资本，并将资格预审的评审报告提交财政部门（政府和社会资本合作中心）备案。

标签：PPP　采购程序　资格预审

难易程度：难★★★

21. PPP 项目采购合同必须报请本级人民政府（　　）。

A. 审核同意　　　B. 存档　　　　　C. 备案　　　　　　D. 登记

答案：A

解析：《政府和社会资本合作项目政府采购管理办法》第九条：项目采购文件应当包括采购邀请、竞争者须知（包括密封、签署、盖章要求等）、竞争者应当提供的资格、资信及业绩证明文件、采购方式、政府对项目实施机构的授权、实施方案的批复和项目相关审批文件、采购程序、响应文件编制要求、提交响应文件截止时间、开启时间及地点、保证金交纳数额和形式、评审方法、评审标准、政府采购政策要求、PPP 项目合同草案及其他法律文本、采购结果确认谈判中项目合同可变的细节、以及是否允许未参加资格预审的供应商参与竞争并进行资格后审等内容。项目采购文件中还应当明确项目合同必须报请本级人民政府审核同意，在获得同意前项目合同不得生效。

标签：PPP　采购程序　合同

难易程度：易★

22. PPP 项目采购合同在获得本级人民政府同意前，（　　）。

A. 合同可以生效　　　　　　　　B. 合同可以生效但不得执行

C. 合同不得生效　　　　　　　　D. 合同不得生效但可以执行

答案：C

解析：《政府和社会资本合作项目政府采购管理办法》第九条：项目采购文件应当包括采购邀请、竞争者须知（包括密封、签署、盖章要求等）、竞争者应当提供的资格、资信及业绩证明文件、采购方式、政府对项目实施机构的授权、实施方案的批复和项目相关审批文件、采购程序、响应文件编制要求、提交响应文件截止时间、开启时间及地点、保证金交纳数额和形式、评审方法、评审标准、政府采购政策要求、PPP项目合同草案及其他法律文本、采购结果确认谈判中项目合同可变的细节，以及是否允许未参加资格预审的供应商参与竞争并进行资格后审等内容。项目采购文件中还应当明确项目合同必须报请本级人民政府审核同意，在获得同意前项目合同不得生效。

标签：PPP 采购程序 合同

难易程度：易★

23. （   ）应当在资格预审公告、采购公告、采购文件、项目合同中列明采购本国货物和服务、技术引进和转让等政策要求，以及对社会资本参与采购活动和履约保证的担保要求。

A. PPP项目评审小组

B. PPP项目采购结果确认谈判组

C. PPP项目实施机构

D. 社会资本

答案：C

解析：《政府和社会资本合作项目政府采购管理办法》第十条：项目实施机构应当在资格预审公告、采购公告、采购文件、项目合同中列明采购本国货物和服务、技术引进和转让等政策要求，以及对社会资本参与采购活动和履约保证的担保要求

标签：PPP 采购程序 采购文件 PPP项目评审小组 PPP项目采购结果确认谈判组

难易程度：易★

24. 项目实施机构组织社会资本进行现场考察应（   ）进行。

A. 按照报名顺序单独   B. 统一

C. 按照报名顺序分别   D. 按照报名顺序分批

答案：B

解析：《政府和社会资本合作项目政府采购管理办法》第十一条：项目实施机构应当组织社会资本进行现场考察或者召开采购前答疑会，但不得单独或者分别组织只有一个社会资本参加的现场考察和答疑会。项目实施机构可以视项目的具体情况，组织对符合条件的社会资本的资格条件进行考察核实。

标签：PPP　采购程序　现场踏勘

难易程度：易★

25. 根据《政府和社会资本合作项目政府采购管理办法》规定，PPP项目（　　）组织社会资本进行现场考察或者召开采购前答疑会。

　　A. 不得　　　　　　B. 可以　　　　　　C. 应当　　　　　　D. 鼓励

答案：C

解析：《政府和社会资本合作项目政府采购管理办法》第十一条：项目实施机构应当组织社会资本进行现场考察或者召开采购前答疑会，但不得单独或者分别组织只有一个社会资本参加的现场考察和答疑会。项目实施机构可以视项目的具体情况，组织对符合条件的社会资本的资格条件进行考察核实。

标签：PPP　采购程序　现场踏勘

难易程度：易★

26. PPP项目选择社会资本前，实施机构（　　）组织对符合条件的社会资本的资格条件进行考察核实。

　　A. 不得　　　　　　　　　　B. 可以

　　C. 必须　　　　　　　　　　D. 可以根据社会资本的要求

答案：B

解析：《政府和社会资本合作项目政府采购管理办法》第十一条：项目实施机构应当组织社会资本进行现场考察或者召开采购前答疑会，但不得单独或者分别组织只有一个社会资本参加的现场考察和答疑会。项目实施机构可以视项目的具体情况，组织对符合条件的社会资本的资格条件进行考察核实。

标签：PPP　采购程序　现场踏勘

难易程度：易★

27. PPP 项目实施机构（ ）组织对符合条件的社会资本的资格条件进行考察核实。

A. 可以单独　　　B. 必须统一　　　C. 必须　　　　D. 不得

答案：A

解析：《政府和社会资本合作项目政府采购管理办法》第十一条：项目实施机构应当组织社会资本进行现场考察或者召开采购前答疑会，但不得单独或者分别组织只有一个社会资本参加的现场考察和答疑会。项目实施机构可以视项目的具体情况，组织对符合条件的社会资本的资格条件进行考察核实。

标签：PPP　采购程序　现场踏勘

难易程度：易★

28. PPP 项目已进行资格预审的，评审小组在评审阶段（ ）对社会资本进行资格审查。

A. 应该再次　　　B. 可以不再　　　C. 不得再次　　　D. 不

答案：B

解析：《政府和社会资本合作项目政府采购管理办法》第十二条：评审小组成员应当按照客观、公正、审慎的原则，根据资格预审公告和采购文件规定的程序、方法和标准进行资格预审和独立评审。已进行资格预审的，评审小组在评审阶段可以不再对社会资本进行资格审查。允许进行资格后审的，由评审小组在响应文件评审环节对社会资本进行资格审查。

标签：PPP　采购程序　采购文件　PPP 项目评审小组　资格预审

难易程度：易★

29. PPP 项目评审小组发现采购文件内容违反国家有关强制性规定的，应当（ ）。

A. 继续评审

B. 要求项目实施机构现场修改后继续评审

C. 停止评审并向财政部门说明情况

D. 停止评审并向项目实施机构说明情况

答案：D

解析：《政府和社会资本合作项目政府采购管理办法》第十二条：评审小组发现采购文件内容违反国家有关强制性规定的，应当停止评审并向项目实施机构说明情况。

标签： PPP　采购程序　采购文件　PPP项目评审小组　专家责任

难易程度： 易★

30. 采购结果确认谈判工作组成员数量（　　）。

A. 为3人以上单数　　　　　　　　B. 为5人以上单数

C. 为7人以上单数　　　　　　　　D. 由项目实施机构确定

答案： D

解析：《政府和社会资本合作项目政府采购管理办法》第十四条：PPP项目采购评审结束后，项目实施机构应当成立专门的采购结果确认谈判工作组，负责采购结果确认前的谈判和最终的采购结果确认工作。

采购结果确认谈判工作组成员及数量由项目实施机构确定，但应当至少包括财政预算管理部门、行业主管部门代表，以及财务、法律等方面的专家。涉及价格管理、环境保护的PPP项目，谈判工作组还应当包括价格管理、环境保护行政执法机关代表。评审小组成员可以作为采购结果确认谈判工作组成员参与采购结果确认谈判。

标签： PPP　采购程序　PPP项目采购结果确认谈判工作组　组建评标委员会

难易程度： 易★

31. PPP项目采购评审结束后，（　　）应当成立专门的采购结果确认谈判工作组。

A. 项目实施机构　　　　　　　　B. 被推荐的候选成交社会资本

C. PPP项目评审小组　　　　　　D. 采购代理机构

答案： A

解析：《政府和社会资本合作项目政府采购管理办法》第十四条：PPP项目采购评审结束后，项目实施机构应当成立专门的采购结果确认谈判工作组，负责采购结果确认前的谈判和最终的采购结果确认工作。

标签：PPP　采购程序　PPP项目采购结果确认谈判工作组　组建评标委员会

难易程度： 中★★

32. PPP项目采购结果确认谈判工作组应当按照（　　）依次与候选社会资本进行确认谈判。

A. 随机确定的顺序 　　　　　　　B. 项目实施机构确定的顺序

C. 价格由低至高的顺序 　　　　　D. 评审报告推荐的排序

答案： D

解析：《政府和社会资本合作项目政府采购管理办法》第十五条：采购结果确认谈判工作组应当按照评审报告推荐的候选社会资本排名，依次与候选社会资本及与其合作的金融机构就项目合同中可变的细节问题进行项目合同签署前的确认谈判，率先达成一致的候选社会资本即为预中标、成交社会资本。

标签：PPP　采购程序　PPP项目采购结果确认谈判工作组

难易程度： 难★★★

33. PPP项目实施机构应当在预中标、成交社会资本确定后（　　）内，与预中标、成交社会资本签署确认谈判备忘录。

A. 10日　　　　　B. 10个工作日　　C. 20日　　　　　D. 20个工作日

答案： B

解析：《政府和社会资本合作项目政府采购管理办法》第十七条：项目实施机构应当在预中标、成交社会资本确定后10个工作日内，与预中标、成交社会资本签署确认谈判备忘录，并将预中标、成交结果和根据采购文件、响应文件及有关补遗文件和确认谈判备忘录拟定的项目合同文本在省级以上人民政府财政部门指定的政府采购信息发布媒体上进行公示，公示期不得少于5个工作日。项目合同文本应当将预中标、成交社会资本响应文件中的重要承诺和技术文件等作为附件。项目合同文本涉及国家秘密、商业秘密的内容可以不公示。

标签：PPP　采购程序　PPP项目采购结果确认谈判工作组

难易程度： 易★

34. PPP项目预中标、成交结果公示期不得少于（　　）。

A. 5日 　　　　　　　　　　　　B. 5个工作日

C. 10日 　　　　　　　　　　　　D. 10个工作日

答案： B

解析： 《政府和社会资本合作项目政府采购管理办法》第十七条：项目实施机构应当在预中标、成交社会资本确定后10个工作日内，与预中标、成交社会资本签署确认谈判备忘录，并将预中标、成交结果和根据采购文件、响应文件及有关补遗文件和确认谈判备忘录拟定的项目合同文本在省级以上人民政府财政部门指定的政府采购信息发布媒体上进行公示，公示期不得少于5个工作日。项目合同文本应当将预中标、成交社会资本响应文件中的重要承诺和技术文件等作为附件。项目合同文本涉及国家秘密、商业秘密的内容可以不公示。

标签： PPP　采购程序　PPP项目采购结果确认谈判工作组　采购公告

难易程度： 易★

35. PPP项目实施机构应当在公示期满无异议后（　　）内公告中标、成交结果。

A. 2日 　　　　　　　　　　　　B. 2个工作日

C. 5日 　　　　　　　　　　　　D. 5个工作日

答案： B

解析： 《政府和社会资本合作项目政府采购管理办法》第十八条：项目实施机构应当在公示期满无异议后2个工作日内，将中标、成交结果在省级以上人民政府财政部门指定的政府采购信息发布媒体上进行公告，同时发出中标、成交通知书。

标签： PPP　采购程序　PPP项目采购结果确认谈判工作组　采购公告

难易程度： 易★

36. PPP项目实施机构应当在公告中标、成交结果（　　），向中标、成交的社会资本发出中标、成交通知书。

A. 后2日内 　　　　　　　　　　B. 后2个工作日内

C. 后 30 日内 D. 同时

答案： D

解析：《政府和社会资本合作项目政府采购管理办法》第十八条：项目实施机构应当在公示期满无异议后 2 个工作日内，将中标、成交结果在省级以上人民政府财政部门指定的政府采购信息发布媒体上进行公告，同时发出中标、成交通知书。

标签： PPP 采购程序 PPP项目采购结果确认谈判工作组 采购公告

难易程度： 易★

37. PPP 项目实施机构应当在中标、成交通知书发出后（ ）日内，与中标、成交社会资本签订经本级人民政府审核同意的 PPP 项目合同。

A. 10 B. 20 C. 30 D. 45

答案： C

解析：《政府和社会资本合作项目政府采购管理办法》第十九条：项目实施机构应当在中标、成交通知书发出后 30 日内，与中标、成交社会资本签订经本级人民政府审核同意的 PPP 项目合同。

标签： PPP 采购程序 PPP项目采购结果确认谈判工作组 采购公告合同

难易程度： 易★

38. PPP 项目合同由项目实施机构与成交的社会资本或（ ）签订。

A. 成交的社会资本专门设立的项目公司

B. 成交的社会资本的分公司

C. 成交的社会资本的子公司

D. 成交的社会资本的分支机构

答案： A

解析： 需要为 PPP 项目设立专门项目公司的，待项目公司成立后，由项目公司与项目实施机构重新签署 PPP 项目合同，或者签署关于继承 PPP 项目合同的补充合同。

标签： PPP 采购程序 PPP项目采购结果确认谈判工作组 合同

难易程度： 易★

39. 涉及环境保护的 PPP 项目，采购结果确认谈判工作组应当包括（　　）。

A. 环保专家 　　　　　　　　　　　B. 节能专家

C. 法律专家 　　　　　　　　　　　D. 环境保护行政执法机关代表

答案： D

解析： 采购结果确认谈判工作组成员及数量由项目实施机构确定，但应当至少包括财政预算管理部门、行业主管部门代表，以及财务、法律等方面的专家。涉及价格管理、环境保护的 PPP 项目，谈判工作组还应当包括价格管理、环境保护行政执法机关代表。评审小组成员可以作为采购结果确认谈判工作组成员参与采购结果确认谈判。

标签： PPP　采购程序　PPP 项目采购结果确认谈判工作组

难易程度： 易★

40. 允许进行资格后审的 PPP 项目，由评审小组在（　　）环节对社会资本进行资格审查。

A. 响应文件评审 　　　　　　　　　B. 采购结果确认谈判

C. 签订 PPP 合同 　　　　　　　　 D. PPP 合同执行

答案： A

解析： 允许进行资格后审的，由评审小组在响应文件评审环节对社会资本进行资格审查。

标签： PPP　采购程序　PPP 项目采购结果确认谈判工作组

难易程度： 易★

41. PPP 项目评审小组发现采购文件内容违反国家有关强制性规定的，应当（　　）。

A. 继续评审并向项目实施机构说明情况

B. 停止评审并向项目实施机构说明情况

C. 修改采购文件后继续评审

D. 要求项目实施机构修改采购文件后继续评审

答案： B

解析： 评审小组发现采购文件内容违反国家有关强制性规定的，应当停止评审并向项目实施机构说明情况。

标签： PPP　采购程序　PPP项目评审小组

难易程度： 易★

42. 允许进行资格后审的PPP项目，由评审小组在（　　）环节对社会资本进行资格审查。

A. 供应商递交响应文件前　　　　B. 响应文件评审的初步审查中

C. 响应文件评审的详细审查中　　D. 采购结果确认谈判中

E. 签订PPP合同时

答案： B

解析： 允许进行资格后审的，由评审小组在响应文件评审环节对社会资本进行资格审查。

标签： PPP　采购程序　PPP项目采购结果确认谈判工作组　评审方法　资格预审

难易程度： 难★★★

多选题

1. PPP项目采购方式包括（　　）。

A. 公开招标和邀请招标

B. 竞争性谈判和竞争性磋商

C. 询价

D. 单一来源采购

E. 框架协议

答案： ABD

解析：《政府和社会资本合作项目政府采购管理办法》第四条：PPP项目

采购方式包括公开招标、邀请招标、竞争性谈判、竞争性磋商和单一来源采购。

标签： PPP　公开招标　邀请招标　竞争性谈判　竞争性磋商　单一来源采购　采购方式

难易程度： 难★★★

2. PPP 项目采购方式不得采用（　　）方式。

A. 公开招标　　　　　　B. 竞争性谈判　　　　　　C. 询价

D. 单一来源采购　　　　E. 网上商城

答案： CE

解析：《政府和社会资本合作项目政府采购管理办法》第四条：PPP 项目采购方式包括公开招标、邀请招标、竞争性谈判、竞争性磋商和单一来源采购。

标签： PPP　公开招标　邀请招标　竞争性谈判　竞争性磋商　单一来源采购　采购方式

难易程度： 难★★★

3. 公开招标的 PPP 项目应同时满足以下条件（　　）。

A. 采购需求中核心边界条件和技术经济参数明确、完整

B. 符合国家法律法规及政府采购政策

C. 潜在供应商很少

D. 采购需求在采购过程中不作更改

E. 项目投资金额大

答案： ABD

解析： 公开招标主要适用于采购需求中核心边界条件和技术经济参数明确、完整、符合国家法律法规及政府采购政策，且采购过程中不作更改的项目。

标签： PPP　采购需求　公开招标　采购方式

难易程度： 难★★★

4. 采购需求中核心边界条件和技术经济参数不明确、不完整，采购中可

能需要更改的 PPP 项目，可以选择（　　）采购方式。

A. 公开招标　　　　　　B. 询价　　　　　　　C. 竞争性谈判

D. 竞争性磋商　　　　　E. 单一来源

答案：CD

解析： 公开招标主要适用于采购需求中核心边界条件和技术经济参数明确、完整、符合国家法律法规及政府采购政策，且采购过程中不作更改的项目。

标签： PPP　采购需求　公开招标　询价　竞争性谈判　竞争性磋商　单一来源采购　采购方式

难易程度： 难★★★

5. PPP 项目进行资格预审的目的是（　　）。

A. 加快采购进度

B. 简化采购程序

C. 验证项目能否获得供应商响应

D. 验证项目能否实现充分竞争

E. 节约采购成本

答案：CD

解析：《政府和社会资本合作项目政府采购管理办法》第五条：PPP 项目采购应当实行资格预审。项目实施机构应当根据项目需要准备资格预审文件，发布资格预审公告，邀请社会资本和与其合作的金融机构参与资格预审，验证项目能否获得社会资本响应和实现充分竞争。

标签： PPP　采购程序　资格预审

难易程度： 难★★★

6. PPP 项目进行资格预审的，项目实施机构应当邀请（　　）参与资格预审。

A. 社会资本

B. 与社会资本合作的金融机构

C. 与社会资本合作的施工单位

D. 与社会资本合作的设计单位

E. 与社会资本合作的咨询公司

答案：AB

解析：《政府和社会资本合作项目政府采购管理办法》第五条：PPP 项目采购应当实行资格预审。项目实施机构应当根据项目需要准备资格预审文件，发布资格预审公告，邀请社会资本和与其合作的金融机构参与资格预审，验证项目能否获得社会资本响应和实现充分竞争。

标签：PPP　采购程序　资格预审　邀请供应商

难易程度：难★★★

7. PPP 项目评审小组中的评审专家至少应当包括（　　）。

A. 能源专家 1 名　　　　B. 环保专家 1 名　　　　C. 法律专家 1 名

D. 财务专家 1 名　　　　E. 管理专家 1 名

答案：CD

解析：《政府和社会资本合作项目政府采购管理办法》第七条：项目实施机构、采购代理机构应当成立评审小组，负责 PPP 项目采购的资格预审和评审工作。评审小组由项目实施机构代表和评审专家共 5 人以上单数组成，其中评审专家人数不得少于评审小组成员总数的 2/3。评审专家可以由项目实施机构自行选定，但评审专家中至少应当包含 1 名财务专家和 1 名法律专家。项目实施机构代表不得以评审专家身份参加项目的评审。

标签：PPP　采购程序　资格预审　PPP 项目评审小组　组建评标委员会

难易程度：难★★★

8. PPP 项目评审小组由（　　）组成。

A. 项目实施机构代表　　B. 项目咨询机构代表　　C. 评审专家

D. 政府代表　　　　　　E. 监督部门代表

答案：AC

解析：《政府和社会资本合作项目政府采购管理办法》第七条：项目实施机构、采购代理机构应当成立评审小组，负责 PPP 项目采购的资格预审和评审工作。评审小组由项目实施机构代表和评审专家共 5 人以上单数组成，其中评审专家人数不得少于评审小组成员总数的 2/3。评审专家可以由项目实施机构自行选定，但评审专家中至少应当包含 1 名财务专家和 1 名法律专家。

项目实施机构代表不得以评审专家身份参加项目的评审。

标签：PPP　采购程序　资格预审　PPP项目评审小组　组建评标委员会

难易程度：难★★★

9. PPP项目评审小组可以由（　　　）人组成。

A. 3 　　　　　　　　　B. 4 　　　　　　　　　C. 5

D. 6 　　　　　　　　　E. 7

答案：CE

解析：《政府和社会资本合作项目政府采购管理办法》第七条：项目实施机构、采购代理机构应当成立评审小组，负责PPP项目采购的资格预审和评审工作。评审小组由项目实施机构代表和评审专家共5人以上单数组成，其中评审专家人数不得少于评审小组成员总数的2/3。评审专家可以由项目实施机构自行选定，但评审专家中至少应当包含1名财务专家和1名法律专家。项目实施机构代表不得以评审专家身份参加项目的评审。

标签：PPP　采购程序　资格预审　PPP项目评审小组　组建评标委员会

难易程度：难★★★

10. PPP项目评审小组共7人，其中评审专家人数可以是（　　　）人。

A. 3 　　　　　　　　　B. 4 　　　　　　　　　C. 5

D. 6 　　　　　　　　　E. 7

答案：CDE

解析：《政府和社会资本合作项目政府采购管理办法》第七条：项目实施机构、采购代理机构应当成立评审小组，负责PPP项目采购的资格预审和评审工作。评审小组由项目实施机构代表和评审专家共5人以上单数组成，其中评审专家人数不得少于评审小组成员总数的2/3。评审专家可以由项目实施机构自行选定，但评审专家中至少应当包含1名财务专家和1名法律专家。项目实施机构代表不得以评审专家身份参加项目的评审。

标签：PPP　采购程序　资格预审　PPP项目评审小组　组建评标委员会

难易程度：难★★★

11. PPP 项目评审小组中的评审专家可以（　　　）。

A. 由项目实施机构自行选定

B. 由项目实施机构随机抽取

C. 由财政部门指派

D. 由社会资本选派

E. 由采购代理机构人员担任

答案：AB

解析：《政府和社会资本合作项目政府采购管理办法》第七条：项目实施机构、采购代理机构应当成立评审小组，负责 PPP 项目采购的资格预审和评审工作。评审小组由项目实施机构代表和评审专家共 5 人以上单数组成，其中评审专家人数不得少于评审小组成员总数的 2/3。评审专家可以由项目实施机构自行选定，但评审专家中至少应当包含 1 名财务专家和 1 名法律专家。项目实施机构代表不得以评审专家身份参加项目的评审。

标签：PPP　采购程序　资格预审　PPP 项目评审小组　组建评标委员会

难易程度：难★★★

12. PPP 项目通过资格预审的社会资本数量为（　　　），项目实施机构应当在调整资格预审公告内容后重新组织资格预审。

A. 1 家　　　　　　　　B. 2 家　　　　　　　　C. 3 家

D. 4 家　　　　　　　　E. 5 家以上

答案：AB

解析：《政府和社会资本合作项目政府采购管理办法》第八条：项目有 3 家以上社会资本通过资格预审的，项目实施机构可以继续开展采购文件准备工作；项目通过资格预审的社会资本不足 3 家的，项目实施机构应当在调整资格预审公告内容后重新组织资格预审；项目经重新资格预审后合格社会资本仍不够 3 家的，可以依法变更采购方式。

标签：PPP　采购程序　资格预审

难易程度：难★★★

13. PPP 项目采购文件应该包括（　　　）。

A. 采购邀请

B. 竞争者须知

C. 评审方法和标准

D. 登记参加谈判的社会资本名单

E. 可以与社会资本合作的金融机构名单

答案：ABC

解析：《政府和社会资本合作项目政府采购管理办法》第九条：项目采购文件应当包括采购邀请、竞争者须知（包括密封、签署、盖章要求等）、竞争者应当提供的资格、资信及业绩证明文件、采购方式、政府对项目实施机构的授权、实施方案的批复和项目相关审批文件、采购程序、响应文件编制要求、提交响应文件截止时间、开启时间及地点、保证金交纳数额和形式、评审方法、评审标准、政府采购政策要求、PPP 项目合同草案及其他法律文本、采购结果确认谈判中项目合同可变的细节，以及是否允许未参加资格预审的供应商参与竞争并进行资格后审等内容。项目采购文件中还应当明确项目合同必须报请本级人民政府审核同意，在获得同意前项目合同不得生效。

标签：PPP　采购程序　资格预审　采购文件

难易程度：难★★★

14. 项目实施机构应当在（　　）中列明采购本国货物和服务、技术引进和转让等政策要求，以及对社会资本参与采购活动和履约保证的担保要求。

A. 资格预审公告　　　　B. 采购公告　　　　　C. 采购文件

D. 项目合同　　　　　E. 与咨询机构的委托协议

答案：ABCD

解析：《政府和社会资本合作项目政府采购管理办法》第十条：项目实施机构应当在资格预审公告、采购公告、采购文件、项目合同中列明采购本国货物和服务、技术引进和转让等政策要求，以及对社会资本参与采购活动和履约保证的担保要求。

标签：PPP　采购程序　采购公告　采购文件　合同

15. 项目实施机构组织社会资本召开答疑会不得（　　）进行。

A. 与单独一家　　　　　　B. 统一　　　　　　　C. 分别

D. 分批　　　　　　　　　E. 采用视频方式

答案：ACD

解析：《政府和社会资本合作项目政府采购管理办法》第十一条：项目实施机构应当组织社会资本进行现场考察或者召开采购前答疑会，但不得单独或者分别组织只有一个社会资本参加的现场考察和答疑会。项目实施机构可以视项目的具体情况，组织对符合条件的社会资本的资格条件进行考察核实。

标签： PPP　采购程序　现场踏勘

难易程度：难★★★

16. PPP 项目对社会资本进行资格审查的方式包括（　　）。

A. 资格预审　　　　　　B. 资格再审　　　　　　C. 资格后审

D. 资格终审　　　　　　E. 二合一资格审查

答案：AC

解析：《政府和社会资本合作项目政府采购管理办法》第十二条：评审小组成员应当按照客观、公正、审慎的原则，根据资格预审公告和采购文件规定的程序、方法和标准进行资格预审和独立评审。已进行资格预审的，评审小组在评审阶段可以不再对社会资本进行资格审查。允许进行资格后审的，由评审小组在响应文件评审环节对社会资本进行资格审查。

标签： PPP　采购程序　采购文件　资格审查　资格预审　PPP 项目评审小组

难易程度：难★★★

17. PPP 项目采购结果确认谈判工作组负责（　　）。

A. 编制采购文件

B. 进行 PPP 项目采购评审

C. 采购结果确认前的谈判

D. 采购结果确认

E. 签订 PPP 项目合同

答案：CD

解析：《政府和社会资本合作项目政府采购管理办法》第十四条：PPP 项目采购评审结束后，项目实施机构应当成立专门的采购结果确认谈判工作组，负责采购结果确认前的谈判和最终的采购结果确认工作。

采购结果确认谈判工作组成员及数量由项目实施机构确定，但应当至少包括财政预算管理部门、行业主管部门代表，以及财务、法律等方面的专家。涉及价格管理、环境保护的 PPP 项目，谈判工作组还应当包括价格管理、环境保护行政执法机关代表。评审小组成员可以作为采购结果确认谈判工作组成员参与采购结果确认谈判。

标签：PPP 采购程序 采购文件 合同 PPP 项目采购结果确认谈判工作组

难易程度：难★★★

18. 采购结果确认谈判工作组至少应当包括（　　）。

A. 财政预算管理部门代表

B. 行业主管部门代表

C. 法律专家

D. 财务专家

E. 管理专家

答案：ABCD

解析：采购结果确认谈判工作组成员及数量由项目实施机构确定，但应当至少包括财政预算管理部门、行业主管部门代表，以及财务、法律等方面的专家。涉及价格管理、环境保护的 PPP 项目，谈判工作组还应当包括价格管理、环境保护行政执法机关代表。评审小组成员可以作为采购结果确认谈判工作组成员参与采购结果确认谈判。

标签：PPP 采购程序 PPP 项目采购结果确认谈判工作组 组建评标委

员会

难易程度：难★★★

19. 采购结果确认谈判工作组负责的工作不包括（　　　）。

A. 资格预审

B. 资格后审

C. PPP 项目采购评审

D. 采购结果确认前的谈判

E. 最终的采购结果确认

答案：ABC

解析：《政府和社会资本合作项目政府采购管理办法》第十四条：PPP 项目采购评审结束后，项目实施机构应当成立专门的采购结果确认谈判工作组，负责采购结果确认前的谈判和最终的采购结果确认工作。

标签：PPP　采购程序　PPP 项目采购结果确认谈判工作组

难易程度：难★★★

20. PPP 项目采购结果确认谈判工作组与（　　　）进行确认谈判。

A. 推荐的候选社会资本

B. 与社会资本合作的金融机构

C. 与社会资本合作的施工单位

D. 与社会资本合作的设计单位

E. 与社会资本合作的设备制造商

答案：AB

解析：《政府和社会资本合作项目政府采购管理办法》第十五条：采购结果确认谈判工作组应当按照评审报告推荐的候选社会资本排名，依次与候选社会资本及与其合作的金融机构就项目合同中可变的细节问题进行项目合同签署前的确认谈判，率先达成一致的候选社会资本即为预中标、成交社会资本。

标签：PPP　采购程序　PPP 项目采购结果确认谈判工作组

难易程度：难★★★

21. 确定预中标、成交社会资本的时间是某月 1 日。PPP 项目实施机构在
（   ）与预中标、成交社会资本签署确认谈判备忘录符合规定。

A. 某月第 5 个工作日

B. 某月第 10 个工作日

C. 某月 20 日

D. 某月 30 日

E. 次月 15 日

答案：AB

解析：《政府和社会资本合作项目政府采购管理办法》第十七条：项目实
施机构应当在预中标、成交社会资本确定后 10 个工作日内，与预中标、成交
社会资本签署确认谈判备忘录，并将预中标、成交结果和根据采购文件、响
应文件及有关补遗文件和确认谈判备忘录拟定的项目合同文本在省级以上人
民政府财政部门指定的政府采购信息发布媒体上进行公示，公示期不得少于 5
个工作日。项目合同文本应当将预中标、成交社会资本响应文件中的重要承
诺和技术文件等作为附件。项目合同文本涉及国家秘密、商业秘密的内容可
以不公示。

标签： PPP   采购程序   PPP 项目采购结果确认谈判工作组   合同

难易程度： 难★★★

22. 项目实施机构对 PPP 项目预中标、成交结果公示（   ）符合规定。

A. 5 日   B. 5 个工作日   C. 10 日

D. 10 个工作日   E. 20 日

答案：BCDE

解析：《政府和社会资本合作项目政府采购管理办法》第十七条：项目实
施机构应当在预中标、成交社会资本确定后 10 个工作日内，与预中标、成交社
会资本签署确认谈判备忘录，并将预中标、成交结果和根据采购文件、响应文
件及有关补遗文件和确认谈判备忘录拟定的项目合同文本在省级以上人民政府
财政部门指定的政府采购信息发布媒体上进行公示，公示期不得少于 5 个工作
日。项目合同文本应当将预中标、成交社会资本响应文件中的重要承诺和技术

文件等作为附件。项目合同文本涉及国家秘密、商业秘密的内容可以不公示。

标签： PPP 采购程序 PPP项目采购结果确认谈判工作组 采购公告

难易程度： 难★★★

23. PPP项目实施机构应当在公示期满无异议后，在（ ）内公告中标、成交结果符合规定。

A. 2日   B. 2个工作日   C. 5日

D. 5个工作日   E. 7个工作日

答案： AB

解析：《政府和社会资本合作项目政府采购管理办法》第十八条：项目实施机构应当在公示期满无异议后2个工作日内，将中标、成交结果在省级以上人民政府财政部门指定的政府采购信息发布媒体上进行公告，同时发出中标、成交通知书。

标签： PPP 采购程序 PPP项目采购结果确认谈判工作组 采购公告

难易程度： 难★★★

24. PPP项目中标、成交结果公告内容应当包括（ ）。

A. 合作期限

B. 服务要求

C. 项目概算

D. 回报机制

E. 未中标和成交的社会资本名单

答案： ABCD

解析：《政府和社会资本合作项目政府采购管理办法》第十八条：中标、成交结果公告内容应当包括：项目实施机构和采购代理机构的名称、地址和联系方式；项目名称和项目编号；中标或者成交社会资本的名称、地址、法人代表；中标或者成交标的名称、主要中标或者成交条件（包括但不限于合作期限、服务要求、项目概算、回报机制）等；评审小组和采购结果确认谈判工作组成员名单。

标签： PPP 采购程序 PPP项目采购结果确认谈判工作组 采购公告

难易程度：难★★★

25. PPP 项目实施机构在中标、成交通知书发出后（ ）日内，与中标、成交社会资本签订经本级人民政府审核同意的 PPP 项目合同符合规定。

A. 10   B. 20   C. 30

D. 45   E. 60

答案：ABC

解析：《政府和社会资本合作项目政府采购管理办法》第十九条：项目实施机构应当在中标、成交通知书发出后 30 日内，与中标、成交社会资本签订经本级人民政府审核同意的 PPP 项目合同。

标签： PPP   采购程序   PPP 项目采购结果确认谈判工作组   合同

难易程度：难★★★

26. 项目实施机构签署 PPP 项目合同的对象可以是（ ）。

A. 成交的社会资本

B. 成交的社会资本的分公司

C. 成交的社会资本的子公司

D. 成交的社会资本的分支机构

E. 成交的社会资本专门设立的项目公司

答案：AE

解析：需要为 PPP 项目设立专门项目公司的，待项目公司成立后，由项目公司与项目实施机构重新签署 PPP 项目合同，或者签署关于继承 PPP 项目合同的补充合同。

标签： PPP   采购程序   PPP 项目采购结果确认谈判工作组   合同

难易程度：难★★★

27. PPP 项目采购结果确认谈判工作组应当包括（ ）。

A. 财政预算管理部门代表

B. 行业主管部门代表

C. 法律专家

D. 财务专家

E. 社会资本代表

答案： ABCD

解析： 采购结果确认谈判工作组成员及数量由项目实施机构确定，但应当至少包括财政预算管理部门、行业主管部门代表，以及财务、法律等方面的专家。涉及价格管理、环境保护的PPP项目，谈判工作组还应当包括价格管理、环境保护行政执法机关代表。评审小组成员可以作为采购结果确认谈判工作组成员参与采购结果确认谈判。

标签： PPP　采购程序　PPP项目采购结果确认谈判工作组

难易程度：难★★★

28. PPP项目实施机构于某年某月1日与社会资本签订PPP项目合同，（　　）将PPP项目合同在省级以上人民政府财政部门指定的政府采购信息发布媒体上公告符合规定。

A. 当日　　　　　　B. 次日　　　　　　C. 第五日

D. 第10日　　　　　E. 第15日

答案： AB

解析：《政府和社会资本合作项目政府采购管理办法》第二十条：项目实施机构应当在PPP项目合同签订之日起2个工作日内，将PPP项目合同在省级以上人民政府财政部门指定的政府采购信息发布媒体上公告，但PPP项目合同中涉及国家秘密、商业秘密的内容除外。

标签： PPP　采购程序　PPP项目采购结果确认谈判工作组　合同

难易程度：难★★★

29. PPP项目实施机构应当在采购文件中要求社会资本交纳参加采购活动的保证金和履约保证金。社会资本可以（　　）形式交纳保证金。

A. 支票

B. 汇票

C. 金融机构出具的保函

D. 担保机构出具的保函

E. 现金

答案： ABCD

解析：《政府和社会资本合作项目政府采购管理办法》第二十一条：项目实施机构应当在采购文件中要求社会资本交纳参加采购活动的保证金和履约保证金。社会资本应当以支票、汇票、本票或者金融机构、担保机构出具的保函等非现金形式交纳保证金。参加采购活动的保证金数额不得超过项目预算金额的2%。履约保证金的数额不得超过 PPP 项目初始投资总额或者资产评估值的10%，无固定资产投资或者投资额不大的服务型 PPP 项目，履约保证金的数额不得超过平均6个月服务收入额。

标签： PPP　采购程序　采购文件　保证金

难易程度： 难★★★

30. PPP 项目实施机构关于参加采购活动的保证金的以下要求，符合规定的是（　　　）。

A. 保证金数额为 0

B. 保证金数额为项目预算金额的 1%

C. 保证金数额为项目预算金额的 2%

D. 保证金数额为项目预算金额的 5%

E. 保证金数额为项目预算金额的 10%

答案： ABC

解析：《政府和社会资本合作项目政府采购管理办法》第二十一条：项目实施机构应当在采购文件中要求社会资本交纳参加采购活动的保证金和履约保证金。社会资本应当以支票、汇票、本票或者金融机构、担保机构出具的保函等非现金形式交纳保证金。参加采购活动的保证金数额不得超过项目预算金额的2%。履约保证金的数额不得超过 PPP 项目初始投资总额或者资产评估值的10%，无固定资产投资或者投资额不大的服务型 PPP 项目，履约保证金的数额不得超过平均6个月服务收入额。

标签： PPP　采购程序　采购文件　保证金

难易程度： 难★★★

31. PPP 项目实施机构关于履约保证金的以下要求，符合规定的是（　　）。

A. 保证金数额为 0

B. 保证金数额为 PPP 项目初始投资总额或者资产评估值的 5%

C. 保证金数额为 PPP 项目初始投资总额或者资产评估值的 10%

D. 保证金数额为 PPP 项目初始投资总额或者资产评估值的 15%

E. 保证金数额为 PPP 项目初始投资总额或者资产评估值的 20%

答案：ABC

解析：《政府和社会资本合作项目政府采购管理办法》第二十一条：项目实施机构应当在采购文件中要求社会资本交纳参加采购活动的保证金和履约保证金。社会资本应当以支票、汇票、本票或者金融机构、担保机构出具的保函等非现金形式交纳保证金。参加采购活动的保证金数额不得超过项目预算金额的 2%。履约保证金的数额不得超过 PPP 项目初始投资总额或者资产评估值的 10%，无固定资产投资或者投资额不大的服务型 PPP 项目，履约保证金的数额不得超过平均 6 个月服务收入额。

标签：PPP　采购程序　采购文件　保证金

难易程度：难★★★

32. PPP 项目实施机构关于无固定资产投资的 PPP 项目履约保证金的以下要求，符合规定的是（　　）。

A. 保证金数额为平均 3 个月服务收入额

B. 保证金数额为平均 4 个月服务收入额

C. 保证金数额为平均 5 个月服务收入额

D. 保证金数额为平均 6 个月服务收入额

E. 保证金数额为平均 7 个月服务收入额

答案：ABCD

解析：《政府和社会资本合作项目政府采购管理办法》第二十一条：项目实施机构应当在采购文件中要求社会资本交纳参加采购活动的保证金和履约保证金。社会资本应当以支票、汇票、本票或者金融机构、担保机构出具的保函等非现金形式交纳保证金。参加采购活动的保证金数额不得超过项目预算金额的 2%。履约保证金的数额不得超过 PPP 项目初始投资总额或者资产评估值的 10%，无固定资产投资或者投资额不大的服务型 PPP 项目，履约保证金的数额不得超过平均 6 个月服务收入额。

标签：PPP　采购程序　采购文件　保证金

难易程度：难★★★

第三十一章 《关于〈中华人民共和国政府采购法实施条例〉第十八条第二款法律适用的函》相关试题

判 断 题

1. 同一供应商可以同时承担项目的整体设计、规范编制和项目管理、监理、检测等服务。　　　　　　　　　　　　　　（　　　）

答案： 正确

解析： 为促进政府采购公平竞争，加强采购项目的实施监管，《中华人民共和国政府采购法实施条例》第十八条规定，"除单一来源采购项目外，为采购项目提供整体设计、规范编制或者项目管理、监理、检测等服务的供应商，不得再参加该采购项目的其他采购活动。"其中，"其他采购活动"指为采购项目提供整体设计、规范编制和项目管理、监理、检测等服务之外的采购活动。因此，同一供应商可以同时承担项目的整体设计、规范编制和项目管理、监理、检测等服务。

标签： 供应商资格　采购程序

难易程度： 易★

2. 单一来源采购项目的设计单位，可以同时承担项目的施工。　　（　　　）

答案： 正确

解析： 为促进政府采购公平竞争，加强采购项目的实施监管，《中华人民共和国政府采购法实施条例》第十八条规定，"除单一来源采购项目外，为采购项目提供整体设计、规范编制或者项目管理、监理、检测等服务的供应商，不得再参加该采购项目的其他采购活动。"其中，"其他采购活动"指为采购项目提供整体设计、规范编制和项目管理、监理、检测等服务之外的采购活动。因此，单一来源采购项目中，同一供应商可以同时承担项目的整体设计、规范编制和项目管理、监理、检测以及施工等服务。

标签： 供应商资格　采购程序　单一来源

难易程度： 易★

3. 除单一来源采购项目外，政府采购项目的设计单位，不得参加项目的施工招标。　　　　　　　　　　　　　　　　　　　　（　　）

答案： 正确

解析： 为促进政府采购公平竞争，加强采购项目的实施监管，《中华人民共和国政府采购法实施条例》第十八条规定，"除单一来源采购项目外，为采购项目提供整体设计、规范编制或者项目管理、监理、检测等服务的供应商，不得再参加该采购项目的其他采购活动。"其中，"其他采购活动"指为采购项目提供整体设计、规范编制和项目管理、监理、检测等服务之外的采购活动。

标签： 供应商资格　采购程序　单一来源

难易程度： 易★

单 选 题

1. 除单一来源采购项目外，政府采购项目的项目管理单位供应商不得参加该项目（　　）采购项目的竞争。

A. 规范编制　　　B. 检测　　　　　C. 供货　　　　　D. 监理

答案： C

解析： 为促进政府采购公平竞争，加强采购项目的实施监管，《中华人民共和国政府采购法实施条例》第十八条规定，"除单一来源采购项目外，为采购项目提供整体设计、规范编制或者项目管理、监理、检测等服务的供应商，不得再参加该采购项目的其他采购活动。"其中，"其他采购活动"指为采购项目提供整体设计、规范编制和项目管理、监理、检测等服务之外的采购活动。因此，同一供应商可以同时承担项目的整体设计、规范编制和项目管理、监理、检测等服务。

标签： 供应商资格　采购程序　单一来源

难易程度： 易★

多 选 题

1. 除单一来源采购项目外，政府采购项目的设计单位可以参加该项目以下（　　）采购项目的竞争。

A. 规范编制　　　　　B. 检测　　　　　　　C. 项目管理

D. 监理　　　　　　　E. 供货

答案： ABCD

解析： 为促进政府采购公平竞争，加强采购项目的实施监管，《中华人民共和国政府采购法实施条例》第十八条规定，"除单一来源采购项目外，为采购项目提供整体设计、规范编制或者项目管理、监理、检测等服务的供应商，不得再参加该采购项目的其他采购活动。"其中，"其他采购活动"指为采购项目提供整体设计、规范编制和项目管理、监理、检测等服务之外的采购活动。因此，同一供应商可以同时承担项目的整体设计、规范编制和项目管理、监理、检测等服务。

标签： 供应商资格　采购程序

难易程度： 难★★★

2. 除单一来源采购项目外，政府采购项目的监理单位不得参加该项目以下（　　）采购项目的竞争。

A. 规范编制　　　　　B. 检测　　　　　　　C. 项目管理

D. 施工　　　　　　　　E. 供货

答案： DE

解析： 为促进政府采购公平竞争，加强采购项目的实施监管，《中华人民共和国政府采购法实施条例》第十八条规定，"除单一来源采购项目外，为采购项目提供整体设计、规范编制或者项目管理、监理、检测等服务的供应商，不得再参加该采购项目的其他采购活动。"其中，"其他采购活动"指为采购项目提供整体设计、规范编制和项目管理、监理、检测等服务之外的采购活动。

标签： 供应商资格　采购程序

难易程度： 难★★★

第三十二章 《关于转发国务院法制办公室〈对政府采购工程项目法律适用及申领施工许可证问题的答复〉的通知》相关试题

判 断 题

1. 建筑物和构筑物的新建、改建、扩建及相关的装修、拆除、修缮，达到招标限额的属于依法必须进行招标的项目。　　　　　　　　（　　）

答案： 正确

解析： 按照《招标投标法实施条例》第二条规定，招标投标法所称工程是指，建筑物和构筑物的新建、改建、扩建及相关的装修、拆除、修缮，属于依法必须进行招标的项目。据此，与建筑物和构筑物的新建、改建、扩建无关的单独的装修、拆除、修缮不属于依法必须进行招标的项目。采购此类项目时，应当按照《政府采购法实施条例》第二十五条和《政府采购竞争性磋商采购方式管理暂行办法》规定，采用竞争性谈判、竞争性磋商或者单一来源方式进行采购。

标签： 招标投标法　政府采购法　工程　装修　拆除　修缮

难易程度： 难★★★

2. 政府采购项目中的建筑物重新装修工程，可以采用公开招标方式采购。

（　　）

答案： 错误

解析： 按照《招标投标法实施条例》第二条规定，招标投标法所称工程是指建筑物和构筑物的新建、改建、扩建及相关的装修、拆除、修缮，属于依法必须进行招标的项目。据此，与建筑物和构筑物的新建、改建、扩建无关的单独的装修、拆除、修缮不属于依法必须进行招标的项目。采购此类项目时，应当按照《政府采购法实施条例》第二十五条和《政府采购竞争性磋商采购方式管理暂行方法》规定，采用竞争性谈判竞争性磋商或者单一来源方式进行采购。

标签：招标投标法　政府采购法　工程　装修　拆除　修缮

难易程度：难★★★

3. 与建筑物和构筑物的新建、改建、扩建无关的单独的装修、拆除、修缮，可以采用竞争性谈判方式采购。　　　　　　　　　　（　　）

答案：正确

解析：按照《招标投标法实施条例》第二条规定，招标投标法所称工程是指，建筑物和构筑物的新建、改建、扩建及相关的装修、拆除、修缮，属于依法必须进行招标的项目。据此，与建筑物和构筑物的新建、改建、扩建无关的单独的装修、拆除、修缮不属于依法必须进行招标的项目。采购此类项目时，应当按照《政府采购法实施条例》第二十五条和《政府采购竞争性磋商采购方式管理暂行方法》规定，采用竞争性谈判、竞争性磋商或者单一来源方式进行采购。

标签：招标投标法　政府采购法　工程　装修　拆除　修缮

难易程度：难★★★

4. 与建筑物和构筑物的新建、改建、扩建无关的单独的装修、拆除、修缮属于依法必须进行招标的项目。　　　　　　　　　　　　（　　）

答案：错误

解析：按照《招标投标法实施条例》第二条规定，招标投标法所称工程是指，建筑物和构筑物的新建、改建、扩建及相关的装修、拆除、修缮，属于依法必须进行招标的项目。据此，与建筑物和构筑物的新建、改建、扩建无关的单独的装修、拆除、修缮不属于依法必须进行招标的项目。采购此类项目时，应当按照《政府采购法实施条例》第二十五条和《政府采购竞争性磋商采购方式管理暂行方法》规定，采用竞争性谈判竞争性磋商或者单一来源方式进行采购。

标签：招标投标法　政府采购法　工程　装修　拆除　修缮

难易程度：难★★★

单 选 题

1. 按照《招标投标法实施条例》，以下工程中不属于依法必须进行招标项目的是（　　）。

A. 建筑物新建　　B. 建筑物改建

C. 建筑物扩建　　D. 与新建、改建、扩建无关的建筑物修缮

答案：D

解析：按照《招标投标法实施条例》第二条规定，招标投标法所称工程是指，建筑物和构筑物的新建、改建、扩建及相关的装修、拆除、修缮，属于依法必须进行招标的项目。据此，与建筑物和构筑物的新建、改建、扩建无关的单独的装修、拆除、修缮不属于依法必须进行招标的项目。采购此类项目时，应当按照《政府采购法实施条例》第二十五条和《政府采购竞争性磋商采购方式管理暂行方法》规定，采用竞争性谈判竞争性磋商或者单一来源方式进行采购。

标签：招标投标法　政府采购法　工程　装修　拆除　修缮

难易程度：难★★★

2. 国家机关的新建办公楼的装修项目预算1000万元，应该采用的采购方式是（　　）。

A. 招标　　　　　B. 单一来源　　　C. 竞争性谈判　　D. 竞争性磋商

答案：A

解析：按照《招标投标法实施条例》第二条规定，招标投标法所称工程是指，建筑物和构筑物的新建、改建、扩建及相关的装修、拆除、修缮，属

于依法必须进行招标的项目。据此，与建筑物和构筑物的新建、改建、扩建无关的单独的装修、拆除、修缮不属于依法必须进行招标的项目。采购此类项目时，应当按照《政府采购法实施条例》第二十五条和《政府采购竞争性磋商采购方式管理暂行方法》规定，采用竞争性谈判竞争性磋商或者单一来源方式进行采购。

标签： 招标投标法　政府采购法　工程　装修　拆除　修缮　采购方式

难易程度： 难★★★

3. 国家机关的办公楼修缮项目预算 2000 万元，可以采用的采购方式是（　　）。

A. 公开招标　　　　B. 邀请招标　　　　C. 竞争性谈判　　　D. 询价

答案： C

解析： 按照《招标投标法实施条例》第二条规定，招标投标法所称工程是指，建筑物和构筑物的新建、改建、扩建及相关的装修、拆除、修缮，属于依法必须进行招标的项目。据此，与建筑物和构筑物的新建、改建、扩建无关的单独的装修、拆除、修缮不属于依法必须进行招标的项目。采购此类项目时，应当按照《政府采购法实施条例》第二十五条和《政府采购竞争性磋商采购方式管理暂行方法》规定，采用竞争性谈判竞争性磋商或者单一来源方式进行采购。

标签： 招标投标法　政府采购法　工程　装修　拆除　修缮　采购方式

难易程度： 难★★★

多选题

1. 按照《招标投标法实施条例》，建筑物和构筑物的（　　）属于依法必须进行招标的项目。

A. 新建

B. 改建

C. 扩建

D. 与新建、改建、扩建相关的装修、拆除、修缮

E. 与新建、改建、扩建不相关的装修、拆除、修缮

答案： ABCD

解析： 按照《招标投标法实施条例》第二条规定，招标投标法所称工程是指，建筑物和构筑物的新建、改建、扩建及相关的装修、拆除、修缮属于依法必须进行招标的项目。据此，与建筑物和构筑物的新建、改建、扩建无关的单独的装修、拆除、修缮不属于依法必须进行招标的项目。采购此类项目时，应当按照《政府采购法实施条例》第二十五条和《政府采购竞争性磋商采购方式管理暂行方法》规定，采用竞争性谈判、竞争性磋商或者单一来源方式进行采购。

标签： 招标投标法　政府采购法　工程　装修　拆除　修缮

难易程度： 难★★★

2. 按照招标投标法实施条例，国家机关的以下内容属于依法必须进行招标项目的是（　　　）。

A. 新建办公楼 2000 万元

B. 办公楼的重新装修 2000 万元

C. 办公楼顶的"平改坡"施工 500 万元

D. 拆除围墙工程 300 万元

E. 新建办公楼设计 120 万元

答案： ACE

解析： 按照《招标投标法实施条例》第二条规定，招标投标法所称工程是指，建筑物和构筑物的新建、改建、扩建及相关的装修、拆除、修缮，属于依法必须进行招标的项目。据此，与建筑物和构筑物的新建、改建、扩建无关的单独的装修、拆除、修缮不属于依法必须进行招标的项目。采购此类项目时，应当按照《政府采购法实施条例》第二十五条和《政府采购竞争性磋商采购方式管理暂行方法》规定，采用竞争性谈判、竞争性磋商或者单一来源方式进行采购。

标签：招标投标法　政府采购法　工程　装修　拆除　修缮

难易程度：难★★★

3. 国家机关的办公楼重新装修项目预算 1000 万元，可以采用的采购方式是（　　）。

A. 公开招标　　　　　B. 单一来源　　　　　C. 竞争性谈判

D. 竞争性磋商　　　　E. 询价

答案：BCD

解析：按照《招标投标法实施条例》第二条规定，招标投标法所称工程是指，建筑物和构筑物的新建、改建、扩建及相关的装修、拆除、修缮，属于依法必须进行招标的项目。据此，与建筑物和构筑物的新建、改建、扩建无关的单独的装修、拆除、修缮不属于依法必须进行招标的项目。采购此类项目时，应当按照《政府采购法实施条例》第二十五条和《政府采购竞争性磋商采购方式管理暂行办法》规定，采用竞争性谈判竞争性磋商或者单一来源方式进行采购。根据《政府采购竞争性磋商采购方式管理暂行办法》第三条规定，符合下列情形的项目，可以采用竞争性磋商方式开展采购：

（一）政府购买服务项目；

（二）技术复杂或者性质特殊，不能确定详细规格或者具体要求的；

（三）因艺术品采购、专利、专有技术或者服务的时间、数量事先不能确定等原因不能事先计算出价格总额的；

（四）市场竞争不充分的科研项目，以及需要扶持的科技成果转化项目；

（五）按照招标投标法及其实施条例必须进行招标的工程建设项目以外的工程建设项目。

标签：招标投标法　政府采购法　工程　装修　拆除　修缮

难易程度：难★★★

第三十三章　中国政府采购杂志社主编的《政府采购500问（修订版）》相关试题

判 断 题

1. 有多种不同服务内容的服务类政府采购招标项目，因投标时"服务"无法像货物类项目可以报出"产品品牌"，招标文件可以不载明核心产品。

（　　）

答案： 正确

解析：《政府采购货物和服务招标投标管理办法》第三十一条所指产品是货物，这条规定对服务采购不适用。服务采购时无须像货物采购时一样要报出服务的品牌。核心产品应当根据采购项目技术构成、产品价格比重等合理确定。

标签： 公开招标　采购文件　采购程序　评审方法　评审因素

难易程度： 易★

2. 对于扶贫采购项目，可以优先采购本单位定点帮扶贫困村的农产品。

（　　）

答案： 正确

解析： 在采购需求中写入供应商同等条件下优先采购单位定点帮扶贫困村的农产品，并不违反现行政府采购法律制度规定。

标签： 公开招标　采购文件　政府采购政策　扶贫　采购程序　评审方法　评审因素

难易程度： 易★

3. 采购人可以委托非采购人单位的人员作为采购人代表参与评标或评审。

（　　）

答案：正确

解析：采购人可以委托非采购人单位符合条件的人员作为采购人代表参与评审。但是要注意，采购人代表应当不存在法定需要回避的情形。

标签：公开招标　评审方法　评标委员会

难易程度：难★★★

4. 公开招标的货物和服务项目，资格预审应采用合格制确定合格投标人，不能采用随机抽取的方式确定合格投标人名单。

（　　）

答案：正确

解析：采用公开招标方式的，只允许资格预审文件采用合格制确定合格投标人，不能采用随机抽取的方式确定合格投标人名单。

标签：公开招标　资格预审　合格制

难易程度：难★★★

5. 自然人不可以参加政府采购活动。

（　　）

答案：错误

解析：自然人可以作为政府采购活动的供应商参加政府采购。为了简化法律文本，法律规定不可能穷尽所有情形。《中华人民共和国政府采购法》第二十二条第二款提到"具有良好的商业信誉和健全的财务会计制度"，是对法人单位和其他组织的要求，不是对自然人的要求。在适用法律时，应该遵循其精神实质，而不应拘泥于具体条文。

标签：供应商资格

难易程度：难★★★

6. 事业单位不需要纳税，因此不可以参加政府采购。

（　　）

答案：错误

解析：《中华人民共和国政府采购法》第二十一条未禁止事业单位作为供应商参与政府采购活动。

标签：供应商资格

难易程度：难★★★

7. 法人组织分支机构（分公司）可以独立参与政府采购投标活动。

（　　）

答案： 错误

解析： 《中华人民共和国政府采购法》第二十二条规定，供应商参与政府采购活动应该能够独立承担民事责任，而分公司不能独立承担民事责任，因此分支机构（分公司）不能独立参与政府采购活动。但是，如果分支机构有总公司授权的，可以以总公司的名义参加。

标签：供应商资格

难易程度：难★★★

8. 供应商可以委派本单位工作人员，也可以委派其他单位工作人员不存在法定需要回避的情形，作为授权代表参加政府采购项目招标投标活动。

（　　）

答案： 正确

解析： 授权委托人是由供应商通过授权委托书的形式，委托其行使投标人权利的相关人员，可以是本单位工作人员，也可以是非本单位工作人员。

标签：公开招标　供应商资格

难易程度：难★★★

9. 设计单位可以参加本项目检测服务招标投标。　　　　（　　）

答案： 正确

解析： 根据《关于〈中华人民共和国政府采购法实施条例〉第十八条第二款法律适用问题的函》规定，《政府采购法实施条例》第十八条中第二款中的"其他采购活动"指为采购项目提供整体设计、规范编制和项目管理、监理、检测等服务之外的采购活动。因此，同一供应商可以同时承担项目的整体设计、规范编制和项目管理、监理、检测等服务。

标签：公开招标　供应商资格

难易程度：难★★★

10. 政府采购项目可以要求供应商必须是生产厂商。　　　　　（　　）

答案： 正确

解析： 政府采购项目可以要求供应商必须是生产厂商，这种情形不属于"以不合理的条件对供应商实行差别待遇或者歧视待遇"的情形。

标签： 供应商资格

难易程度：难★★★

11. 政府采购项目可以要求供应商必须是代理商，制造厂家不得直接投标。

（　　）

答案： 错误

解析： 这种情形属于"以不合理的条件对供应商实行差别待遇或者歧视待遇"的情形。

标签： 供应商资格

难易程度：难★★★

12. 评分办法规定可以规定：投标人为独立法人得2分，投标人为非独立法人得0分。

（　　）

答案： 错误

解析： 资格条件不得列为评分因素。

标签： 供应商资格　　评审方法　　评审因素

难易程度：难★★★

13. 供应商资格条件规定，投标人应具有3个以上类似项目业绩。（　　）

答案： 错误

解析： 根据《政府采购需求管理办法》第十八条规定，根据采购需求特点提出的供应商资格条件，要与采购标的的功能、质量和供应商履约能力直接相关，且属于履行合同必需的条件，包括特定的专业资格或者技术资格、设备设施、业绩情况、专业人才及管理能力等。

业绩情况作为资格条件时，要求供应商提供的同类业务合同一般不超过2个，并明确同类业务的具体范围。涉及政府采购政策支持的创新产品采购的，不得提出同类业务合同、生产台数、使用时长等业绩要求。

标签：供应商资格　评审方法　评审因素

难易程度：难★★★

14. 分公司的不良信用记录不应当视同总公司的不良行为记录。（　　）

答案：错误

解析：《中华人民共和国公司法》第十四条规定，公司可以设立分公司，分公司不具有法人资格，其民事责任由公司承担。一般情况下，分公司的不良信用记录应当视同总公司的不良行为记录，法律法规另有规定的除外。

标签：公开招标　评审方法

难易程度：难★★★

15. 分公司的不良信用记录应当视同总公司的不良行为记录。（　　）

答案：正确

解析：《中华人民共和国公司法》第十四条规定，公司可以设立分公司，分公司不具有法人资格，其民事责任由公司承担。一般情况下，分公司的不良信用记录应当视同总公司的不良行为记录，法律法规另有规定的除外。

标签：公开招标　评审方法

难易程度：难★★★

16. 邀请招标项目，汇总综合评分结果后发现采购人对供应商资格审查错误，可以重新评审。（　　）

答案：错误

解析：由于《政府采购货物和服务招标投标管理办法》属于部门规章，《财政部关于进一步规范政府采购评审工作有关问题的通知》属于规范性文件，《政府采购货物和服务招标投标管理办法》的法律效力高于《财政部关于进一步规范政府采购评审工作有关问题的通知》，因此应当以《政府采购货物和服务招标投标管理办法》为准，资格性审查错误不属于重新评审的情形。

因此，采购人和采购代理机构应当认真开展资格性审查，避免发生错误。关于供应商遭遇资格性审查错误后如何救济的问题，财政部将按照《深化政府采购制度改革方案》的要求，在下一步修订《政府采购货物和服务招标投标管理办法》时予以明确。

标签： 公开招标　评审方法　采购程序

难易程度： 难★★★

17. 询价采购项目，评标结束之前发现评审小组对供应商资格审查错误，可以重新评审。　　　　　　　　　　　　　　　　　　　（　　）

答案： 正确

解析：《财政部关于进一步规范政府采购评审工作有关问题的通知》属于有效的规范性文件。

标签： 询价　评审方法　采购程序

难易程度： 难★★★

18. 公开招标项目符合性审查错误，可以重新评审进行纠正。　（　　）

答案： 错误

解析： 目前，在政府采购货物和服务招标投标中，"资格性审查"或者"符合性审查"认定错误的处理情形确实没有明确的法律制度规定。下一步，财政部将在修订相关制度中予以明确。

标签： 公开招标　评审方法　采购程序

难易程度： 难★★★

19. 经过财政部门同意可以采购进口产品的项目，可以规定投标产品必须是进口产品。　　　　　　　　　　　　　　　　　　　　　　（　　）

答案： 错误

解析：《关于政府采购进口产品问题的通知》（财办库〔2008〕248 号）第五项第二款规定，有关财政部门审核同意购买进口产品的，应当在采购文件中明确规定可以采购进口产品，但如果因信息不对称等原因，仍有满足需求的国内产品要求参与采购竞争的，采购人及其委托的采购代理机构不得对其加以限制，应当按照公平竞争原则实施采购。

标签： 采购文件　采购程序　进口产品

难易程度： 难★★★

20. 政府采购货物和服务采购项目，要求供应商提供业绩的金额应与项目预算相当。 （　　）

答案： 错误

解析： 将特定金额的合同业绩或累计业绩设置为评审因素时，由于合同金额与营业收入直接相关，此类评审因素的设置违反了《政府采购货物和服务招标投标管理办法》第十七条的规定，属于《政府采购法实施条例》第二十条规定的"以不合理的条件对供应商实行差别待遇或者歧视待遇"的情形。

标签： 政府采购政策　中小企业　评审因素

难易程度： 难★★★

21. 不属于必须招标范围的政府采购工程也可以自愿采用招标方式采购。 （　　）

答案： 错误

解析： 依法不进行招标的政府采购工程项目，应当采用竞争性谈判、竞争性磋商或者单一来源采购方式采购。

标签： 工程　采购方式　公开招标

难易程度： 难★★★

22. 公开招标数额标准以下的项目不可以公开招标。 （　　）

答案： 错误

解析： 政府采购限额标准以上、公开招标数额标准以下的货物和服务项目，采购人可以选择公开招标方式进行采购。但需要考虑是否有充分的竞争以及公开招标的成本是否与节约的资金相匹配。依法不进行招标的政府采购工程项目，应当采用竞争性谈判、竞争性磋商或者单一来源采购方式采购。

标签：采购方式　公开招标

难易程度：难★★★

23. 未达到公开招标数额的政府采购工程，采购人可以自愿采用招标方式采购。　　　　　　　　　　　　　　　　　　　　　　　　　（　　）

答案：错误

解析：《中华人民共和国政府采购法实施条例》第二十五条和《政府采购竞争性磋商采购方式管理暂行办法》规定，政府采购工程依法不进行招标的，应当采用竞争性谈判、竞争性磋商或者单一来源采购方式采购。

标签：工程　采购方式　公开招标

难易程度：难★★★

24. 单独的修缮工程，如果金额较大采购人应采用招标方式采购。（　　）

答案：错误

解析：与建筑物新建、改建、扩建无关的装修、修缮、拆除工程，达到分散采购限额标准的，均适用于《中华人民共和国政府采购法》和《中华人民共和国政府采购法实施条例》。依照《中华人民共和国政府采购法实施条例》第二十五条和《政府采购竞争性磋商采购方式管理暂行办法》的规定，政府采购工程依法不进行招标的，应当采用竞争性谈判、竞争性磋商或者单一来源采购方式采购。

标签：招标投标法　工程　修缮工程　采购方式

难易程度：难★★★

25. 装修工程采用招标方式采购，招标程序应适用《政府采购货物和服务招标投标办法》。　　　　　　　　　　　　　　　　　　　　（　　）

答案：错误

解析：新建工程项目中的电梯属于工程相关的货物。合同估算价达到《必须招标的工程项目规定》（国家发改委16号令）规定的限额标准（400万元）的应该依法招标，且适用《招标投标法》。对于预算金额是150万元的电梯项目，属于依法不予招标的工程，适用《中华人民共和国政府采购法》和

《中华人民共和国政府采购法实施条例》。《中华人民共和国政府采购法实施条例》和《政府采购竞争性磋商采购方式管理暂行办法》规定：政府采购工程依法不进行招标的，应当采用竞争性谈判、竞争性磋商或者单一来源采购方式采购。

标签：招标投标法　工程　修缮工程　采购方式

难易程度：难★★★

26. 公开招标项目符合要求的投标人为3个，排名第一的中标候选人放弃中标，采购人可以从剩下的两个中标候选人中任选一家为中标人。　（　　）

答案：错误

解析：《中华人民共和国政府采购法实施条例》第四十九条规定，中标或者成交供应商拒绝与采购人签订合同的，采购人可以按照评审报告推荐的中标或者成交候选人名单排序，确定下一候选人为中标或成交供应商，也可以重新开展采购活动。

标签：公开招标　采购程序　合同

难易程度：难★★★

27. 公开招标项目符合要求的投标人为3个，排名第一的中标候选人放弃中标，采购人必须废标。　（　　）

答案：错误

解析：《中华人民共和国政府采购法实施条例》第四十九条规定，中标或者成交供应商拒绝与采购人签订合同的，采购人可以按照评审报告推荐的中标或者成交候选人名单排序，确定下一候选人为中标或成交供应商，也可以重新开展采购活动。

标签：公开招标　采购程序　合同

难易程度：难★★★

28. 采购进口机电产品的政府采购项目，必须进行国际招标。　（　　）

答案：错误

解析：依照政府采购法律规定，政府采购进口机电产品招标投标属于政府采购范畴，其政府采购政策、质疑投诉等应当遵照政府采购法律法规规定执行。

标签： 进口产品　公开招标　采购方式

难易程度： 难★★★

29. 政府采购进口机电产品的，必须经财政部门批准。　　　　（　　）

答案： 正确

解析： 依照政府采购法律规定，政府采购进口机电产品招标投标属于政府采购范畴，其政府采购政策、质疑投诉等应当遵照政府采购法律法规规定执行。

标签： 进口产品　公开招标　采购方式　采购程序

难易程度： 难★★★

30. 某机关新建办公楼，现有设计费为 150 万元的办公楼工程设计项目，因没有达到政府采购公开招标的数额标准，因此，可以采用非招标方式采购。

　　　　　　　　　　　　　　　　　　　　　　　　　（　　）

答案： 错误

解析： 根据《必须招标的工程项目规定》（国家发展改革委 2018 年 16 号令）第五条第三款规定，勘察、设计、监理等服务的采购，单项合同估算价在 100 万元人民币以上。同一项目中可以合并进行的勘察、设计、施工、监理以及与工程建设有关的重要设备、材料等的采购，合同估算价合计达到前款规定标准的，必须招标。

标签： 招标投标法　工程　设计　公开招标　非招标方式　采购方式

难易程度： 难★★★

31. 主管预算单位可以代表下级预算单位签订和实施政府采购合同。

　　　　　　　　　　　　　　　　　　　　　　　　　（　　）

答案： 错误

解析： 应由预算单位依法实施采购活动并签订合同。

标签： 政府采购当事人　采购人　主体责任　采购程序　合同

难易程度：难★★★

32. 学校在购买服务时，可以签订履行期限为3年的服务合同。（　　）

答案： 正确

解析： 事业单位不是政府购买服务的主体，但仍属于政府采购主体，应当按照政府采购法律制度的规定采购所需服务。

标签： 采购人　采购方式　服务　合同

难易程度：难★★★

33. 竞争性磋商项目，第二轮报价不能高于第一轮报价。（　　）

答案： 错误

解析： 竞争性磋商只有最后一轮供应商才提供报价，之前提出的带有价格的方案可以视为成本估算，如采购文件没有限制，后一轮成本估算可以高于、低于或等于前一轮成本估算。

标签： 采购程序　竞争性磋商　澄清

难易程度：中★★

34. 竞争性磋商项目，磋商小组可以要求供应商进行澄清或更正。供应商的澄清、说明可以对响应文件的内容做实质性改变。（　　）

答案： 错误

解析：《政府采购竞争性磋商采购方式管理暂行办法》规定，磋商小组在对响应文件的有效性、完整性和响应程度进行审查时，可以要求供应商对响应文件中含义不明确、同类问题表述不一致或者有明显文字和计算错误的内容等作出必要的澄清、说明或者更正。因此，磋商小组可以要求供应商进行澄清或更正。但是，供应商的澄清、说明或者更正不得超出响应文件的范围或者改变响应文件的实质性内容。

标签： 采购程序　竞争性磋商　澄清

难易程度：中★★

35. 货物服务招标项目汇总每个专家得分并计算综合得分时，应该去掉最

高分和最低分。　　　　　　　　　　　　　　　　　　　　　（　　）

答案：错误

解析：《政府采购货物和服务招标投标管理办法》第五十五条规定了价格分的计算方法，并明确要求评标过程中不得去掉报价中的最高报价和最低报价。

标签：公开招标　采购程序　评审方法

难易程度：中★★

36. 公开招标项目投标文件中投标总价与开标一览表价格不一致的，以开标一览表为准。　　　　　　　　　　　　　　　　　　　　　（　　）

答案：正确

解析：供应商未在投标截止时间前，对所递交的投标文件进行补充、修改或者撤回，不属于《政府采购货物和服务招标投标管理办法》（财政部第 87 号令）第三十四条规定的情形。投标报价应以投标文件中的开标记录为准。

标签：采购程序　公开招标

难易程度：中★★

37. 评标委员会中的采购人代表必须是采购人单位工作人员。　（　　）

答案：错误

解析：采购人代表是由采购人指定、代表采购人参与评审的人员，可以为本单位工作人员，也可为其他单位工作人员。

标签：公开招标　采购程序　评标委员会

难易程度：中★★

38. 评标委员会可以全部是专家。　　　　　　　　　　　　　（　　）

答案：正确

解析：在评标委员会中若无采购人代表参加，不违反《政府采购货物和服务招标投标管理办法》规定。为落实采购人主体责任，财政部提倡采购人指派熟悉项目的工作人员作为采购人代表参与评审。

标签：公开招标　采购程序　评标委员会

难易程度：中★★

39. 技术复杂、专业性强的竞争性磋商采购项目，采购人可以自行选定相应专业领域的评审专家。 （ ）

答案： 错误

解析： 竞争性磋商的评审专家应当从省级以上人民政府财政部门设立的评审专家库中随机抽取评审专家；对于技术复杂、专业性强的采购项目，通过随机方式难以确定合适评审专家的，经主管预算单位同意，采购人可以自行选定相应专业领域的评审专家。

标签： 采购程序 竞争性磋商 评审小组

难易程度： 中★★

40. 财政部门工作人员可以担任政府采购项目评审专家。 （ ）

答案： 错误

解析： 政府采购监督管理部门人员是指各级财政部门政府采购处室（科、股）工作人员，不包括财政法制部门工作人员。因此，法制科工作人员在不存在回避情形的前提下，可以作为评审专家。

标签： 采购程序 评审小组 评审专家 回避

难易程度： 中★★

41. 在职人员被选为评审专家，单位不同意时可先评标，然后向单位说明情况。 （ ）

答案： 错误

解析： 事业单位在职人员参加政府采购评审活动不得影响本职工作。如果在工作时间参加评审，应该征得单位的同意。

标签： 采购程序 公开招标 评审小组 专家责任

难易程度： 中★★

42. 专家库中的行政事业单位在职人员不得作为评审专家参加行政事业单位的评标。 （ ）

答案： 错误

解析： 事业单位在职人员参加政府采购评审活动不得影响本职工作。如果在工作时间参加评审，应该征得单位的同意。

标签： 采购程序　公开招标　评审小组　评审专家　回避

难易程度： 中★★

43. 采购人可以确定限制参加评标专家名单，并在随机选取评标专家时主动回避列入名单的专家。　　　　　　　　　　　　　　　（　　）

答案： 错误

解析： 按照《政府采购评审专家管理办法》和《政府采购进口产品管理办法》的规定，抽取专家时应当回避与供应商有利害关系的专家和参加了进口论证的专家。除回避情形外，财政部门也可以依法限制列入严重违法失信名单的专家参加评审的权利。

标签： 采购程序　公开招标　评审小组　评审专家　回避

难易程度： 中★★

44. 财政部门可以确定限制参加评标专家名单，采购人和采购代理机构在随机选取评标专家时应主动回避列入名单的专家。　　　　　　（　　）

答案： 正确

解析： 按照《政府采购评审专家管理办法》和《政府采购进口产品管理办法》的规定，抽取专家时应当回避与供应商有利害关系的专家和参加了进口论证的专家。除回避情形外，财政部门也可以依法限制列入严重违法失信名单的专家参加评审的权利。

标签： 采购程序　公开招标　评审小组　评审专家　回避

难易程度： 中★★

45. 必要时，采购人可以邀请投标人代表进入评标室与评标专家会面，当面陈述、讲解投标方案。　　　　　　　　　　　　　　　（　　）

答案： 错误

解析： 除采购人代表、评标现场组织人员外，采购人的其他工作人员以及与评标工作无关的人员不得进入评标现场。故投标人代表不应当要求进入评标室与专家会面。

标签：采购程序　公开招标　评审小组　澄清

难易程度：中★★

46. 评标委员会可以根据每个专家的特点，分工负责一部分内容进行评审。分工负责的评审结果作为其他专家评审的基础。　　　　（　　）

答案：错误

解析：无论是商务还是技术因素、无论是主观因素还是客观因素，评审专家和采购人代表都应该独立、全面地进行评审，不应该只评一部分。

标签：采购程序　公开招标　评审方法　评审小组　专家责任

难易程度：中★★

47. 商务专家应只负责对商务评审因素和价格进行评审。商务专家对技术部分的评审应按照技术专家的评审结果评审。　　　　（　　）

答案：错误

解析：无论是商务还是技术因素、无论是主观因素还是客观因素，评审专家和采购人代表都应该独立、全面地进行评审，不应该只评一部分。

标签：采购程序　公开招标　评审方法　评审小组　专家责任

难易程度：中★★

48. 采购代理机构应汇总商务专家的商务评审因素和价格因素评分，技术专家的技术因素评分，作为评标委员会的集体评分。　　　（　　）

答案：错误

解析：无论是商务还是技术因素、无论是主观因素还是客观因素，评审专家和采购人代表都应该独立、全面地进行评审，不应该只评一部分。

标签：采购程序　公开招标　评审方法　评审小组　专家责任

难易程度：中★★

49. 政府采购项目供应商报价低于成本的，应认定为无效投标或响应。

　　　　（　　）

答案：错误

解析：《政府采购货物和服务招标投标管理办法》第六十条规定，评标委员会认为投标人的报价明显低于其他通过符合性审查投标人的报价，有可能影响产品质量或者不能诚信履约的，应当要求其在评标现场合理的时间内提供书面说明，必要时提交相关证明材料；投标人不能证明其报价合理性的，评标委员会应当将其作为无效投标处理。因此，评标委员会应对投标人报价明显低于其他通过符合性审查投标人的报价要求投标人提供说明，并不需要进行低于成本价认定。

标签： 采购程序 公开招标 评审方法 评审小组

难易程度： 中★★

50. 政府采购项目，采购人可以授权评标委员会或评审小组确定中标人或成交供应商。 （ ）

答案： 正确

解析： 采购人可以在招标文件中明确授权评标委员会确定中标人，也可以以授权函的形式授权评标委员会确定中标人。

标签： 采购程序 公开招标 评审方法 评审小组 评标委员会 专家责任

难易程度： 易★

51. 政府采购招标项目，采购人可以授权评标委员会负责资格审查。

（ ）

答案： 错误

解析： 根据《政府采购货物和服务招标投标管理办法》，货物和服务项目公开招标评标前对供应商的资格审查应该由采购人或者采购代理机构完成。不应委托其他人完成资格审查工作。

标签： 采购程序 公开招标 评审方法 评审小组 评标委员会 专家责任 资格审查

难易程度： 易★

52. 政府采购招标项目，采购人可以授权采购代理机构负责资格审查。

（　　）

答案：正确

解析：根据《政府采购货物和服务招标投标管理办法》，货物和服务项目公开招标评标前对供应商的资格审查应该由采购人或者采购代理机构完成。不应委托其他人完成资格审查工作。

标签：采购程序　公开招标　评审方法　评审小组　评标委员会　专家责任　资格审查

难易程度：易★

53. 供应商参加营业执照所列经营范围以外内容投标的，应作无效投标处理。

（　　）

答案：错误

解析：除国家限制经营、特许以及法律行政法规禁止经营的外，政府采购法律制度并不禁止供应商超经营范围参与政府采购项目。如果投标文件也不禁止供应商超经营范围投标，则不能认定投标无效。

标签：采购程序　资格条件

难易程度：易★

54. 询价小组评审中不得改变谈判通知书中的任何内容。

（　　）

答案：正确

解析：采用询价采购方式的，主要适用货物规格、标准统一的采购项目，询价过程中不得改变询价通知书所确定的采购标的和资格条件等要求。

标签：采购程序　询价　评审方法　评审小组　询价小组

难易程度：易★

55. 供应商递交的响应文件是要约，不是承诺。

（　　）

答案：正确

解析：政府采购法规体系中的竞争性谈判、竞争性磋商、询价、单一来源采购属于签订合同的方式，竞争性谈判、竞争性磋商、询价活动公开发布的采购信息公告属于要约邀请。

标签：采购程序　合同

难易程度：易 ★

56. 当工程合同采用单价合同计价时，在设计不变、招标范围不变、施工图纸不变、合同范围不变的情况下，由于工程量清单不准确或者施工现场的变化发生的现场变更，不受10%的限制。　　　　　（　　）

答案：正确

解析：当工程合同采用单价合同计价时，实际结算是按照工程量乘以单价作为结算价款的。在设计不变、招标范围不变、施工图纸不变、合同范围不变的情况下，由于工程量清单不准确或者施工现场的变化发生的现场变更，应该不受10%的限制。

标签：采购程序　工程　合同

难易程度：易 ★

57. 对于属于设计不变、施工图纸不变、合同范围不变，仅仅由于图纸不到位、工程量清单不准确发生的现场变更，属于正常的合同计量内容，由监理单位和建设单位确认后即可支付，不需要向财政部门报备。　　（　　）

答案：正确

解析：对于属于设计不变、施工图纸不变、合同范围不变，仅仅由于图纸不到位、工程量清单不准确发生的现场变更，属于正常的合同计量内容，由监理单位和建设单位确认后即可支付，不需要向财政部门报备。如果监督部门提出疑问，可由施工单位和监理单位作出说明。

标签：采购程序　工程　合同

难易程度：易 ★

58. 被财政部门禁止参加政府采购活动的供应商，没有资格对政府采购活动提出质疑投诉。　　　　　　　　　　　　　　　　（　　）

答案：正确

解析：若供应商被地方财政部门禁止参加政府采购活动，则该供应商应当在全国范围内禁止参加政府采购活动。提出质疑投诉的供应商应当是参与所质疑的项目采购活动的供应商或者潜在供应商，因此，被禁止参加政府采购活动的供应商是不能提起质疑投诉的。

标签： 采购程序　供应商资格　质疑　投诉

难易程度： 易★

59. 被地方财政部门禁止参加政府采购活动的供应商，可以参加其他地方的政府采购活动。　　　　　　　　　　　　　　　　　　　　（　　）

答案： 错误

解析： 若供应商被地方财政部门禁止参加政府采购活动，则该供应商应当在全国范围内禁止参加政府采购活动。进行质疑投诉的供应商应当是参与所质疑的项目采购活动的供应商或者潜在供应商，因此，被禁止参加政府采购活动的供应商是不能质疑投诉的。

标签： 采购程序　采购文件　供应商资格

难易程度： 易★

60. 公开招标限额标准以上，需要采用单一来源采购方式进行采购的项目，应当在采购活动开始前获得县级以上财政部门的批准。　　　（　　）

答案： 错误

解析： 公开招标限额标准以上，需要采用单一来源采购方式进行采购的项目，应当在采购活动开始前获得设区的市、自治州以上人民政府采购监督管理部门的批准。根据《中央预算单位变更政府采购方式审批管理办法》的规定。中央预算单位申请单一来源采购方式，在进行单位内部会商前，应当组织3名以上专业人员对只能从唯一供应商处采购的理由进行论证。专业人员不能与论证项目有直接利害关系，不能是本单位或者潜在供应商及其关联单位的工作人员。

标签： 采购程序　采购方式　单一来源

难易程度： 易★

61. 公开招标限额标准以上，符合采用单一来源采购方式进行采购的项

目，采购人可自行决定采用单一来源方式采购。 （ ）

答案：错误

解析：公开招标限额标准以上，需要采用单一来源采购方式进行采购的项目，应当在采购活动开始前获得设区的市、自治州以上人民政府采购监督管理部门的批准。根据《中央预算单位变更政府采购方式审批管理办法》的规定。中央预算单位申请单一来源采购方式，在进行单位内部会商前，应当组织3名以上专业人员对只能从唯一供应商处采购的理由进行论证。专业人员不能与论证项目有直接利害关系，不能是本单位或者潜在供应商及其关联单位的工作人员。

标签：采购程序 采购方式 单一来源

难易程度：易★

62. 某供应商为产品制造商，被某地财政部门禁止参加政府采购活动。其他公司可以使用其研发和生产的产品授权参加政府采购活动。 （ ）

答案：正确

解析：《中华人民共和国政府采购法》第七十七条的处罚措施是针对违法供应商本身。若A公司被列入不良行为记录名单，并在一年内禁止参加政府采购活动，其他公司可以使用其研发和生产的产品授权参加政府采购活动。

标签：采购程序 供应商资格

难易程度：易★

63. 供应商被财政部门禁止参加政府采购活动，其子公司仍可参加。

（ ）

答案：正确

解析：子公司是独立法人，只要符合《中华人民共和国政府采购法》第二十二条的规定，是可以参加政府采购活动的。

标签：采购程序 供应商资格

难易程度：易★

64. 供应商被财政部门禁止参加政府采购活动后，其分公司也不得参加政府采购活动。 （ ）

答案：正确

解析：分公司不具备独立法人地位，若其总公司受到禁止参加政府采购活动的处罚，是不能参加政府采购活动的

标签：采购程序　供应商资格

难易程度：易★

65. 自收自支事业性质的预算单位，不是政府采购主体。　　　　（　　）

答案：错误

解析：对于自收自支事业单位，如果属于预算单位，相关财务收支仍然纳入预算管理，即是政府采购主体。

标签：政府采购范畴　事业单位

难易程度：易★

66. 医院食堂经营权对外转让项目，估算价为 300 万元，不属于政府采购项目。　　　　（　　）

答案：正确

解析：《中华人民共和国政府采购法》规定，本法所称采购，是指以合同方式有偿取得货物、工程和服务的行为，包括购买、租赁、委托、雇佣等。医院食堂经营权对外转让，采购人没有发生购买、租赁、委托、雇佣等行为，因此医院食堂经营权对外转让不属于政府采购。

标签：政府采购范畴

难易程度：易★

67. 以公开招标方式采购的政府采购工程，可以不编制采购预算。

（　　）

答案：错误

解析：以公开招标方式采购的政府采购工程，应当按照政府采购法律制度规定编制采购预算，备案采购计划及合同。

标签：采购程序　工程　采购预算

难易程度：易★

单 选 题

1. 除采购人代表、评标现场组织人员外，采购人的其他工作人员以及与评标工作无关的人员不得进入评标现场。在采购人委托代理机构采购的情况下，"评标现场组织人员"指的是（　　）。

A. 采购人的工作人员　　　　　　B. 采购代理机构工作人员

C. 财政部门监督人员　　　　　　D. 采购人监督人员

答案： B

解析： 在采购人委托代理机构采购的情况下，采购代理机构按委托协议履行有关评标组织工作，"评标现场组织人员"是指采购代理机构工作人员，但是采购代理机构与本次评标工作无关的人员不得进入评标现场。

标签： 公开招标　采购程序　评标办法　评标委员会　评审纪律

难易程度： 难★★★

2. 供应商对政府采购活动提出投诉的期限为质疑答复期满后，（　　）个工作日。

A. 10　　　　　B. 15　　　　　C. 20　　　　　D. 30

答案： B

解析： 根据《政府采购质疑和投诉办法》（财政部第94号令）第十七条规定，质疑供应商对采购人、采购代理机构的答复不满意，或者采购人、采购代理机构未在规定时间内做出答复的，可以在答复期满后十五个工作日内向本办法第六条规定的财政部门提起投诉。

标签： 采购程序　投诉

难易程度： 易★

3. 供应商被财政部门禁止参加政府采购活动后，与其相关的（　　）也不得参加政府采购活动。

A. 分公司　　　B. 代理商　　　C. 子公司　　　D. 兄弟公司

答案： A

解析： （1）《中华人民共和国政府采购法》第七十七条的处罚措施是针对违法供应商本身。若 A 公司被列入不良行为记录名单，并在一年内禁止参加政府采购活动，其他公司可以使用其研发和生产的产品授权参加政府采购活动。

（2）A 公司的关联公司，若与 A 公司是互相独立的法人，只要符合《中华人民共和国政府采购法》第二十二条的规定，是可以参加政府采购活动的。分公司不具备独立法人地位，若其总公司受到禁止参加政府采购活动的处罚，是不能参加政府采购活动的

标签： 采购程序　供应商资格

难易程度： 易★

4. 某医院的以下项目不属于政府采购项目的是（　　）。

A. 采购试剂　　　　　　　　　　B. 食堂经营权对外转让

C. 拆除危房工程　　　　　　　　D. 办公楼装修工程

答案： B

解析：《中华人民共和国政府采购法》规定，本法所称采购，是指以合同方式有偿取得货物、工程和服务的行为，包括购买、租赁、委托、雇佣等。医院食堂经营权对外转让，采购人没有发生购买、租赁、委托、雇佣等行为，因此医院食堂经营权对外转让不属于政府采购。

标签： 政府采购范畴

难易程度： 易★

5. 公开招标的货物和服务项目，资格预审应采用（　　）方法确定合格投标人。

A. 合格制

B. 有限数量制

C. 从审查合格的申请人中随机抽取

D. 综合评价法

答案： A

解析：采用公开招标方式的，只允许资格预审文件采用合格制确定合格投标人，不能采用随机抽取的方式确定合格投标人名单。

标签：公开招标　采购程序　资格预审　合格制

难易程度：难★★★

6. 以下关于企业法人分支机构参加政府采购活动的说法正确的是（　　）。

A. 分支机构可由其中公司承担民事责任，可以参加政府采购

B. 分支机构不能独立承担民事责任，不可以参加政府采购

C. 分支机构有营业执照，可以参加政府采购

D. 分支机构没有营业执照，不可以参加政府采购

答案：B

解析：《中华人民共和国政府采购法》第二十二条规定，供应商参与政府采购活动应该能够独立承担民事责任，而分公司不能独立承担民事责任，因此分支机构（分公司）不能独立参与政府采购活动。但是，如果分支机构有总公司授权的，可以以总公司的名义参加。

标签：公开招标　采购程序　供应商资格

难易程度：难★★★

7. 竞争性谈判项目，由（　　）根据响应文件对供应商资格条件进行审查。

A. 谈判小组　　　B. 采购人　　　C. 采购代理机构　D. 工作人员

答案：A

解析：根据《政府采购非招标采购方式管理办法》（财政部令第 74 号）第十七条第（三）项规定，评审情况记录和说明，包括对供应商的资格审查情况、供应商响应文件评审情况、报价情况等。

标签：竞争性谈判　采购程序　资格审查　供应商资格

难易程度：难★★★

8. 医疗企业采购项目要求投标人提供投标产品的医疗器械注册证，医疗器械注册证属于（　　）证明材料。

A. 投标人资格   B. 制造厂家资格

C. 产品资格   D. 产品符合

答案： D

解析： 医疗器械项目采购中要求提供医疗器械注册证不属于《政府采购货物和服务招标投标管理办法》第十七条规定的情形。关于以何种形式提供相关证明材料，采购人和采购代理机构应当遵循尽量减轻供应商负担的原则，可以通过相关主管部门官网查验等方式进行证明的事项，可不再要求供应商提供相关材料或证明。

标签： 公开招标   采购程序   评审方法

难易程度： 难★★★

9. 以下关于分公司信用情况的说法正确的是（   ）。

A. 分公司的不良信用记录不应当视同总公司的不良行为记录

B. 分公司的不良信用记录应当视同总公司的不良行为记录

C. 如果分公司以自己名义投标，分公司的不良信用记录不应当视同总公司的不良行为记录

D. 分公司以总公司名义投标时，分公司的不良信用记录才应当视同总公司的不良行为记录

答案： B

解析：《公司法》第十四条规定，公司可以设立分公司，分公司不具有法人资格，其民事责任由公司承担。一般情况下，分公司的不良信用记录应当视同总公司的不良行为记录，法律法规另有规定的除外。

标签： 供应商资格   采购程序

难易程度： 难★★★

10. 公开招标项目，汇总评标结果后发现采购人对供应商资格审查错误，应该（   ）。

A. 让采购人重新进行资格审查后评标委员会重新评审

B. 评标委员会修改资格审查结果后重新评审

C. 重新评审并报财政部门备案

D. 报财政部门同意后重新评审

答案： D

解析： 由于《政府采购货物和服务招标投标管理办法》属于部门规章，《财政部关于进一步规范政府采购评审工作有关问题的通知》属于规范性文件，《政府采购货物和服务招标投标管理办法》的法律效力高于《财政部关于进一步规范政府采购评审工作有关问题的通知》，因此应当以《政府采购货物和服务招标投标管理办法》为准，资格性审查错误不属于重新评审的情形。因此，采购人和采购代理机构应当认真开展资格性审查，避免发生错误。关于供应商遭遇资格性审查错误后如何救济的问题，财政部将按照《深化政府采购制度改革方案》的要求，在下一步修订《政府采购货物和服务招标投标管理办法》时予以明确。

标签： 公开招标　采购程序　评审方法　资格审查

难易程度： 难★★★

11. 经过财政部门同意可以采购进口产品的项目，投标产品如果是国产产品，应该（　　）。

A. 认定投标无效　　　　　　　　B. 认定投标有效

C. 认定投标有效但进行扣分　　　D. 要求投标人澄清和修改

答案： B

解析：《中华人民共和国政府采购法》规定，政府采购应当采购本国货物、工程和服务。对于确需采购进口产品的，应当报经设区的市、自治州以上人民政府财政部门审核同意，具体按照《政府采购进口产品管理办法》和《关于政府采购进口产品管理有关问题的通知》执行。

标签： 采购程序　评审方法　进口产品

难易程度： 难★★★

12. 货物采购项目规定不得采购进口产品。投标产品如果是进口产品，应该（　　）。

A. 认定投标无效　　　　　　　　B. 认定投标有效

C. 认定投标有效但进行扣分　　　D. 要求投标人澄清和修改

答案：A

解析：根据《政府采购进口产品管理办法》第四条规定，政府采购应当采购本国产品，确需采购进口产品的，实行审核管理。

标签：采购程序　评审方法　进口产品

难易程度：难★★★

13. 货物采购项目一个标包的中标人数量应该（　　）。

A. 为一个
B. 不超过三个
C. 由评标委员会决定
D. 由采购人决定

答案：A

解析：根据《中华人民共和国政府采购法》规定，一个标包只可以确定一个中标人。如果采购内容需要由多个供应商承担完成，采购人应该把采购内容分包，就每个独立的业务包分别确定单独的中标人。根据《政府采购货物和服务招标投标管理办法》（财政部第 87 号令）第六十八条规定，采购人在收到评标报告 5 个工作日内未按评标报告推荐的中标候选人顺序确定中标人，又不能说明合法理由的，视同按评标报告推荐的中标候选人顺序确定排名第一的中标候选人为中标人。

标签：采购程序　评审方法　公开招标

难易程度：难★★★

14. 货物采购项目由甲供应商、乙供应商和丙供应商组成的联合体中标。甲供应商为联合体的牵头人。该项目的中标供应商为（　　）。

A. 联合体　　　B. 甲供应商　　　C. 乙供应商　　　D. 丙供应商

答案：A

解析：根据《中华人民共和国政府采购法》规定，一个标包只可以确定一个中标人。如果采购内容需要由多个供应商承担完成，采购人应该把采购内容分包，就每个独立的业务包分别确定单独的中标人。

标签：采购程序　评审方法　公开招标

难易程度：易★

15. 接受联合体投标的项目，供应商的联合体协议应在（　　）提供给采购人。

A. 报名时

B. 购买招标文件时

C. 提交投标文件时

D. 评标委员会要求投标人澄清投标文件时

答案： C

解析： 联合体是供应商在研究招标文件和对自身情况进行对照后才能够提出组成方案的。因此，联合体协议应该在投标时随投标文件一起提供，投标时确定组成联合体即可。

标签： 采购程序　评审方法　公开招标

难易程度： 易★

16. 接受联合体投标的项目，供应商可以在（　　）组成联合体。

A. 投标截止之前　　　　　　　　B. 确定中标人之前

C. 签订合同之前　　　　　　　　D. 合同验收之前

答案： A

解析： 联合体是供应商在研究招标文件和对自身情况进行对照后才能够提出组成方案的。因此，联合体协议应该在投标时随投标文件一起提供，投标时确定组成联合体即可。

标签： 采购程序　评审方法　公开招标

难易程度： 易★

17. 政府采购招标项目进行资格预审的，（　　）不负责资格预审工作。

A. 采购人　　　　　　　　　　　B. 采购代理机构

C. 资格预审委员会　　　　　　　D. 评标委员会

答案： D

解析：《中华人民共和国政府采购法》第二十三条赋予了采购人对供应商进行资格审查的权利，但并未强制要求采购人对供应商进行资格审查。依照《政府采购非招标采购方式管理办法》规定，竞争性谈判资格审查应当由谈判小组、询价小组负责。

标签：采购程序 评审方法 公开招标 资格预审

难易程度：易★

18. 询价采购项目应由（   ）负责资格审查工作。

A. 采购人   B. 采购代理机构

C. 资格预审委员会   D. 询价小组

答案：D

解析：《中华人民共和国政府采购法》第二十三条赋予了采购人对供应商进行资格审查的权利，但并未强制要求采购人对供应商进行资格审查。依照《政府采购非招标采购方式管理办法》规定，竞争性谈判项目、询价项目资格审查应当由谈判小组、询价小组负责。

标签：采购程序 询价 评审方法 资格审查 评审小组

难易程度：易★

19. 以下主体不属于政府采购主体的是（   ）。

A. 国家机关   B. 事业单位   C. 团体组织   D. 国有企业

答案：D

解析：根据《中华人民共和国政府采购法》第二条规定，本法所称政府采购，是指各级国家机关、事业单位和团体组织，使用财政性资金采购依法制定的集中采购目录以内的或者采购限额标准以上的货物、工程和服务的行为。根据我国宪法规定，国家机关包括国家权力机关、国家行政机关、国家审判机关、国家检察机关、军事机关等。团体组织是指各党派、政府批准的并纳入预算管理的社会团体。

标签：政府采购范畴 国家机关 事业单位 团体组织 国有企业

难易程度：难★★★

20. 以下不属于招标投标法规定必须招标的工程是（   ）。

A. 新建工程（500万元）   B. 改建工程（600万元）

C. 扩建工程（500万元）   D. 信息化工程（600万元）

答案： D

解析： 一般情况，路灯维修更换不属于"建筑物和构筑物的新建、改建、扩建及其相关的装修、拆除、修缮等"范围，即不属于工程项目。此类招标项目如果属于政府采购范畴，应按《政府采购货物和服务招标投标管理办法》执行。

标签： 招标投标法　政府采购法　工程　新建　改建　扩建

难易程度： 难★★★

21. 以下单位属于政府采购主体的是（　　　）。

A. 中国人民银行　　　　　　　B. 中国银行

C. 中国工商银行　　　　　　　D. 中国农业银行

答案： A

解析： 根据《中华人民共和国政府采购法》第二条规定，本法所称政府采购，是指各级国家机关、事业单位和团体组织，使用财政性资金采购依法制定的集中采购目录以内的或者采购限额标准以上的货物、工程和服务的行为。

根据我国宪法规定，国家机关包括国家权力机关、国家行政机关、国家审判机关、国家检察机关、军事机关等。团体组织是指各党派、政府批准的并纳入预算管理的社会团体。

标签： 政府采购范畴　国家机关　事业单位　团体组织　国有企业

难易程度： 难★★★

22. 新建工程项目中的电梯采购，预算金额是1200万元，采购人应采用（　　　）方式采购。

A. 公开招标　　　B. 竞争性谈判　　　C. 竞争性磋商　　　D. 单一来源

答案： A

解析： 新建工程项目中的电梯属于工程相关的货物。合同估算价达到《必须招标的工程项目规定》（国家发改委16号令）规定的限额标准（400万元）的应该依法招标，且适用《招标投标法》。

标签： 招标投标法　公开招标　工程　采购方式

难易程度：难★★★

23. 评标委员会应当依据（　　）确定投标产品是否属于政府采购节能产品。

A. 供应商承诺书

B. 供应商声明函

C. 供应商提供的由认证机构出具的认证证书

D. 评标委员会查询确认的认证机构的认证证书

答案：C

解析：（1）根据《财政部发展改革委生态环境部市场监管总局关于调整优化节能产品、环境标志产品政府采购执行机制的通知》，采购人应当依据认证机构出具的节能产品、环境标志产品认证证书，对获得证书的产品实施政府优先采购或强制采购。采购人不能仅依据供应商的承诺认定其获得证书的资格。

（2）国家强制性节能环保品目清单范围的产品，按照财库〔2019〕9 号文件的规定，应当要求供应商提供认证证书的复印件，不能仅依据各类声明函、承诺函证明。

标签：采购程序　政府采购政策　节能　评审方法

难易程度：易★

24. 政府采购工程进行公开招标，招标程序应适用（　　）。

A. 招标投标法　　B. 政府采购法　　C. 合同法　　　　D. 建筑法

答案：A

解析：根据《中华人民共和国政府采购法》第四条规定，政府采购工程需要招标投标的，适用招标投标法。

标签：招标投标法　工程　公开招标　采购程序

难易程度：难★★★

25. 政府采购工程采用非招标方式采购，采购程序应适用（　　）。

A. 招标投标法　　B. 政府采购法　　C. 合同法　　　　D. 建筑法

答案：B

解析：根据《中华人民共和国政府采购法》第四条规定，政府采购工程进行招标投标的，适用招标投标法。

标签：工程　公开招标　采购程序　非招标方式

难易程度：难★★★

26. 政府采购工程中的电梯采用招标方式采购，招标程序应适用（　　）。

A. 工程货物招标投标办法

B. 政府采购货物和服务招标投标办法

C. 合同法

D. 建筑法

答案：A

解析：新建工程项目中的电梯属于工程相关的货物。合同估算价达到《必须招标的工程项目规定》（国家发改委16号令）规定的限额标准（400万元）的应该依法招标，且适用《招标投标法》。《政府采购法实施条例》和《政府采购竞争性磋商采购方式管理暂行办法》规定：政府采购工程依法不进行招标的，应当采用竞争性谈判、竞争性磋商或者单一来源采购方式采购。

标签：工程　公开招标　采购程序　非招标方式

难易程度：难★★★

27. 政府采购工程中的货物采用竞争性磋商方式采购，价格计算公式应（　　）。

A. 采用低价优先法，最低价为基准价

B. 采用中间价法，平均价为基准价

C. 采用中间价法，随机抽取确定基准价

D. 采用中间价法，采购预算为基准价

答案：A

解析：政府采购工程依法不进行招标的可以采用竞争性磋商方式，价格分的计算应采用《政府采购竞争性磋商采购方式管理暂行办法》规定的低价优先法计算公式，价格分的权重可由采购人根据项目的具体情况合理确定。

标签：工程　货物　竞争性磋商　评审方法

难易程度：难★★★

28. 政府采购工程中的货物采用竞争性磋商方式采购，价格计算以供应商（　　）为准。

A. 第一轮报价　　　　　　　　　　B. 第二轮报价

C. 按照要求澄清的报价　　　　　　D. 最后报价

答案：D

解析：根据《政府采购竞争性磋商采购方式管理暂行办法》第二十三条规定，综合评分法是指响应文件满足磋商文件全部实质性要求且按评审因素的量化指标评审得分最高的供应商为成交候选供应商的评审方法。

标签：工程　货物　竞争性磋商　评审方法

难易程度：难★★★

29. 政府采购进口机电产品招标投标，招标程序应适用（　　）。

A. 工程货物招标投标办法

B. 政府采购货物和服务招标投标办法

C. 机电产品国际招标投标实施办法（试行）

D. 合同法

答案：B

解析：依照政府采购法律规定，政府采购进口机电产品招标投标属于政府采购范畴，其政府采购政策、质疑投诉等应当遵照政府采购法律法规规定执行。

标签：进口产品　公开招标

难易程度：难★★★

30. 政府采购进口机电产品招标投标发生投诉的，由（　　）处理。

A. 发展改革部门　　　　　　　　　B. 财政部门

C. 商务部门　　　　　　　　　　　D. 工业和信息化部门

答案：B

解析： 依照政府采购法律规定，政府采购进口机电产品招标投标属于政府采购范畴，其政府采购政策、质疑投诉等应当遵照政府采购法律法规规定执行。

标签： 进口产品　公开招标　采购程序　质疑　投诉

难易程度： 难★★★

31. 政府采购进口机电产品招标方式是（　　）。

A. 国内招标　　　B. 国际招标　　　C. 有限招标　　　D. 议标

答案： A

解析： 依照政府采购法律规定，政府采购进口机电产品招标投标属于政府采购范畴，其政府采购政策、质疑投诉等应当遵照政府采购法律法规规定执行。

标签： 进口产品　公开招标　采购方式

难易程度： 难★★★

32. 政府采购进口机电产品的，供应商必须是（　　）。

A. 中国法人　　　B. 外国法人　　　C. 中外合资企业　D. 外资企业

答案： A

解析： 依照政府采购法律规定，政府采购进口机电产品招标投标属于政府采购范畴，其政府采购政策、质疑投诉等应当遵照政府采购法律法规规定执行。

标签： 进口产品　公开招标　供应商资格　采购方式

难易程度： 难★★★

33. 政府采购进口机电产品进行招标的，采用综合评分法（　　）。

A. 经过商务部门同意　　　　　B. 经过主管预算单位同意

C. 经过财政部门同意　　　　　D. 采购人可自行决定

答案： D

解析： 依照政府采购法律规定，政府采购进口机电产品招标投标属于政府采购范畴，其政府采购政策、质疑投诉等应当遵照政府采购法律法规规定执行。

标签： 进口产品 公开招标 采购方式 评审方法 综合评分法

难易程度： 难★★★

34. 政府采购工程设计项目采购预算 150 万元，应采用（ ）方式。

A. 招标 B. 单一来源 C. 竞争性谈判 D. 竞争性谈判

答案： A

解析： 根据《必须招标的工程项目》（中华人民共和国国家发展和改革委员会令第 16 号）第五条规定，本规定第二条至第四条规定范围内的项目，其勘察、设计、施工、监理以及与工程建设有关的重要设备、材料等的采购达到下列标准之一的，必须招标：

（一）施工单项合同估算价在 400 万元人民币以上；

（二）重要设备、材料等货物的采购，单项合同估算价在 200 万元人民币以上；

（三）勘察、设计、监理等服务的采购，单项合同估算价在 100 万元人民币以上。同一项目中可以合并进行的勘察、设计、施工、监理以及与工程建设有关的重要设备、材料等的采购，合同估算价合计达到前款规定标准的，必须招标。

标签： 招标投标法 工程 设计 招标 采购方式 采购预算

难易程度： 难★★★

35. 政府购买服务的主体是（ ）。

A. 国家机关 B. 事业单位 C. 国有企业 D. 民营企业

答案： A

解析： 政府购买服务主要是为了转变政府职能、改善公共服务供给，由国家机关实施的部分服务采购。事业单位不是政府购买服务的主体，但仍属于政府采购主体，应当按照政府采购法律制度的规定采购所需服务。

标签： 政府购买服务 政府采购主体 采购方式

难易程度： 难★★★

36. 货物招标项目评标时，投标产品中（　　）为同一品牌的投标人应按一个投标人计算投标人数量。

A. 任何产品　　　B. 关键产品　　　C. 核心产品　　　D. 全部产品

答案： C

解析： 根据《政府采购货物和服务招标投标管理办法》（财政部第87号令）第三十一条第三款规定，非单一产品采购项目，采购人应当根据采购项目技术构成、产品价格比重等合理确定核心产品，并在招标文件中载明。多家投标人提供的核心产品品牌相同的，按前两款规定处理。

标签： 公开招标　货物　评审方法　采购程序

难易程度： 难★★★

37. 竞争性磋商项目，供应商对响应文件进行澄清时，澄清的内容应该（　　）。

A. 超出响应文件的范围　　　　　B. 改变响应文件的实质性内容

C. 是磋商小组提出的问题　　　　D. 由供应商自行决定

答案： C

解析： 供应商的澄清、说明或者更正不得超出响应文件的范围或者改变响应文件的实质性内容。

标签： 竞争性磋商　评审方法　采购程序　澄清

难易程度： 中★★

38. 竞争性磋商项目，供应商的第一轮报价（　　）价格。

A. 可以包括　　　　　　　　　B. 不得包括

C. 必须包括　　　　　　　　　D. 以上选项均不正确

答案： A

解析： 竞争性磋商只有最后一轮供应商才提供报价，之前提出的带有价格的方案可以视为成本估算，如采购文件没有限制，后一轮成本估算可以高于、低于或等于前一轮成本估算。

标签： 竞争性磋商　采购程序

难易程度： 中★★

39. 竞争性谈判项目，谈判过程中供应商的（   ）。

A. 第一轮报价应该公开　　　　　B. 第二轮报价应该公开

C. 最终报价应该公开　　　　　　D. 报价始终不应公开

答案：D

解析：《中华人民共和国政府采购法》关于竞争性谈判明确规定，在谈判中，谈判的任何一方不得透露与谈判有关的其他供应商的技术资料、价格和其他信息。竞争性磋商应当比照《中华人民共和国政府采购法》关于竞争性谈判的规定执行。因此，竞争性磋商、竞争性谈判的报价不可以公开唱标。

标签： 采购程序　竞争性谈判

难易程度： 中★★

40. 竞争性磋商项目，供应商的第一轮报价超过采购预算，响应文件（   ）。

A. 响应文件不予接收　　　　　　B. 无效，不参加后续谈判

C. 有效，参加后续谈判　　　　　D. 有效，但应该扣分

答案：C

解析： 竞争性磋商只有最后一轮供应商才提供报价，之前提出的带有价格的方案可以视为成本估算，如采购文件没有限制，后一轮成本估算可以高于、低于前一轮成本估算。

标签： 采购程序　竞争性谈判

难易程度： 中★★

41. 公开招标项目投标文件中投标总价为 500 万元，开标时宣读开标一览表价格为 480 万元，评标委员会应（   ）。

A. 认定投标价格为 500 万元　　　B. 认定投标价格为 480 万元

C. 认定投标无效　　　　　　　　D. 要求投标人澄清

答案：B

解析： 根据《政府采购货物和服务招标投标管理办法》（财政部第 87 号令）第五十九条规定，投标文件报价出现前后不一致的，除招标文件另有规

定外，按照以下规定修正：

（一）投标文件中开标一览表（报价表）内容与投标文件中相应内容不一致的，以开标一览表（开价表）为准；

（二）大写金额和小写金额不一致的，以大写金额为准；

（三）单价金额小数点或者百分比明显错位的，以开标一览表的总价为准，并修改单价；

（四）总价金额与按单价汇总金额不一致的，以单价金额计算为准。

同时出现两种以上不一致的，按照前款规定的顺序修正。修正后的报价按照本办法第五十一条第二款的规定经投标人确认后产生约束力，投标人不确认的，其投标无效。

标签： 采购程序　公开招标　评审方法

难易程度： 中★★

42. 在职人员被选为评审专家，工作时间参加评标（　　）。

A. 不需要告知工作单位

B. 应该告知工作单位

C. 应该向工作单位请假

D. 应该持工作单位同意评标的证明

答案： C

解析： 事业单位在职人员参加政府采购评审活动不得影响本职工作。如果在工作时间参加评审，应该征得单位的同意。

标签： 采购程序　公开招标　评审小组　专家责任

难易程度： 中★★

43. 集中采购项目的评审专家费应该由（　　）支付。

A. 采购人　　　　　　　　　　B. 集中采购机构

C. 社会采购代理机构　　　　　D. 中标供应商

答案： B

解析：《政府采购评审专家管理办法》规定，集中采购目录内的项目，由政府集中采购机构支付评审专家劳务报酬；集中采购目录外的项目，由采购人支付评审专家劳务报酬。因此，政府集中采购机构向中标人收取费用并作为报酬支付给评审专家的做法没有制度依据，属于违规行为。政府集中采购机构应当从本机构的部门预算中统筹安排支付给评审专家的报酬，不得将费用转嫁给中标人。

标签：采购程序　评审小组

难易程度：中★★

44. 分散采购的政府采购项目，评审专家费应该由（　　）支付。

A. 采购人　　　　　　　　　　B. 集中采购机构

C. 社会采购代理机构　　　　　D. 中标供应商

答案：A

解析：《政府采购评审专家管理办法》规定，集中采购目录内的项目，由政府集中采购机构支付评审专家劳务报酬；集中采购目录外的项目，由采购人支付评审专家劳务报酬。因此，政府集中采购机构向中标人收取费用并作为报酬支付给评审专家的做法没有制度依据，属于违规行为。政府集中采购机构应当从本机构的部门预算中统筹安排支付给评审专家的报酬，不得将费用转嫁给中标人。

标签：采购程序　评审小组

难易程度：中★★

45. 评标中应该保密的信息是（　　）。

A. 投标人名单　　　　　　　　B. 投标价格

C. 评标委员会名单　　　　　　D. 评标工作人员名单

答案：C

解析：根据《政府采购货物和服务招标投标管理办法》（财政部第 87 号令）第四十一条规定，评标委员会由采购人代表和评审专家组成，成员人数应当为 5 人以上单数，其中评审专家不得少于成员总数的三分之二。

采购项目符合下列情形之一的，评标委员会成员人数应当为 7 人以上单数：

（一）采购预算金额在 1000 万元以上；

（二）技术复杂；

（三）社会影响较大。

评审专家对本单位的采购项目只能作为采购人代表参与评标，本办法第四十八条第二款规定情形除外。采购代理机构工作人员不得参加由本机构代理的政府采购项目的评标。评标委员会成员名单在评标结果公告前应当保密。

标签：采购程序　公开招标　评审小组　评审纪律

难易程度：中★★

46. 投标人报价明显低于其他投标人的报价，评标委员会应（　　）。

A. 按无效投标处理　　　　　　　B. 要求投标人澄清

C. 按有效投标处理　　　　　　　D. 计算价格得分时予以扣分

答案：B

解析：《政府采购货物和服务招标投标管理办法》第六十条规定，评标委员会认为投标人的报价明显低于其他通过符合性审查投标人的报价，有可能影响产品质量或者不能诚信履约的，应当要求其在评标现场合理的时间内提供书面说明，必要时提交相关证明材料；投标人不能证明其报价合理性的，评标委员会应当将其作为无效投标处理。

标签：采购程序　公开招标　评审方法

难易程度：中★★

47. 以下情形评标委员会应认定为投标无效的是（　　）。

A. 投标文件密封有瑕疵　　　　　B. 投标价格为所有投标价格中最高价

C. 投标价格低于成本　　　　　　D. 投标价格超过最高投标限价

答案：D

解析：根据《政府采购货物和服务招标投标管理办法》（财政部第87号令）第六十三条第（四）款规定，投标人存在下列情况之一的，投标无效：

（四）报价超过招标文件中规定的预算金额或者最高限价的。

标签：采购程序　公开招标　评审方法

难易程度：中★★

48. 在询价采购的评审中，询价小组（　　）。

A. 可以改变询价通知书中供应商资格条件

B. 可以改变询价通知书中技术要求

C. 可以改变询价通知书中商务要求

D. 不得改变询价通知书中的任何内容

答案： D

解析： 根据《政府采购非招标采购方式管理办法》（财政部令第 74 号）第四十六条规定，询价小组在询价过程中，不得改变询价通知书所确定的技术和服务等要求、评审程序、评定成交的标准和合同文本等事项。

标签： 采购程序　询价　评审小组

难易程度： 易★

49. 招标文件属于（　　）。

A. 要约　　　　B. 要约邀请　　　C. 承诺　　　　D. 采购意向

答案： B

解析： 政府采购法规体系中的竞争性谈判、竞争性磋商、询价、单一来源采购属于签订合同的方式，竞争性谈判、竞争性磋商、询价活动公开发布的采购信息公告属于要约邀请。

标签： 采购文件　采购程序　合同

难易程度： 易★

50. 以下文件属于承诺的是（　　）。

A. 招标公告　　B. 招标文件　　　C. 投标文件　　　D. 中标通知书

答案： D

解析： 政府采购法规体系中的竞争性谈判、竞争性磋商、询价、单一来源采购属于签订合同的方式，竞争性谈判、竞争性磋商、询价活动公开发布的采购信息公告属于要约邀请。

标签： 采购文件　采购公告　采购程序　合同

难易程度： 易★

51. 以下文件属于要约的是（　　　）。

A. 招标公告　　　B. 招标文件　　　C. 投标文件　　　D. 中标通知书

答案：C

解析：政府采购法规体系中的竞争性谈判、竞争性磋商、询价、单一来源采购属于签订合同的方式，竞争性谈判、竞争性磋商、询价活动公开发布的采购信息公告属于要约邀请。

标签：采购文件　采购公告　采购程序　合同

难易程度：易★

52. 采购需求具有相对固定性、延续性且价格变化幅度小的服务项目，在年度预算能保障的前提下，采购人可以签订履行期限不超过（　　　）年的政府采购合同。

A. 1　　　　　　B. 2　　　　　　C. 3　　　　　　D. 4

答案：C

解析：按照《财政部关于完善和推进服务项目政府采购有关问题的通知》，采购需求具有对固定性、延续性且价格变化幅度较小的服务项目，在年度预算能保障的前提下，采购人可以签订不超过3年的政府采购合同。

标签：采购程序　服务　合同

难易程度：易★

53. 货物合同金额为6000万元，标的数量1万件。在合同履行过程中需要追加采购中标货物800件。采购人可以（　　　）。

A. 与中标供应商签订补充合同，按原价格增加数量

B. 与中标供应商签订补充合同，增加数量部分价格应比原合同价格低

C. 通过单一来源方式，与原中标供应商进行采购

D. 与其他供应商签订补充合同，增加部分价格应比原合同价格低

答案：A

解析：只要符合《中华人民共和国政府采购法》第四十九条的规定，在合同履行过程中，可以直接与中标供应商签订补充协议。

标签：采购程序　采购方式　单一来源　合同

难易程度：易★

54. 货物合同金额为6000万元，标的数量1万件。在合同履行过程中需要追加采购中标货物2000件。采购人可以（　　）。

A. 与中标供应商签订补充合同，按原价格增加数量

B. 与中标供应商签订补充合同，增加数量部分价格应比原合同价格低

C. 通过单一来源方式，与原中标供应商进行采购

D. 报财政部门批准后，通过单一来源方式，与原中标供应商进行采购

答案：D

解析：《中华人民共和国政府采购法》第四十九条规定，政府采购合同履行中，采购人需追加与合同标的相同的货物、工程或者服务的，在不改变合同其他条款的前提下，可以与供应商协商签订补充合同，但所有补充合同的采购金额不得超过原合同采购金额的百分之十。

标签：采购程序　采购方式　单一来源　合同

难易程度：易★

55. 以下供应商中可以对采购文件提出质疑的是（　　）。

A. 所有供应商　　　　　　　B. 符合资格条件的供应商

C. 购买采购文件的供应商　　D. 递交响应文件的供应商

答案：C

解析：根据《政府采购质疑和投诉办法》（财政部第94号令）第十一条规定，提出质疑的供应商（以下简称质疑供应商）应当是参与所质疑项目采购活动的供应商。

潜在供应商已获取其可质疑的采购文件的，可以对该文件提出质疑。对采购文件提出质疑的，应当在获取采购文件或者采购文件公告期限届满之日起7个工作日内提出。

标签：采购程序　采购文件　质疑

难易程度：易★

56. 以下供应商中可以对成交结果提出质疑的是（　　）。

A. 所有供应商

B. 符合资格条件的供应商

C. 购买采购文件的供应商

D. 递交响应文件并通过资格审查和符合性审查的供应商

答案： D

解析： 根据《政府采购质疑和投诉办法》（财政部第94号令）第十一条规定，提出质疑的供应商（以下简称质疑供应商）应当是参与所质疑项目采购活动的供应商。

潜在供应商已获取其可质疑的采购文件的，可以对该文件提出质疑。对采购文件提出质疑的，应当在获取采购文件或者采购文件公告期限届满之日起7个工作日内提出。

标签： 政采购程序　质疑

难易程度： 易★

57. 以下供应商中可以对成交结果提出投诉的是（　　　）。

A. 所有供应商　　　　　　　　B. 购买采购文件的供应商

C. 递交响应文件的供应商　　　D. 对成交结果提出质疑的供应商

答案： D

解析： 根据《政府采购质疑和投诉办法》（财政部第94条令）第十七条规定，质疑供应商对采购人、采购代理机构的答复不满意，或者采购人、采购代理机构未在规定时间内作出答复的，可以在答复期满后15个工作日内向本办法第六条规定的财政部门提起投诉。

标签： 采购程序　投诉

难易程度： 易★

58. 某供应商被某地级市财政部门禁止参加政府采购活动，其禁止参加政府采购活动的范围是（　　　）。

A. 该地级市政府采购项目　　　　B. 该省政府采购项目

C. 全国所有地级市政府采购项目　D. 全国所有政府采购项目

答案： D

解析：若供应商被地方财政部门禁止参加政府采购活动，则该供应商应当在全国范围内禁止参加政府采购活动。提出质疑投诉的供应商应当是参与所质疑的项目采购活动的供应商或者潜在供应商，因此，被禁止参加政府采购活动的供应商是不能提起质疑投诉的。

标签：采购程序　供应商资格

难易程度：易★

59. 供应商对政府采购活动提出质疑的期限为（　　）个工作日。

A. 1　　　　　　　B. 3　　　　　　　C. 5　　　　　　　D. 7

答案：D

解析：根据《政府采购质疑和投诉办法》（财政部第94号令）第十条规定，供应商认为采购文件、采购过程、中标或者成交结果使自己的权益受到损害的，可以在知道或者应知其权益受到损害之日起7个工作日内，以书面形式向采购人、采购代理机构提出质疑。

采购文件可以要求供应商在法定质疑期内一次性提出针对同一采购程序环节的质疑。

标签：政府采购法　采购程序　质疑

难易程度：易★

60. 货物招标项目评标时，核心产品（　　）确定。

A. 由投标人　　　B. 由采购人　　　C. 由评标委员会　D. 根据招标文件

答案：D

解析：根据《政府采购货物和服务招标投标管理办法》第三十一条第三款规定，非单一产品采购项目，采购人应当根据采购项目技术构成、产品价格比重等合理确定核心产品，并在招标文件中载明。多家采购人提供的核心产品品牌相同的，按前两款规定处理。

标签：公开招标　货物　评审方法　采购程序

难易程度：难★★★

61. 评审专家劳务报酬发放标准由（　　）确定。

A. 采购人　　　　　　　　　　　B. 采购代理机构

C. 集中采购机构　　　　　　　　D. 省级人民政府财政部门

答案：D

解析：为规范评审专家劳务报酬支付、减轻代理机构负担，《政府采购评审专家管理办法》明确规定，集中采购项目由政府集中采购机构支付评审专家劳务报酬，集中采购目录外项目由采购人支付，相关标准由各省级人民政府财政部门制定，中央单位参照本单位所在地或评审活动所在地标准执行。

标签：采购程序　评审小组

难易程度：中★★

多选题

1. 采购人可以委派（　　）作为采购人代表参与评标或评审。

A. 采购人单位财务人员

B. 采购人下属企业的技术人员

C. 参加投标的供应商工程师

D. 某大学教授

E. 本项目招标代理机构

答案：ABD

解析：采购人可以委托非采购人单位符合条件的人员作为采购人代表参与评审。但是要注意，采购人代表应当不存在法定需要回避的情形。

标签：公开招标　采购程序　评审小组　评标委员会

难易程度：难★★★

2. 可以参加政府采购活动的供应商应该是（　　）。

A. 法人　　　　　　B. 法定代表人　　　　　C. 其他组织

D. 个人　　　　　　E. 民营企业分公司

答案：ACD

解析： 根据《中华人民共和国政府采购法》第二十一、二十二条第二款规定，供应商是指向采购人提供货物、工程或者服务的法人、其他组织或者自然人。

采购人可以根据采购项目的特殊要求，规定供应商的特定条件，但不得以不合理的条件对供应商实行差别待遇和歧视待遇。

标签： 采购程序　供应商资格

难易程度： 难★★★

3. 供应商可以委派（　　）作为授权代表参加政府采购项目招标投标活动。

A. 本单位人员

B. 下属企业的人员

C. 其他参加投标的供应商人员

D. 本项目采购代理机构人员

E. 其他与本项目无关单位人员

答案： ABE

解析： 授权委托人是由供应商通过授权委托书的形式，委托其行使投标人权利的相关人员，可以是本单位工作人员，也可以是非本单位工作人员。

标签： 采购程序　供应商资格

难易程度： 难★★★

4. 设计单位可以参加投标的项目是（　　）。

A. 工程监理　　　　　B. 造价咨询　　　　　　C. 项目管理

D. 施工　　　　　　　E. 供货

答案： ABC

解析： 根据《关于〈中华人民共和国政府采购法实施条例〉第十八条第二款法律适用问题的函》，《政府采购法实施条例》第十八条中第二款中的"其他采购活动"指为采购项目提供整体设计、规范编制和项目管理、监理、检测等服务之外的采购活动。因此，同一供应商可以同时承担项目的整体设计、规范编制和项目管理、监理、检测等服务。

标签：采购程序　设计　供应商资格　回避

难易程度：难★★★

5. 以下评审因素属于供应商资格条件的是（　　　）。

A. 投标人应是能够独立承担民事责任的法人、组织或自然人

B. 投标产品不得为进口产品

C. 投标人可以是联合体

D. 投标人应具有同类项目业绩

E. 投标产品应通过国家认证

答案：ACD

解析：资格条件是指采购人对供应商主体资格的要求。

标签：采购程序　资格审查　供应商资格　评审因素

难易程度：难★★★

6. 政府采购货物和服务招标项目，开标后应由对供应商资格条件进行审查（　　　）。

A. 评标委员会

B. 评标委员会的商务专家

C. 评标委员会的技术专家

D. 采购人

E. 采购代理机构

答案：DE

解析：资格条件是指采购人对供应商主体资格的要求，在政府采购货物和服务招标项目中资格审查是由采购人或采购代理机构负责审查的。

标签：公开招标　采购程序　资格审查　供应商资格

难易程度：难★★★

7. 政府采购货物和服务招标项目的以下对供应商资格条件的要求中，不符合法规的是（　　　）。

A. 投标人应为独立法人

B. 投标人应为国内制造商的授权代理

C. 投标人应具有华北大区销售业绩

D. 投标人不得为联合体

E. 投标人必须是生产厂商

答案：BC

解析：根据《政府采购货物和服务招标投标管理办法》（财政部第87号令）第十七条规定，采购人、采购代理机构不得将投标人的注册资本、资产总额、营业收入、从业人员、利润、纳税额等规模条件作为资格要求或者评审因素，也不得通过将除进口货物以外的生产厂家授权、承诺、证明、背书等作为资格要求，对投标人实行差别待遇或者歧视待遇。

根据《中华人民共和国政府采购法实施条例》第二十条第（四）项规定，采购人或者采购代理机构有下列情形之一的，属于以不合理的条件对供应商实行差别待遇或者歧视待遇：

（四）以特定行政区域或者特定行业的业绩、奖项作为加分条件或者中标、成交条件。

标签：供应商资格 公开招标

难易程度：难★★★

8. 竞争谈判项目中以下对供应商资格条件的要求中，不符合法规的是（   ）。

A. 供应商应为国内企业

B. 供应商不得为外资企业或中外合资企业

C. 供应商应在本市设有分公司

D. 供应商在本市应有固定办公场所

E. 供应商应为员工缴纳社保

答案：BCD

解析：《关于促进政府采购公平竞争优化营商环境的通知》规定，要求供应商在政府采购活动前进行不必要的登记、注册，或者要求设立分支机构，设置或者变相设置进入政府采购市场的障碍的规定和做法应当予以清理。

标签： 供应商资格　竞争性谈判

难易程度： 难★★★

9. 以下对供应商资格条件的要求中，不符合规定的是（　　）。

A. 供应商注册资本金应不少于200万元

B. 供应商营业执照载明的经营范围应包括咨询

C. 供应商应具有5个以上合同金额1000万元以上的类似项目业绩

D. 供应商应为中国法人

E. 供应商成立年限应不少于3年

答案： ABCE

解析： 根据《政府采购货物和服务招标投标管理办法》（财政部第87号令）第十七条规定，采购人、采购代理机构不得将投标人的注册资本、资产总额、营业收入、从业人员、利润、纳税额等规模条件作为资格要求或者评审因素，也不得通过将除进口货物以外的生产厂家授权、承诺、证明、背书等作为资格要求，对投标人实行差别待遇或者歧视待遇。

根据《中华人民共和国政府采购法实施条例》第二十条第（四）项规定，采购人或者采购代理机构有下列情形之一的，属于以不合理的条件对供应商实行差别待遇或者歧视待遇：

（四）以特定行政区域或者特定行业的业绩、奖项作为加分条件或者中标、成交条件。

标签： 供应商资格　采购程序　政府采购政策　中小企业

难易程度： 难★★★

10. 公开招标项目汇总结果后发现错误可以重新评审予以纠正的是（　　）。

A. 资格审查错误

B. 符合性审查错误

C. 分数汇总错误

D. 客观评审内容不一致

E. 评标委员会一致认为畸高畸低的评分

答案： CDE

解析：根据《政府采购货物和服务招标投标管理办法》（财政部第87号令）第六十四条规定，评标结果汇总完成后，除下列情形外，任何人不得修改评标结果：

（一）分值汇总计算错误的；

（二）分项评分超出评分标准范围的；

（三）评标委员会成员对客观评审因素评分不一致的；

（四）经评标委员会认定评分畸高、畸低的。

评标报告签署前，经复核发现存在以上情形之一的，评标委员会应当当场修改评标结果，并在评标报告中记载；评标报告签署后，采购人或者采购代理机构发现存在以上情形之一的，应当组织原评标委员会进行重新评审，重新评审发现改变评标结果的，书面报告本级财政部门。

投标人对本条第一款情形提出质疑的，采购人或者采购代理机构可以组织原评标委员会进行重新评审，重新评审改变评标结果的，应当书面报告本级财政部门。

标签：采购程序　供应商资格　公开招标　评审方法

难易程度：难★★★

11. 公开招标项目的以下评审因素中，不符合政府采购规定的是（　　）。

A. 供应商注册资本金应超过500万元

B. 供应商应有纳税证明

C. 供应商应为"守合同重信用"企业

D. 供应商在本地有固定办公场所

E. 供应商不得为分支机构

答案：ACD

解析：《中华人民共和国中小企业促进法》规定，政府采购不得在企业股权结构、经营年限、经营规模和财务指标等方面对中小企业实行差别待遇或者歧视待遇。《政府采购货物和服务招标投标管理办法》规定，采购人、采购代理机构不得将投标人的注册资本、资产总额、营业收入、从业人员、利润、纳税额等规模条件作为资格要求或者评审因素。"守合同重信用"荣誉与货物服务的质量不直接相关，并且暗含对供应商的规模和经营年限的要求，不宜作为评审因素。

标签： 采购程序　供应商资格　公开招标　评审方法

难易程度： 难★★★

12. 竞争性谈判货物采购项目的以下资格条件，不符合政府采购规定的是（　　）。

　　A. 供应商不得为外国企业

　　B. 供应商不得为外资企业

　　C. 供应商不得为民营企业

　　D. 供应商不得为外省企业

　　E. 供应商不得为事业单位

答案： BCDE

解析： 政府采购供应商应该为国内市场主体。我国目前尚未加入世贸组织《政府采购协定》（GPA），政府采购市场尚未对外开放。因此，境外企业不能作为政府采购供应商，也不能参与联合体投标。如果采购文件中没有约定购买进口产品和服务，联合体的一方如为境外企业，则不具备投标资格，应作投标无效处理。

标签： 竞争性谈判　供应商资格　评审方法

难易程度： 难★★★

13. 以下两个公司同时参加同一项目投标的情形，属于政府采购禁止的情形是（　　）。

　　A. 母子公司同时投标

　　B. 兄弟公司同时投标

　　C. 总公司和分公司同时投标

　　D. 制造商和其授权的代理商同时投标

　　E. 事业单位和其下属的企业同时投标

答案： ACDE

解析： 根据《中华人民共和国政府采购法实施条例》第十八条规定，单位负责人为同一人或者存在直接控股、管理关系的不同供应商,不得参加同一合同项下的政府采购活动。

除单一来源采购项目外,为采购项目提供整体设计、规范编制或者项目管理、监理、检测等服务的供应商,不得再参加该采购项目的其他采购活动。

标签: 采购程序　供应商资格　评审方法

难易程度: 难★★★

14. 政府采购招标项目进行资格预审的,可以由（　　）负责。

A. 采购人　　　　　　B. 采购代理机构　　　　C. 资格预审委员会

D. 评标委员会全体　　E. 评标委员会中专家

答案: ABC

解析: 《中华人民共和国政府采购法》第二十三条赋予了采购人对供应商进行资格审查的权利,但并未强制要求采购人对供应商进行资格审查。根据《中华人民共和国政府采购法实施条例》第二十一条规定,采购人或者采购代理机构对供应商进行资格预审的,资格预审公告应当在省级以上人民政府财政部门指定的媒体上发布。已进行资格预审的,评审阶段可以不再对供应商资格进行审查。资格预审合格的供应商在评审阶段资格发生变化的,应当通知采购人和采购代理机构。

资格预审公告应当包括采购人和采购项目名称、采购需求、对供应商的资格要求以及供应商提交资格预审申请文件的时间和地点。提交资格预审申请文件的时间自公告发布之日起不得少于5个工作日。

标签: 公开招标　评审方法　资格预审　采购程序

难易程度: 难★★★

15. 公开招标项目可以由（　　）负责供应商资格审查工作。

A. 采购人　　　　　　B. 采购代理机构　　　　C. 资格预审委员会

D. 评标委员会全体　　E. 评标委员会中专家

答案: AB

解析: 《中华人民共和国政府采购法》第二十三条赋予了采购人对供应商进行资格审查的权利,但并未强制要求采购人对供应商进行资格审查。依照

《政府采购非招标采购方式管理办法》规定，竞争性谈判资格审查应当由谈判小组、询价小组负责。

标签： 公开招标 评审方法 资格预审 采购程序

难易程度： 难★★★

16. 以下主体属于政府采购主体的是（   ）。

A. 国家机关   B. 事业单位   C. 团体组织

D. 军队   E. 国有企业

答案： ABC

解析： 根据《中华人民共和国政府采购法》第二条规定，本法所称政府采购，是指各级国家机关、事业单位和团体组织，使用财政性资金采购依法制定的集中采购目录以内的或者采购限额标准以上的货物、工程和服务的行为。

标签： 政府采购主体

难易程度： 难★★★

17. 政府采购工程不进行招标的，可以选择的采购方式是（   ）。

A. 竞争性谈判   B. 竞争性磋商   C. 询价

D. 单一来源   E. 竞价

答案： ABD

解析： 依法不进行招标的政府采购工程项目，应当采用竞争性谈判、竞争性磋商或者单一来源采购方式采购。

标签： 工程 采购方式 竞争性谈判 竞争性磋商 单一来源

难易程度： 难★★★

18. 公开招标数额以下的服务采购项目，可以选择的采购方式包括（   ）。

A. 公开招标   B. 邀请招标   C. 询价

D. 单一来源   E. 竞争性谈判

答案： ABDE

解析： 政府采购限额标准以上、公开招标数额标准以下的货物和服务项目，采购人可以选择公开招标方式进行采购。但需要考虑是否有充分的竞争以及公开招标的成本是否与节约的资金相匹配。

标签： 服务　采购方式　竞争性谈判　竞争性磋商　单一来源

难易程度： 难★★★

19. 未达到公开招标数额的政府采购工程，采购人可以采取的采购方式是（　　）。

A. 公开招标　　　　　　B. 邀请招标　　　　　　C. 询价

D. 单一来源　　　　　　E. 竞争性谈判

答案： DE

解析：《政府采购法实施条例》第二十五条和《政府采购竞争性磋商采购方式管理暂行办法》规定，政府采购工程依法不进行招标的，应当采用竞争性谈判、竞争性磋商或者单一来源采购方式采购。

标签： 工程　采购方式　竞争性谈判　竞争性磋商　单一来源

难易程度： 难★★★

20. 单独的修缮工程，采购人可以采取的采购方式是（　　）。

A. 公开招标　　　　　　B. 邀请招标　　　　　　C. 竞争性磋商

D. 单一来源　　　　　　E. 竞争性谈判

答案： CDE

解析： 与建筑物新建、改建、扩建无关的装修、修缮、拆除工程，达到分散采购限额标准的，均适用于《中华人民共和国政府采购法》和《政府采购法实施条例》。依照《政府采购法实施条例》第二十五条和《政府采购竞争性磋商采购方式管理暂行办法》的规定，政府采购工程依法不进行招标的，应当采用竞争性谈判、竞争性磋商或者单一来源采购方式采购。

标签： 工程　采购方式　竞争性谈判　竞争性磋商　单一来源

难易程度： 难★★★

21. 新建工程项目中的某重要货物采购，预算金额是 180 万元，采购人可以采用（　　）方式采购。

A. 公开招标　　　　　B. 邀请招标　　　　　C. 竞争性磋商

D. 单一来源　　　　　E. 竞争性谈判

答案： CDE

解析： 新建工程项目中与工程相关的货物。合同估算价达到《必须招标的工程项目规定》（国家发改委16号令）规定的限额标准（200万元）的应该依法招标，且适用《中华人民共和国招标投标法》。对于预算金额是180万元的新建工程中货物项目，属于依法不予招标的工程，适用《中华人民共和国政府采购法》和《中华人民共和国政府采购法实施条例》。《中华人民共和国政府采购法实施条例》和《政府采购竞争性磋商采购方式管理暂行办法》规定：政府采购工程依法不进行招标的，应当采用竞争性谈判、竞争性磋商或者单一来源采购方式采购。

标签： 工程　采购方式　竞争性谈判　竞争性磋商　单一来源

难易程度： 难★★★

22. 在竞争性谈判时，最后提交报价的供应商为3家，成交公告发布后，排名第一的候选成交供应商放弃成交。采购人可以（　　　）。

　　A. 确定排名第二的候选成交供应商成交

　　B. 确定排名第三的候选成交供应商成交

　　C. 重新采购

　　D. 与排名第一的候选成交供应商谈判，满足其要求后成交

　　E. 要求所有供应商再次报价

答案： AC

解析：《政府采购法实施条例》第四十九条规定，中标或者成交供应商拒绝与采购人签订合同的，采购人可以按照评审报告推荐的中标或者成交候选人名单排序，确定下一候选人为中标或成交供应商，也可以重新开展采购活动。

标签： 采购程序　竞争性谈判　谈判小组

难易程度： 难★★★

23. 政府采购进口机电产品的，供应商可以是（　　　）。

A. 中国法人   B. 外国法人   C. 中外合资企业

D. 外资企业   E. 外国法人的中国代表处

答案：ACD

解析：依照政府采购法律规定，政府采购进口机电产品招标投标属于政府采购范畴，其政府采购政策、质疑投诉等应当遵照政府采购法律法规规定执行。

标签：供应商资格   进口产品

难易程度：难★★★

24. 政府采购工程中必须招标的服务包括（   ）。

A. 编制可行性研究报告（120万元）

B. 勘察（110万元）

C. 设计（120万元）

D. 监理（100万元）

E. 造价咨询（120万元）

答案：BCD

解析：根据《中华人民共和国政府采购法实施条例》第七条规定，"政府采购工程以及与工程建设有关的货物、服务，采用招标方式采购的，适用《中华人民共和国招标投标法》及其实施条例；所称与工程建设有关的服务，是指为完成工程所需的勘察、设计、监理等服务"。

标签：招标投标法   工程   服务   采购方式   勘察   设计   监理

难易程度：难★★★

25. 竞争性磋商项目磋商小组可以要求供应商对响应文件中（   ）的内容进行澄清。

A. 含义不明确

B. 同类问题表述不一致

C. 有明显文字错误

D. 有明显计算错误

E. 不符合资格条件

答案：ABCD

解析：磋商小组在对响应文件的有效性、完整性和响应程度进行审查时，可以要求供应商对响应文件中含义不明确、同类问题表述不一致或者有明显文字和计算错误的内容等作出必要的澄清、说明或者更正。

标签：采购程序　竞争性磋商　澄清

难易程度：难★★★

26. 竞争性磋商项目，供应商对响应文件进行澄清时，（　　　）。

A. 不得超出响应文件的范围

B. 可以超出响应文件的范围

C. 不得改变响应文件的实质性内容

D. 可以改变响应文件的实质性内容

E. 供应商可以主动做出澄清

答案：AC

解析：根据《政府采购竞争性磋商采购方式管理暂行办法》第十八条规定，供应商的澄清、说明或者更正不得超出响应文件的范围或者改变响应文件的实质性内容。

标签：采购程序　竞争性磋商　评审方法　澄清

难易程度：难★★★

27. 组成评标委员会成员的采购人代表可以是（　　　）。

A. 采购人员工

B. 采购代理机构员工

C. 采购人从其他单位选派的人员

D. 采购人从参加投标的供应商中选派的代表

E. 财政部门代表

答案：AC

解析：采购人代表是由采购人指定、代表采购人参与评审的人员，可以为本单位工作人员，也可为其他单位工作人员。

标签：公开招标　采购程序　评审小组　评标委员会　回避

难易程度：难★★★

28. 评标结束后，评审专家可以接受的费用是（　　　）。

A. 采购人支付的评审专家费

B. 采购人支付的交通费

C. 采购代理机构支付的配合费

D. 采购代理机构支付的加班费

E. 中标供应商支付的辛苦费

答案：AB

解析： 为规范评审专家劳务报酬支付、减轻代理机构负担，《政府采购评审专家管理办法》明确规定，集中采购项目由政府集中采购机构支付评审专家劳务报酬，集中采购目录外项目由采购人支付，相关标准由各省级人民政府财政部门制定，中央单位参照本单位所在地或评审活动所在地标准执行。

标签： 采购程序　公开招标　评审小组　评审专家

难易程度：难★★★

29. 采购人随机选取评标专家时，应该确定需要规避的单位和个人名单。需要规避的单位和个人名单应根据（　　　）确定。

A.《政府采购评审专家管理办法》确定的情形

B. 财政部门确定限制参加评标专家名单

C. 主管预算单位确定限制参加评标专家名单

D. 采购人确定限制参加评标专家名单

E. 采购代理机构确定限制参加评标专家名单

答案：AB

解析： 按照《政府采购评审专家管理办法》和《政府采购进口产品管理办法》的规定，抽取专家时应当回避与供应商有利害关系的专家和参加了进口论证的专家。除回避情形外，财政部门也可以依法限制列入严重违法失信名单的专家参加评审的权利。

标签： 采购程序　评审小组　评审专家　回避

难易程度：难★★★

30. 以下公开政府采购信息的情形，不符合规定的是（　　　）。

A. 招标公告中公告招标文件全部内容

B. 招标文件发售期满公告购买招标文件的供应商名单

C. 现场踏勘时宣布到场供应商名单

D. 公告招标文件修改内容

E. 投标截止后开标前宣布递交投标文件的供应商名单

答案：BCE

解析：《政府采购货物和服务招标投标管理办法》第六十六条规定，采购人、采购代理机构应当采取必要措施，保证评标在严格保密的情况下进行。

标签：采购程序　公开招标　采购公告

难易程度：难★★★

31. 以下公开政府采购信息的情形，不符合规定的是（　　　）。

A. 开标时宣布监督人员名单

B. 开标中公布投标价格和项目经理名单

C. 开标后公布评标专家名单

D. 评标中公布被否决的供应商名单

E. 评标过程向所有供应商现场直播

答案：CDE

解析：《政府采购货物和服务招标投标管理办法》第六十六条规定，采购人、采购代理机构应当采取必要措施，保证评标在严格保密的情况下进行。

标签：采购程序　公开招标

难易程度：难★★★

32. 组织评标中的以下行为，不符合规定的是（　　　）。

A. 要求投标人在评标会场外等候澄清

B. 要求投标人代表进入评标会场，当面向评标委员会说明情况

C. 要求投标人自理午餐费用

D. 要求投标人依次在投标人信息登记表上签字

E. 宣布投标人授权代表姓名

答案：BDE

解析：《政府采购货物和服务招标投标管理办法》第六十六条规定，采购人、采购代理机构应当采取必要措施，保证评标在严格保密的情况下进行。除采购人代表、评标现场组织人员外，采购人的其他工作人员以及与评标工作无关的人员不得进入评标现场。故投标人代表不应当进入评标室与专家会面。

标签：采购程序　公开招标　评审小组　评审纪律

难易程度：难★★★

33. 政府采购货物和服务招标项目，评标委员会的职责可以包括（　　　）。

A. 资格审查

B. 符合性审查

C. 推荐中标候选人

D. 根据招标文件要求确定中标人

E. 根据招标文件要求与中标人进行合同谈判

答案：BCD

解析：根据《政府采购货物和服务招标投标管理办法》（财政部第87号令）第四十六条规定，评标委员会负责具体评标事务，并独立履行下列职责：

（一）审查、评价投标文件是否符合招标文件的商务、技术等实质性要求；

（二）要求投标人对投标文件有关事项作出澄清或者说明；

（三）对投标文件进行比较和评价；

（四）确定中标候选人名单，以及根据采购人委托直接确定中标人；

（五）向采购人、采购代理机构或者有关部门报告评标中发现的违法行为。

标签：采购程序　公开招标　评审小组　评标委员会

难易程度：难★★★

34. 政府采购项目，评标委员会可以根据（　　　）确定中标人。

A. 采购人代表的要求

B. 采购人的授权书

C. 招标文件的规定

D. 评标的具体情况

E. 评标委员会的一致意见

答案： BC

解析： 采购人可以在招标文件中明确授权评标委员会确定中标人，也可以以授权函的形式授权评标委员会确定中标人。

标签： 采购程序　公开招标　评审小组　评标委员会

难易程度： 难★★★

35. 政府采购招标项目，开标后资格审查应由（　　）负责。

A. 采购人　　　　　　　B. 采购代理机构　　　　　C. 评标委员会

D. 资格预审委员会　　　E. 评标工作人员

答案： AB

解析： 根据《政府采购货物和服务招标投标管理办法》规定，货物和服务项目公开招标评标前对供应商的资格审查应该由采购人或者采购代理机构完成。不应委托其他人完成资格审查工作。

标签： 采购程序　公开招标　资格审查　评标委员会

难易程度： 难★★★

36. 竞争性磋商中，磋商小组可以改变磋商文件中的（　　）。

A. 供应商资格条件　　　B. 技术要求　　　　　　　C. 商务要求

D. 合同条款　　　　　　E. 评审因素

答案： BCD

解析： 依照《政府采购非招标采购方式管理办法》第三十二条规定，采用竞争性谈判采购方式的，谈判小组可以根据采购文件和谈判情况实质性变动采购需求中的技术、服务要求以及合同草案条款，但不得变动采购文件中的其他内容。

标签： 采购程序　竞争性磋商　评审方法

难易程度： 难★★★

37. 以下文件属于要约邀请的是（　　）。

A. 招标公告　　　　　B. 投标邀请书　　　　　C. 招标文件

D. 投标文件　　　　　E. 中标通知书

答案： ABC

解析： 政府采购法规体系中的竞争性谈判、竞争性磋商、询价、单一来源采购属于签订合同的方式，竞争性谈判、竞争性磋商、询价活动公开发布的采购信息公告属于要约邀请。

标签： 采购程序　　合同

难易程度： 难★★★

38. 某供应商为产品制造商，被某地财政部门禁止参加政府采购活动。该供应商可以（　　）。

A. 授权其分公司参加

B. 委托其他供应商作为其产品销售代理参加

C. 变更公司名称后参加

D. 去其他地方参加

E. 授权其子公司参加

答案： BE

解析：（1）《中华人民共和国政府采购法》第七十七条的处罚措施是针对违法供应商本身。若 A 公司被列入不良行为记录名单，并在一年内禁止参加政府采购活动，其他公司可以使用其研发和生产的产品授权参加政府采购活动。

（2）A 公司的关联公司，若与 A 公司是互相独立的法人，只要符合《中华人民共和国政府采购法》第二十二条的规定，是可以参加政府采购活动的。分公司不具备独立法人地位，若其总公司受到禁止参加政府采购活动的处罚，是不能参加政府采购活动的。

标签： 采购程序　　供应商资格

难易程度： 难★★★

39. 某公立医院的以下项目属于政府采购项目的是（　　）。

A. 临街房出租，租金，60万元

B. 食堂经营权对外转让，转让费，100万元

C. 租赁大型医疗设备，租赁费，300万元

D. 新建办公楼工程，预算600万元

E. 采购药品，费用400万元

答案： CDE

解析：《中华人民共和国政府采购法》规定，本法所称采购，是指以合同方式有偿取得货物、工程和服务的行为，包括购买、租赁、委托、雇佣等。医院食堂经营权对外转让，采购人没有发生购买、租赁、委托、雇佣等行为，因此医院食堂经营权对外转让不属于政府采购。

标签： 政府采购范畴

难易程度： 难★★★

40. 政府采购工程的以下内容应按招标投标法进行招标的是（　　）。

A. 勘察招标（130万元）

B. 设计招标（140万元）

C. 监理招标（120万元）

D. 造价咨询招标（120万元）

E. 审计服务招标（120万元）

答案： ABC

解析： 根据《必须招标的工程项目规定》第五条规定，本规定第二条至第四条规定范围内的项目，其勘察、设计、施工、监理以及与工程建设有关的重要设备、材料等的采购达到下列标准之一的必须招标：

（一）施工单项合同估算价在400万元人民币以上；

（二）重要设备、材料等货物的采购，单项合同估算价在200万元人民币以上；

（三）勘察、设计、监理等服务的采购，单项合同估算价在100万元人民币以上。同一项目中可以合并进行的勘察、设计、施工、监理以及与工程建设有关的重要设备、材料等的采购，合同估算价合计达到前款规定标准的，必

须招标。

标签： 政府采购范畴　招标投标法　工程

难易程度： 难★★★

41. 政府采购工程的采用招标方式（　　）环节应按招标投标法的规定执行。

A. 编制采购预算

B. 公开采购意向

C. 发布招标公告

D. 编制招标文件

E. 开标评标

答案： CDE

解析： 政府采购工程按规定以招标方式采购的，适用《中华人民共和国招标投标法》。同时以公开招标方式采购的政府采购工程，应当按照政府采购法律制度规定编制采购预算，备案采购计划及合同。

标签： 政府采购范畴　招标投标法　工程　采购程序

难易程度： 难★★★

42. 政府采购工程应按政府采购法的规定（　　）。

A. 编制采购计划　　　　B. 执行政府采购政策　　　C. 抽取评标专家

D. 评标　　　　　　　　E. 备案采购合同

答案： ABE

解析： 以公开招标方式采购的政府采购工程，应当按照政府采购法律制度规定编制采购预算，备案采购计划及合同。

标签： 政府采购范畴　招标投标法　工程　采购程序

难易程度： 难★★★

第三十四章 《政府采购合作创新采购方式管理暂行办法》相关试题

判断题

1. 合作创新采购中的研发风险主要由采购人承担，供应商承担次要责任。　　　　　　　　　　　　　　　　　　　　　　　　　（　　）

答案： 错误

解析：《政府采购合作创新采购方式管理暂行办法》第二条规定，合作创新采购是指采购人邀请供应商合作研发，共担研发风险，并按研发合同约定的数量或者金额购买研发成功的创新产品的采购方式。研发风险应当由双方共同承担。

标签： 合作创新采购　风险分担

难易程度： 易★

2. 合作创新采购方式分为订购和首购两个阶段。　　　　　　（　　）

答案： 正确

解析：《政府采购合作创新采购方式管理暂行办法》第二条规定，合作创新采购方式分为订购和首购两个阶段。

标签： 订购　首购　采购程序

难易程度： 易★

3. 订购是指采购人与供应商共同提出研发目标，供应商独立研发创新产品并共担研发风险的活动。　　　　　　　　　　　　　　（　　）

答案： 错误

解析:《政府采购合作创新采购方式管理暂行办法》第二条规定,订购是指采购人提出研发目标,与供应商合作研发创新产品并共担研发风险的活动。研发目标应当由采购人提出;研发创新产品是采购人和供应商合作。

标签: 订购　风险分担

难易程度: 中★★

4. 首购是指采购人对于研发成功的创新产品,按照研发成功后统计的各部门的采购需求采购一定数量或者一定金额相应产品的活动。　　　(　　)

答案: 错误

解析:《政府采购合作创新采购方式管理暂行办法》第二条规定,首购是指采购人对于研发成功的创新产品,按照研发合同约定采购一定数量或者一定金额相应产品的活动。应当按照研发合同约定的数量或金额进行采购。

标签: 首购　采购程序

难易程度: 中★★

5. 采购人可以委托采购代理机构代理合作创新采购,采购代理机构应当在委托的范围内依法开展采购活动。　　　　　　　　　　(　　)

答案: 正确

解析:《政府采购合作创新采购方式管理暂行办法》第四条规定,采购人可以委托采购代理机构代理合作创新采购,采购代理机构应当在委托的范围内依法开展采购活动。

标签: 合作创新采购　采购程序　委托代理

难易程度: 易★

6. 采购人开展合作创新采购前,应当开展市场调研和专家论证,科学设定合作创新采购项目的最低研发目标、最低研发费用和研发期限。　(　　)

答案: 错误

解析:《政府采购合作创新采购方式管理暂行办法》第七条规定,采购人开展合作创新采购前,应当开展市场调研和专家论证,科学设定合作创新采购项目的最低研发目标、最高研发费用和研发期限。设定的应当是最高研发费用。

标签：合作创新采购　采购程序　市场调研

难易程度：中★★

7. 创新采购项目的最高研发费用包括该项目用于研发成本补偿的费用和创新产品的首购费用，不得设定激励费用。（　　）

答案：错误

解析：《政府采购合作创新采购方式管理暂行办法》第七条规定，最高研发费用包括该项目用于研发成本补偿的费用和创新产品的首购费用，还可以设定一定的激励费用。

标签：合作创新采购　最高研发费用　激励费用

难易程度：中★★

8. 创新采购项目对供应商的技术能力要求较高，大型企业的研发能力、技术水平更能满足创新采购项目的需要，因此采购人开展合作创新采购可以不落实政府采购支持中小企业发展相关政策，可以专门面向大型企业采购。

（　　）

答案：错误

解析：《政府采购合作创新采购方式管理暂行办法》第十条规定，采购人开展合作创新采购应当落实政府采购支持中小企业发展相关政策。采购人应当结合采购项目情况和中小企业承接能力设置采购包，专门面向中小企业采购；对于工作内容难以分割的综合性采购项目，采购人应当要求获得采购合同的供应商将采购项目中的一定比例分包给中小企业，推动中小企业参与创新研发活动。

标签：合作创新采购　中小企业

难易程度：中★★

9. 创新采购项目不同于普通的政府采购项目，具有较强的特殊性，因此，不需要按照《政府采购需求管理办法》的有关规定履行内部审查、核准程序。

（　　）

答案：错误

解析：《政府采购合作创新采购方式管理暂行办法》第十二条规定，采购人应当对采购方案的科学性、可行性、合规性等开展咨询论证，并按照《政府采购需求管理办法》有关规定履行内部审查、核准程序后实施。

标签： 合作创新采购　需求管理

难易程度： 易★

10. 创新采购项目的订购程序中，提交申请文件或者通过资格审查的供应商只有 2 家的，可以继续开展采购活动；只有 1 家时，应当宣布采购失败并重新组织采购活动。　　　　　　　　　　　　　　　　　　（　　）

答案： 错误

解析：《政府采购合作创新采购方式管理暂行办法》第十六条规定，谈判小组依法对供应商的资格进行审查。提交申请文件或者通过资格审查的供应商只有两家或者一家的，可以按照本办法规定继续开展采购活动。

标签： 合作创新采购　供应商数量　采购程序

难易程度： 难★★★

11. 创新采购项目的订购程序中，谈判小组应当与通过资格审查的供应商分别进行创新概念交流，并给予所有参加谈判的供应商平等的交流机会。　（　　）

答案： 错误

解析：《政府采购合作创新采购方式管理暂行办法》第十七条规定，谈判小组集中与所有通过资格审查的供应商共同进行创新概念交流，交流内容包括创新产品的最低研发目标、最高研发费用、应用场景及采购方案的其他相关内容。

标签： 合作创新采购　创新概念交流

难易程度： 中★★

12. 创新采购项目的订购程序中，采购人应当从参与创新概念交流的供应商中择优选择 3 家供应商邀请其参与研发竞争谈判，并向其提供研发谈判文件。　　　　　　　　　　　　　　　　　　　　　　　　　　（　　）

答案： 错误

解析：《政府采购合作创新采购方式管理暂行办法》第十九条规定，采购人应当向所有参与创新概念交流的供应商提供研发谈判文件，邀请其参与研发竞争谈判。

标签：合作创新采购　研发竞争谈判

难易程度：中★★

13. 创新采购项目的订购程序中，谈判小组应当集中与所有提交响应文件的供应商共同进行谈判，对相关内容进行细化调整。　　　　（　　）

答案：错误

解析：《政府采购合作创新采购方式管理暂行办法》第二十一条规定，谈判小组集中与单一供应商分别进行谈判，对相关内容进行细化调整。

标签：订购　研发竞争谈判

难易程度：中★★

14. 创新采购项目的订购程序中，谈判小组对响应文件满足研发谈判文件全部实质性要求的供应商开展评审，按照响应报价从低到高排序，推荐成交候选人。　　　　　　　　　　　　　　　　　　　　（　　）

答案：错误

解析：《政府采购合作创新采购方式管理暂行办法》第二十二条规定，谈判小组对响应文件满足研发谈判文件全部实质性要求的供应商开展评审，按照评审得分从高到低排序，推荐成交候选人。

标签：订购　成交候选人推荐规则

难易程度：中★★

15. 创新采购项目的订购程序中，谈判小组可以根据谈判文件规定，选择对供应商响应文件的研发方案部分和其他部分采取两阶段评审。（　　）

答案：正确

解析：《政府采购合作创新采购方式管理暂行办法》第二十二条规定，谈判小组根据谈判文件规定，可以对供应商响应文件的研发方案部分和其他部分采取两阶段评审，先评审研发方案部分，对研发方案得分达到规定名次的，再综合评审其他部分，按照总得分从高到低排序，确定成交候选人。

标签：订购　两阶段评审

难易程度：中★★

16. 创新采购项目的订购程序中，成交候选人数量少于谈判文件规定的研发供应商数量时，采购人应当重新开展政府采购活动。　　　　（　　）

答案：错误

解析：《政府采购合作创新采购方式管理暂行办法》第二十三条规定，成交候选人数量少于谈判文件规定的研发供应商数量的，采购人可以确定所有成交候选人为研发供应商，也可以重新开展政府采购活动。采购人应当依法与研发供应商签订研发合同。

标签：订购　成交候选人数量

难易程度：难★★★

17. 采购人在省级以上人民政府财政部门指定的媒体上发布首购产品信息后，其他采购人有需求的，报请本级财政部门审核同意后，可以直接采购指定媒体上公布的创新产品。　　　　（　　）

答案：错误

解析：《政府采购合作创新采购方式管理暂行办法》第二十八条规定，其他采购人有需求的，可以直接采购指定媒体上公布的创新产品，也可以在不降低创新产品核心技术参数的前提下，委托供应商对创新产品进行定制化改造后采购。

标签：合作创新采购　首购　直接采购

难易程度：中★★

18. 创新采购项目的研发合同履行中，因市场已出现拟研发创新产品的同类产品等情形，采购人认为研发合同继续履行没有意义的，可以通知研发供应商终止研发合同。　　　　（　　）

答案：正确

解析：《政府采购合作创新采购方式管理暂行办法》第三十四条规定，研发合同履行中，因市场已出现拟研发创新产品的同类产品等情形，采购人认为研发合同继续履行没有意义的，应当及时通知研发供应商终止研发合同，并按研发合同约定向研发供应商支付相应的研发成本补偿费用。

标签： 合作创新采购 研发合同终止

难易程度： 易★

单选题

1. 以下哪种产品不属于《政府采购合作创新采购方式管理暂行办法》规定的创新产品？（　　　）

A. 价值 300 万元的、应用了新的技术原理的扫描仪

B. 价值 200 万元的、具有新的技术思想的多功能一体机

C. 价值 400 万元的、包含新的技术的方法的复印机

D. 价值 600 万元的、在现有产品基础上结合最新硬件升级改造的新一代投影仪

答案： D

解析：《政府采购合作创新采购方式管理暂行办法》第二条规定，前款所称创新产品，应当具有实质性的技术创新，包含新的技术原理、技术思想或者技术方法。对现有产品的改型以及对既有技术成果的验证、测试和使用等没有实质性技术创新的，不属于本办法规定的创新产品范围。D 是在旧产品基础上对硬件进行了升级改造，并未应用新的技术原理、技术思想或者技术方法。

标签： 创新产品 适用范围 定义

难易程度： 易★

2. 按照《政府采购合作创新采购方式管理暂行办法》的规定，合作创新采购项目信息应当在下列哪个平台上发布？（　　　）

A. 市公共资源交易平台的政府采购板块

B. 某公司出版的面向全国的发售的政府采购刊物

C. 市政府门户网站的政务信息板块

D. 省级以上人民政府财政部门指定的媒体

答案： D

解析：《政府采购合作创新采购方式管理暂行办法》第十三条规定，采购人应当按照政府采购有关规定，在省级以上人民政府财政部门指定的媒体上及时发布合作创新采购项目信息。

标签： 合作创新采购　信息发布平台

难易程度： 易★

3. 按照《政府采购合作创新采购方式管理暂行办法》的规定，某合作创新采购项目在订购程序中组建了 7 人的谈判小组，评审专家中的最少应当有（　　）名法律专家、（　　）名经济专家。

　　A. 1；1　　　　　B. 1；2　　　　　C. 2；1　　　　　D. 2；2

答案： A

解析：《政府采购合作创新采购方式管理暂行办法》第十五条规定，采购人应当组建谈判小组，谈判小组由采购人代表和评审专家共五人以上单数组成。采购人应当自行选定相应专业领域的评审专家。评审专家中应当包含一名法律专家和一名经济专家。

标签： 合作创新采购　专家构成

难易程度： 难★★★

4. 按照《政府采购合作创新采购方式管理暂行办法》的规定，提交参与合作创新采购申请文件的时间自采购公告、邀请书发出之日起不得少于（　　）。

　　A. 20 个自然日　　　　　　　　B. 20 个工作日

　　C. 15 个自然日　　　　　　　　D. 15 个工作日

答案： B

解析：《政府采购合作创新采购方式管理暂行办法》第十六条规定，提交参与合作创新采购申请文件的时间自采购公告、邀请书发出之日起不得少于二十个工作日。

标签：合作创新采购 采购程序 提交申请文件时间期限

难易程度：易★

5. 按照《政府采购合作创新采购方式管理暂行办法》的规定，订购程序的评审因素中，供应商研发方案的分值占总分值的比重应当为（ ）。

A. 10%～30% B. >30% C. ≥30% D. ≥50%

答案：D

解析：《政府采购合作创新采购方式管理暂行办法》第十八条规定，供应商研发方案的分值占总分值的比重不得低于百分之五十。

标签：合作创新采购 评审标准 研发方案分数占比

难易程度：易★

6. 按照《政府采购合作创新采购方式管理暂行办法》的规定，创新采购项目的订购程序中，从研发谈判文件发出之日起至供应商提交首次响应文件截止之日止，不得少于（ ）。

A. 20 个自然日 B. 20 个工作日

C. 10 个自然日 D. 10 个工作日

答案：D

解析：《政府采购合作创新采购方式管理暂行办法》第十九条规定，从研发谈判文件发出之日起至供应商提交首次响应文件截止之日止不得少于十个工作日。

标签：订购 采购程序 提交响应文件时间期限

难易程度：易★

7. 按照《政府采购合作创新采购方式管理暂行办法》的规定，创新采购项目的订购程序中，谈判结束后，谈判小组根据谈判结果，确定最终的谈判文件，并以书面形式同时通知所有参加谈判的供应商。供应商按要求提交最终响应文件，谈判小组给予供应商的响应时间应当不少于（ ）。

A. 10 个自然日 B. 5 个工作日

C. 5 个自然日 D. 10 个工作日

答案：B

解析：《政府采购合作创新采购方式管理暂行办法》第二十一条规定，谈判结束后，谈判小组根据谈判结果，确定最终的谈判文件，并以书面形式同时通知所有参加谈判的供应商。供应商按要求提交最终响应文件，谈判小组给予供应商的响应时间应当不少于五个工作日。

标签：订购　采购程序　提交最终响应文件时间期限

难易程度：易★

8. 按照《政府采购合作创新采购方式管理暂行办法》的规定，创新采购项目的首购程序中，因采购人调整创新产品功能、性能目标需要调整费用的，增加的费用不得超过首购金额的（　　）。

A. 10%　　　　　B. 15%　　　　　C. 5%　　　　　D. 20%

答案：A

解析：《政府采购合作创新采购方式管理暂行办法》第二十七条规定，研发合同有效期内，供应商按照研发合同约定提供首购产品迭代升级服务，用升级后的创新产品替代原首购产品。因采购人调整创新产品功能、性能目标需要调整费用的，增加的费用不得超过首购金额的百分之十。

标签：首购　费用调整

难易程度：易★

9. 按照《政府采购合作创新采购方式管理暂行办法》的规定，研发合同期限包括创新产品研发、迭代升级以及首购交付的期限，一般不得超过（　　）年，属于重大合作创新采购项目的，不得超过（　　）年。

A. 1；2　　　　　B. 2；3　　　　　C. 4；5　　　　　D. 5；6

答案：B

解析：《政府采购合作创新采购方式管理暂行办法》第三十一条规定，研发合同期限包括创新产品研发、迭代升级以及首购交付的期限，一般不得超过两年，属于重大合作创新采购项目的，不得超过三年。

标签：研发合同期限

难易程度：中★★

10. 按照《政府采购合作创新采购方式管理暂行办法》规定，采购人应当向首购产品供应商支付预付款用于创新产品生产制造。预付款金额不得低于首购协议约定的首购总金额的（　　　）。

A. 10%　　　　　　B. 15%　　　　　　C. 20%　　　　　　D. 30%

答案： D

解析：《政府采购合作创新采购方式管理暂行办法》第三十三条规定，采购人应当向首购产品供应商支付预付款用于创新产品生产制造。预付款金额不得低于首购协议约定的首购总金额的百分之三十。

标签： 首购　预付款金额

难易程度： 易★

多选题

1. 按照《政府采购合作创新采购方式管理暂行办法》规定，采购项目符合国家科技和相关产业发展规划，有利于落实国家重大战略目标任务，并且具有下列哪些情形之一的，可以采用合作创新采购方式采购？（　　　）

A. 市场现有产品或者技术不能满足要求，需要进行技术突破的

B. 以研发创新产品为基础，形成新范式或者新的解决方案，能够显著改善功能性能，明显提高绩效的

C. 必须保证原有采购项目一致性或者服务配套的要求，需要继续从原供应商处添购，且添购资金总额不超过原合同采购金额百分之十的

D. 发生了不可预见的紧急情况不能从其他供应商处采购的

E. 不能事先计算出价格总额的

答案： AB

解析：《政府采购合作创新采购方式管理暂行办法》第三条规定，采购项目符合国家科技和相关产业发展规划，有利于落实国家重大战略目标任务，并且具有下列情形之一的，可以采用合作创新采购方式采购：

（一）市场现有产品或者技术不能满足要求，需要进行技术突破的；

（二）以研发创新产品为基础，形成新范式或者新的解决方案，能够显著改善功能性能，明显提高绩效的；

（三）国务院财政部门规定的其他情形。CD 是单一来源采购方式的适用情形；E 是竞争性谈判和部分竞争性磋商的适用情形。

标签： 合作创新采购　适用条件

难易程度： 中★★

2. 合作创新采购中，采购人应当按照有利于降低研发风险的要求，围绕供应商需具备的研发能力设定资格条件。资格条件可以包括合作创新采购项目所必需的哪些内容？（　　　）

A. 已有专利

B. 计算机软件著作权

C. 专有技术类别

D. 同类项目的研发业绩

E. 供应商已具备的研究基础

答案： ABCDE

解析：《政府采购合作创新采购方式管理暂行办法》第九条规定，合作创新采购中，采购人应当按照有利于降低研发风险的要求，围绕供应商需具备的研发能力设定资格条件，可以包括合作创新采购项目所必需的已有专利、计算机软件著作权、专有技术类别，同类项目的研发业绩，供应商已具备的研究基础等。

标签： 合作创新采购　资格条件

难易程度： 中★★

3. 合作创新采购中产生的各类知识产权，可以属于（　　　）所有。

A. 采购人

B. 供应商

C. 采购人供应商共同所有

D. 评审专家

E. 采购监管部门

答案： ABC

解析：《政府采购合作创新采购方式管理暂行办法》第十一条规定，合作创新采购中产生的各类知识产权，按照《中华人民共和国民法典》《中华人民共和国科学技术进步法》以及知识产权等相关法律规定，原则上属于供应商享有，但是法律另有规定或者研发合同另有约定的除外。知识产权涉及国家安全、国家利益或者重大社会公共利益的，应当约定由采购人享有或者约定共同享有。

标签： 合作创新采购　知识产权

难易程度： 难★★★

4. 创新采购项目的订购程序中，以下哪些数量的供应商提交申请文件或者通过资格审查时，可以继续开展采购活动？（　　）

A. 1　　　　　　　　B. 2　　　　　　　　C. 3

D. 4　　　　　　　　E. 0

答案： ABCD

解析：《政府采购合作创新采购方式管理暂行办法》第十六条规定，谈判小组依法对供应商的资格进行审查。提交申请文件或者通过资格审查的供应商只有两家或者一家的，可以按照本办法规定继续开展采购活动。

标签： 合作创新采购　订购　供应商数量

难易程度： 难★★★

5. 创新采购项目订购程序的谈判中，谈判小组可以根据谈判情况实质性变动谈判文件的以下哪些内容？（　　）

A. 延长研发完成时间

B. 增加创新产品的迭代升级服务方案

C. 适当降低最低研发目标

D. 细化研发合同履行中可能出现的风险及其管控措施

E. 提高最高研发费用

答案： ABD

解析：《政府采购合作创新采购方式管理暂行办法》第二十一条规定了谈判的主要内容，同时明确要求"在谈判中，谈判小组可以根据谈判情况实质性变动谈判文件有关内容，但不得降低最低研发目标、提高最高研发费用，也不得改变谈判文件中的主要评审因素及其权重"。

标签：合作创新采购　订购　实质性变动

难易程度：难★★★

6. 创新采购项目的订购程序中，确定的研发供应商数量可以为（　　）家。

A. 1　　　　　　　　　　B. 2

C. 3　　　　　　　　　　D. 4

答案：ABC

解析：《政府采购合作创新采购方式管理暂行办法》第二十三条规定，研发供应商数量最多不得超过三家。

标签：合作创新采购　订购　研发供应商数量

难易程度：难★★★

附录　相关法律法规及部门规章规范性文件

中华人民共和国民法典

　　第十三届全国人大三次会议表决通过　2020 年 5 月 28 日

中华人民共和国政府采购法

　　第九届全国人民代表大会常务委员会第二十八次会议通过　2002 年 6 月 29 日

　　第十二届全国人民代表大会常务委员会第十次会议修改　2014 年 8 月 31 日

中华人民共和国招标投标法

　　第九届全国人民代表大会常务委员会第十一次会议通过　1999 年 8 月 30 日

　　第十二届全国人民代表大会常务委员会第三十一次会议修改　2017 年 12 月 27 日

中华人民共和国行政处罚法

　　第八届全国人民代表大会第四次会议通过　1996 年 3 月 17 日

　　第十一届全国人民代表大会常务委员会第十次会议《关于修改部分法律的决定》第一次修正　2009 年 8 月 27 日

　　第十二届全国人民代表大会常务委员会第二十九次会议《关于修改（中华人民共和国法官法）等八部法律的决定》第二次修正　2017 年 9 月 1 日

　　第十三届全国人民代表大会常务委员会第二十五次会议修订　2021 年 1 月 22 日

中华人民共和国立法法

　　第九届全国人民代表大会第三次会议通过　2000 年 3 月 15 日

　　第十二届全国人民代表大会第三次会议第一次修正　2015 年 3 月 15 日

　　第十四届全国人民代表大会第一次会议第二次修正　2023 年 3 月 13 日

中华人民共和国监察法

　　第十三届全国人民代表大会第一次会议通过　2018年3月20日

中华人民共和国预算法

　　第八届全国人民代表大会第二次会议通过　1994年3月22日

　　第十二届全国人民代表大会常务委员会第十次会议第一次修正　2014年8月31日

　　第十三届全国人民代表大会常务委员会第七次会议第二次修正　2018年12月29日

中华人民共和国建筑法

　　第八届全国人民代表大会常务委员会第二十八次会议通过　1997年11月1日

　　第十一届全国人民代表大会常务委员会第二十次会议第一次修正　2011年4月22日

　　第十三届全国人民代表大会常务委员会第十次会议第二次修正　2019年4月23日

中华人民共和国行政许可法

　　第十届全国人民代表大会常务委员会第四次会议通过　2003年8月27日

　　第十三届全国人民代表大会常务委员会第十次会议修正　2019年4月23日

中华人民共和国特种设备安全法

　　第十二届全国人民代表大会常务委员会第三次会议通过　2013年6月29日

中华人民共和国药品管理法

　　第六届全国人民代表大会常务委员会第七次会议通过　1984年9月20日

　　第九届全国人民代表大会常务委员会第二十次会议第一次修订　2001年2月28日

　　第十二届全国人民代表大会常务委员会第六次会议第一次修正　2013年12月28日

　　第十二届全国人民代表大会常务委员会第十四次会议第二次修正　2015年4月24日

　　第十三届全国人民代表大会常务委员会第十二次会议第二次修订　2019年

8 月 26 日

中华人民共和国计量法

　　第六届全国人民代表大会常务委员会第十二次会议通过　1985 年 9 月 6 日

　　第十一届全国人民代表大会常务委员会第十次会议第一次修正　2009 年
8 月 27 日

　　第十二届全国人民代表大会常务委员会第六次会议第二次修正　2013 年
12 月 28 日

　　第十二届全国人民代表大会常务委员会第十四次会议第三次修正　2015 年
4 月 24 日

　　第十二届全国人民代表大会常务委员会第三十一次会议第四次修正　2017 年
12 月 27 日

　　第十三届全国人民代表大会常务委员会第六次会议第五次修正　2018 年
10 月 26 日

中华人民共和国行政诉讼法

　　第七届全国人民代表大会第二次会议通过　1989 年 4 月 4 日

　　第十二届全国人民代表大会常务委员会第十一次会议第一次修正　2014 年
11 月 1 日

　　第十二届全国人民代表大会常务委员会第二十八次会议第二次修正　2017 年
6 月 27 日

中华人民共和国科学技术进步法

　　第八届全国人民代表大会常务委员会第二次会议通过　1993 年 7 月 2 日

　　第十届全国人民代表大会常务委员会第三十一次会议第一次修订　2007 年
12 月 29 日

　　第十三届全国人民代表大会常务委员会第三十二次会议第二次修订　2021 年
12 月 24 日

中华人民共和国标准化法

　　第七届全国人民代表大会常务委员会第五次会议通过　1988 年 12 月 29 日

　　第十二届全国人民代表大会常务委员会第三十次会议修订　2017 年 11 月
4 日

中华人民共和国产品质量法

第七届全国人民代表大会常务委员会第三十次会议通过　1993 年 2 月 22 日

第九届全国人民代表大会常务委员会第十六次会议第一次修正　2000 年 7 月 8 日

第十一届全国人民代表大会常务委员会第十次会议第二次修正　2009 年 8 月 27 日

第十三届全国人民代表大会常务委员会第七次会议第三次修正　2018 年 12 月 29 日

中华人民共和国行政复议法

第九届全国人民代表大会常务委员会第九次会议通过　1999 年 4 月 29 日

第十一届全国人民代表大会常务委员会第十次会议《关于修改部分法律的决定》第一次修正　2009 年 8 月 27 日

第十二届全国人民代表大会常务委员会第二十九次会议《关于修改〈中华人民共和国法官法〉等八部法律的决定》第二次修正　2017 年 9 月 1 日

第十四届全国人民代表大会常务委员会第五次会议修订　2023 年 9 月 1 日

中华人民共和国政府采购法实施条例

国务院第 75 次常务会议通过　2014 年 12 月 31 日

中华人民共和国招标投标法实施条例

国务院令第 183 次常务会议通过　2011 年 11 月 30 日

国务院令第 676 号《国务院关于修改和废止部分行政法规的决定》第一次修订　2017 年 3 月 21 日

国务院令第 698 号《国务院关于修改和废止部分行政法规的决定》第二次修订　2018 年 3 月 19 日

国务院令第 709 号《国务院关于修改部分行政法规的决定》第三次修订 2019 年 3 月 2 日

中华人民共和国外商投资法实施条例

国务院第 74 次常务会议通过　2019 年 12 月 12 日

中华人民共和国进出口货物原产地条例

国务院第 61 次常务会议通过　2004 年 8 月 18 日

中华人民共和国工业产品生产许可证管理条例

　　国务院令国务院第 97 次常务会议通过　2005 年 6 月 29 日

　　国务院令第 752 号《国务院关于修改和废止部分行政法规的决定》第一次
修订　2023 年 7 月 20 日

安全生产许可证条例

　　国务院第 34 次常务会议通过　2004 年 1 月 7 日

　　国务院令第 638 号《国务院关于废止和修改部分行政法规的决定》第一次
修订　2013 年 7 月 18 日

　　国务院令第 653 号《国务院关于修改部分行政法规的决定》第二次修订
2014 年 7 月 2 日

行政事业性国有资产管理条例

　　国务院第 120 次常务会议通过　2020 年 12 月 30 日

中华人民共和国行政复议法实施条例

　　国务院第 177 次常务会议通过　2007 年 5 月 23 日

中华人民共和国电信条例

　　国务院第 31 次常务会议通过　2000 年 9 月 20 日

　　国务院令第 653 号《国务院关于修改部分行政法规的决定》修订　2014 年
7 月 29 日

医疗器械监督管理条例

　　国务院第 24 次常务会议通过　1999 年 12 月 28 日

　　国务院第 39 次常务会议修订通过　2014 年 2 月 12 日

　　国务院令第 680 号《国务院关于修改〈医疗器械监督管理条例〉的决定》
修订　2017 年 5 月 4 日

　　国务院第 119 次常务会议修订通过　2020 年 12 月 21 日

强制性产品认证管理规定

　　国家质量监督检验检疫总局第 117 号　2009 年 7 月 3 日

政府采购货物和服务招标投标管理办法

　　财政部第 87 号令　2017 年 7 月 11 日

安全评价检测检验机构管理办法

应急管理部令第 1 号　2019 年 3 月 20 日

政府采购信息发布管理办法

财政部令第 101 号　2019 年 11 月 27 日

政府采购货物和服务招标投标管理办法

财政部第 87 号令　2017 年 7 月 11 日

政府采购非招标采购方式管理办法

财政部令第 74 号　2013 年 12 月 19 日

政府采购质疑和投诉办法

财政部第 94 号令　2017 年 12 月 26 日

政府购买服务管理办法

财政部令第 102 号　2020 年 1 月 3 日

政府采购框架协议采购方式管理暂行办法

财政部令第 110 号　2022 年 1 月 14 日

危险化学品经营许可证管理办法

国家安全生产监督管理总局令第 55 号　2012 年 7 月 17 日

国家安全生产监督管理总局令第 79 号修正　2015 年 5 月 27 日

电信业务经营许可管理办法

工业和信息化部令第 42 号　2017 年 7 月 3 日

食品经营许可和备案管理办法

国家市场监督管理总局令第 78 号　2023 年 6 月 15 日

事业单位国有资产管理暂行办法

财政部令第 36 号　2006 年 5 月 30 日

财政部令第 100 号《财政部关于修改〈事业单位国有资产管理暂行办法〉的决定》修改　2019 年 3 月 29 日

行政单位财务规则

财政部令第 113 号　2023 年 1 月 28 日

事业单位财务规则

财政部令第 108 号　2022 年 1 月 7 日

必须招标的工程项目规定

　　国家发改委令第 16 号　2018 年 3 月 27 日

国务院办公厅关于建立政府强制采购节能产品制度的通知

　　国办发〔2007〕51 号　2007 年 7 月 30 日

政府采购进口产品管理办法

　　财库〔2007〕119 号　2007 年 12 月 27 日

关于开展政府采购信用担保试点工作的通知

　　财库〔2011〕124 号　2011 年 9 月 5 日

政府采购品目分类目录

　　财库〔2013〕189 号　2013 年 10 月 29 日

关于政府采购支持监狱企业发展有关问题的通知

　　财库〔2014〕68 号　2014 年 6 月 10 日

关于印发《政府采购竞争性磋商采购方式管理暂行办法》的通知

　　财库〔2014〕214 号　2014 年 12 月 31 日

财政部关于政府采购竞争性磋商采购方式管理暂行办法有关问题的补充通知

　　财库〔2015〕124 号　2015 年 6 月 30 日

关于完善中央单位政府采购预算管理和中央高校、科研院所科研仪器设备采
购管理有关事项的通知

　　财库〔2016〕194 号　2016 年 11 月 10 日

政府采购评审专家管理办法

　　财库〔2016〕198 号　2016 年 11 月 18 日

关于进一步加强政府采购需求和履约验收管理的指导意见

　　财库〔2016〕205 号　2016 年 11 月 25 日

关于促进残疾人就业政府采购政策的通知

　　财库〔2017〕141 号　2017 年 8 月 22 日

政府采购代理机构管理暂行办法

　　财库〔2018〕2 号　2018 年 1 月 4 日

国务院办公厅关于加强行政规范性文件制定和监督管理工作的通知

　　国办发（2018）37 号　2018 年 5 月 16 日

关于印发环境标志产品政府采购品目清单的通知

　　财库〔2019〕18 号　2019 年 3 月 29 日

关于印发节能产品政府采购品目清单的通知

　　财库〔2019〕19 号　2019 年 4 月 2 日

中央预算单位政府集中采购目录及标准（2020 年版）的通知

　　国办发〔2019〕55 号　2019 年 12 月 26 日

关于印发《项目支出绩效评价管理办法》的通知

　　财预〔2020〕10 号　2020 年 2 月 25 日

关于印发《政府采购促进中小企业发展管理办法》的通知

　　财库〔2020〕46 号　2020 年 12 月 18 日

政府采购促进中小企业发展管理办法

　　财库〔2020〕46 号　2020 年 12 月 18 日

关于印发《政府采购公告和公示信息格式规范（2020 年版)》的通知

　　财办库〔2020〕50 号　2020 年 3 月 18 日

政府采购公告和公示信息格式规范（2020 年版）

　　财办库〔2020〕50 号　2020 年 3 月 18 日

政府采购需求管理办法

　　财库〔2021〕22 号　2021 年 4 月 30 日

中央部门项目支出核心绩效目标和指标设置及取值指引（试行）

　　财预〔2021〕101 号　2021 年 8 月 18 日

关于印发《政府采购品目分类目录》的通知

　　财库〔2022〕31 号　2022 年 9 月 2 日

关于进一步加大政府采购支持中小企业力度的通知

　　财库〔2022〕19 号　2022 年 5 月 30 日

关于加强财税支持政策落实促进中小企业高质量发展的通知

　　财预〔2023〕76 号　2023 年 8 月 20 日

关于进一步提高政府采购信息查询使用便利度的通知

　　财办库〔2024〕30 号　2024 年 2 月 4 日

关于印发《政府采购合作创新采购方式管理暂行办法》通知

财库〔2024〕13 号　2024 年 4 月 24 日

关于印发《物业管理服务政府采购需求标准（办公场所类）（试行)》的通知

财办库〔2024〕113 号　2024 年 5 月 31 日

关于印发《政府采购领域"整顿市场秩序、建设法规体系、促进产业发展"三年行动方案（2024—2026 年)》的通知

国办发〔2024〕33 号　2024 年 6 月 29 日